MARINE LE PEN

CAROLINE FOUREST

LIBRES DE LE DIRE, avec Taslima Nasreen, Flammarion, 2010.

LA DERNIÈRE UTOPIE. *Menaces sur l'universalisme,* Grasset, 2009.

LA TENTATION OBSCURANTISTE, Grasset, 2005 ; Livre de Poche, 2008.

LE CHOC DES PRÉJUGÉS. *L'impasse des postures sécuritaires et victimaires,* Calmann-Lévy, 2007.

FRÈRE TARIQ. *Discours, stratégie et méthode de Tariq Ramadan,* Grasset, 2005 ; Livre de Poche, 2010.

FACE AU BOYCOTT, Dunod, 2005.

FOI CONTRE CHOIX. *La droite religieuse et le mouvement prolife aux États-Unis*, Villeurbanne, Golias, 2001.

CAROLINE FOUREST ET FIAMMETTA VENNER

LES INTERDITS RELIGIEUX, Dalloz, 2010.

LES NOUVEAUX SOLDATS DU PAPE. *Légion du Christ, Opus Dei, traditionalistes,* Panama, 2008 ; Livre de Poche, 2010.

CHARLIE BLASPHÈME, Charlie Hebdo Éditions, 2006.

TIRS CROISÉS. *La laïcité à l'épreuve des intégrismes juif, chrétien et musulman,* Calmann-Lévy, 2003 ; Livre de Poche, 2005.

LES ANTI-PACS OU LA DERNIÈRE CROISADE HOMOPHOBE, Paris, Éditions ProChoix, 1999.

LE GUIDE DES SPONSORS DU FRONT NATIONAL ET DE SES AMIS, Paris, Raymond Castells, 1997.

FIAMMETTA VENNER

CHRONIQUES DE L'INTÉGRISME ORDINAIRE, First, 2008.

EXTRÊME FRANCE, *Les mouvements frontistes, nationaux-radicaux, royalistes, catholiques traditionalistes et provie*, Grasset, 2006.

OPA SUR L'ISLAM DE FRANCE, *Les ambitions de l'UOIF*, Calmann-Lévy, 2005.

L'EFFROYABLE IMPOSTEUR, *Quelques vérités sur Thierry Meyssan*, Grasset, 2004.

L'EXTRÊME DROITE ET LES FEMMES (SD avec Claudie Lesselier), Golias, 1998.

L'OPPOSITION À L'AVORTEMENT, *Du lobby au commando*, Berg, 1995.

CAROLINE FOUREST
FIAMMETTA VENNER

MARINE LE PEN

BERNARD GRASSET
PARIS

Photo de couverture :
© Christophe Morin/IP3 PRESS/MAXPPP

ISBN 978-2-246-78382-4

À Bernard Stasi, dont nous avons appris le décès pendant l'écriture de ce livre.

Un grand républicain, député puis médiateur de la République, menacé et insulté pour avoir présidé la commission à l'origine de la loi interdisant les signes religieux ostensibles à l'école publique.

Auditionné, le Front national s'est prononcé contre cette loi. Vingt ans plus tôt, le même Front national estimait que ce « fils d'immigré », naturalisé à l'âge de dix-huit ans, n'avait pas à faire de la politique en France.

On l'appelle souvent Marine. Pour ne pas la confondre avec son père, presque toujours désigné par son nom : Le Pen. Pour aller plus vite aussi. En politique, on appelle fréquemment les hommes par leur nom et les femmes par leur prénom. Cela traduit tantôt la difficulté des femmes à être prises au sérieux, tantôt une familiarité. Marine Le Pen nous est familière.

Nous l'avons vue grandir. À l'arrière-plan des photos de famille d'un homme que nous avons tant aimé haïr. Comme ce reportage télévisé de 1973, où Jean-Marie Le Pen affiche fièrement ses trois têtes blondes : Marie-Caroline, Yann et la petite dernière. Ou cette photo republiée par *Paris Match* : les époux portent leurs trois filles vêtues de robes rose vichy, tout sourire, sauf la benjamine qui pleure dans les bras de sa mère. Sur une autre, la petite Marine dort sur le canapé pendant que Jean-Marie Le Pen parle à un journaliste... De tous les hommes politiques français, le leader du Front national est sans doute celui qui a le plus mis en avant sa famille. Un peu comme le clan Kennedy, lorsque le président américain se laissait photographier avec le petit John John sous son bureau, mais dans un autre registre. Jouant sur une curiosité presque zoologique, le clan Le Pen a fini par nous plonger, malgré nous, dans une familiarité que ses idées nous interdisaient.

Avec Fiammetta Venner, nous avons appris le journalisme face à l'extrême droite. Nos premières publications communes, il y a presque dix-sept ans, portaient sur les intégristes catholiques et le Front national. Au fil des années, cette vigilance s'est étendue à tous les extrémismes, qu'ils soient chrétiens, juifs ou musulmans. Ce sont ces enquêtes qui nous ont menées à défendre la laïcité, à soutenir la loi contre les signes religieux à l'école publique, à dénoncer l'aveuglement d'une certaine gauche face à l'islamisme, à proposer des solutions universalistes à la crise du multiculturalisme... Alors que les plupart de ces combats sont en passe d'être gagnés en France, voilà donc que le Front national s'en empare pour redorer son blason, rafraîchir son image, et monter dans les sondages. Comment ne pas ressentir le besoin, peut-être même la responsabilité, de se pencher sur ce revirement ? Comprendre ses ressorts, ses mécanismes, ses effets impliquait nécessairement d'étudier de près son nouveau visage : Marine Le Pen.

Nous avons demandé à l'interviewer, sans réponse. Dans l'intervalle, j'apprends que nous allons nous croiser à l'émission de Franz-Olivier Giesbert, *Semaine critique*, où je suis alors chroniqueuse. Autrement dit chargée d'apporter la contradiction aux invités. Surtout s'ils s'appellent Marine Le Pen. Alain Vizier, son fidèle chargé de communication, arrive le premier. Courtois et sympathique, il a travaillé pour des éditions d'art avant se mettre au service de Le Pen père et fille. En coulisse, je lui signale que nous attendons une réponse à notre demande, ce qu'il promet de régler au plus vite. Arrive le moment d'enregistrer l'émission, et de croiser pour la première fois Marine Le Pen, dans le couloir qui nous mène sur le plateau. C'est un moment un peu « animal », où la concentration permet de « sentir » son contradicteur. Je me demande quel genre de « fauve politique » est Marine Le Pen. Je croise son regard et je sais. Qu'elle a le trac.

Son nom, et la pression qui va avec, ne sont pas légers à porter. Cette émission culturelle est l'un des premiers rendez-vous importants de la rentrée 2010. Une rentrée décisive pour elle. Elle doit à la fois séduire le grand public et convaincre les militants du FN de lui faire confiance. Un pari quasiment schizophrène. Elle ne s'en sort pas si mal. En tant que chroniqueuse, je n'ai droit qu'à deux questions et non à un face-à-face. J'en profite tout de même pour la pousser à redire sa nostalgie pour l'Algérie française et rappeler que le Front national n'a découvert la laïcité que bien tardivement. Elle s'agace, couvre ma voix de la sienne, qu'elle a forte, puis se réfugie dans l'attaque personnelle : « Vous êtes gênée parce que en réalité vous vous retrouvez d'accord avec le FN. Et ça vous ennuie, parce que toute votre vie vous avez œuvré en luttant contre le FN et gagné votre vie en faisant des livres contre le FN. » Des applaudissements fiévreux montent du public. Une jeune métisse encadrée de quelques blondinets s'époumone. Je souris : « Vous avez fait beaucoup d'efforts pour apparaître démocrate. Mais venir avec votre claque ce n'est pas terrible, c'est justement le signe des totalitaires. » La « claque » siffle. Nous avons encore un échange sur le modèle français et le désaccord, profond, apparaît. Marine Le Pen vient de déclarer : « Être français, c'est respecter la France et ses traditions ». Je lui réponds : « Non, être français, c'est respecter les lois et non les traditions que le Front national plaque sur la France. »

Le temps alloué au débat est terminé. Nicolas Bedos entre en scène pour sa « semaine mythomane ». Une chronique drôle et acide. Avec sa verve habituelle, il invite « Marine » à tuer le père et à venir s'éclater en boîte de nuit. Marine Le Pen hésite entre l'envie de rire et la peur de confirmer. Alors qu'il reste encore vingt minutes d'émission sans les invités, juste entre chroniqueurs, elle attend en coulisse autour d'une coupe de champagne. Visiblement, elle connaît mon travail. J'en profite pour lui préciser que contrairement à ce qu'elle pense, mes enquêtes sur le Front ne m'ont pas rapporté beaucoup d'argent, plutôt des ennuis. Nous parlons laïcité. Elle tient à m'assurer de sa sincérité, et glisse bien vite sur l'immigration. Je lui rappelle que les deux sujets ne sont pas aussi liés qu'elle semble le penser. Dialogue de sourds, impossible, mais courtois. Très professionnelle, elle m'assure que nous allons rapidement prendre date pour l'interview.

Quelques jours plus tard, en effet, sans que je relance son secrétariat, Alain Vizier me propose un rendez-vous. Au siège du Front national. Avec Fiammetta Venner. C'est un retour aux sources un peu étrange. Voilà peut-être treize ans que je n'ai mis les pieds en terre frontiste pour enquêter. La dernière fois, c'était l'âge d'or, celui des BBR (Bleu Blanc Rouge), la fête annuelle du Front, où j'allais chiper des tracts pour alimenter mes articles. Quitte à me retrouver un jour dans une position délicate. Un responsable du DPS (Département Protection Sécurité), le service d'ordre du FN, croit reconnaître en moi un militant de Ras l'Front, que je fréquente sans y militer. Il me prend à part avec quelques gros bras, épluche mes documents, et se demande ce qu'il doit faire de moi… Puis réalise que je suis une fille, et qu'on ne bouscule pas une fille. Je peux filer. L'accueil sera plus civilisé au Paquebot, le siège de l'époque, où je me rends en 1997 pour des renseignements sur l'un des cercles du FN consacré à l'entreprise, Entreprises et libertés. J'enquête alors pour un livre sur les financiers du parti[1]. Pendant une très courte période, de 1993 à 1995, le *Journal officiel* a dévoilé les dons faits aux partis venant de personnes morales[2]. Des enseignes commerciales engagées dans ce « sponsoring » se cachent sous une cascade de filières pour ne pas apparaître en première ligne. Il faut des mois de véri-

1. Caroline Fourest, Fiammetta Venner, *Le Guide des sponsors du Front national et de ses amis*, Raymond Castells, 1998.

2. Imposée par la loi du 9 janvier 1993, cette obligation de publication n'a duré que deux ans. En 1995, une nouvelle loi interdit tout bonnement un tel mode de financement des partis.

fications et de recoupements pour remonter leur trace. Loin des rumeurs, l'enquête consiste à retrouver ces marques ayant soutenu l'action du FN ou d'autres groupes d'extrême droite à partir de documents officiels. Comme ces publicités, achetées à prix d'or, dans le bulletin obscur de la FPIP (un syndicat de policiers extrémistes). Paru chez un petit éditeur, *Le Guide des sponsors du FN et de ses amis* a pour but de responsabiliser le mécénat et le consommateur. Il nous vaudra logiquement une page enragée dans *Présent*. Le quotidien des catholiques intégristes nous compare à des nazis dressant des listes. Au standard de *National Hebdo,* le journal du Front, on donne notre adresse personnelle, au cas où certains auraient envie de nous faire passer le goût d'enquêter. Fiammetta est habituée. Depuis son livre sur les anti-IVG, *L'Opposition à l'avortement*, elle reçoit régulièrement des menaces, des insultes ou des cœurs de bœuf par la poste[1]. De retour du Liban, où elle a grandi, elle a enquêté sur toutes les tendances de l'extrême droite : catholiques traditionalistes, royalistes, skins, Œuvre française, FN et DPS... Des enquêtes menées dans le cadre d'un séminaire de l'université Paris VII, puis de sa thèse en sciences politiques sur « Les mobilisations de l'entre-soi », parue sous le titre d'*Extrême France* ; elle y recense 20 334 mobilisations de la droite nationale radicale entre 1981 et 2005. Toutes tendances confondues. Un travail d'encyclopédiste, parfois apprécié par les archivistes les plus pointilleux de l'extrême droite. Mais pas toujours.

Sous le titre « La taupe rose », l'article de *National Hebdo* la dépeint en pasionaria anti-FN, insiste sur le fait qu'elle a grandi au Liban, et fantasme une « proximité » avec le Grand Orient au motif que nous habitons à « quelques encablures » de son siège[2]. En réalité, nous habitons là à cause

1. Fiammetta Venner, *Extrême France. Les mouvements frontistes, nationaux-radicaux, royalistes, catholiques traditionalistes et provie*, Grasset, 2006.
2. *National Hebdo*, 26 février-4 mars 1998.

de *Transfac*, le journal étudiant pour lequel nous travaillons. L'obsession en dit long sur l'époque. Celle d'une extrême droite caricaturale et paranoïaque à souhait. Côté pile (ses journaux) mais aussi côté face (le Front national). Désormais, certains courants et journaux d'extrême droite critiquent vivement le « nouveau Front national » de Marine Le Pen. À l'intérieur, on lui reproche d'employer les mots du « politiquement correct maçonnique ». À l'extérieur, il a suffi de peu d'efforts – se tenir à l'écart du pire – pour que la petite « Marine », devenue grande, nous apparaisse comme bien plus fréquentable. L'est-elle vraiment ? Veut-elle « tuer le père » ? Ou le réhabiliter ? Changer le Front national ou le faire gagner ?

Quand nous nous rendons au siège du FN, en septembre 2010, nous ne savons pas à quel accueil nous attendre. À l'évidence, l'atmosphère est très différente. Depuis la déconfiture aux dernières élections législatives, le parti doit vendre le Paquebot pour renflouer les caisses. Avec lui, c'est tout un symbole qui chavire. Mais le naufrage se fait lentement. En attendant des jours meilleurs, le parti a déménagé, à Nanterre, dans un bâtiment plus discret, qui fait penser à un commissariat de banlieue. Rien n'indique que nous sommes au siège du FN. Sauf passé la grille. En se dirigeant vers l'entrée vitrée, le visiteur se trouve nez à nez avec Jeanne d'Arc. Une petite statue dorée à son effigie. Père et fille aiment à poser devant elle. Une photo les montre au garde-vous, droits comme des i, devant l'héroïne. À l'intérieur, le silence règne. Le navire semble désert. Nous sommes loin de la ruche des grandes années. Essoré et saigné par la scission avec Mégret, le parti est maintenant tiraillé par la guerre de succession qui oppose Bruno Gollnisch à Marine Le Pen. L'issue est prévisible, mais pas certaine. Dans le doute, le parti tourne au ralenti. Alain Vizier, le bras droit de l'opération séduction auprès des médias, est prévenu de notre présence. Nous patientons dans une salle d'attente, qui ressemble à celle d'un dentiste.

Un visiteur surprise vient nous saluer. Pas n'importe qui. Thibault de La Tocnaye, l'un des chefs de file des catholiques intégristes du FN. Il se dit très heureux de nous voir. Ce qui a quelque chose d'un peu surréaliste. Certes, c'est une vieille connaissance de Fiammetta, qui l'a eu comme professeur de mathématiques au Liban. Mais c'est surtout un vieil adversaire. Aujourd'hui, visiblement, le temps est à la nostalgie courtoise.

Alain Vizier nous rejoint et nous conduit au bureau de Marine Le Pen, situé à l'étage. Cette fois, c'est Wallerand de Saint-Just – l'avocat préféré des anti-avortement et le bras armé juridique du Front – qui vient à notre rencontre pour nous serrer la main. Au moment de la parution d'*Extrême France*, c'est lui qui menait les poursuites au nom de Jean-Marie Le Pen. Connaissant le tempérament procédurier du FN, ce livre, nous n'en doutons pas, risque de nous amener à nous revoir bientôt dans un prétoire. En attendant, la poignée de main est franche et cordiale. Marine Le Pen nous attend dans son bureau, pour une interview qui va durer deux heures. Chacun est concentré. Nous sur nos questions, elle sur ses réponses. Personne n'imagine pouvoir convaincre l'autre, chacun fait son travail le plus professionnellement possible. En pleine campagne pour le congrès, son emploi du temps est chargé. Elle passe ses week-ends à sillonner la France pour convaincre des salles de militants frontistes de lui faire confiance. Elle dit « Bruno » avec un petit sourire destiné à montrer que la compétition reste maîtrisée et cordiale. Mais elle reçoit des coups, très violents. Notamment du journal *Rivarol*, des catholiques intégristes et de tous ceux qui pensent qu'elle trahit l'extrême droite. Ce qui sert formidablement sa « dédiabolisation ».

Son discours est rodé. Sur l'Europe, la mondialisation, on croirait entendre le Front de gauche. Sur l'islamisme, qu'elle prend soin de distinguer de l'islam, je reconnais des phrases que j'aurais pu écrire. Quand elle parle de la France, elle le fait avec des accents que peu d'hommes ou de femmes politiques savent encore avoir. À l'époque, aucun sondage ne la donne au second tour de la présidentielle. Des commentateurs avisés sourient lorsque j'évoque cette hypothèse. Pourtant, cette rencontre nous le confirme : Marine Le Pen est une candidate redoutable. Sa langue fourche un peu. Sous un discours lisse, les vieux démons ne demandent qu'à surgir, on le sent, on le sait. Mais ce sera bien plus dur à démontrer qu'avec son père. À la sortie de son bureau, nous tombons sur celui qui est encore président du FN pour quelques mois. Il attend depuis un moment et s'en plaint en souriant : « Elle vous a gardée longtemps ! » Il paraît vieilli et voûté. Elle est grande. Le Menhir, maintenant, c'est elle. Dans un autre genre. Celui du roseau, dont elle aime utiliser la métaphore. Souple, mais sans plier, ni rompre. Ni avec son père, ni avec l'histoire du Front national, ni avec l'ambition d'incarner un jour la France éternelle. Pour aller où ? Quel est son moteur ? Où veut-elle nous mener ?

Pour répondre à ces questions, il ne suffit pas d'interviewer Marine Le Pen. Tous les politiques, surtout les plus démagogues, tiennent un discours pensé pour troubler. Le disséquer demande bien plus de temps et d'efforts que de tendre l'oreille ou un micro. Il faut décrypter, contextualiser, analyser. Aller chercher le sous-titre, tenu en coulisse, pour le mettre sous la parole officielle. Comprendre l'arrière-pensée derrière un sourire de circonstance. Cerner les dits et les non-dits. À la lumière du tempérament, du parcours et des références de celle qui le prononce. Une émission de télévision a rarement le temps de le faire. Un livre peut le tenter.

CAROLINE FOUREST

« *Fille de* » *et victime*

Les sympathisants du Front national se moquent volontiers de la posture « victimaire » lorsque des citoyens se plaignent de discriminations racistes. Parfois en raison des discours distillés, depuis des années, par l'extrême droite. Un phénomène que ses sympathisants vont jusqu'à nier. Marine Le Pen elle-même ne croit pas à la discrimination : « Je ne crois pas qu'elle existe. Je pense que la France est le pays le moins raciste du monde[1]. » Il en va autrement du racisme antiblanc ou anti-Le Pen... Elle-même se dit discriminée, depuis son plus jeune âge, en raison de son nom de famille. Ce qu'elle range dans la catégorie du « préjugé » injuste, et non du combat politique. C'est l'esprit de son autobiographie, *À contre flots*, volontiers distribuée aux militants et aux journalistes souhaitant la connaître[2]. Franche et touchante, elle y décrit une enfance et une vie passées à « contre-courant ». À l'image de son titre et de son exergue : « Le passeur d'eau, les mains aux rames. À contre flots, depuis longtemps, luttait un roseau vert entre les dents. » Cet extrait du *Passeur d'eau,* du poète belge Émile Verhaeren, ouvrait déjà l'un des livres de Jean-Marie Le Pen[3]. Un clin d'œil, en forme de trait d'union.

---

1. Entretien avec Marine Le Pen, 20 septembre 2010.
2. Marine Le Pen, *À contre flots,* Grancher, 2006, 322 p.
3. Jean-Marie Le Pen, *Les Français d'abord*, Michel Lafon/Carrère, 1984, 248 p.

À contre flots. C'est bien ainsi que se perçoit le clan Le Pen : une famille de rameurs paisibles, traçant leur sillon malgré des vents contraires. Un roseau entre les dents, presque la fleur au fusil, ils « résistent ». Jean-Marie Le Pen est un marin. Quand il a besoin de se sentir exister, il lui arrive de prendre son bateau pour affronter les vents furieux. Ou de lâcher une petite phrase en forme de bourrasque. Sa fille n'a pas choisi de naître au cœur de cette tempête. Elle se plaint parfois de nager en eaux troubles, mais suit le même sillon. Elle aurait pu ramer à contre-courant et se demander : « Au fait, qui sème le vent ? » Ce n'est pas le sens de son autobiographie, qui laisse peu de place à l'autocritique et se plaint surtout de la persécution. Des complots et des « machinations », ourdis par la classe « politico-médiatique » pour salir l'image de son père et freiner l'ascension du Front national. Une adversité qu'elle a subie étant enfant, mais choisi d'affronter une fois adulte. Or c'est l'adulte d'aujourd'hui, celle qui a souhaité devenir présidente du Front national et de la République, qui nous raconte avoir souffert de discriminations voire de persécutions injustes. Ce qui rend cette perception hautement politique. Personne n'imagine qu'il est facile de s'appeler Le Pen dans une société ayant décidé de faire front contre le Front. Reste que Marine Le Pen a choisi de lire cette histoire depuis le seul angle qu'elle connaît : celui de son père. Sans jamais véritablement considérer l'autre facette de cette histoire : la rage semée par son parti. Sans ces idées, pourtant, Marine Le Pen aurait pu aller à l'école comme n'importe quelle petite fille. Tandis que les petites filles noires, arabes ou juives se voient parfois insultées dans les cours de récréation… Sans que leurs pères aient rien dit ou fait.

La bohème entre Neuilly et Alger

Marine Le Pen est effectivement née à contre-courant. Dans une clinique de Neuilly, un beau jour de 1968. Le 5 août précisément. La France vient de vivre un mois de mai fiévreux, Gainsbourg s'apprête à chanter 1969 comme l'« année érotique ». Le pays bouillonne de débats politiques. Jean-Marie Le Pen, lui, connaît sa pire traversée du désert. Totalement déprimé, il se décrit lui-même comme un « témoin affligé » des événements de mai : « 1968, c'est la nausée[1]. »

Le plus jeune député de l'Assemblée nationale n'a rien vu venir. Douze ans plus tôt, en 1956, il faisait une entrée triomphale à l'Assemblée sur les listes de Pierre Poujade. Après une campagne particulièrement populiste, censée défendre le « petit peuple » contre les élites et l'impôt. Le Pen a beaucoup appris au contact de celui qu'on appelle « Pierrot ». Un fils d'architecte ayant milité au sein du Parti populaire français, le mouvement fasciste de Jacques Doriot, avant de soutenir la « révolution nationale » de Pétain. Après la guerre, il prend pour cible Pinay et ses réformes fiscales, en fondant l'UDCA : l'Union de défense des commerçants et artisans. Provocateur à souhait, il amuse beaucoup la presse par ses « coups de gueule ». Il a conduit la liste mais ne souhaite pas entrer à l'Assemblée, et prend ombrage en voyant Le Pen y briller par son talent oratoire. Ce sont deux caractères bien trempés. Trop pour ne pas devenir rivaux. Poujade juge Le Pen trop ambitieux et le soupçonne de vouloir noyauter son organisation[2]. Le Pen, qui dirige alors l'Union de défense de la jeunesse française (la banche jeune du mouvement), cherche à structurer

1. *Ibid*, p. 55.

2. « La face noire de Le Pen », *L'Express*, 2 mai 2002 ; et Nicolas Weil, « La mort de Pierre Poujade, précurseur d'un nouveau populisme », *Le Monde*, 26 août 2003.

l'organisation pour en faire un outil de conquête. Il reproche à Poujade de ne pas vraiment vouloir le pouvoir. Ils sont déjà fâchés lorsque la France décide d'envoyer des contingents en Algérie. Le jeune député fait alors un geste qui marquera les esprits. En 1956, comme trois autres de ses collègues, il décide de partir se battre, comme parachutiste. Un rêve pour lui. Jusqu'ici, il est toujours arrivé trop tard pour le combat, comme en Indochine. Cette guerre-là, il ne veut pas la rater. Il y reste quelques mois. Quand il souhaite revenir, en 1958, les autorités militaires – qui le jugent trop remuant – le remettent dans l'avion[1].

À son retour, Jean-Marie Le Pen a perdu tous ses repères. Depuis 1962 et les Accords d'Évian, ses idées sont aux antipodes de la France. Entre le camp du général de Gaulle, ce traître à l'Algérie française, et celui du « gaucho-communisme », il ne trouve plus sa place. Alors, comme souvent, dans ces cas-là, il fait du bateau. En Bretagne, où ce fils de marin, pupille de la Nation, est né dans une maison dont le sol est en terre battue. Là-bas, ses talents de navigateur impressionnent les marins les plus prestigieux, comme ses amis Olivier de Kersauson ou Éric Tabarly. On finit par l'oublier, mais l'homme n'a pas toujours été maudit. Avant de sentir le soufre, avant mai 68, Jean-Marie Le Pen est un jeune élu très en vogue. Il fréquente tous les milieux, des plus chics aux plus mauvais garçons. Loin de la figure du père de famille traditionnel que prône l'aile catholique du FN, c'est un bon vivant, qui mène la *dolce vita* et fait souvent passer ses copains ou la politique avant ses devoirs de famille. Quand Marine naît, il n'est pas là. Lui-même ne s'en souvient pas, mais sa femme le raconte... Jean-Marie Le Pen fait bien un saut à la maternité pour voir la nouveau-née, mais repart aussitôt à La Trinité-sur-Mer[2].

---

1. Gilles Bresson, Christian Lionet, *Le Pen, Biographie*, Seuil, 1994, p. 205.
2. Raconté par Pierrette Le Pen à Christiane Chombeau, dans *Le Pen, père et fille*, Panama, 2007, p. 14. Pour ceux qui souhaitent poursuivre leurs lectures

Ce n'est pas une première. Il avait déjà raté l'accouchement de sa fille aînée, Marie-Caroline, huit ans plus tôt. Cette fois, il s'en souvient très bien, et pour cause : « J'étais en taule. La police est venue m'arrêter, illégalement d'ailleurs, car j'ai été arrêté au mépris de mon immunité parlementaire[1]. » Nous sommes alors en pleine semaine des barricades à Alger, un mouvement déclenché pour protester contre le limogeage du général Massu. Le Pen est à Paris, mais la police l'arrête dans le cadre « d'une information pour atteinte à la sûreté de l'Etat ». Comme 80 autres activistes pro-Algérie française. Il sera relâché et bénéficiera d'un non-lieu, bien qu'il ait menacé de tirer sur les policiers au moment de son arrestation. Cinq ans plus tard, il milite au sein des comités de soutien à Tixier-Vignancour, célèbre avocat de l'Algérie française. Un homme dont il va diriger la campagne présidentielle de 1965, et qui devient le parrain de sa fille aînée. Quant au parrain de Marine, Henri Botey, il est surtout connu dans le milieu du proxénétisme.

Le Parrain

« Parrain » est un terme qui sied bien à ce patron de plusieurs bars, boîtes de nuit et hôtels de Pigalle[2]. Christiane Chombeau, qui a suivi le Front national pendant des années pour *Le Monde,* revient longuement sur ce choix dans son livre, très bien renseigné, *Le Pen, père et fille.* Elle a pu recueillir les confidences de Pierrette Le Pen, la mère de

---

sur l'ambiance du FN d'avant la présidence de Marine Le Pen, nous ne pouvons pas citer tout le monde, mais on retiendra notamment : Anne Tristan, *Au Front*, Folio-Gallimard, 2002 (1re éd. 1987) ; Guy Konopnicki, *Les Filières noires*, Denoël, 1996 ; et Michel Soudais, *Le Front national en face*, Flammarion, 1998.

1. Entretien avec Jean-Marie Le Pen, 6 mai 2011.

2. Plusieurs lieux lui appartiennent : le Frochot, le Maja, le Shounga, le Curling, le Yellow Bar, le Nord-Sud, le Babylone, le Bohème et le Manhattan. Mais aussi le Saint-Georges et le Shanghai.

Marine, qui dit avoir longtemps ignoré les activités exactes de « Monsieur Éric ». La journaliste a dû mal à croire qu'il en soit de même pour le père de Marine : « Jean-Marie Le Pen soutient avoir rencontré Henri Botey dans une fête foraine en Seine-et-Marne pendant la campagne présidentielle de 1965. Mais leur amitié date d'une deuxième rencontre, au cours d'une des nombreuses virées nocturnes du Breton[1]. »

À l'époque, le camarade de « virée » de Jean-Marie Le Pen est surnommé l'« empereur de Pigalle ». Leur amitié n'a rien de surprenant. Depuis la guerre, les deux « milieux » – celui de la nuit et de l'extrême droite – se croisent volontiers. Après avoir fréquenté la Gestapo pendant l'Occupation, les « marlous » assurent parfois le service d'ordre de Poujade ou de Tixier-Vignancour. Jean-Marie Le Pen milite avec eux et s'encanaille avec eux. Notamment avec Henri Botey, qui est un peu leur chef à tous.

Ouvrier boulanger de formation, il a quitté les fourneaux pour épouser une ancienne prostituée, bien plus âgée et propriétaire d'un « hôtel[2] ». Une petite affaire qu'il a su faire prospérer. Au point d'acquérir de nombreux établissements et de s'offrir la Résidence de la Muette, l'ancienne demeure de « Madame Claude ». Ses nombreux contacts politiques l'ont souvent protégé. Mais pas toujours. Il a été condamné à plusieurs reprises pour proxénétisme hôtelier et fraude fiscale. Il a aussi échappé à plusieurs règlements de comptes. En 1976, Botey est victime d'un colis piégé. Dix ans plus tard, deux hommes à moto le criblent de balles et tuent la personne qui l'accompagne. L'élection de François Mitterrand, qui souhaite le voir sous les verrous, l'incite à se faire plus discret. On le dit retiré des affaires. Mais en avril 2011,

---

1. Christiane Chombeau, *Le Pen, père et fille*, *op. cit.*, p. 21. Dans ce livre, réalisé grâce à son suivi du FN pendant des années, Christiane Chombeau nous livre un regard et des informations essentiels sur la famille Le Pen.

2. Guy Konopnicki, « Monsieur Éric », *Marianne*, 23-29 avril 2011.

surprise, le voilà mis en examen pour « proxénétisme aggravé ». La Brigade de répression du proxénétisme le soupçonne de tenir en « sous-main » deux bars, le Lorelei et le Mucha, dans lesquels les hôtesses ne font pas que servir à boire. D'après *Le Parisien*, qui a révélé l'affaire, « les hôtesses travaillaient "au bouchon". Le client devait payer une bouteille de champagne, facturée entre 200 et 300 euros avant de pouvoir monter avec une fille. Il devait ensuite débourser 200 euros pour la passe[1] ». Un commerce qui rapporterait environ 50 000 euros par bar et par mois, selon les enquêteurs. Ils ont saisi d'importantes sommes en liquide et découvert une impressionnante collection d'art dans le manoir normand de Monsieur Botey. Le plus difficile sera de faire le lien entre ces biens et le type de revenus qui a permis de les acquérir. En attendant son procès, « Monsieur Éric » est écroué à la prison de Fleury-Mérogis. Non sans nourrir quelques articles dans la presse, qui rappellent sa proximité avec Marine Le Pen. Embarrassant.

Dans un premier temps, le service de presse du FN refuse de communiquer. Puis dégaine un communiqué au titre moqueur – « Des éléments accablants sur Marine Le Pen » –, censé relativiser l'affaire : « Ce matin, le quotidien national *Le Parisien*, visiblement en manque de ragots, pratiquait un amalgame douteux sur une personne que Marine Le Pen n'a pas vue depuis son enfance. Steeve Briois, secrétaire général du FN, a un scoop de premier ordre qui va ravir la grande presse : la boulangère de Marine Le Pen aurait eu un contrôle fiscal il y a deux semaines et il semblerait même que, hier après-midi, le prêtre qui a baptisé Marine Le Pen ait eu une altercation sur le parking d'un supermarché. Ces faits semblent compromettre gravement Marine Le Pen. Steeve Briois remettra à la presse poubelle l'ensemble

1. Propos recueillis par Stéphane Sellami pour *Le Parisien*, « Le proxénète écroué est le parrain de Marine Le Pen », 14 avril 2011.

de ces éléments particulièrement troublants sur la vraie nature de Marine Le Pen[1]. »

Amusant si l'ironie n'avait pour but de dissuader la presse de mettre son nez dans une affaire révélatrice des liens existant entre le grand proxénétisme et le parti le plus moraliste de France. Henri Botey n'est pas une vague connaissance mais un très proche de la famille Le Pen. Riche et sans enfant, il n'a jamais raté jamais une occasion de gâter sa filleule. Comme les « 4 000 francs en liquide » donnés à ses parents le jour de son baptême. Une précision que Christiane Chombeau tient de la bouche même de Pierrette Le Pen. D'après la journaliste, le parrain « continue de voir la famille[2] ». Ces liens sont donc moins « dépassés » que ne le suggère le communiqué du Front national.

L'allusion au prêtre qui l'a baptisée est intéressante. Non pas en raison de la fausse altercation sur un parking, dérisoire et fictive, mais parce qu'il s'agit d'un ami de « Monsieur Éric » et d'un curé au profil très particulier. La petite Marine a été baptisée le 25 avril 1969 à l'église de la Madeleine par le chanoine Jean Popot, ancien prisonnier de guerre, surtout connu pour être l'aumônier favori des mafieux et des condamnés pour « acte de collaboration ». Ce dont il se félicite[3]. Le baptême a lieu dans les règles de l'art. Le prêtre verse non seulement de l'eau sur le front, mais lui dépose du sel sur la langue pour « qu'imprégnée du sel, symbole de votre sagesse, elle ne soit pas atteinte

1. Communiqué du 14 avril 2011.

2. Christiane Chombeau, *Le Pen, père et fille*, *op. cit.*, pp. 19-22.

3. « En 1946, la plupart des détenus politiques (à condition d'exclure de cette catégorie bon nombre de tueurs, pillards et tortionnaires qui n'avaient pas attendu la "collaboration" pour faire leurs preuves) étaient des chrétiens sinon pratiquants du moins d'éducation ou de tradition. Beaucoup d'entre eux étaient intellectuellement développés, certains hautement cultivés et plusieurs qui avaient eu des responsabilités de commandement, conservaient, même en prison, un important rayonnement. Je disposais donc là d'un terrain d'exception, favorable à l'apostolat ». Jean Popot, *J'étais aumônier à Fresnes*, Librairie académique Perrin, 1962, p. 96.

par l'infection des passions mauvaises ». Un rituel censé servir d'exorcisme, supprimé par le concile Vatican II.

Drôle de faune que celle qui peuple l'univers « bohème » des Le Pen, donc l'enfance de la benjamine. À l'époque, la famille vit des avoirs et des biens immobiliers de Pierrette, née Lalanne : notamment la location de deux appartements dont elle a hérité. Le couple peut aussi compter sur les dons de plusieurs amis fortunés, qui soutiennent la cause. Marine a d'ailleurs failli avoir une marraine richissime : Lucienne Arpels, fille du célèbre joaillier de la place Vendôme. Mais cette dernière avait mis une condition : que ce soit un garçon. Hélas, Jean-Marie Le Pen ne fait que des filles. « J'aurais bien voulu avoir un garçon mais j'ai eu trois filles. J'aime trop les filles. Le Bon Dieu m'a puni ! Il est dit qu'on est toujours puni par où on a péché », sourit-il volontiers, comme pour mieux rappeler ses conquêtes[1]. La petite Marine fera tout pour compenser le fait d'être ce qu'on appelle, avec un peu de mépris, un « garçon manqué ». Elle est si casse-cou que sa mère l'appelle « miss trompe-la-mort[2] ». Une mort qu'elle va croiser jeune, et de près.

L'attentat

C'est un véritable traumatisme chez Marine Le Pen. L'épisode par lequel elle commence son récit autobiographique. Le 2 novembre 1976, un attentat souffle l'appartement familial, situé au 9 Villa Poirier, dans le XVe arrondissement de Paris. La famille vit alors sur deux étages. Au quatrième, l'appartement des parents sert à la fois de domicile et de permanence politique. Un vrai phalanstère, où vient dîner toute

1. Christiane Chombeau, *Le Pen, père et fille*, *op. cit.*, p. 82.
2. Laurent Delahousse, « Un jour, un destin : Jean-Marie Le Pen », France 2, 28 septembre 2010.

l'extrême droite. Les filles dorment à l'étage du dessus. Il faut passer par l'escalier de l'immeuble pour se rendre dans leurs quartiers. Un couloir que Yann traverse souvent pour visiter ses voisins de palier, dont elle garde le petit garçon. Parfois, elle y passe la nuit. Pas ce soir-là. Elle préfère regagner son lit et échappe au pire. Les trois sœurs dorment à poings fermés quand survient l'explosion, vers quatre heures du matin. Trente ans plus tard, Marine Le Pen n'a pas le souvenir du moindre bruit, seulement d'un immense courant d'air : « C'est le froid qui m'a réveillée. À moins que ce ne soit le silence. Un silence de mort, assez assourdissant pour arracher à son premier sommeil une petite fille de huit ans[1]. » Sa chambre est jonchée d'éclats de verre. Sa sœur Yann, qu'elle ne voit pas à cause de la fumée, lui crie de ne pas bouger. Un trou béant a remplacé l'escalier. Un cratère de 20 mètres de large. Soufflé par la dynamite déposée sur le palier des parents. Vingt kilos selon Marine Le Pen, 5 kilos selon la police. Peu importe. L'effet est là, dévastateur. « Nous voilà maintenant toutes les trois sur le lit de Yann, mortes de peur. Agenouillées, grelottantes, les mains jointes, nous nous mettons à prier avec la ferveur du désespoir : "Je vous salue Marie...", quand on entend la voix de notre père qui crie depuis l'étage du dessous : "Les filles ! Les filles ! Est-ce que vous êtes vivantes[2]" ? » Elles n'ont rien, à part quelques égratignures et une grosse frayeur. Les voisins non plus. Mais leur bébé a disparu. On le retrouvera un peu plus tard, suspendu en l'air par sa gigoteuse. Un matelas a également amorti sa chute. Il n'a qu'un bras cassé. Au final, seul le caniche des filles Le Pen, littéralement « vitrifié », a succombé à la dynamite. La presse parle d'un « miracle[3] ».

1. Marine Le Pen, *À contre flots*, *op. cit.*, p. 9.
2. *Ibid.*, p. 12.
3. « La miracle de la Toussaint », *Le Parisien*, 3 novembre 1976.

Ce n'est pas la première fois que les ennemis de Jean-Marie Le Pen tentent de lui régler son compte à l'explosif. La porte de l'immeuble a été plastiquée en 1961, tout comme les locaux de la SERP en 1975. Mais l'attentat de 1976 est beaucoup plus sérieux et le frappe à domicile. Pour la jeune Marine Le Pen, c'est une « nuit d'horreur », le début d'une brutale prise de conscience. Elle comprend que sa famille n'est pas une famille comme les autres. Que ceux qui passent leurs soirées à la maison et débarquent à l'improviste ne sont pas seulement des amis mais des camarades de lutte. Que son père « fait de la politique », et que c'est dangereux : « J'ai huit ans et je réalise brutalement que mon père est quelqu'un de connu et qu'on lui en veut. Je comprends aussi que mon père peut mourir, qu'il risque de mourir, et ce qui est pire encore, de mourir parce qu'on veut le tuer[1]. » Des années durant, Marine Le Pen va vivre dans la peur « qu'il arrive quelque chose » à son père. Une peur qu'il ne fait rien pour conjurer. Lorsque Jean-Pierre Stirbois va mourir dans un accident de voiture, douze ans plus tard, il l'emmènera à la morgue pour voir son cadavre : « Viens avec moi. Je ne veux pas que le premier mort que tu vois, ce soit moi[2] »...

C'est de cette époque que Marine Le Pen date son « aversion radicale pour le terrorisme[3] ». Au point de sortir de ses gonds sur LCI, lorsqu'une téléspectatrice lui rappelle que son père a osé relativiser la gravité des attentats du 11 septembre. « Madame, explose-t-elle, Je n'ai pas de leçon à recevoir de vous. Moi j'ai été victime du terrorisme. Moi j'ai pris 20 kilos de dynamite dans mon immeuble. Et moi je me suis retrouvée à la rue. L'immeuble entier a été détruit. Par conséquent, je n'ai aucune leçon à recevoir de

1. Marine Le Pen, *À contre flots*, *op. cit.*, p. 17.

2. *Ibid.*, p. 100. Jean-Pierre Stirbois meurt le 5 novembre 1988 dans un accident de voiture entre Dreux et Paris. Élu député européen sur la liste de Jean-Marie Le Pen en 1984, et député des Hauts-de-Seine en 1986, c'est l'un de ses compagnons de route les plus importants. Voir aussi Michèle Tribalat, *Voyage au cœur du malaise*, Syros, 1999.

3. Marine Le Pen, *À contre flots*, *op. cit.*, p. 21.

vous sur la commisération qu'on doit avoir vis-à-vis des victimes[1] ! » Cet attentat, et plus encore la façon dont la famille vit la suite, a transformé la petite Marine Le Pen. C'est ici que naît son besoin de faire bloc avec son père contre l'adversité et l'injustice. Trente ans plus tard, elle continue de la voir partout. Dans le fait que son père n'ait « jamais reçu le moindre signe de solidarité ni de compassion des autorités ». Et dans le fait que la police n'ait jamais retrouvé les coupables : « Ont-ils seulement cherché ? J'ose l'espérer, mais rien encore aujourd'hui ne permet de l'affirmer. » « À croire, ajoute-t-elle plus loin, qu'il est des victimes qui méritent leur sort… Et c'est là où, à l'âge des poupées, je prends conscience de cette chose terrible et incompréhensible pour moi, nous ne sommes pas traités à l'égal des autres[2]. » Cette « différence de traitement » deviendra, selon ses propres mots, « le moteur de son aversion pour l'injustice ».

En réalité, son père n'est pas complètement abandonné. Il reçoit la visite d'un conseiller d'arrondissement : le comte Bertrand de Maigret, gendre de Michel Poniatowski, alors ministre de l'Intérieur. Signe que l'on prend de ses nouvelles en haut lieu. Même si les plus hautes autorités ne se déplacent pas. En revanche, c'est vrai aussi, l'enquête de police n'aboutit pas. Ce qui ne veut pas dire que Jean-Marie Le Pen ne s'est pas forgé une intime conviction sur l'identité des coupables… Quand on lui pose la question, trente-cinq ans après les faits, il donne la même version que sa fille : « Jamais, quand nous sommes victimes, on ne trouve les coupables. Sauf dans un cas, à Marseille. Un groupe anarcho-terroriste avait posé huit bombes, dont la dernière au domicile de notre secrétaire départemental[3]. » Les faits remontent aux années 1990 et conduisent effectivement à

---

1. Emission de Valérie Expert, LCI, *Vous avez la parole*, 1er avril 2007.
2. Marine Le Pen, *À contre flots*, *op. cit.*, pp. 19-20.
3. Entretien avec Jean-Marie Le Pen, 6 mai 2011.

deux anarchistes, arrêtés et condamnés[1]. Mais ce n'est pas vers l'extrême gauche que conduisent les pistes concernant l'attentat de 1976... Jean-Marie Le Pen peut difficilement l'ignorer, puisqu'elles lui ont été rapportées. Par l'entremise de son avocat de l'époque, André-Jean Guibert, qu'il a chargé de mener l'enquête. Ce dernier s'est tourné vers un détective privé, qui a trouvé deux personnes s'accusant d'avoir commis l'attentat. C'est ce que révèle le journaliste Laszlo Liszkai dans son livre consacré à Marine Le Pen, paru en 2011[2]. Il rapporte des faits précis et troublants, jusqu'ici ignorés du grand public. Pour les vérifier, il nous a permis de rencontrer le détective en question, qui confirme sa version.

Connu sous le nom de Martini, le nom de son cabinet de détective, l'homme s'appelle en réalité Antoine Méléro. Il a publié un livre sur la Main rouge, une organisation secrète chargée de mener certaines « actions antiterroristes » pour le compte du contre-espionnage français, à une époque où il s'agissait de contrer les actions des nationalistes tunisiens et marocains par tous les moyens[3]. Cette organisation, il l'a connue de près, notamment en 1952 au Maroc, où Méléro est alors policier. Non affecté à son retour en France, il se lance dans la protection de personnalités sulfureuses, comme Pierre Poujade et certains grands voyous, avant d'être arrêté dans le cadre d'enquêtes sur la Main rouge. Ses avocats s'appellent alors Tixier-Vignancour et Jean-Baptiste Biaggi, de vrais ténors du barreau, partisans de l'Algérie française. Mais aussi André-Jean Guibert, alors également avocat de Le Pen. Après l'attentat, il se tourne vers Méléro pour tenter de dénicher les auteurs. « Il m'a demandé de passer le voir et d'essayer d'en savoir plus par

1. Il s'agit du groupe Franc-tireurs, qui a revendiqué plusieurs attentats contre l'extrême droite entre 1991 et 1998. *Libération*, 16 octobre 1999.

2. Laszlo Liszkai, *Marine Le Pen : un nouveau Front national ?*, Favre, 2011, pp. 33-37.

3. Antoine Méléro, *La Main rouge*, Éditions du Rocher, 1997, 260 p.

mes fréquentations », raconte le détective. Il fait savoir à qui veut l'entendre qu'une prime attend ceux qui pourront aider à connaître la vérité. Un homme vient frapper à sa porte. Un certain Brentanoff. Ils se connaissent déjà. Depuis des mois, lui et son acolyte, un dénommé Giammarinaro, cherchent à travailler pour son cabinet. Sans succès. Méléro ne les juge pas assez fiables. Mais cette fois, Brentanoff a quelque chose à confesser. Le détective l'emmène dans un cabaret où il a ses habitudes. L'homme boit beaucoup et s'accuse d'avoir fait le « coup de la Villa Poirier » avec son complice. En donnant des détails. Comme le fait de s'être procuré le sac de dynamite « dans une carrière », de l'avoir déposé devant le quatrième étage, dans le but délibéré de tuer Jean-Marie Le Pen, et d'avoir réglé la minuterie « à moins dix ». Un contrat, pour lequel il se plaint de ne pas avoir été entièrement payé. « À mon avis, c'est son complice qui a gardé l'argent », suggère Méléro[1]. Il transmet l'information à l'avocat de Jean-Marie Le Pen, qui prévient la police criminelle. Les deux hommes sont appréhendés, reconnaissent les faits mais se rétractent au dernier moment. L'enquête s'arrête là. Elle ne remontera jamais jusqu'au commanditaire.

Qui est-il ? Rien ne permet de l'affirmer. D'après Antoine Méléro, « la crim' a eu la conviction qu'il s'agissait d'une affaire de droit commun[2] ». Jean-Marie Le Pen est alors au cœur d'un enjeu financier colossal. Hubert Lambert, l'héritier des ciments Lambert, vient de mourir quelques semaines plus tôt. Il n'a pas survécu à la mort de sa mère avec qui il vivait, quasi reclus, dans son hôtel particulier de Saint-Cloud. Fantasque et fragile, le jeune Lambert soutenait la cause nationaliste et promettait volontiers sa fortune à qui lui rendait visite : longtemps Pierre Sidos de l'Œuvre française, puis Jean-Marie Le Pen. Sa femme,

1. Entretien avec Antoine Méléro, 4 mai 2011.
2. *Ibid.*

Pierrette, entretenait des liens particulièrement chaleureux et réguliers avec ce drôle de couple que formaient Lambert et sa mère : « Je m'entendais bien avec Madame Lambert. Elle adorait Jean-Marie, elle aimait beaucoup les filles, c'était devenu notre famille[1]. » De leur côté, les Lambert avaient l'habitude de rédiger des testaments en faveur du chouchou du moment. Le dernier en date était au nom de Jean-Marie Le Pen. Au grand dam d'un autre héritier, Philippe Lambert, qui habite alors à Montretout, et cache pendant plusieurs jours la mort de son cousin. Le temps de réunir les preuves qu'il n'avait plus toute sa tête et de contester le testament. D'après Laszlo Liszkai, c'est cette mission – réunir des preuves – dont il aurait chargé l'un des deux anciens policiers s'accusant d'avoir commis l'attentat de la Villa Poirier. Sans que l'on puisse en déduire qu'il ait ensuite demandé autre chose. Car les deux hommes gravitent aussi dans les réseaux de l'OAS et de l'Œuvre française, qui se sentent floués par ce testament en faveur de Jean-Marie Le Pen. Nous sommes à une époque où l'on pose facilement des bombes dans ces milieux. Une terreur que Marine Le Pen semble attribuer, rétrospectivement, à un climat antifasciste... Alors que ces pistes, désormais publiques, conduisent soit vers une affaire personnelle, soit vers l'extrême droite. Qu'en est-il vraiment ? On ne le saura jamais. La police n'a pas jugé utile d'enquêter jusqu'au bout. « Pour eux, c'était une petite affaire », explique Laszlo Liszkai, qui a retrouvé des policiers de l'époque[2]. Aux yeux de Marine Le Pen, ce manque de persévérance ne peut qu'apparaître comme une injustice. À aucun moment, en revanche, elle n'évoque la vague d'actions violentes qui ensanglante la France ces mêmes années[3]. De 1977 à 1979, des terroristes d'extrême droite vont

1. Laurent Delahousse, « Un jour, un destin : Jean-Marie Le Pen », France 2, 28 septembre 2010.
2. Entretien avec Laszlo Liszkai, 22 avril 2011.
3. *Libération*, 21 septembre 1979.

commettre pas moins d'une dizaine d'attentats : fusillade contre le piquet de grève des Verreries mécaniques à Reims (1 mort), colis piégé contre le journal *Rouge*, explosion à la mission de France (qui accueille des réfugiés chiliens), explosion au siège des Éditions sociales, colis piégé devant les locaux du Parti communiste français, explosion devant les bureaux de la revue *France-URSS*, attentats contre des foyers Sonacotra (hébergeant des travailleurs immigrés), raid contre une réunion antimilitariste, attentat devant la Ligue des droits de l'homme... Dans aucune de ces affaires portant la marque de l'extrême droite, on ne retrouvera les coupables. À croire que la famille Le Pen n'est pas victime d'un traitement si particulier. En revanche, elle a la mémoire et l'indignation plutôt sélectives.

La prison dorée de Montretout

Dans son autobiographie, Marine Le Pen relève que les services de la Ville de Paris n'ont créé aucun « collectif » pour reloger les sinistrés de la Villa Poirier[1]. Une façon de sous-entendre que les « collectifs » de sans-papiers sont mieux traités... Sauf que les sans-papiers ou les habitants d'immeubles insalubres, victimes d'un incendie, n'ont souvent pas les moyens d'aller vivre ailleurs. Ce qui n'est pas le cas des Le Pen, contrairement à ce que Marine Le Pen suggère dans son livre : « Nous n'avions nulle part où aller[2]. » En fait, elle le reconnaît quelques lignes plus loin, un vieil ami, Jean-Marie Le Chevallier, se propose de les héberger. Mais surtout, la famille est loin d'être sans ressources. En plus des appartements loués par Pierrette Le Pen, elle possède une maison de campagne à Mainterne, près de Dreux.

---

1. Marine Le Pen, *À contre flots*, *op. cit.*, p. 23.

2. *Ibid.*, p. 27. Voir aussi sur la période Gilles Bresson, Christian Lionet, *Le Pen, Biographie*, Seuil, 1994.

Un investissement réalisé pour permettre aux « enfants qui habitaient le XVe arrondissement de voir des vaches, au lieu des Arabes », dixit Jean-Marie Le Pen[1]. Quand il veut leur montrer des crabes, il peut aussi les emmener dans leur maison familiale de Bretagne. La vente de ces biens permettrait d'acheter à Paris…

Ce ne sera pas nécessaire. Grâce à Hubert Lambert, la famille vient d'hériter de plusieurs dizaines millions de francs et d'un hôtel particulier à Saint-Cloud, où elle s'installe, moins de cinq semaines après l'attentat. Le cousin vit toujours au rez-de-chaussée avec sa famille. Ce qui donne lieu à une cohabitation franchement orageuse, faite de courants d'air glacés et d'insultes dans les couloirs. Sauf pour la petite Marine et la petite Lambert, trop heureuses de pouvoir jouer avec quelqu'un de leur âge. Elles enterrent la hache de guerre, « en l'occurrence, un coupe-ongles que nous enterrons en secret au fond du jardin[2] ». Leurs jeux font l'objet d'une réunion de crise entre les deux clans. Mais il est décidé de laisser faire. De toute façon, Jean-Marie Le Pen se dirige vers un arrangement concernant l'héritage. La famille Lambert garde les ciments et les parts industrielles. En l'échange de quoi, la famille Le Pen met la main sur un minimum de 30 millions de francs d'avoirs financiers et bancaires, dont une partie serait en Suisse[3]. Sans parler des 50 % de la société immobilière possédant l'hôtel particulier de Montretout : près de 365 mètres carrés construits sous Napoléon III, 11 pièces sur trois niveaux, au milieu d'un parc d'environ 4 670 mètres carrés. Pour une valeur estimée à l'époque à 10 millions de francs et à 6,5 millions d'euros trente ans plus tard.

1. Thomas Rague, « Le Pen, dernier combat », Public Sénat, 19 avril 2010.
2. Marine Le Pen, *À contre flots*, *op. cit.*, p. 28.
3. C'est ce qu'affirme Pierrette Le Pen au moment de son divorce. Notamment dans une interview accordée à *Genève Home Information*, parue le 12 décembre 1987, mais aussi dans *Globe*, avril 1988. Ces déclarations seront corroborées par les enquêtes de *L'Événement du Jeudi* et du *Canard enchaîné*.

Très impressionnante, la demeure est située dans une sorte de « Beverly Hills » des Hauts-de-Seine, en haut d'une colline qui surplombe Paris et permet de voir la Tour Eiffel. À leur arrivée dans le quartier, les Le Pen détonnent. Leur réputation sulfureuse et leur goût pour les fêtes clinquantes font jaser. Au début des années 1980, il y a parfois du beau monde, comme Alain Delon ou le prince Sixte de Bourbon-Parme. Mais l'endroit devient moins fréquentable après les premiers succès électoraux. Ce qui n'empêche pas de continuer à recevoir lors de soirées épiques, parfois déguisées, où se pressent une centaine d'invités[1]. Comme à son habitude, le seigneur Jean-Marie Le Pen attend les convives au pied de l'escalier pour les saluer et faire une photo-souvenir. Puis c'est au tour des troubadours d'entrer en scène et d'amuser. Comme la bande du groupe Jalons de Bruno Tellenne, alias Basile de Koch. Le service est assuré par des domestiques, un couple de Mauriciens. Un équipage bientôt complété par un garde du corps : Freddy Moreau, un ancien catcheur surnommé le « bourreau de Béthune ». Il loge dans une annexe du jardin.

C'est dans cette atmosphère particulière, à la fois grandiose et désuète, que la jeune Marine Le Pen va grandir après l'attentat. Non sans se plaindre : « Nous avions laissé au loin notre passé, abandonné notre quartier pour atterrir dans un endroit que nous ne connaissions pas, dans une maison vieille et sombre au fond d'un parc[2]. » Le cadre est privilégié mais vieillot et loin de Paris. Jean-Marie Le Pen, dont la pingrerie est légendaire, a du mal à sortir de l'argent pour redécorer ou même restaurer des pièces, dont certains plafonds s'effritent. Un vieux reste de l'enfant de marin, élevé aux bains froids et au gant de crin. Ses trois filles ont subi le même traitement de la part d'une vieille tante bre-

1. L'ambiance de Montretout est très bien décrite par Renaud Dély dans un article de *Libération* intitulé « On aura tout vu à Montretout », 27 janvier 2006.

2. Marine Le Pen, *À contre flots*, *op. cit.*, p. 43.

tonne. Même si la légende du « pupille de la Nation », élève boursier, ne doit pas faire oublier que Jean-Marie Le Pen a surtout été un enfant unique, adoré et choyé par sa mère et ses tantes. Un lien qu'il reproduit avec ses filles, sans les gâter mais sans les brimer. À l'âge d'avoir des voitures, malgré leur patrimoine, les filles Le Pen rouleront longtemps dans des « poubelles ». Son père ayant la passion de lire les factures téléphoniques détaillées de ses employés, on imagine également un argent de poche distribué au compte-gouttes. Pour le reste, elles ne manqueront de rien. Ce qui est presque gênant quand on s'adresse à la classe ouvrière… Il faut donc insister sur d'autres brimades, celles dues au fait de s'appeler Le Pen. Y compris à Saint-Cloud, qui n'est pas non plus le 9-3.

Brimades à l'école de Saint-Cloud

Marine Le Pen a huit ans lorsqu'elle se rend, seule, à l'école communale de Saint-Cloud. Comme toutes les petites filles, elle n'aime pas l'idée d'aller dans une nouvelle école. L'attentat, surtout, reste un souvenir à vif. Yann (douze ans à l'époque) fait encore des cauchemars. C'est l'un des passages où Marine Le Pen se montre le plus critique envers ses parents, qui n'ont pas pris la mesure du traumatisme, ni vu que sa sœur perdait pied à l'école. Son père ne souhaite aucune protection particulière pour ses filles. Peut-être parce qu'il sait qui a commandité l'attentat et que ses filles ne sont pas visées. Marine y voit surtout un trait de caractère, une façon de ne jamais surprotéger ses enfants pour qu'elles s'habituent, très tôt, au nom qu'elles portent. Il n'a pas choisi de les inscrire dans une école privée catholique, mais dans l'école publique de Saint-Cloud, toute proche. Avec un argument étonnant : « Tant qu'à subir un enseignement communiste, autant le faire sans la caution de la religion catholique[1]. » C'est ainsi que sont vus les enseignants à la maison. Ses filles n'ont pas le droit de lire *Pif Mag,* parce que jugé « communiste ». Autant dire que certains propos tenus à la maison contrastent violemment avec l'ambiance extérieure, celle d'après mai 1981. À l'école, Marine Le Pen réalise combien son père ne laisse personne indifférent : « À partir de ce moment, être la fille de Le Pen a signifié l'entrée dans un monde foncièrement injuste, un monde où j'allais devoir sans cesse me surveiller, me justifier et défendre mon père. Notamment dans l'univers scolaire[2]. »

Chaque brimade est interprétée à l'aune de ce nom. Comme ce jour où l'une des responsables de l'école lui demande de cacher sa médaille de la vierge sous son pull sur un « ton blessant » : « Mademoiselle Le Pen, tout le monde n'a pas les mêmes opinions religieuses que vous[3] ! » Nous sommes vingt ans avant la loi sur les signes religieux ostensibles à l'école publique, et il n'y a aucune fille voilée à l'horizon pour se sentir solidaire de Marine Le Pen... Elle s'estime victime d'un traitement « exclusivement réservé ». Ses sœurs, plus âgées, subissent davantage de remarques. Comme ce jour où Marie-Caroline découvre qu'un professeur a écrit « père fasciste » sur son dossier. Lorsqu'elles se plaignent, leur père relativise : « Vous pourriez être nues dans la neige en temps de guerre ! » Du coup, « c'est entre sœurs que nous évoquions les injustices qui nous étaient faites », raconte Marine Le Pen[4]. Yann confirme : « Pendant toute notre jeunesse, ce rejet nous a soudées comme des prisonniers dans une prison[5]. »

La seconde fille a été particulièrement déstabilisée, au

1. Raphaëlle Bacqué et Élie Barth, « Le Pen et filles », *Le Monde,* 29 novembre 2002.
2. Marine Le Pen, *À contre flots, op. cit.,* p. 47.
3. *Ibid.,* p. 49.
4. *Ibid.,* p. 51.
5. *Le Monde,* 28 novembre 2002.

point de tout lâcher à la veille de son bac. Les parents n'y prêtent pas vraiment attention. C'est une conseillère d'éducation kabyle, prénommée Fatima, qui les alerte : « Ce qu'elle vit est insupportable. Elle est confrontée à une dureté telle, que cette gamine est en train d'être vraiment détruite[1]. » Marine Le Pen profite de son autobiographie pour l'en remercier. Elle reconnaît avoir rencontré des professeurs du public « extrêmement corrects ». Ce qui ne l'empêche pas d'en vouloir à l'école laïque, à qui elle reproche de ne pas être assez « neutre » du point de vue politique, à cause du zèle idéologique de professeurs de gauche « décomplexés » par la victoire de Mitterrand. Elle se sentira tout particulièrement regardée de travers en 1985. Elle a alors dix-sept ans. Son père fait la « une » des journaux parce qu'il est soupçonné d'avoir torturé pendant la guerre d'Algérie[2]. Ce qui semble donner envie à ses professeurs d'insister sur les atrocités commises pendant cette période : « Je peux témoigner que la manière dont la colonisation était enseignée à l'époque, surtout en ma présence, ne manquait pas de repentir ! » écrit Marine

1. Marine Le Pen, *À contre flots*, *op. cit.*, p 54.

2. *Libération*, 20 mars 1985 ; *Le Monde*, 21 mars 1985. Selon les témoignages alors publiés par la presse, Jean-Marie Le Pen serait responsable de la mort d'Ahmed Moulay, commerçant algérien. Jean-Marie Le Pen portera régulièrement plainte pour diffamation à ce sujet. Notamment contre un article du *Monde* de 2002, qui rappelle ces témoignages. Le 26 juin 2003, la 17e chambre correctionnelle de Paris a relaxé *Le Monde*. Il ne s'agit pas pour le tribunal de se prononcer sur la véracité des faits mais sur la bonne foi des journalistes. On peut lire dans le jugement que *Le Monde* doit « bénéficier de l'excuse de bonne foi, compte tenu du caractère concordant des témoignages que la journaliste a rapportés et des vérifications auxquelles elle a personnellement procédé, son travail n'ayant nullement consisté, comme il a déjà été dit, à établir la preuve de la vérité des faits exposés par elle – impossible en tout état de cause – mais à informer ses lecteurs sur des circonstances qui lui paraissaient dignes d'intérêt et offrant une crédibilité certaine ». En 2004, la Cour d'appel validera le jugement. Seront rappelés à cette occasion les propos de Jean-Marie Le Pen de 1957 à la tribune de l'Assemblée nationale et la même année lors d'un dîner consacré à la justice en Algérie, puis en 1962 dans un entretien accordé au journal *Combat* : « J'ai torturé parce qu'il fallait le faire » (*Le Monde*, 8 octobre 2004). Voir aussi le procès gagné par Pierre Vidal-Naquet et Claude Cherki, Cour de cassation, 19 juin 2001.

Le Pen[1]. Encore une fois, elle préfère voir la paille dans l'œil des enseignants plutôt que la poutre dans l'œil de son père.

Conseiller en communication auprès de Jean-Marie Le Pen de 1984 à 1994, Lorrain de Saint Affrique a particulièrement bien connu Marine à cette époque. Il relativise la version dramatique qu'elle en donne aujourd'hui : « Alors que son père était sur tous les kiosques à journaux à propos de la torture en Algérie, je l'ai vue revenir de cours triomphante. Elle était arrivée en classe en levant les bras, en forme de V de la victoire. Ce qui lui avait valu d'être acclamée par ses camarades[2]. » Un épisode que ne raconte pas Marine Le Pen dans son autobiographie. Il laisse penser qu'elle n'était pas tout à fait isolée parmi les élèves, ni totalement brimée par ses enseignants. Peut-être auraient-ils dû être plus sévères ? En tout cas si l'on en croit une certaine Marine Le Pen, devenue femme politique, qui reproche aux « professeurs de gauche » d'avoir « combattu toute forme d'autorité et toute forme de discipline » depuis trente ans[3]. Elle s'y connaît. De son propre aveu, Marine Le Pen était une élève dissipée, notamment au collège : « C'est la rigolade avec mes copains. Question études, j'en fais le minimum et comme mes parents ne sont pas derrière moi[4] ! » Plusieurs anciens camarades de classe confirment qu'elle était populaire, malgré son nom et ses provocations, en raison d'un tempérament avenant. Sans parler de la bande d'amis que les filles Le Pen retrouvent à La Trinité-sur-Mer, où elles en profitent pour se défouler et faire la fête. Marine est particulièrement « déconneuse ». Sa réputation n'est plus à faire. Elle la suivra partout. Lorrain de Saint Affrique se souvient d'une jeune femme « très gaie »

1. Marine Le Pen, *À contre flots*, *op. cit.*, p 52.
2. Entretien avec Lorrain de Saint Affrique, 7 mars 2011.
3. Marine Le Pen, invitée de la Tribune-BFM sur BFM TV, 7 février 2010.
4. Propos recueillis par Christiane Chombeau, *Le Pen, père et fille, op. cit.*, p. 113.

et d'« une grande buveuse, qui chante à tue-tête dans les restaurants[1] ».

S'il n'est pas facile de s'appeler Le Pen, la jeune fille a su développer un tempérament de feu, qui l'amène à dérider toute nouvelle connaissance. Cette force de caractère n'enlève rien à la violence de l'adversité. Mais à qui la faute ? Si ce n'est à Jean-Marie Le Pen, qui expose très tôt ses trois filles. Dès 1979, elles défilent à ses côtés en tête des manifestations du Front national. Marine n'a que onze ans. Par la suite, le président du FN n'aura de cesse de mettre en avant ce qu'il appelle sa « lignée de Celtes d'Armorique » et d'insister sur le prénom de « ses filles » comme étant son prolongement : « Marie-Caroline, Marine et Yann qui ont désormais la charge de transmettre le flambeau de la vie[2] ». Elles sont également présentes au premier rang lorsqu'il est invité pour la première fois à l'*Heure de vérité*, le 13 février 1984. Visiblement, Le Pen tient à montrer sa femme et ses trois têtes blondes à 15 millions de téléspectateurs. Il se sert même de leur présence pour incarner son slogan nationaliste : « Je préfère mes filles à mes cousines, mes cousines à mes voisines… Et la France par-dessus tout ! » Sur le moment, ses filles semblent très heureuses de participer à une émission de télévision. Dès le lendemain, la benjamine comprend que son visage sera désormais aussi lourd à porter que son nom : « C'est la première fois que mon père passe à la télévision, et j'en suis naturellement très fière. Je ne sais pas encore que c'est la fin de l'anonymat[3]. » Si Jean-Marie Le Pen en avait profité pour lever tout malentendu et apaiser son discours, cela ne poserait aucun problème. Mais il en a rajouté et s'est livré à ses provocations habituelles. Au point d'être propulsé bête noire favorite des Français. Sa médiatisation s'envole.

Contrairement à ses sœurs, la benjamine n'a pas vraiment

1. Entretien avec Lorrain de Saint Affrique, 7 mars 2011.
2. Jean-Marie Le Pen, *La France est de retour*, Michel Lafon/Carrère, 1985, 302 p.
3. Marine Le Pen, *À contre flots*, *op. cit.*, p. 94.

connu la traversée du désert. Elle a grandi au sein d'un Front national diabolisé mais aussi médiatisé, notamment après le succès de Dreux en 1983. L'adversité augmentant chaque fois que le parti franchit un cap. Ces moments, la jeune Marine Le Pen les vit avec appréhension, comme si le risque de l'attentat revenait. Mais c'est aussi dans ce climat ascendant qu'elle découvre la force protectrice de la politique. La révélation lui vient pendant la campagne de 1984, lors d'un grand meeting à la Mutualité, où des centaines de sympathisants clament « Le Pen ! Le Pen ! » : « J'étais submergée de fierté, je pleurais. Il y avait donc des gens qui aimaient mon père ! Et dans le même temps je me suis dit : "rien que ça, ça efface tout[1]" ». Elle versera les mêmes larmes chaque fois que son père battra un nouveau record d'électeurs et d'admirateurs, comme le soir du 21 avril 2002. Dix-huit ans plus tôt, elle a compris l'importance de la popularité. Non sans souffrir du revers de la médaille : l'absence de vie privée.

L'épreuve

Un épisode va terriblement blesser Marine Le Pen et l'endurcir. Il ne vient pas de l'extérieur, mais de l'intérieur. Le 10 octobre 1984, alors qu'elle est au lycée, sa sœur Yann vient la chercher : « Maman est partie. » La benjamine ne comprend pas et lui fait répéter. Devant la chambre de sa mère, entièrement vidée, elle doit s'y faire. Elle n'a que seize ans, et vient de perdre sa principale boussole. Au petit matin, Pierrette Le Pen, quarante-deux ans, a fait ses valises et quitté Montretout pour de bon : « Je suis partie très vite, sans préavis. Marine était toute petite. Elle a énormément souffert. Les autres aussi, bien sûr, mais

1. *Ibid.*, pp. 98-99.

Marine ne s'y attendait pas parce que pour elle on représentait le couple idéal. Son monde s'est effondré[1]. »

Le couple bat de l'aile depuis un moment. Pierrette Le Pen en a parlé à ses aînées, mais pas à la plus jeune. Depuis des années, cette mère au foyer se consacre entièrement à son mari et supporte toutes ses fantaisies. Marine Le Pen décrit un couple « fusionnel », où les enfants « venaient toujours après le couple » et la politique avant tout[2]. Pierrette Le Pen, qui a failli être mannequin étant jeune, était tout sauf destinée à cette vie. Sa fille apprend à l'occasion qu'elle a déjà été mariée… Avec Claude Giraud, imprésario du Grand ballet du marquis de Cuevas et producteur de concerts d'Édith Piaf. Issue d'une famille bourgeoise, élevée dans une école catholique, Pierrette Le Pen ne détonne pas dans le milieu mondain et interlope, mais se lasse « de sortir tous les soirs en boîte de nuit[3] ». Elle rencontre Jean-Marie Le Pen lors d'une soirée organisée par son mari et se dit « éblouie ». Lui l'accoste de façon plutôt cavalière : « Le Pen m'a vue, m'a souri, m'a pris par la main, et m'a dit : "on s'en va", et moi comme une gourde j'ai suivi. D'office il m'a traitée comme sa chose, sa propriété. J'étais à lui, rien qu'à lui, point final[4]. » Sa vie passe alors de la boîte de nuit perpétuelle au souk permanent. Chaque soir où presque, quand il n'a pas oublié de dire qu'il ne rentrait pas, son mari invite à l'improviste des camarades ou des connaissances à venir ripailler à Montretout. Pierrette ne manque pas de personnel pour l'aider. En plus du couple de Mauriciens, il y a Dany, l'amie de la famille, et une certaine « Nana », qui sert de nounou aux filles. La petite bonne est au service de la famille depuis l'âge de quatorze ans et demi.

Reste que Montretout, encore moins que la Villa Poirier,

1. Laurent Delahousse, « Un jour, un destin : Jean-Marie Le Pen », France 2, 28 septembre 2010.
2. Marine Le Pen, *À contre flots, op. cit.*, p. 23.
3. Christiane Chombeau, *op. cit.*, p. 28.
4. Jean Marcilly, *Le Pen sans bandeau*, Jacques Grancher, pp. 226 et 230.

ne laisse aucune place à la vie privée. Pierrette espère un temps que l'héritage va lui permettre de lever le pied, de passer leur vie en voyages, comme ils aiment le faire. « J'aurais préféré qu'il arrête la politique. Je lui disais : On a des sous. On peut voyager. Amener nos filles avec nous. On peut s'occuper d'elles. On a une grande maison[1]. » Mais Jean-Marie Le Pen n'est pas fait pour cette vie tranquille, et lui répète que l'héritage lui a été donné pour la « cause », même s'il prend bien soin de le garder à son nom et non de le mettre à celui du Front national. « On vivait dans la politique du matin au soir. Une gare de triage. J'ai installé un des salons en secrétariat et après ça a été l'invasion. Je me suis fait avoir par le Tsunami[2]. » Elle s'en plaint tout en sachant qu'elle ne peut rivaliser avec celle que les filles Le Pen appellent la « véritable maîtresse de papa » : la politique. Alors, elle prend un amant : Jean Marcilly, conseiller et biographe attitré de Le Pen.

Il est venu tous les jours à Montretout, pendant des mois, pour rédiger son livre : *Le Pen sans bandeau*[3]. Il a observé la famille et partagé leur intimité. Ce qui rend le vaudeville encore plus douloureux. Pierrette Le Pen a choisi de plier bagage sans crier gare, par peur des réactions de son mari. Aux yeux de ses filles, elle s'est enfuie. Pendant des jours, sa benjamine s'attend à recevoir des nouvelles : « Je vais passer des semaines, des mois à attendre, en vain. Cela va durer quinze ans[4]. » En réalité, la famille sait où trouver Pierrette Le Pen, puisqu'elle vit chez Marcilly. Mais les filles considèrent que c'est à elle de faire le premier pas et se sentent abandonnées. La plus jeune en tombe malade : « Pendant un mois et demi j'ai vomi tous les jours. J'étais

1. Laurent Delahousse, « Un jour, un destin : Jean-Marie Le Pen », France 2, 28 septembre 2010.

2. *Ibid.*

3. Jean-Marcilly, *Le Pen sans bandeau*, Jacques Grancher, 1984, 242 p. À noter qu'il s'agit du même éditeur qui a publié l'autobiographie de Marine Le Pen.

4. Marine Le Pen, *À contre flots*, *op. cit.*, p. 105.

incapable de me nourrir. Ma mère m'avait abandonnée. Elle ne m'aimait plus. Je n'étais plus rien pour elle. Je vivais le plus affreux, le plus cruel et cinglant des chagrins d'amour[1]. » Ce chagrin la rapproche de son père, très affecté lui aussi. Chose rare, il leur arrive de se retrouver en tête à tête, dans cette grande maison sinistre, où le malheur les réunit.

Depuis l'attentat, les filles Le Pen sont habituées à prendre instinctivement la défense de leur père. En les abandonnant, leur mère a pris le risque de les voir se dresser contre elle dans la guerre ouverte qu'elle livre désormais à son ex-mari, par médias interposés. Le 6 janvier 1986, les trois filles publient un communiqué qu'on a rédigé pour elles : « Nous témoignons que les allégations de notre mère sont un tissu d'affabulations calomnieuses. [...] Face à ces attaques, notre père a conservé une attitude stoïque et digne, au risque de laisser beau jeu à ses ennemis. Nous lui exprimons publiquement notre admiration et notre amour. » C'est signé Marie-Caroline, vingt-cinq ans, Yann, vingt-deux ans, et Marine, dix-sept ans.

C'est une contre-attaque politique. Car Pierrette Le Pen parle beaucoup, et livre des secrets qui nuisent terriblement à l'image du leader du Front national. Notamment concernant l'héritage Lambert resté en suisse. Elle livre tous les détails sur la part de « fortune non déclarée » dans une interview parue le 12 décembre 1987 dans *Genève Home Information*, un gratuit suisse. Une version qu'elle confirme dans un autre entretien, accordé un an plus tard à *Rolling Stone* : « Quand on a hérité, il y avait de l'argent en France, des biens immobiliers et l'hôtel particulier de Saint-Cloud. En Suisse, il y a avait une fondation. La fondation Saint-Julien dont Messieurs Brocard père et fils, de Fribourg, étaient gestionnaires. Jean-Marie a demandé que cette fondation soit réalisée, en liquide, et l'argent a été déposé à l'UBS (Union

1. *Ibid.*, p. 106.

des banques suisses) et nous avons mis de l'argent à la banque Darier. Nous l'avons transporté nous-mêmes. Trois milliards [en anciens francs, NDA], je n'en n'avais jamais vu autant. [...] À ce moment-là, j'avais la signature du compte. Évidemment, Jean-Marie n'a rien déclaré au fisc[1]. » Ce qui ne manque pas de sel puisque Jean-Marie Le Pen a toujours dit avoir été « dépouillé par le fisc »...

Lui-même nie posséder des avoirs en Suisse. Tout juste consent-il à reconnaître un « emprunt, qui avait été fait pour la SERP, absolument légal[2] ». Guy Konopnicki dément cette version dans *Les Filières noires*. Par l'entremise d'une source suisse, il a obtenu des relevés attestant de l'existence d'un compte ouvert le 10 mars 1981 (dix-huit ans après la création de la SERP) et de placements à l'UBS à partir desquels il réalise de « juteuses opérations boursières[3] ». Pour mener ces opérations, le président du Front national dispose d'au moins deux amis gestionnaires de fortune. D'abord Jean-Pierre Mouchard. Longtemps éditeur de revues érotiques et d'une lettre plus politique domiciliée au siège de la SERP, ce résident suisse lui sert de trésorier pour l'association Jean-Marie Le Pen-Cotelec, chargée de récolter des fonds pour le « président[4] ». Il rompra ce lien en 1997, en expliquant vouloir « éviter un risque de confusion entre les affaires de Le Pen et les miennes[5] ». Jean-Marie Le Pen est aussi très proche de Jean-Pierre Aubert, un ancien de la banque Darier, et un ami. Au point d'assister à son second mariage.

---

1. *Rolling Stone*, n°4, 13 avril-9 mai 1988, interview réalisée par Lionel Rotcage et Philip Estep.
2. Romain Rosso, « Le Pen, châtelain de Saint-Cloud », *L'Express*, 28 mars 2002.
3. Guy Konopnicki, *Les Filières noires*, *op. cit.*, p. 172.
4. Lorrain de Saint Affrique, Jean-Gabriel Fredet, *Dans l'ombre de Le Pen*, Hachette Littératures, 1998, p. 205-206. « Jean-Pierre Mouchard, le compagnon d'édition. Il dirigeait la société visée par l'enquête », Karl Laske, *Libération*, 15 mai 1999.
5. Ian Hamel, « Les comptes suisses de Le Pen », *Swissinfo*, 29 avril 2002.

Le plus troublant reste les détails fournis par sa première femme… Du temps où elle était mariée à Le Pen, Pierrette dit avoir régulièrement téléphoné en Suisse pour commander ses « petits nègres ». Chaque « petit nègre » voulant dire 10 000 francs. Un exécutant confirmera ses dires quelques années plus tard, dans *L'Événement du Jeudi*[1]. L'hebdomadaire publie même un relevé prouvant l'existence d'un compte suisse au nom de Jean-Marie Le Pen[2].

Un compte auquel son ex-femme n'a plus accès. Jean-François Kahn se souvient de l'avoir rencontrée à Marseille, par l'entremise de maître Gilbert Collard, au moment du divorce : « Elle se sentait menacée. Elle voulait aller en Suisse pour récupérer une partie de l'argent qui lui revenait, mais elle était prévenue que des gars l'attendaient pour l'en empêcher[3]. » Ce jour-là, la conversation dure des heures. L'ex-compagne livre mille anecdotes sur le leader du Front national, ses lectures obsessionnelles sur la Seconde Guerre mondiale et le nazisme, et même des détails plus croustillants concernant ses fantaisies sexuelles. L'article paru dans *L'Événement du Jeudi* contient des révélations fort embarrassantes, mais rien d'aussi personnel : « J'ai publié tout ce qui ne relevait pas de la vie privée », explique Jean-François Kahn. Preuve que même tentée, la presse n'a pas franchi la ligne jaune contre le leader du Front national.

« Une mère, ce n'est pas une décharge publique »

La trahison de l'intimité viendra de l'intérieur, jusqu'à s'étaler dans *Playboy*. Jean-Marie Le Pen a déclenché les hostilités lors d'un entretien accordé au magazine érotique[4].

1. *L'Événement du Jeudi*, 24 mars 1994.
2. *L'Événement du Jeudi*, 5-11 novembre 1992.
3. Entretien avec Jean-François Kahn, 21 avril 2011.
4. *Playboy*, avril 1987.

« Il paraît que vous conseillez à votre ex-femme de faire des ménages si elle a besoin d'argent ! » lui demande le journaliste. Le Pen opine. Son ex-femme lui répond en posant en soubrette dénudée dans un numéro suivant[1]. Marine Le Pen a alors dix-neuf ans, elle est étudiante en droit, et découvre le numéro de *Playboy* en rentrant à Saint-Cloud. La France entière sourit en voyant les clichés. 87 % des Français interrogés trouvent cela amusant. Pas Marine Le Pen. Mortifiée, elle n'ira pas en cours pendant deux semaines. Lorsque les filles reviendront sur cet épisode dans *Paris Match*, qui tient un peu l'album de famille, Marine aura même une phrase très dure : « Une mère, c'est un jardin secret, pas une décharge publique[2]. » Un propos qui blesse terriblement sa mère.

Toujours en discussion pour récupérer certaines affaires restées à Montretout, elle s'est mise à l'écriture d'un manuscrit de 259 pages. Il ne sera finalement jamais imprimé[3]. Mais elle fera bien d'autres révélations compromettantes dans la presse. En 1988, elle accorde une interview ravageuse à *Globe* puis à *Rolling Stone*. Le Jean-Marie Le Pen privé qu'elle dévoile se révèle être pire qu'en public : « Pour lui, les Arabes, c'est des "crouilles", des "melons", des "bicots" : "T'as vu la gueule qu'il a ? C'est pas un Breton !" Mais il y a quelque chose qu'il faut que vous compreniez bien. C'est qu'il ne faut surtout pas prendre Le Pen pour un imbécile : il a toujours des boucliers, trois ou quatre amis arabes, pour que, justement, on ne puisse pas le taxer de racisme. » À l'entendre, c'est aussi vrai pour les Juifs : « J'ai toujours vécu dans l'antisémitisme de Jean-Marie Le Pen. Mes filles ont été élevées dans l'antisémitisme primaire. À la télévision elles rient d'un monsieur : "Oh la gueule de youde, c'est peut-être

1. *Playboy*, juillet 1987.
2. *Paris Match*, 3 juillet 1987.
3. *Bakchich Hebdo*, « Le livre de Pierrette enterré par Le Pen », n° 27, 5-11 juin 2010.

pas un Breton !" Quand *Holocauste* est passé, Jean-Marie leur a interdit de regarder. » C'est peut-être ce qui la désole le plus : « Elles ont été élevées comme ça. Elles disaient de quelqu'un qu'il avait une tête de "youbac", de "youpin", "Tonton Dolphi [Adolf Hitler, NDA] n'en a pas fait assez". C'est une expression qu'affectionne Jean-Marie. » Elle s'alarme de voir ses filles prendre exemple sur leur père : « Quand je les vois en photo, plus elles deviennent femmes, et plus je m'aperçois que je n'ai été qu'une mère porteuse. J'ai trois enfants, mais elles ne sont plus à moi[1]. »

C'est dire si les coups portés, de part et d'autre, ont laissé des traces. Pierrette Le Pen se dit aujourd'hui désolée de la peine qu'elle a pu faire à ses filles, en particulier à Marine. Elles se sont revues quinze plus tard et ont fini par faire la paix. Célibataire et ruinée, Pierrette habite dans une petite maison au fond du jardin de Montretout, où elle s'occupe de ses petits-enfants, et ne parle à la presse que sous conditions. Jean-Marie Le Pen, lui, s'est remarié dès 1991. Avec une femme légèrement plus jeune : Jany Paschos. Fille d'un marchand de tableaux grec, suffisamment fantasque pour supporter la *dolce vita*, et tout pardonner à son époux. Après elle, Montretout a retrouvé des couleurs et repris le goût de la fête. Jean-Marie Le Pen y a toujours ses bureaux. Une pièce surchargée où l'on retrouve une statue de Jeanne d'Arc. C'est là qu'il reçoit et devise sur l'actualité avec ses équipes. Mais le soir, désormais, il s'en va dormir chez sa seconde femme, à Rueil-Malmaison. Dans une villa cossue de style Directoire, entourée de verdure : 200 mètres carrés avec un jardin de 1 600 mètres carrés et piscine. Plus chaleureux qu'à Montretout, où Jany Le Pen ne s'est jamais sentie chez elle. Le contact passe difficilement avec ses belles-filles.

1. *Globe*, avril 1988 ; *Rolling Stone*, n°4, 13 avril-9 mai 1988, interview réalisée par Lionel Rotcage et Philip Estep.

En particulier avec la benjamine, encore plus proche de son père depuis le départ de sa mère.

Mon père, ce héros incompris

Depuis leur plus tendre enfance, les filles de Jean-Marie Le Pen vivent dans la crainte de nuire à leur nom : « Nous nous sentions, mes sœurs et moi, responsables de notre père. Nous savions que tous nos comportements et ceux de nos amis ainsi que tous nos propos pouvaient être utilisés contre lui[1]. » Marine se félicite de n'avoir jamais versé « dans le côté obscur », ni eu de « mauvais plan », qui aurait pu se retourner contre son père. Lorsqu'elle a des reproches à formuler, elle se fait un devoir de les garder pour elle. Elle parle même de « contrat moral » : « Même si c'était un peu lourd à porter parfois, je n'ai jamais rué dans les brancards, ni remis en cause les engagements paternels. Il faut dire que je me positionnais moins face à ses options qu'en réaction aux mensonges déments que j'entendais et lisais dans la presse. Car il fut, dès mon adolescence, flagrant pour moi que tout ce qu'on prétendait de lui – raciste, antisémite, fasciste, etc. – était faux[2]. » Toute la relation de Marine Le Pen à son père se trouve résumée dans cette phrase. Ainsi que dans celle qui suit : « Très jeune, j'ai en effet été frappée par le gouffre qui m'apparaissait entre l'homme décrit et l'homme réel, que je côtoyais quotidiennement[3]. »

La presse le décrit comme violent, raciste, rigide et népotique. Ce qu'il est en politique et même en privé si l'on en croit sa première femme. Sa fille dit connaître un autre Le Pen : bon vivant, tolérant, souple avec la morale, paternel

1. Marine Le Pen, *À contre flots*, *op. cit.*, p. 46.
2. *Ibid.*, p. 89.
3. *Ibid.*, p. 90.

mais exigeant envers ses filles. Plutôt que de « faire l'inventaire », de trier ce qui relève du faux et du juste, elle préfère croire qu'un seul des deux Le Pen existe. En vertu de quoi, ceux qui critiquent Le Pen ont menti. Cette façon de se raconter l'histoire présente un avantage : les coups qu'elle a reçus, la violence générée par le FN, ce n'est pas la faute de son père, mais celle des journalistes, des opposants, des intellectuels... Tous ceux que Marine Le Pen appelle avec mépris les « observateurs de Saint-Germain-des-Prés », qu'elle perçoit comme obsédés par l'idée de nuire à son nom.

De fait, les journalistes ont sans doute mis plus d'énergie à enquêter sur Jean-Marie Le Pen que sur n'importe quel autre homme politique. Mais cette vigilance ne relève pas d'un acharnement irrationnel ou personnel. Si Jean-Marie Le Pen n'avait pas hébergé tout ce que la France compte de plus intolérant dans son parti, s'il n'avait pas proposé un chemin menant à la division et à la haine, jamais il n'aurait été l'objet d'une telle vigilance démocratique. Quand il était jeune député et qu'il ne mettait pas sa vie privée en avant, personne n'est allé déterrer ses « casseroles ». Ce n'est pas non plus la faute des médias si elles sont nombreuses. Peu d'hommes politiques peuvent se vanter d'avoir fréquenté des SS et tenu des propos relativisant la Shoah, être soupçonnés d'avoir torturé en Algérie et tenu des propos racistes, recherché le vote ouvrier tout en dissimulant une partie de leur fortune au fisc, prôné le retour à la famille traditionnelle tout en menant une vie libre, donné des leçons de tenue à la classe politique tout en s'abaissant à faire le coup de poing... François Mitterrand, dont aucun détail de la vie publique et privée n'a été épargné, qu'il s'agisse de sa fille cachée ou de sa francisque, a surtout légué à la France de grandes lois émancipatrices. Il a contribué à faire rayonner sa culture et à démocratiser son école. Jean-Marie Le Pen ne peut se vanter d'aucun apport de ce type à la France, qu'il a surtout menacé de déchirer et qu'il aurait certainement brisée si la « diabolisation » n'avait pas entravé son ascension.

Le terme mérite d'ailleurs qu'on s'y arrête. Il ne s'agit pas de nier que la résistance au FN a parfois été peu élégante. À la façon des Berruriers noirs chantant « La jeunesse emmerde le Front national ». Il y a aussi quelques couvertures de presse qu'aucun autre homme politique n'a connue. Comme celle des Dossiers du *Canard* de 1992, montrant un Jean-Marie Le Pen s'essuyant l'entrejambe avec une serviette de plage, sous le titre *Le Pen, le vrai*. Mais peut-on parler de diabolisation à propos d'enquêtes menées par la presse pour dévoiler le vrai visage du Front national ? Comme si on avait inventé un « diable ». En réalité, c'est bien Jean-Marie Le Pen qui a cousu, de ses mains, ce costume que ses propres filles trouvent hideux.

Le terme de « fasciste » est très violent. Mais faut-il s'étonner de voir cette étiquette lui coller à la peau ? En 1963, dans une France à peine remise de son passé vichyste, le jeune Le Pen – qui vient d'être battu aux législatives – songe à gagner sa vie en créant une maison d'édition avec un ancien Waffen-SS : Léon Gaultier. Chroniqueur de Radio Vichy, fondateur de la Milice, il vient juste de terminer les douze ans de travaux forcés auxquels il a été condamné... Au départ, la SERP (Société d'études et de relations publiques) doit servir d'agence de conseil en communication, sans succès. Le Pen la recycle en maison d'édition. Notamment pour faire connaître et vendre les enregistrements clandestins des plaidoiries de Jean-Louis Tixier-Vignancour au procès du général Salan. La SERP édite également des chants nazis et des discours collaborationnistes. Au programme, Pétain et son ministre de la Propagande, Philippe Henriot, mais aussi « Le IIIe Reich, voix et chants de la révolution allemande ». Loin de resituer ces œuvres dans un contexte critique, la présentation pense devoir rendre justice au nazisme : « La montée vers le pouvoir d'Adolf Hitler et du Parti national-socialiste fut caractérisée par un puissant mouvement de masse, somme toute populaire et démocratique, puisqu'il triompha à la suite de consultations électorales régulières, circonstance généralement oubliée[1]. » Il lance aussi une collection, « Hommes et faits du XXe siècle », forcément plus éclectique, où il éditera Staline, de Gaulle, *L'Internationale*, Malraux, et les chants du Front populaire. Ce qui permet aujourd'hui à sa fille de le défendre : « Dans le catalogue de la SERP, il y avait aussi les chœurs de l'Armée rouge. Mon père a reçu trois prix pour ça, et il a été contacté par de nombreux musées ! » Louis Aliot, son compagnon actuel, est sur la même longueur d'onde : « Chanter *L'Internationale*, pour moi, c'est comme chanter l'hymne d'Adolf Hitler[2]. » Sauf que c'est bien l'hymne des SS qu'aime à fredonner Jean-Marie Le Pen. Notamment devant une journaliste québécoise qui n'en revient pas et le rapporte dans *Globe*. Elle dit également l'avoir entendu expliquer : « Si j'avais le choix, j'aimerais mieux être envahi par les Allemands que par les Arabes. Au moins ils avaient Goethe, Schiller. Les Arabes n'ont jamais rien fait de mémorable. Juste quelques fenêtres décorées[3]... »

On connaît l'argument utilisé par le fondateur du FN pour se disculper de tout esprit collaborationniste : le bateau de son père aurait été coulé par une mine allemande pendant la guerre. Ce qui lui vaut le statut de « pupille de la Nation » et peut donner à croire qu'il l'a perdu au combat. En réalité, ce dernier a pris la mer pour tenter de ravitailler

1. Autre personnage mis en valeur, Philippe Henriot, l'homme qui parle tous les jours sur Radio Paris pour défendre la collaboration. Voir Alain Rollat, *Les Hommes de l'extrême droite – Le Pen, Marie, Ortiz et les autres*, Calmann-Lévy, 1985.

2. Christophe Ono-dit-Biot, « Ceux qui veulent dédiaboliser Le Pen », *Le Point*, 14 décembre 2006.

3. L'article de Denyse Beaulieu, journaliste québécoise, envoyée spéciale du *Devoir* de Montréal, est paru dans *Globe* en septembre 1987. Voir aussi *Le Monde*, 11 septembre 1987.

un restaurant où soupait l'occupant, et il a sauté accidentellement sur une mine[1]. Ce qui est un peu différent. Et surtout n'enlève rien au fait que Jean-Marie Le Pen fréquente volontiers d'anciens nazis. Comme l'ancien Waffen-SS Franz Schönhuber, auteur d'un livre à sa gloire : *Le Pen, le rebelle*[2]. On l'aperçoit sur une photo aux côtés de Marine Le Pen, probablement à la sortie du livre, en 1997. On ne choisit pas les amis de ses parents, mais que Marine Le Pen le veuille ou non, ces personnages lui sont familiers.

Bien sûr, le Front a aussi attiré d'authentiques résistants, reconvertis à la « résistance » contre l'envahisseur étranger que sont à leurs yeux les immigrés. Mais il a surtout attiré à lui les ennemis du général de Gaulle, qu'ils soient nostalgiques de l'Algérie française ou du maréchal Pétain[3]. Comme André Dufraisse, ancien membre du Parti populaire français et de la Légion des volontaires français, engagé sur le front de l'Est sous l'uniforme allemand. Aussi appelé « Tonton Panzer », il sera membre du bureau politique du Front national de 1972 à sa mort. Ou sa compagne : Martine Lehideux, nièce du ministre de l'Industrie de Pétain et dirigeante du FN. Sans parler de Pierre Bousquet, ancien caporal de la division Charlemagne et premier trésorier du FN. Ni de Victor Barthélemy, secrétaire de Jacques Doriot, passé par Poujade, avant de devenir secrétaire général du Front national de 1973 à 1978. Ou de Paul Malaguti, militant doriotiste et même auxiliaire de la Gestapo de Cannes en août 1944. Il sera conseiller régional du Centre pour le FN de 1986 à sa mort, en 1996. Aucun autre parti politique ne peut se vanter d'un tel recyclage.

Ne parlons pas du logo du FN, une flamme tricolore, fortement inspirée par l'oriflamme du parti fasciste italien de

1. « L'enfance d'un chef », Dossier du *Canard*, octobre 1992.
2. Franz Schönhuber, *Le Pen, der Rebell. Front national. Modell für Deutschland*, Verlagsgesellschaft, 1997.
3. Une galerie de portraits très bien décrite par Guy Konopnicki dans *Les Filières noires*, *op. cit.*

Mussolini. Ni des différentes sorties de Jean-Marie Le Pen – à l'*Heure de vérité* ou au *Grand jury RTL-Le Monde* – qui attisent les soupçons. Ces émissions de très grande écoute auraient pu lui permettre de lever tout malentendu. Ce sera, presque à chaque fois, le contraire. Le 13 septembre 1987, Olivier Mazerolles fait son métier. Il insiste pour savoir si Jean-Marie Le Pen adhère aux thèses révisionnistes qui refont surface (Faurisson vient de publier plusieurs tribunes remettant en cause l'existence des chambres à gaz). Voici la réponse de Jean-Marie Le Pen : « Je suis passionné par l'histoire de la Seconde Guerre mondiale. Je me pose un certain nombre de questions. Je ne dirais pas que les chambres à gaz n'ont pas existé. Je n'ai pas pu moi-même en voir. Je n'ai pas étudié spécialement la question. Mais je crois que c'est un point de détail de l'histoire de la Seconde Guerre mondiale[1]. » Toute la mauvaise foi révisionniste s'y trouve résumée. Le Pen dit être « passionné » par l'histoire de la Seconde Guerre mondiale, mais pas au point d'aller voir des chambres à gaz, pourtant faciles à trouver. Ce qui lui permet d'affirmer qu'il n'en a pas la preuve, puisqu'il ne les a pas vues par lui-même. A-t-il vu de ses yeux et de son vivant Jeanne d'Arc ? Cela ne l'empêche pas d'y croire... Aujourd'hui, c'est Marine Le Pen qui choisit de croire à la bonne foi de son père : « On a tout dit et tout écrit sur cette réponse, au travers du préjugé qu'on lui avait collé à la peau à des fins politiciennes. J'ai ma propre grille de lecture à ce qui est apparu, au pire comme du révisionnisme, au mieux comme une blessante maladresse : sa stupéfiante capacité à relativiser[2]. »

Enfant de la guerre, Jean-Marie Le Pen aurait, selon sa fille, tendance à tout comparer à la bataille de la Somme : « Le World Trade Center a fait 2 000 morts, le premier jour de la Bataille de la Somme a fait 60 000 tués et blessés.

1. *Grand jury RTL-Le Monde*, 13 septembre 1987.
2. Marine Le Pen, *À contre flots*, *op. cit.*, p. 129.

Le dire, c'est relativiser. Sans minorer, sans nier[1]. » Cela n'explique pas vraiment ce besoin maladif de relativiser la mort de six millions de Juifs pendant la Seconde Guerre mondiale… Ni les nombreuses sorties de route accumulées au fil des années. Septembre 1998 à propos de Michel Durafour, ministre de la Fonction publique : « Durafour crématoire ». Onze mois plus tard, dans *Présent*, il explique que « la Maçonnerie » et les « grandes internationales, comme l'internationale juive, jouent un rôle non négligeable dans la création de l'esprit antinational ». Bien entendu il précise que « cela n'implique pas tous les maçons ou obédiences, ni toutes les organisations juives, ni tous les Juifs ». En 1996, à l'occasion d'une conférence de presse de l'université d'été du FN : « Oui, je crois à l'inégalité des races, oui. Bien sûr, c'est évident. Toute l'histoire le démontre, elles n'ont pas la même capacité ni le même niveau d'évolution historique. » Avril 2003, dans un entretien au *Monde* : « Le jour où nous aurons, en France, non plus 5 millions mais 25 millions de musulmans, ce sont eux qui commanderont. Et les Français raseront les murs, descendront des trottoirs en baissant les yeux. » 24 janvier 2010, lors d'un meeting à Toulon : « Le prénom du petit-fils de Sarkozy est Solal, ce qui ne relève pas d'une franche assimilation de sa famille à la société française. »

La liste des propos choquants, tenus au fil des années par Jean-Marie Le Pen, est trop longue pour les citer tous. Ils sont plus ou moins graves selon les époques. Les années 1990 sont particulièrement riches en tension. Notamment à cause d'actes racistes, comme la profanation du cimetière de Carpentras ou le meurtre de Brahim Bouarram. Dans les deux cas, Marine Le Pen perçoit le FN en martyr et réfute toute responsabilité. À sa décharge, ce sont des skinheads et non des militants du Front national qui ont commis l'irréparable. C'est d'ailleurs ce qui distingue le FN des grou-

1. *Ibid.*, pp. 129-130.

puscules d'extrême droite : il est chargé des discours et de la lutte électorale, pas de la lutte physique. Au contraire, chaque dérapage nuit à son image et l'empêche de progresser. Ce qui n'interdit pas de faire le lien entre le climat de violence verbal favorisé par le FN et le défoulement physique auquel certains se croient autorisés. C'est toute la complexité d'une affaire comme celle de Carpentras, vécue comme une « machination » par Marine Le Pen.

Le 9 mai 1990, Jean-Marie Le Pen est une fois encore invité à l'*Heure de vérité*. Il tient, comme à son habitude, un discours incendiaire. Le lendemain, on découvre plusieurs tombes profanées dans le cimetière juif de Carpentras. Certaines sont recouvertes de tags antisémites, ce qui est plus rare à l'époque qu'aujourd'hui. Le cadavre d'un certain Félix Germon a même été sorti de sa tombe. L'émotion est forte. Pierre Joxe, alors ministre de l'Intérieur, arrive à Carpentras en hélicoptère. Il est suivi par de nombreux politiques. Une grande manifestation a lieu à Paris et sur place. Mitterrand demande que l'on enquête sur les proches du Front national. Ce qui est une façon de désigner le coupable. L'enquête ne donne rien. Mais les associations antiracistes font volontiers le lien avec l'allocution de Jean-Marie Le Pen. En réalité, on l'apprendra plus tard, la profanation ne date pas du 10 mais du 8 mai, soit *la veille* du passage de Jean-Marie Le Pen à la télévision. Six ans après les faits, un des coupables se rendra à la police. Il s'agit de Yannick Garnier, un néo-nazi qui donne le nom de ses complices. La plupart sont membres du très radical PNFE (Parti nationaliste français et européen) et non du Front national[1]. Dans ses « carnets », révélés en 2008, Yves Bertrand explique que l'affaire de Carpentras a été montée en épingle par Mitterrand pour empêcher une alliance FN/droite classique. Une théorie prise pour argent

1. L'un des coupables est mort dans un accident de moto. Les quatre autres écoperont de 20 mois à deux ans de prison ferme. Pour des informations

comptant par de nombreux sympathisants frontistes... Dont Marine Le Pen. Il est tout à fait probable que Mitterrand ait laissé les esprits s'emballer, et que personne ne se soit empressé de faire la différence entre le FN et le PNFE. Mais parler de « machination » est exagéré. Au pire, il s'agit d'un amalgame.

Dans l'affaire Brahim Bouarram, le lien entre violence verbale et agression physique est moins ténu. Car c'est bien en marge d'un défilé du FN que le drame a lieu. À la fin du cortège du 1er mai 1995, visiblement éméchés, des skinheads s'amusent à bousculer un jeune Français d'origine maghrébine. L'un d'eux le gifle violemment. Il tombe dans la Seine, et en meurt. Le symbole est si fort que l'émotion soulève la France d'indignation. Tous les regards se tournent à nouveau vers le FN. L'affaire embarrasse terriblement le parti, qui a décidé de ne pas se laisser faire comme à Carpentras. Le responsable du DPS (Département Protection Sécurité), Bernard Courcelle, se démène pour mettre les enquêteurs sur la piste des coupables. Ce qui lui vaudra d'être insulté et agressé par des skins pendant des années. Celui qui a donné la gifle mortelle, Mickaël Fréminet, dix-neuf ans au moment des faits, sera condamné à huit ans de prison ferme. Ses camarades, présents à ses côtés, ne seront pas jugés coupables. Parmi eux, il y a Christophe Calame, militant de l'Œuvre française, et David Halbin, cuistot et adhérent du Front national. Tous sont venus ensemble, grâce à un bus affrété depuis Reims par le FN[1].

---

complémentaires sur les groupes d'extrême droite on se réfèrera aux ouvrages suivants : Jean-Yves Camus, René Monzat, *Les Droites nationales* et *radicales en France*, Presses universitaires de Lyon, 1992, 536 p. ; Jacques Leclercq, *Droites conservatrices nationales et ultra (2005-2010)*, L'Harmattan, 2010, 225 p. Ces trois auteurs ont réalisé un travail considérable sur les frontistes, les antisémites, les nationaux-radicaux et les royalistes.

1. *Libération*, 8 mai 1998

Première distances

En grandissant, les filles Le Pen commencent à réaliser que leur père peut être son pire ennemi. Ses provocations perpétuelles leur valent certains moments de découragements. Comme en 2005, lorsqu'il explique dans *Rivarol* : « en France du moins, l'occupation allemande n'a pas été particulièrement inhumaine[1] ». Nous sommes après la scission avec Mégret, alors que Marine Le Pen fait tout son possible pour redresser la barre et changer l'image du parti. La révélation de ces propos relance les critiques. Découragée, elle part quelques jours s'isoler et lui envoie un SMS : « Pas d'accord avec toi, mais pas nécessaire de s'engueuler. » Le choix du texto montre qu'elle redoute sa réaction. Mais Jean-Marie Le Pen l'appelle : « Il m'a téléphoné, raconte Marine Le Pen. Ce qu'il n'aurait peut-être pas fait il y a quelques années mais il s'est rendu compte de mon évolution. Je lui ai dit : "Gardons tout notre amour. Quoi qu'il arrive tu es mon père. Il y a entre nous quelque chose de profond qui va au-delà des disputes. Je t'aime et je ne te ferai jamais de mal, mais j'ai besoin de croire en ce que je fais. Je veux être moi-même[2]". » D'après Christiane Chombeau, qui a recueilli cette confidence, c'est à ce moment-là qu'elle prend la décision de se lancer dans la course à la succession : « 2005, ç'a été le déclic. Elle s'est dit, quitte à servir de punching-ball, autant être aux commandes[3]. »

Non sans avoir beaucoup consulter, Marine Le Pen a donc décidé de faire entendre, très doucement, sa partition. C'est un pas immense pour celle qui a toujours eu peur de nuire à l'image de son père. En avril 2004 sur le plateau de TF1, elle déclarait : « On est la fille de Le Pen et on meurt fille de Le

1. *Rivarol*, 12 janvier 2005.
2. Propos de Marine Le Pen dans Christiane Chombeau, *Le Pen, père et fille, op. cit.*, p. 304.
3. Entretien avec Christiane Chombeau, 25 avril 2011.

Pen. C'est l'homme de ma vie. Il a construit la femme que je suis. Je ne me sens pas de m'opposer à lui. » Prendre ses distances sans renier, ni s'opposer, c'est sur cette ligne étroite qu'elle tente de tracer son chemin politique. Sans renoncer à bondir sur toute personne critiquant les déclarations de son père. Comme en mai 2010 sur France Inter, lorsqu'un journaliste lui demande ce qu'elle pense de sa dernière provocation. À la veille du 8 mai, jour anniversaire de la victoire des Alliés sur le nazisme, Jean-Marie Le Pen a déclaré : « Feindre de croire que le Maréchal Pétain était responsable de la persécution des juifs pendant la guerre est une pensée scandaleuse. » Selon lui, ajoute le journaliste, « les juifs français ont bénéficié de l'action du gouvernement de Vichy ». Atterrée mais furieuse, Marine Le Pen renverse les choses et trouve « délirant » qu'on ait posé cette question à son père. Elle ne se dit « pas choquée » et précise qu'on a sorti la phrase de son contexte[1]. Quand la députée Aurélie Filippetti (PS) souhaite entrer dans le débat, Marine Le Pen lui coupe la parole et la somme de se positionner sur François Mitterrand comme « récipiendaire de la francisque ». Le tour de passe-passe est habile mais de mauvaise foi. Car si la francisque peut être reprochée à Mitterrand, il a surtout fini résistant et a conduit une politique aux antipodes de l'idéal pétainiste. Tandis qu'avec Jean-Marie Le Pen, le doute est légitimement permis.

Son héritière est nettement plus convaincante quand elle s'exprime sur le fond. Comme en mars 2009, où elle prend

1. *Grand jury RTL/LCI/Le Figaro*, 25 avril 2010. La phrase exacte dit ceci : « Ce qui est assez remarquable dans l'histoire des juifs d'Europe – il est mort hélas trop de juifs mais 29 000 juifs français et au total 80 000 morts ou disparus résidents – c'est que si on compare cela au traitement infligé aux communautés juives de Belgique, Hollande, Danemark… on s'aperçoit que les juifs français ont bénéficié, somme toute, d'une indulgence que leur a value l'action du gouvernement français. » Il ajoute : « Feindre de croire que le maréchal Pétain était responsable de la persécution des juifs pendant la guerre, c'est une pensée scandaleuse. Adolf Hitler ne demandait pas l'autorisation à Philippe Pétain de faire ce qu'il voulait faire. »

clairement ses distances avec les propos de son père sur les chambres à gaz : « Je ne pense pas que cela soit un détail de l'histoire[1]. » Ou dans *Le Point*, lorsqu'elle explique que ce qui s'est passé dans les camps nazis fut le « summum de la barbarie[2] ». Ce qui est tout de même la moindre des choses. Mais suffit à créer la surprise et sert son image. « J'ai toujours pensé qu'il était nécessaire d'éviter de nourrir la suspicion qui pèse sur le FN, notamment celle de l'antisémitisme », explique-t-elle[3]. Tout en redisant que son père est victime d'« innombrables calomnies ». Ce qu'il a toujours clamé. Mais passe mieux dans la bouche de sa nouvelle ambassadrice.

En avril 2011, *Time Magazine* a décidé de classer Marine Le Pen parmi les 100 personnalités les plus influentes de l'année. Elle arrive en 71e position, devant Barack Obama. Comme le veut la tradition, la notice est rédigée par une autre personnalité, qui décrit une Marine Le Pen « dans sa pleine maturité politique » et se réjouit de voir la normalisation du FN porter ses fruits : « Le nom de Le Pen a maintenant des chances de représenter la majorité des Français, et cela doit rendre son père très fier. » Le compliment est signé Vladimir Jirinovski, leader d'un parti russe ultranationaliste, connu pour ses sorties antisémites, xénophobes, et ses grandes déclarations en faveur de l'expansion militaire russe...

Opération « dédiabolisation »

Le 18 janvier 2011, Marine Le Pen est attendue sur RTL, pour un entretien avec Christophe Hondelatte. Au micro, le journaliste se confie : « Je voudrais vous raconter une

1. France 5, 27 mars 2009.
2. *Le Point*, 3 février 2011.
3. AFP, 8 mars 2011.

anecdote personnelle, Marine Le Pen. Quand j'ai commencé ma carrière, jeune reporter à France Inter, quand j'interviewais votre papa, je mettais un point d'honneur à ne pas lui serrer la main. J'avançais les bras dans le dos ou les mains dans les poches. Et là, je vous reçois sans problème dans l'émission la plus populaire de la radio. À cette heure-ci. On ne s'est pas fait la bise, mais on aurait pu. Qu'est-ce qui s'est passé, Marine Le Pen ? » Pour Marine Le Pen, la réponse est toute trouvée : « Vous avez grandi... » Elle oublie de dire qu'elle aussi.

Depuis 2002, l'héritière tente par tous les moyens de « dédiaboliser » l'image du Front national. Ce que lui reproche l'aile dure du parti. Cette obsession a plusieurs moteurs. Politique, bien sûr. Il s'agit de rassembler plus largement et de sortir le FN de l'impasse où l'ont conduit certaines provocations. Mais pas seulement. Chez Marine Le Pen, cette volonté de « dédiaboliser » relève de l'instinct. Depuis son enfance, elle se bat contre tous ceux qui attaquent son nom. C'est encore plus vrai depuis qu'elle est mère de trois enfants. Elle met d'autant plus d'énergie à normaliser le nom de « Le Pen » qu'elle redoute visiblement de transmettre une lignée trop lourde à porter et refuse de voir ses enfants endurer ce qu'elle a traversé : « Que ceux qui voudraient [faire] de même avec les enfants sachent qu'ils devront compter sur ma vigilance et ma combativité, car je n'accepterai jamais qu'ils vivent la même chose que nous[1]. » Il existe un moyen : ne pas les exposer. Dans les années 1990, les photos des enfants de Marie-Caroline, de Yann et plus rarement ceux de Marine ont largement été utilisées par la propagande et l'iconographie du FN. Toujours pour servir l'image du patriarche. Marine Le Pen est plus vigilante. Les prénoms de ses enfants sont publics, puisqu'elle les donne dans son autobiographie. Pour les protéger, nous avons choisi de ne pas donner le

1. Marine Le Pen, *À contre flots*, *op. cit.*, p. 129.

nom de leur père dans ce manuscrit, bien qu'il soit connu. Marine Le Pen porte d'ailleurs plainte contre tout article qui écrirait leurs noms et prénoms en même temps, ou qui publierait leurs photos sans autorisation. Ce qui se comprend. Mais ne suffira pas à les épargner. Comme tout enfant d'une dynastie politique, surtout s'ils décident de faire de la politique à leur tour, les enfants de Marine Le Pen seront affectés par les faits et gestes de ceux qui les ont précédé. Leur grand-père et leur mère. Mais leur chemin sera plus facile. Car l'opération « dédiabolisation » a largement fonctionné. Grâce à un tempérament forgé dans l'adversité.

Marine Le Pen est surentraînée au fait de rencontrer des gens qui viennent voir la « fille du monstre » et repartent en la trouvant tout à fait normale, voire franchement sympathique. Beaucoup de journalistes en ont fait l'expérience. Loin des accueils froids, paranoïaques voire violents, des années noires, la nouvelle présidente du Front national sympathise volontiers, quand elle ne taxe pas une cigarette pour créer une certaine complicité. Guy Konopnicki, l'une des bêtes noires du FN, en a été le premier étonné. Aujourd'hui journaliste à *Marianne*, il a signé l'un des livres les plus efficaces contre le Front national : *Les Filières noires,* paru en 1996[1]. Son enquête et d'autres articles lui ont valu d'être régulièrement poursuivi en diffamation, notamment par Marine Le Pen. Il garde le souvenir d'une plaidoirie particulièrement « vindicative et hargneuse ». À la fois avocate de formation et porte-parole, Marine Le Pen se sert d'une condamnation sur un détail, un commentaire sur certains choix politiques de Jean-Marie Le Pen, pour discréditer l'ensemble de son livre et de son travail. De bonne guerre, mais pas vraiment au service de la liberté de la presse. Guy Konopnicki se souvient d'ailleurs d'une époque, celle du *Quotidien de Paris* et du *Matin*, où Jean-Marie Le Pen

1. Guy Konopnicki, *op. cit.*

insultait certains rédacteurs en chef pour les dissuader de publier des articles qui pourraient lui nuire. Sans parler des tentatives de menace ou d'intimidation venant de militants frontistes. Ni de la tension lorsque le journaliste couvrait certains événements du Front, alors que le parti avait invité la presse : « Des types me crachaient dessus. » Dix ans plus tard, changement d'époque. Alors qu'il s'apprête à entrer sur le plateau de Paul Wermus sur France 3, Marine Le Pen en sort et lui demande une cigarette en souriant. Guy Konopnicki hésite : « Si je vous donne une cigarette et que vous attrapez un cancer, votre père va me faire un procès ? » Elle rit. Le journaliste lui tend une clope : « Je n'ai jamais refusé une cigarette à une dame. » Mais l'ambiance lui paraît surréaliste : « C'était un vrai numéro de séduction. Le virage total[1]. » Déstabilisant. Surtout si on a de la mémoire. Une journaliste ayant fait ses classes à l'UNEF, à l'époque de la mobilisation contre le FN, se souvient de la première fois qu'elle a croisé Marine Le Pen dans les coulisses d'une émission : « Si elle ne s'appelait pas Le Pen, c'est typiquement le genre de fille avec qui t'as immédiatement envie de faire la bringue et d'en faire ta meilleure amie. »

Nous l'avons dit, c'est un instinct chez Marine Le Pen. Mais c'est aussi devenu une stratégie. Relativement efficace. Il suffit de lire les coupures de presse qui saluent son ascension politique pour s'en convaincre : « médiatique », « efficace », « personnage télégénique », « révélation de l'année ». Le moins qu'on puisse dire, c'est que la fille a meilleure presse que le père. Le sommet étant un article de *Spectacle du monde* intitulé « Marine Le Pen : les ressorts d'une volonté », dégoulinant de guimauve et d'admiration pour la *success story* de la petite fille ayant tout surmonté pour nous le dire avec courage : « le mondialisme est un totalitarisme[2] ». Au fond, c'est assez logique. Le journa-

1. Entretien avec Guy Konopnicki, le 25 avril 2011.
2. Jean Bothorel, *Spectacle du monde*, n° 576, mars 2011.

lisme « people », mais aussi le reportage ou le portrait, humanise son sujet. Dans le cas d'un personnage sulfureux comme Marine Le Pen, ce traitement souligne logiquement la rupture de style, de génération, et tend à servir la « dédiabolisation ». Tandis que le journalisme d'analyse ou l'expertise, portés davantage sur le décorticage des idées et des programmes, rappelle plus volontiers la continuité.

Reste que le style fait beaucoup dans une époque marquée par la peopolisation de la vie politique. Sans parler des facteurs de fond facilitant la banalisation des antiennes frontistes : de l'après-11 septembre à la crise du multiculturalisme en passant par les affres de la mondialisation, la crise financière et le vieillissement de la population française. Il suffit d'y mettre les formes pour remettre au goût du jour les vieilles rengaines du Front national. Puisqu'on s'attend à voir le diable et à l'entendre parler comme son père, il suffit à Marine Le Pen de se montrer aimable ou de dire une banalité, comme le fait que le nazisme soit « le summum de la barbarie », pour créer la surprise. La comparaison avec son père la sert formidablement. Elle explique l'engouement médiatique dont elle fait l'objet, et doit souvent s'excuser auprès d'autres militants du Front, plus austères et si caricaturaux qu'aucun média ne songe à inviter. Rien de plus logique, pourtant. Avec son nom, son visage et ses talents de débatteuse, Marine Le Pen est ce que l'on appelle une « bonne cliente ». L'inviter permet de respecter les consignes du CSA – souvent contournées pour ne pas inviter son père – tout en faisant de l'audience.

Elle-même a compris que les journalistes n'étaient pas des gens bornés mais des miroirs, que l'on peut façonner en se façonnant soi-même, comme avec l'écriture d'*À contre flots*. Simple mais efficace. Ceux qui l'ont lu ne pourront plus la critiquer ou la décortiquer sans penser à la petite fille qu'elle a été et qui a souffert de l'adversité. Reste à les convaincre que la « diabolisation » du FN n'était pas fondée. L'héritière s'y emploie en incitant ses militants à ouvrir leurs portes, surtout depuis le 21 avril 2002 : « Parvenu à ce point de l'histoire, c'est-à-dire au succès inouï au premier tour de Le Pen malgré les manipulations de la classe politique, nous devions désormais faire acte de pédagogie et de transparence ; nous devions ouvrir nos dîners-débats et nos réunions à tous, y compris aux médias afin qu'ils voient que nous n'étions pas des nostalgiques bottés et casqués, la matraque à la main. Que les électeurs du Front national n'étaient pas les abrutis, les archaïques, les imbéciles, les racistes, les peureux, les angoissés de l'avenir qui étaient systématiquement décrits et décriés avec mépris. Ils sont des patriotes. Ils aiment leur pays. Nous devions nous battre pour leur rendre cette fierté ; or en luttant contre cette injuste diabolisation, c'est leur honneur et leur considération que je voulais défendre[1]. »

Une « détente » qui se ressent aussi dans le dispositif de sécurité. Il y a quelques années, un meeting du Front national ne pouvait se tenir que sous haute garde, par peur de voir débarquer des opposants décidés à en découdre. C'était l'époque du DPS de Bernard Courcelle, qui dit avoir enterré « plusieurs gars » à cause des antifascistes[2]. Sans que l'on puisse établir ce qui relève du fait politique ou du règlement personnel. Et sans compter ceux qui ont pris de sévères coups venant des gros bras du FN. L'ancien parachutiste avait mis sur pied un véritable service d'ordre hyper-professionnalisé, quasi militaire, où les skins (incontrôlables mais surtout peu fiables) n'étaient pas les bienvenus. Ce qui ne l'a pas empêché de défrayer la chronique, comme à Montceau-les-Mines, le 25 octobre 1996, lors de véritables batailles rangées et casquées contre des opposants. Le DPS a depuis été remplacé par un service d'ordre moins musclé. Marine Le Pen y voit un signe supplémentaire de la normalisation de son parti : « Le Front s'est

1. Marine Le Pen, *À contre flots*, *op. cit.*, p. 253.
2. Entretien avec Bernard Courcelle, mars 2010.

normalisé. Il faut dire les choses comme elles sont. Franchement, le DPS aujourd'hui, il n'y a rien à leur reprocher. C'est vrai qu'on ne peut pas non plus comparer ce qui n'est pas comparable. Il faut quand même se souvenir qu'à l'époque, on faisait l'objet d'attaques en règle, physiques, de la part de nos adversaires politiques. Je veux dire, ce n'était pas des types qui arrivaient avec des fleurs, "F comme fascistes, N comme nazis". C'est des types qui venaient au carton. Qu'est-ce qu'il fallait qu'on fasse pour avoir une bonne image, se laisser taper dessus ? Il y a un certain nombre de types qui ont considéré qu'il ne fallait pas qu'on se laisse taper dessus. »

De fait, ce n'était pas l'idée. Surtout en 1992, avant une première réorganisation. Le contenu des formations du service d'ordre du FN est alors révélé par des collaborateurs de *Reflexes,* un fanzine antifasciste. Ils se sont inscrits et ont fait semblant d'y participer pour les besoins de leur enquête. D'après leur récit, le conseiller militaire enseigne aux recrues comment frapper un militant de gauche sans avoir l'air d'y toucher : « Devant une caméra, mieux vaut une bonne fracture qu'une blessure au sang : si un gauche chiale mais qu'il n'a pas de blessure apparente, les images ne passeront pas à la télé[1]. » Le même conseille d'attaquer aux yeux : « Si vous enfoncez bien votre doigt, l'œil de votre adversaire doit pendre par le nerf optique. » Le plus dur semble être de préparer les troupes à subir des insultes sans perdre immédiatement son sang-froid : « En face, on va vous insulter, vous traiter de fascistes et de nazis. Bien que fascistes et nazis ne soient pas des insultes », précise le formateur. Avec de telles instructions, on ne s'étonnera pas que la moindre insulte finisse en bataille rangée. Marine Le Pen le reconnaît : « On n'avait pas non plus des enfants de chœur au DPS à l'époque. » Mais pour Marine Le Pen, cette époque est terminée : « À partir du moment où on voit que quelque chose

1. *Reflexes*, juin 1995.

ne fonctionne pas, on essaie d'y apporter une réponse. Mais il y a autre chose, c'est qu'on n'est plus attaqué comme on l'était. Quand Bruno va sur le parvis de la basilique Saint-Denis, il y a 50 bus du NPA avec leurs trucs. Ce n'est plus ce qu'il y avait avant. Moi je me souviens encore, en 2004, d'avoir dû faire campagne sur le marché entourée d'une compagnie de CRS en position de tortue ninja. Le commissaire de police s'est fait casser le nez. Ça n'arrive plus. C'est fini[1]. »

Reste une question. Comment « dédiaboliser » le Front sans perdre ce soufre qui permet au parti d'avoir une place à part dans l'échiquier politique ? Même Marine Le Pen semble se la poser : « Je ne sais si nous réussissons malgré la diabolisation ou grâce à la diabolisation[2]. »

Un peu de soufre quand même...

Rien de tel qu'une provocation pour mettre le débat public à feu et à sang et le faire tourner autour de soi. Juste après avoir pris ses distances avec le relativisme de son père concernant la Seconde Guerre mondiale, Marine Le Pen a semé le chaos en comparant les prières musulmanes de rue à une forme d'« occupation » : « Certes il n'y a pas de blindés, il n'y a pas de soldats, mais c'est une occupation tout de même et elle pèse sur les habitants[3]. » Polémique garantie. Dans ce domaine, la benjamine a hérité du tempérament paternel et retenu une règle cardinale : le sens de la formule. À ceux qui s'étonnent, elle répond souvent : « Les chiens ne font pas des chats. » Comme lui, elle a le don d'utiliser un vocabulaire relativiste et banalisateur. En qualifiant tout et n'importe quoi de « totalitaire ». Comme le projet d'un

1. Entretien avec Marine Le Pen, 20 septembre 2010.
2. Marine Le Pen, *À contre flots*, *op. cit.*, p. 257.
3. *Sud-Ouest*, 12 décembre 2010.

scrutin majoritaire à deux tours pour les conseillers territoriaux, qualifié de « dérive totalitaire[1] ». Ainsi, par la magie du vocabulaire, le parti n'est pas soupçonnable d'être collaborationniste mais « résistant », puisqu'il s'élève contre l'« occupation » (des prières musulmanes) et souffre du « totalitarisme » (qui se trouve être souvent la démocratie). Du grand art.

Mais ses vrais galons de leader frontiste, Marine Le Pen les doit à son attaque contre Frédéric Mitterrand. La cible est tentante. Par le nom qu'il porte. Par le gouvernement auquel il appartient. Par le fait qu'il a confessé ses parts d'ombre dans un livre, *La Mauvaise Vie*, où il raconte sa passion pour un jeune boxeur thaïlandais, prostitué. Le livre est paru sans choquer. C'est même un best-seller. Tout s'envenime au moment de l'affaire Polanski. En septembre 2009, alors qu'il se rend à un festival de films en Suisse, le réalisateur est arrêté en raison d'une accusation de viol sur mineure vieille de trente ans, mais qui n'a jamais été jugée aux États-Unis. Le ministre de la Culture de l'époque, Frédéric Mitterrand, estime les conditions de cette arrestation « épouvantables ». Avant de préciser que Polanski n'est « en dessous ni au-dessus des lois » et qu'il s'agit d'actes « graves non excusables ». Entre-temps, l'affaire est devenue une affaire « Mitterrand ». Marine Le Pen a choisi d'attaquer sa prise de position en faisant le lien avec son livre, écrit avant son entrée au gouvernement : « Il décrit par le menu la manière dont il effectue du tourisme sexuel. Et le plaisir qu'il a à payer des petits garçons thaïlandais, tout en sachant les conditions dans lesquelles ils vivent, tout en sachant la perversité de ce système, l'ignominie qui est faite à ces jeunes garçons. » Elle demande la démission du ministre-écrivain : « Qu'est-ce qu'on peut

1. AFP, 30 avril 2010 : « La vice-présidente du Front national, Marine Le Pen, a assimilé vendredi à une “dérive totalitaire” l'éventuel projet du gouvernement d'appliquer aux futures élections des conseillers territoriaux, voire aux législatives, un scrutin à deux tours sans triangulaire. »

dire aux délinquants sexuels quand Frédéric Mitterrand est encore ministre de la Culture[1] ? »

La charge est d'autant plus violente qu'elle parle de « petits garçons », là où *La Mauvaise Vie* raconte une histoire avec un jeune prostitué, qui n'est pas mineur. Une confusion qui portera auprès de tous ceux qui ne font pas la différence entre homosexualité et pédophilie. Pour Lorrain de Saint Affrique, qui a assuré la communication de Jean-Marie Le Pen pendant les années les plus « chaudes », ce jour-là, Marine Le Pen a « franchi la ligne jaune » et va même plus loin que son père : « Jean-Marie Le Pen n'attaque jamais les gens sur leur vie privée. Il a lui-même tellement de choses à cacher. » Il est vrai que le fondateur du FN aime à dire : « Tel qui fait aujourd'hui la morale serait bien marri qu'on montre ce qu'est la réalité de sa vie[2]. » Ce qui ne l'a pas empêché de tenir des discours d'une rare homophobie. Sa fille s'y croit autorisée lorsqu'elle pense mener campagne contre la pédophilie. Au risque d'entretenir l'amalgame et d'endosser un costume d'inquisitrice qui lui sied fort mal, connaissant le profil de son parrain, « Monsieur Éric », l'« empereur de Pigalle ».

Chez Marine Le Pen, l'attaque en dessous de la ceinture n'est pas liée à une forme de morale. Elle vise plutôt à discréditer la classe politique, ou à détourner l'attaque quand elle se sent en difficulté. Comme dans l'émission *France-Europe-Express*, le 25 mai 2004, face à Daniel Cohn-Bendit. Il vient d'évoquer les tortures en Algérie. Sentant venir les soupçons contre son père, Marine Le Pen l'interrompt. « Vos insinuations sont minables » dit-elle, avant d'insinuer à son tour. Elle revient sur une vieille provocation de Cohn-Bendit. Dans un livre paru en 1975, *Le Grand Bazar*, l'ancien leader de mai 68 parle d'ateliers alternatifs avec de jeunes enfants et croit devoir « épater le bour-

1. *Mots croisés*, 5 octobre 2009.
2. AFP, 5 mai 2003.

geois » sur la précocité de la sexualité en racontant : « Il m'était arrivé plusieurs fois que certains gosses ouvrent ma braguette et commencent à me chatouiller. Je réagissais de manière différente selon les circonstances, mais leur désir me posait un problème. Je leur demandais : "Pourquoi ne jouez-vous pas ensemble, pourquoi m'avez-vous choisi, moi, et pas d'autres gosses ?" Mais s'ils insistaient, je les caressais quand même[1]. » À l'époque, Cohn-Bendit s'identifie aux enfants. Il fréquente un groupe qui refuse de réprimer la sexualité. L'air du temps est à la provocation et à la déconstruction. Personne n'a relevé ce passage lors de sa sortie. Rétrospectivement, il passe difficilement. Daniel Cohn-Bendit le reconnaît et le regrette : « Sachant ce que je sais aujourd'hui des abus sexuels, j'ai des remords d'avoir écrit tout cela[2]. » Sortir cette phrase de son contexte est un coup bas. Marine Le Pen le vit comme l'exact équivalent de ce qu'elle subit quand on lui ressort les déclarations ou les actes de son père. Cela lui permet de contre-attaquer : « Voyez-vous, Jean-Marie Le Pen, lui au moins, il a gagné ses procès lorsqu'on l'a accusé de torture. Vous, quand on vous a accusé de pédophilie, vous n'avez pas gagné de procès. » Une charge doublement inexacte. D'abord parce que Jean-Marie Le Pen a perdu certains procès sur la question de la torture. Ensuite parce que Daniel Cohn-Bendit n'a jamais violé personne et n'a donc jamais fait l'objet de procès pour pédophilie. Il tente de l'expliquer, mais Marine Le Pen le coupe et enchaîne : « Jean-Marie Le Pen, lui, ne se fait pas tripoter la braguette par des gamins. » Christine Ockrent est obligée d'interrompre : « oh ! là, je sais qu'il est tard mais je crois qu'on peut s'arrêter sur ce registre. »

Lorsqu'elle va trop loin, Marine Le Pen maîtrise mal son sourire. Un sourire figé, artificiel, comme pour masquer sa peur d'être prise en défaut ou sa colère. Pour Lorrain de

1. *Le Grand Bazar*, Belfond, 1975.
2. « Le remords de Cohn-Bendit », *L'Express*, 22 février 2001.

Saint Affrique, il cache une vraie violence : « Le principal talent de Marine, c'est sa capacité à dissimuler la violence qui est en elle. Sa véritable nature est d'ordonner, d'exiger. Si elle n'obtient pas ce qu'elle veut, elle entre dans des fureurs noires, destructrices[1]. » Il se souvient de colères épiques quand elle était jeune. Notamment un soir de 1985. Trois jours avant l'*Heure de vérité,* la deuxième pour Jean-Marie Le Pen. Les trois filles doivent apparaître dans le public comme la première fois. Il est entre vingt-deux et vingt-trois heures au rez-de-chaussée de Montretout. Jean-Marie Le Pen n'est pas là. Marine et Yann se disputent, et Marine s'emporte. Au point de coller un marron à sa sœur. Lorrain de Saint Affrique l'entend crier et accourt : « Marie-Caroline et moi nous sommes précipités pour les séparer. Pendant que je calmais Marine, Marie-Caroline s'est occupée des premiers soins sur Yann. Il y avait heureusement des escalopes de veau dans le réfrigérateur familial... » Il faudra tout de même une bonne dose de maquillage pour que l'œil bleu de Yann ne se voie pas trop à la télé. Sans revenir sur cette anecdote, elle confirme le tempérament volcanique de sa sœur : « Enfants, on s'entretuait à coups de poing, Marine n'était pas la dernière[2]. » Ce tempérament volcanique peut-il surgir et lui coûter ce qu'il a coûté à son père ?

Son père faisait 45 pompes tous les matins pour se maintenir en forme, et n'aimait rien moins que le coup de poing et la castagne pour se sentir toujours jeune. Marine Le Pen préfère visiblement se défouler au stand de tir. Alors qu'elle croise Louis Aliot au siège du FN, un journaliste l'entend lui lancer : « Tu viens avec moi au stand de tir cet après-midi[3] ? »

1. Pascale Nivelle, « Elle n'a rien d'une blonde », *Libération*, 15 janvier 2011.
2. *Ibid.*
3. *JDD*, 13 mars 2011.

Un tempérament procédurier

Perçue comme moins radicale, Marine Le Pen a subi moins de critiques que son père. Mais elle a eu son lot. La chanson de Diam's, « Marine », est tendrement critique, voire « starisante ». Extraits : « Marine / T'as un prénom si tendre / Un vrai prénom d'ange / Mais dis-moi c'qui te prend / [...] Ma haine est immense quand je pense à ton père / Il prône la guerre quand nous voulons la paix / Marine / Tu crois vraiment que t'es dans le vrai ? / Que t'as su saisir ta chance / Et que ton avenir est tracé / Marine / Je ne suis pas de ceux qui prônent la haine / Plutôt de ceux qui votent et qui espèrent que ça s'arrête / [...] Tu t'appelles Le Pen / N'oublie jamais que tu es le problème / D'une jeunesse qui saigne / Viens, viens / Allons éteindre la flamme / Ne sois pas de ces fous qui défendent le Diable / Marine / J'ai peur que dans quelque temps tu y arrives / Et que nous devions tous foutre le camp[1]... » Toutes les contre-attaques ne sont pas si mélodieuses. En juillet 2006, alors qu'elle se rend à l'île de la Réunion pour animer un séminaire de formation, elle est attendue par des manifestants très remontés. Quelques jours plus tôt, Jean-Marie Le Pen a lié le manque de soutien à l'équipe de France au fait qu'il y « avait trop de joueurs de couleur ». Autant dire que lorsque sa fille débarque, elle est attendue de pied ferme. Nous sommes en pleine crise de chikungunya. Un photographe de l'AFP immortalise une femme portant une pancarte où la tête de Marine Le Pen a été posée sur le corps d'un gros moustique, avec pour légende : « Non au virus Marine Albopictus. » Commentant la montée du FN aux élections régionales, le réalisateur Pascal Elbé enchaîne sur le même registre bactériologique : « Le FN, c'est comme un virus. On pense en être débarrassé mais en fait, il revient

1. Diam's, « Marine », *Dans ma bulle*, 2006.

toujours. Marine Le Pen, c'est une cellule souche que l'on ne peut pas éradiquer[1]. » Le 15 janvier 2011, une manifestante anti-FN interrogée par France 3 va jusqu'à parler de « gangrène ».

Virus, cancer, gangrène. Ce vocabulaire pose question. Déshumaniser l'adversaire en le désignant par des termes empruntés au registre animal, voire à celui de la médecine, n'est pas du registre des démocrates. Il pouvait passer lorsque la cible, Jean-Marie Le Pen, dépassait les antiFN en violence verbale, mais devient totalement contre-productif lorsqu'il vise Marine Le Pen, que bien des Français perçoivent à travers le filtre de la « dédiabolisation ». Il suffit que les attaques tournent au sexisme pour en faire la victime idéale.

Dans un registre plutôt abject, un rappeur amateur dénommé Cortex la menace d'« une tournante ». La vidéo circule sur internet. Elle est difficilement audible et fait plutôt penser à un gag. L'apprenti rappeur bredouille quelques insultes, effectivement violentes. Marine Le Pen a porté plainte et se dit « imperméable à ce type d'intimidation », toutefois plus pathétique qu'effrayante. Les attaques sexistes sont bien plus contre-productives lorsqu'elles viennent d'artistes, comme Richard Berry. Au micro des *Grandes Gueules*, il se laisse aller : « Il va falloir la démasquer comme femme et dire que Marine Le Pen est un homme. Marine Le Pen a des couilles et une bite. Elle arrive masquée. Mais en fait c'est un homme[2]. » La palme revient à Régis Jauffret. *Libération* lui offre une page pour écrire une fiction mettant en scène Marine Le Pen. Sous le titre « La fille du Bédouin », il commence son récit ainsi : « Elle entre dans l'hôtel Saint-Aygulf

1. *Les Grandes Gueules*, RMC, 30 mars 2010. La thématique médicale est récurrente sur Twitter. Dans un édito du *JDD* (24 avril 2011), Bruno Jeudy dit de Marine Le Pen qu'elle est maligne. Il n'en faut pas plus pour qu'un buzz démarre : « Maligne comme une tumeur. »

2. *Les Grandes Gueules*, 8 mars 2011.

(Var). Jeans, bottes à talons, plus sexy que son père. Si je n'étais pas féministe et partisan de la parité au Parlement, je me serais dit que c'est exactement le genre de fille qu'on a envie de sauter entre deux portes en espérant qu'elle vous demande de lui donner des baffes avant de jouir pour pouvoir se mettre un instant dans la peau d'un sans-papiers macho et irascible[1]. » Le pire est sans doute d'avoir utilisé la peau d'un sans-papiers pour imaginer violer Marine Le Pen.

Face à un tel niveau de bêtise, on comprend que la nouvelle présidente du Front national soit décidée à ne pas se laisser faire. Le problème, c'est qu'elle utilise aussi systématiquement le droit et la menace de procès pour intimider ses adversaires. Y compris quand il s'agit d'autres politiques. Interrogé sur un sondage qui la donne en tête au premier tour, Jean-Luc Mélenchon déclare : « Pourquoi voulez-vous que le peuple français soit le seul peuple qui ait envie d'avoir un fasciste à sa tête ? » La phrase est vive, outrancière, mais fait partie d'un combat entre deux grandes gueules, qui ont chacun des espaces pour se défendre et contre-attaquer. Le fait que Marine Le Pen choisisse le prétoire, en plus de l'arène politique, montre qu'elle ne supporte pas la moindre attaque. L'ancienne secrétaire d'État aux droits de l'homme, Rama Yade, est également poursuivie pour « injure ». Pour avoir écrit sur son blog que Marine Le Pen faisait de la politique « pour s'enrichir sur le dos des gens » et « qu'[elle] faisait partie d'une famille de profiteurs qui en appelle aux électeurs et s'en met plein les poches. Leur seule obsession, c'est l'argent ». Le grand rabbin de France, Gilles Bernheim est aussi menacé de poursuites pour avoir déclaré sur Europe 1 que le Front national était « une menace pour les valeurs de la République[2] ».

1. Régis Jauffret, « La fille du Bédouin », *Libération*, 17 mars 2011.

2. Dans un premier temps, le FN menace de poursuivre cette déclaration du 1er avril 2011 sur Europe 1. Louis Aliot réagit ensuite dans un communiqué

Ainsi que Patrick Lozès, du CRAN, pour avoir considéré que Marine Le Pen était « la première communautariste de France[1] ». Ce qui relève clairement du débat d'idées et du jugement de valeur. Nécessaire en démocratie. À moins d'être contre le pluralisme.

Marine Le Pen a aussi porté plainte contre Yann Barthès, du *Petit Journal* de Canal +, pour avoir ironisé sur l'altercation entre un journaliste et le service d'ordre du FN au congrès de Tours (elle a perdu). Fait un procès à *Paris Match* pour avoir dit que la vente du « Paquebot » allait rapporter un « joli pactole ». Attaqué Le Post pour avoir accusé ses partisans de multiplier les adhésions en vue des primaires du FN. Le nombre de procès en cours est tel qu'il devient difficile de les répertorier et de suivre leur issue. Tant celle qui réclame le droit à la liberté d'expression est de loin la plus procédurière de toute la classe politique.

D'extrême droite ? À vous de juger

Marine Le Pen réfute le terme d'« extrême droite », qu'elle voudrait réserver à son expression la plus caricaturale : « L'extrême droite, ce sont des groupuscules comme Unité Radicale. Ils ont de tout petits cerveaux, une tendance à l'accoutrement vert-de-gris, de grosses chaussures, et détestent tout ce qui n'est pas blanc de peau[2]. » Ce qui a le

---

de presse : « Dans une république laïque, le FN, parti constitutionnellement reconnu, n'a pas de leçon à recevoir d'une autorité religieuse ! » (Communiqué du 1er avril 2011). Fin avril 2011, le FN n'avait toujours pas déposé plainte.

1. Le FN demande dans un premier temps un droit de réponse sur le blog de Patrick Lozès. Ne l'obtenant pas, il introduit une procédure en insertion forcée. Patrick Lozès s'exécute mais le 1er avril 2011 réitère ses propos et commente : « Cette grossière tentative d'intimidation n'a pas marché et Mme Le Pen a rapidement abandonné son action en justice. » Le 2 avril 2011, Marine Le Pen l'assigne en diffamation.

2. *VSD*, 23 janvier 2003.

mérite de ne pas s'appliquer à elle. À ses yeux, le simple fait que le Front national se présente aux élections et soit plus modéré que l'Œuvre française, le PNFE ou des skinheads en fait un juste milieu, surtout depuis qu'il a lissé son discours : « Je pense que le Front national, s'il fut un jour un parti d'extrême droite, est aujourd'hui un grand parti populaire[1]. » Chaque mot est pensé pour adoucir la rupture. De fait, c'est bien ainsi que Marine Le Pen rêve le FN. Restent la réalité et son histoire. Au point de se retrouver coincée sur France 2, lorsque Alain Duhamel lui demande : « Vous disiez à Arlette que vous n'êtes pas d'extrême droite. Mais qui est à votre droite[2] ? » Après une longue hésitation, Marine Le Pen répond : « Personne n'est à notre droite, puisque nous ne sommes ni de droite ni de gauche. Je crois que c'est une fracture dépassée. La vraie fracture est entre le mondialisme et la Nation. » Une version actualisée d'un cri déjà poussé en 1989… par un certain Bruno Mégret : « L'affrontement politique principal n'est plus celui du socialisme marxiste contre le capitalisme libéral, il est maintenant celui des tenants du cosmopolitisme contre les défenseurs des valeurs identitaires[3]. »

Cette fois, nous sommes en 2011, sur le plateau d'*À vous de juger*, l'émission politique animée par Arlette Chabot. C'est un moment de télévision particulier, une sorte de rituel initiatique. Pour la première fois, Alain Duhamel se retrouve en tête à tête public avec Marine Le Pen. Elle qui était au premier rang de l'*Heure de vérité*, lorsque son père se trouvait sous le feu de questions du même journaliste. « Bel effort de longévité, monsieur Duhamel », s'amuse Marine Le Pen. Alain Duhamel sourit mais reste concentré. Il lui rappelle la première question qu'il avait posée à son père : « Vous considérez-vous comme un démocrate ? »

1. Marine Le Pen, *À contre flots*, *op. cit.*, p. 259.
2. *À vous de juger*, 9 décembre 2010.
3. Bruno Mégret, *La Lettre de Jean-Marie Le Pen*, 1er décembre 1989.

Marine Le Pen se souvient parfaitement et enchaîne d'une voix visiblement émue : «… et il vous a répondu oui ». Elle tient enfin l'occasion de dire ce qu'elle a sur le cœur : « Depuis trente-cinq ans, vous avez pu vous apercevoir que le Front national s'est présenté à toutes les élections, a parfaitement respecté le jeu démocratique. Que la démocratie ne le lui a pas bien rendu puisqu'on a fait des modes de scrutin pour l'empêcher d'avoir des représentants à l'Assemblée nationale. » Alain Duhamel, qui a de la mémoire, la reprend : « ou pour l'y aider, comme en 1986 ». « Non, sourit Marine Le Pen, Monsieur Mitterrand s'était aidé lui-même. »

Séquence émotion et rétrospective. Marine Le Pen s'en est bien tirée. Jusqu'à ce qu'Alain Duhamel quitte ce terrain pour passer au scalpel son programme économique, dont il révèle l'aspect dramatiquement inconsistant et même périlleux. L'échange se termine de façon tendue. Marine Le Pen donnant des leçons de lecture à Alain Duhamel, qui la reprend sur sa façon de prononcer *Der Spiegel* (pour lui signaler qu'il lit certainement plus qu'elle). « Elle est belliqueuse, très préparée et en même temps assez faible sur le fond », estime le journaliste. À la suite de cet échange, il sera copieusement insulté sur les forums par les sympathisants FN. Quant à Marine Le Pen, elle semble vivre la moindre question embarrassante comme une persécution. Alain Duhamel se souvient d'un autre plateau de France 2, où il devait poser une question difficile à chaque candidat : « Chacun l'a pris plus ou moins bien, mais elle l'a vécu comme une véritable agression, alors que je lui ai posé une question difficile comme à tous les autres. » Pour avoir eu à croiser le père et la fille, à l'écran comme en coulisse, il estime que la comparaison n'est pas forcément à l'avantage de qui l'on croit : « Lui est très violent en public mais pas en privé. Elle, c'est l'inverse[1]. » Nathalie Saint-Cricq, qui

1. Entretien avec Alain Duhamel, 6 avril 2011.

a longtemps été rédactrice en chef d'*À vous de juger* et qui a préparé des centaines d'émissions politiques, n'a pas le même ressenti : « Jean-Marie Le Pen était d'une violence absolue dans le privé. Il était tout le temps dans la fureur. Jamais courtois avec le personnel. Il multipliait les blagues racistes et sexistes. C'était une tannée ! Il faut se souvenir de l'ambiance des meetings du FN, on ne pouvait pas y aller sans garde du corps si on venait avec une caméra. Ce n'est plus du tout le cas avec Marine Le Pen. Avec les médias elle est très ouverte, agréable et professionnelle. C'est oui ou c'est non, mais c'est assez simple, beaucoup plus qu'avec bien des politiques[1] ! »

Médiatisée et martyre

Aux yeux des sympathisants frontistes, les médias ont toujours tort. Lorsque Arlette Chabot invite Marine Le Pen dans *À vous de juger*, l'invitation est perçue comme un « complot du système » par les plus antisémites : « Gollnisch n'a pas été invité. Il n'avait pas donné de garanties, elle oui. Marine est la candidate choisie par le système[2]. » Quand, au contraire, Michel Drucker ne souhaite pas la recevoir sur son canapé rouge, c'est aussi la preuve d'un complot... Dans les deux cas, pourtant, ces choix s'expliquent. Dans le premier cas, nous sommes dans une émission politique, où l'absence d'une représentante d'un parti comme le FN serait difficilement justifiable. Jean-Marie Le Pen lui-même a souvent été invité à l'*Heure de vérité*. Parce qu'il était un « bon client », et qu'il était incontournable. Le pari étant de soumettre l'invitée à des contradicteurs

1. Entretien avec Nathalie Saint-Cricq, 6 avril 2011.
2. Entretien avec Jerôme Bourbon, directeur de *Rivarol*, 2 mars 2011. Voir aussi Jérôme Bourbon, *Enquête sur l'avenir du mouvement national*, Les Tuileries, 2008.

qui la poussent dans ses retranchements. Dans le cas de Michel Drucker, nous sommes devant un tout autre type d'émission, basé sur l'empathie et le divertissement. Peut-il recevoir Marine Le Pen sachant l'antipathie, profonde, que lui inspirent ses idées ? Sachant que le dispositif favorise la complicité ? Même si ce choix signifie que d'autres candidats à l'élection présidentielle ne devront pas venir sur ce canapé le temps du scrutin, il se comprend. Et pourtant, signe des temps, l'animateur favori des Français est désavoué : 70,9 % des personnes interrogées par *Le Parisien* estiment « anormal » qu'il n'invite pas Marine Le Pen[1]. Elle-même crie au « scandale » sur Radio classique : « Il se permet d'exclure de son émission le représentant, ou la représentante d'ailleurs, de millions d'électeurs. » Comme à son habitude, l'attaque ne se contente pas de critiquer le fond, mais se double d'un coup de griffe plus personnel : « Michel Drucker est sûrement extrêmement bien payé par les contribuables français, puisqu'il est sur le service public. Il a oublié probablement ce que voulait dire le service public[2]. » Quelques minutes après cette intervention, la plupart des forums internet reprenant l'information sont inondés de messages ironisant sur le père de Michel Drucker et sa déportation. D'autres feignent de croire qu'il s'agit d'un complot israélien : « De toute façon, on n'a plus le choix. On doit se prostituer pour Israël[3]. »

Des commentaires qui demeurent parfois en ligne, au nom de la liberté d'expression. Tout comme ceux, violemment racistes, qui vont inonder Radio France à propos de Sophia Aram. L'humoriste a tout pour énerver l'électorat frontiste. D'origine marocaine, laïque mais antiraciste. Avec Benoît Cambillard, elle est l'auteure d'un spectacle, *Crise de foi,* dans lequel elle tourne en dérision toutes les reli-

1. http://www.leparisien.fr/politique/trouvez-vous-normal-que-marine-le-pen-ne-soit-pas-invitee-chez-drucker-07-12-2010-1181923.php
2. Radio classique, 7 décembre 2010.
3. Chtinois, 8 décembre 2010, fdesouche.

gions. Elle anime aussi deux fois par semaine la pastille humoristique de la matinale de France Inter. Toujours avec une douce ironie. Jean-Marie Le Pen est parti très fâché lorsqu'elle a dressé son bilan en prévision de sa retraite : « Au mieux vous êtes un thermomètre fiché dans le derrière des Français pour mesurer leur xénophobie. Des années à vous faire passer pour le diable, à user votre salive pour dire tout haut ce qu'une poignée de Français pensent tout bas et tout ça pour quoi ? Pas une phrase qui ne restera dans l'histoire. Au mieux quelques jeux de mots foireux. Et un slogan revendiquant fièrement le droit à l'éjaculation précoce : Le Pen viiiite ! » Cruel mais drôle. Marine Le Pen n'a pas trop ri lorsqu'elle est venue à son tour. Dans un registre plus léger, Sophia Aram a comparé leurs parcours de femmes discriminées en raison de leur nom et de leurs origines familiales. Elle imite sa tante Fatiha, qui comprend la petite « Marilyn Le Pen », son envie de dire sa colère en allant au FN, et lui suggère de « mieux s'intégrer à la France » ou de demander conseil à des associations comme Ni putes ni soumises. La chronique a commencé par dire : « Ce qui me fait peur chez vous, ce n'est pas Marine mais Le Pen. » Elle se termine par : « En venant ici, j'ai compris : ce n'est pas de vous que j'ai peur, mais de vos idées. » Le ton, bien plus doux à l'oral qu'à l'écrit, vise juste. Dans une autre chronique, elle décide de taquiner ceux qui souhaitent arrêter de culpabiliser le vote FN. En nous expliquant toutes les bonnes raisons que les Français ont de voter Front national. Le chagrin, la colère, la peur… Et en oubliant toutes celles qui font que bien des Français souffrent mais ne votent pas FN pour autant. Ce matin-là, Sophia Aram diffuse le sonore d'un électeur FN éructant : « Fallait pas les faire venir ! Regardez en Italie, qu'ils arrivent sur les bateaux et tout ! Les Polonais c'est pareil. On a une femme de ménage, nous, elle fait deux heures par jour, mais ça ne l'empêche pas qu'elle part deux mois au Portugal en vacances… Ils ont pris tout le boulot et voilà ! Moi c'est Le Pen. À 100 %

Le Pen. On a été trop cons et puis c'est tout ! » Sourires consternés dans le studio. Au micro de la matinale, Patrick Cohen est obligé de préciser qu'il ne s'agit pas d'un sketch mais de « vraies gens ». « De vrais philosophes », reprend Sophia Aram avant d'enchaîner sur un ton moqueur : « Même si on n'a plus le droit de dire que ce sont des gros cons, avouez que c'est pas mal imité, non ? » Pas vraiment méchant, juste ce qu'il faut d'ironie pour mesurer le chemin parcouru depuis la dédiabolisation du vote FN.

Pourtant, si ce n'est plus le diable, c'est pas mal imité. Le Front national menace de saisir le CSA. 150 plaintes d'auditeurs sont déposées. Certains demandent qu'on la vire. D'autres inondent Radio France d'insultes et de menaces, par milliers. Elles s'ajoutent au flot de celles déjà reçues par Sophia Aram pour avoir offensé Jean-Marie puis Marine Le Pen. « C'est qu'une crouille… qu'elle dégage au Maroc voir si c'est mieux… », « Sophia Aram, que fais-tu chez nous ? », « CONNASSE ! Apprends le français et apprends à être drôle. On ira te voir en tournée, ne t'en fais pas, sale conne[1] ». Et ce ne sont pas les pires. Le flot d'injures bat des records, en matière de sexisme, de racisme, et de menaces explicites. Ces réactions montrent qu'une partie du public du FN n'a pas changé. Du coup, la question se pose : son offre politique peut-elle vraiment évoluer ? Ou cette évolution de façade sert-elle uniquement à rendre plus acceptables les mêmes obsessions ?

1. Patricia d'Arvernie, Facebook, 24 mars 2011.

L'héritière

Jean-Marie Le Pen aurait aimé devenir « danseur classique ». Personne ne l'imagine autrement qu'en bête politique. Sa fille dit avoir rêvé tantôt de devenir photographe, tantôt commissaire de police. Mais son nom la rattrape : « On devient malgré soi, tout jeune, l'avocat de son père[1]. » Ce sera donc des études pour devenir avocate, comme papa, qui a montré ses premiers talents de leader en tant que président de la Corpo de droit. Pour sa fille, ce sont surtout « des années de bachotage acharné[2] ». En tout cas pendant la période des examens. Le reste du temps, elle a décidé de profiter de la vie et de ses années étudiantes pour « se fondre dans un groupe » et faire la fête.

Ceux qui l'ont croisée à l'époque la disent très entourée. Par un cordon de « camarades » lui servant de garde rapprochée. Le soir, elle lève le coude avec ses amis du GUD, sans trop s'afficher avec eux le jour. Créé en 1968, sous l'impulsion de militants d'Occident, le groupe est régulièrement interdit pour cause de violence et figure parmi les plus radicaux. Marine Le Pen partage leur tempérament, mais pas toutes leurs idées, ni leur passion pour la panoplie fasciste,

1. Fabienne Faur, « Le Front national, une affaire de famille », AFP, 26 février 2010.
2. Marine Le Pen, *À contre flots*, *op. cit.*, pp. 142-143.

trop caricaturale pour ne pas nuire à l'image de l'extrême droite. « Elle sortait avec des gens du GUD, mais ne pouvait pas s'empêcher de les engueuler », raconte Fabrice Saulais, l'un de ses amis gudards de l'époque. Il décrit une jeune femme déterminée mais encore en recherche : « Elle avait un avis sur tout, même les sujets les plus anodins, et se montrait directe, autoritaire, frontale, mais aussi entière et sympathique. Elle n'avait cependant aucune idéologie, aucune culture politique[1]. » Pour « faire plaisir », à vingt-trois ans, elle accepte de figurer en dernière position sur la liste du Cercle national des étudiants de Paris (CNEP). Un satellite du Front national de la jeunesse qui la présente aux élections du CROUS de 1991. Mais à l'en croire, l'engagement politique n'est pas sa priorité. Bien au contraire. Elle chercher à fuir l'étiquette Le Pen sous sa robe d'avocate.

Sous la robe

Meilleur à l'oral qu'à l'écrit, elle intègre le Centre de formation professionnelle des avocats grâce à un 16 sur 20 au « grand oral ». Après un DEA en droit pénal obtenu en 1991. Elle fait alors partie des futures jeunes avocates que l'on sait prometteuses. Beaucoup, même de gauche, la trouvent « sympa » et « courageuse ». Ce qui n'empêche pas les regards de travers et les réflexions désagréables. Dominique Rousseau, directeur du bureau pénal, se souvient de réactions violentes : « Quand on s'asseyait à la cafétéria, des gens prenaient leurs assiette pour aller s'asseoir plus loin. Un jour que je discutais avec elle, une ancienne secrétaire de conférence est venue vers nous, m'a dit "je t'interdis de parler à cette salope" et lui a craché dessus[2]. »

1. Christiane Chombeau, *Le Pen, père et fille*, *op. cit.*, p. 171.
2. *Ibid.*, p. 182.

Ce type d'altercation est-il le signe que Marine Le Pen n'avait aucune chance de se faire une place au barreau ? Rien n'est moins sûr. Le monde des avocats est un univers à part, où le talent oratoire compte par-dessus tout. Elle possède ce talent, personne n'en doute. Sous la robe, Marine Le Pen aurait donc pu faire oublier son nom, voire s'en servir. De grands ténors d'extrême droite ne sont-ils pas reconnus et même respectés ? C'est ce que Pierre-Olivier Sur, avocat au barreau de Paris, appelle la « preuve par Tixier ». En référence à Tixier-Vignancour, dont tout le monde reconnaissait le talent, y compris les avocats de gauche : « À l'enterrement de Tixier, il y avait tout le monde. À l'enterrement de Varaud ou Biaggi aussi, tout le monde était là. Le palais de droite et le palais de gauche ! » Lui-même plutôt apolitique, Pierre-Olivier Sur regrette que Marine Le Pen ait choisi de se faire un prénom en politique et non au barreau. Il se souvient d'en avoir souvent parlé avec elle à la buvette : « On lui a tous dit : si tu te tiens à l'écart de la politique, tu n'auras aucun problème à faire oublier ton nom. » Il en est convaincu, le destin de Marine Le Pen aurait bifurqué si elle avait intégré la Conférence du stage. Un concours d'éloquence qui ouvre la porte du cercle fermé et très convoité : celui des douze meilleurs jeunes avocats de leur promotion. Les heureux élus vont siéger un an, détenir le monopole des commissions d'office sur les affaires criminelles, et organiser le concours d'éloquence qui élira leurs successeurs. « C'est une vraie famille. Si elle l'avait intégrée, je suis persuadé qu'elle serait aujourd'hui avocate et n'aurait pas choisi la politique. » L'aurait-on laissée entrer dans ce club si prisé ? C'est là que les avis divergent. Maître Basile Ader, classé à gauche et qui a intégré la Conférence cette année-là, le pense : « Dans notre promotion, il y avait Arnaud Montebourg mais aussi Alexandre Varaut [le fils du célèbre avocat d'extrême droite], qui était un ami à elle. Peut-être y aurait-il eu débat. Ou pas. On ne le saura jamais. Je regrette, en tout cas, qu'elle ne se soit pas présentée. Je l'ai entendue une fois plaider, je l'ai trouvée douée. » Il rappelle que d'autres personnes sulfureuses ont siégé à la Conférence, comme Jacques Vergès, qui l'a même présidée. Le nom de Marine Le Pen, si controversé soit-il, n'aurait pas totalement détonné. Nicolay Fakiroff, toujours en bons termes avec Marine Le Pen, se souvient qu'elle avait envie de présenter le concours et qu'elle avait ses chances : « Dans mon souvenir, elle voulait se présenter. Certains y étaient résolument hostiles. Mais d'autres membres étaient favorables à sa candidature et l'exercice lui allait à merveille[1]. » Si elle s'était présentée, elle l'aurait probablement réussi. N'a-t-elle pas brillé, quelques mois plus tôt, à la Petite Conférence du stage, une sorte de répétition du fameux concours organisé à la sortie de l'école des avocats ? Ce jour-là, comme le veut la tradition, les élèves planchent sur un procès factice : juger Charles IX pour « crime contre l'humanité » et « tapage nocturne » sous le prétexte d'avoir fait sonner bruyamment les cloches de Saint-Germain-l'Auxerrois. Marine Le Pen parle de « frayeur » à l'idée de jouer son rôle en public : « Le jour venu, j'ai cru ne jamais parvenir à prononcer un mot tant j'avais le trac[2]. » Elle terminera seconde, ex-aequo avec Mario Stasi, derrière Pascale Pierra, qui deviendra secrétaire de la Grande Conférence du stage. Autant dire qu'elle a toutes ses chances pour entrer dans le saint des saints de la Conférence du stage. Pourtant, Marine Le Pen ne se présente pas. La simple idée de déclencher une polémique la fait reculer. Nicolay Fakiroff le regrette mais comprend : « Elle a sans doute considéré qu'elle n'était pas obligée de relever tous les défis. »

Cet épisode est important. Car une fois de plus, c'est un ennemi intérieur, la peur du regard de l'autre, qui semble

1. Entretien avec Nicolay Fakiroff, 2 mai 2011.
2. Marine Le Pen, *À contre flots*, *op. cit.*, p. 150-151.

avoir entravé Marine Le Pen. Une peur qu'elle a connue à l'école de Saint-Cloud et qui la poursuit à Assas, où elle se dit blessée par l'attitude de certains enseignants. Comme ce jour où un professeur de droit fait travailler toute la classe sur un arrêt de 1973 rendu contre Jean-Marie Le Pen pour « apologie de crimes de guerre ». Ce qui n'est pas tout à fait déplacé dans une faculté de droit, mais l'affecte profondément : « J'ai du mal à me défaire du malaise que provoquaient en moi ces comportements[1]. » L'évocation de ces brimades fait sourire Jean-Claude Martinez, ancien membre du FN et toujours professeur à Assas : « Marine Le Pen persécutée à Assas, c'est un gag ? Son conseiller pénal était du GUD. Mes collègues étaient pro-Le Pen ! » Il est vrai que la faculté n'est pas réputée pour être gauchiste... Lorsque François Mitterrand est réélu en 1988, les couloirs se couvrent de brassards noirs en signe de deuil. Martinez se souvient même d'assistants plutôt bienveillants quand il s'agissait de noter la fille de Jean-Marie Le Pen. Jean-Baptiste Biaggi, l'un des plus célèbres avocats de la cause nationaliste et de l'Algérie française, compagnon de route du FN jusqu'à sa mort, lui promettait un bel avenir : « Quand on plaide au pénal, on apprend l'esprit de repartie plutôt que l'esprit d'analyse et Marine a l'esprit de repartie[2]. »

---

1. Marine Le Pen, *À contre flots*, *op. cit.*, p. 52.

2. Charles Jaigu, « La hussarde blonde », *Le Point*, 22 novembre 2002. Maître Biaggi a été résistant, ancien déporté, Croix de guerre, puis député UNR et ensuite conseiller régional de Corse sous l'étiquette du FN. En 2005, il fait partie des juristes ont signé un appel « pour la liberté d'expression et de pensée », à savoir celle de Bruno Gollnisch sur la Seconde Guerre mondiale. Il demandait en prime « l'abrogation des lois (Pleven, Gayssot, Perben etc.) qui restreignent abusivement la liberté d'expression ». Il a aussi été président d'honneur d'un Comité anti-Joxe pour demander de « mettre un terme à la carrière politique de l'âme damnée de Mitterrand ». Maître Biaggi est mort en 2009, à quatre-vingt-dix ans.

Premiers pas à la justice des mineurs

Pour son premier stage, en 1991, Marine Le Pen travaille auprès d'une magistrate qu'elle décrit comme « étonnante et fan de Lénine ». Ce qui ne l'empêche pas de faire son travail « sans *a priori* » et de prendre « sous son aile » la jeune étudiante. Elle fait ses premiers pas à la 12e chambre du Tribunal de grande instance de Paris, qui correspond au parquet des mineurs. « Inceste, maltraitance, placement de foyer en foyer, gamins assis sur des plaques chauffantes, rien ne me fut épargné et c'est tant mieux », écrit Marine Le Pen. Comme beaucoup de jeunes avocats, elle s'identifie volontiers aux enfants, tout en se disant qu'il faudrait plus souvent retirer ces gamins à leurs parents « alcooliques, tortionnaires ou drogués » : « On a beaucoup moins mauvaise conscience lorsqu'il s'agit de retirer un animal à un mauvais maître[1]. » Peut-être parce que les enfants, même de familles pauvres ou violentes, ne sont pas des chiots... La 12e chambre traite aussi de mineurs qui ne sont pas des enfants de chœur. Ce qui la touche beaucoup moins : « Je n'ai pas de compassion particulière à l'égard des délinquants et des criminels. J'en ai davantage et plus spontanément pour les victimes[2]. »

Une lapalissade un peu décevante dans la bouche d'une avocate, que l'on retrouve au cœur du discours sécuritaire de Nicolas Sarkozy, également avocat de formation. Ce dernier nie la « spécificité » de la justice des mineurs et voudrait juger plus sévèrement certains jeunes dont la violence et la taille justifient, à ses yeux, d'être traités en adultes : « Les tribunaux pour enfants ne sont pas adaptés à ces criminels[3]. » Petite précision : Nicolas Sarkozy a été « avocat d'affaires », ce qui ne l'a pas vraiment conduit à

1. Marine Le Pen, *À contre flots*, *op. cit.*, pp. 145-146.
2. *Ibid.*, p. 147.
3. Nicolas Sarkozy, *Face aux Français*, TF1, 10 février 2011.

visiter le cachot des mineurs… Marine Le Pen l'a fait et peut difficilement surenchérir : « C'est immonde. Sale, noir, moche, dégradé, voilà une succession de cachots – il n'y a pas d'autre terme – noirâtres, où s'entassent les suspects de toutes sortes d'infractions, des délits les plus bénins aux crimes les plus fous, sans distinction aucune[1]. » Cette expérience l'amène au moins à faire le tri entre les criminels selon la nature du délit, mais ne remet nullement en cause son engagement politique. On se souvient d'elle comme d'une jeune avocate adepte de la « comparution immédiate » à l'américaine, malgré les risques de justice expéditive qu'elle peut comporter. Elle n'en parle pas dans son livre, où elle insiste plutôt sur sa vision humaniste et refuse d'être assimilée aux partisans du « tout répressif », ceux décrivant les prisons comme des palaces quatre étoiles… Elle juge indispensable, comme à peu près toute la classe politique, d'améliorer les conditions de détention et de construire davantage de prisons. Trop de peines n'étant jamais appliquées, faute de places.

Là s'arrête le combat de Marine Le Pen pour une vision plus humaine de la justice française. Malgré sa sympathie pour ses collègues de la 12e chambre, qu'elle décrit comme « majoritairement de gauche », son admiration pour de grands avocats de la défense, Marine Le Pen ne va pas consacrer sa vie à plaider pour les plus faibles. Son destin est ailleurs. Son CAPA (certificat d'aptitude à la profession d'avocat) en poche, elle refuse de faire sa thèse comme l'y incite son père. Pour ne pas devenir ce qu'elle appelle un « rat de bibliothèque » : « Je voulais travailler, gagner ma vie, devenir autonome[2]. » Mais pas au point de s'éloigner du giron familial.

1. Marine Le Pen, *À contre flots*, *op. cit.*, p. 146.
2. *Ibid.*, p. 144.

L'avocate du FN

En janvier 1992, Marine Le Pen prête serment, entourée de ses amis, de sa famille et de journalistes de l'AFP, qui rédigent une dépêche pour l'occasion. Une publicité qui, selon elle, n'accroît pas ses chances de trouver une place dans un cabinet généraliste : « Inutile de dire que l'arrivée de la fille Le Pen au barreau ne passa pas inaperçue et que les avocats installés ne se pressèrent pas au portillon pour embaucher une stagiaire aussi voyante[1]. » C'est sans doute vrai. Il est certainement plus facile d'intégrer un cabinet proche du Front national que d'intégrer un cabinet spécialisé dans la défense des immigrés ou des mineurs. Ce sera donc le cabinet de Georges-Paul Wagner, célèbre avocat d'extrême droite, et ami de son père, où elle se retrouve bien vite à travailler sur les dossiers… du Front national.

À quelques exceptions près. En février 1992, elle plaide pour une hôtesse de l'air, violée à son domicile. Il est tard lorsque le procès donne lieu à une scène plutôt décalée. Alors que le juge examine les pièces à conviction, dont un test ADN, il se demande si cette avocate, « maître Le Pen », ne serait pas la « fille de… » et commet un lapsus : « En résumé, mademoiselle, on ne peut pas dire que le sperme que l'on a retrouvé dans votre culotte est celui de… Monsieur Le Pen. » Cramoisi, il réalise et s'excuse. Ce qui déclenche le fou rire de Marine Le Pen et de sa cliente[2]. La jeune avocate obtient sept ans de prison pour le violeur, malgré un test ADN non concluant.

Au printemps de la même année, elle a l'occasion de suivre un grand dossier : l'affaire du sang contaminé. Georges-Paul Wagner représente l'association des Polytransfusés. Marine Le Pen n'est qu'une petite main, chargée

1. *Ibid.,* p. 151.
2. *Ibid.,* p. 158.

d'effectuer la permanence des audiences, mais elle assiste à un procès qui a tout pour plaire à l'extrême droite : une affaire d'État, qui met en cause des socialistes comme Laurent Fabius, marqués à vie par le soupçon d'avoir laissé des transfusés être infectés par le virus du sida pour des raisons mercantiles. En réalité, le procès l'a démontré, le ministre de la Santé de l'époque, et *a fortiori* le Premier ministre, n'étaient pas consultés pour de telles procédures. La responsabilité de ce drame incombe à ceux qui ont pris la décision de ne pas chauffer le sang pour gagner du temps et de l'argent. Comme le docteur Garretta, qui sera lourdement condamné. Cela ne convainc pas Marine Le Pen. Elle en profite pour accréditer l'idée d'une justice protégeant les puissants : « Comme souvent, là encore, les politiques et les grands corps de l'État furent épargnés[1] ».

En tant que jeune avocate commise d'office, il lui arrive aussi de plaider pour un immigré en situation irrégulière, un Algérien sans papiers. Ce qui fait grincer quelques dents. Une délégation de jeunes avocats se plaint auprès du bâtonnier, qui les envoie paître. L'émoi vient aussi du FN. Certains lui reprochent de s'éloigner de l'« orthodoxie du parti ». Pour le coup, la jeune avocate se montre simplement fidèle à une règle élémentaire en démocratie : tout présumé coupable a droit à un avocat. « Je pensais, et je pense toujours, que si l'immigration doit être combattue à raison de ses conséquences néfastes en termes d'identité nationale et de son lourd retentissement sur le plan économique, les immigrés quant à eux doivent être correctement traités et ont, comme tout le monde, droit à un avocat pour les défendre[2]. » C'est bien le moins. Pour le reste, son expérience sous la robe ne remet nullement en cause son adhésion à la doctrine du Front national : refuser le cas par cas et plaider pour un retour automatique de tout clandestin.

1. *Ibid.*, p. 157.
2. *Ibid.*, p. 153.

D'une façon générale, même lorsqu'elle plaide, Marine Le Pen ne fait pas oublier qui elle est. S'en donne-t-elle vraiment les moyens ? Après seulement deux ans d'expérience professionnelle, la voilà qui rêve déjà de se mettre à son nom et à son compte. Quitte à courir à l'échec : « Personne ne voulait s'associer avec Marine Le Pen : c'était tout bonnement envisagé comme une suicide professionnel[1]. » Pourquoi cette précipitation ?

Les mauvaises langues la soupçonnent d'avoir cédé à la facilité. Elle-même invoque le besoin de gagner sa vie au plus vite. Son père lui donne alors l'équivalent de 250 euros par mois pour vivre. Ce qui, selon elle, « couvrait au plus l'essence mensuelle de ma vieille R5 et ma consommation, sans modération, je le confesse, de cigarettes[2] ». Bien qu'elle n'ait pas de loyer à payer, elle ressent le besoin d'être autonome. Mais une fois à son compte, sans expérience ni clientèle, elle se retrouve logiquement à plaider essentiellement des dossiers dus à son nom. « Je les acceptais par principe mais aussi, on l'aura compris, par nécessité[3]. » Elle dit vouloir être autonome mais se plaint de pas être très aidée par son père : « Loin de sauter sur l'occasion d'avoir une fille avocate pour lui transmettre les dossiers du Front national, il me les confiait au contraire au compte-gouttes. » Peut-être parce qu'il dispose déjà d'avocats reconnus pour les affaires les plus sensibles.

Marine Le Pen doit se contenter de petites affaires, pour diffamation ou injures. Un jour, elle défend les victimes des tribunaux de commerce. Un autre, ce sont des jeunes du GUD qui ont envahi les locaux de Fun Radio – de « manière pacifique » selon elle. Ou presque. Au départ, c'est vrai, il s'agit d'envahir la radio de façon pacifique, mais l'opération a duré et la tension est montée. Quelques

1. *Ibid.*, p. 160.
2. *Ibid.*, p. 140.
3. *Ibid.*, pp. 162-164.

jours plus tôt, le 9 mai 1994, Sébastien Deyzieu, un jeune nationaliste, est mort en tentant de fuir la police par les toits en marge d'une manifestation. Preuve que la frontière n'est pas si facile à tracer entre le Front et les skinheads, son comité de soutien réunit des militants du Front national de la jeunesse, du GUD et des skins de JNR (Jeunesses nationalistes-révolutionnaires). Ils ont décidé de mener plusieurs actions pour exiger bruyamment la démission de Charles Pasqua. Voici leur version des faits, racontée par *Les Rats Maudits*, l'album-souvenir du GUD : « Le mercredi 11 mai vers 19 h 30, sous prétexte de vouloir obtenir des pin's de la radio, trois militants bloquent les portes du sas d'entrée de la station, une cinquantaine de militants du Comité du 9 Mai réussissent ainsi à pénétrer sans violence dans la station de radio. Direction le studio d'enregistrement où sévissent les fameux Doc et Difool. Pas de violence, pas de casse, telle est la consigne. Durant une trentaine de minutes les responsables du Comité du 9 Mai vont monopoliser l'antenne et pourront expliquer leur point de vue concernant le décès de leur camarade et le comportement haineux des policiers[1]. » Après trente minutes d'occupation d'antenne toutefois, les esprits s'échauffent et les policiers cherchent logiquement à entrer : « À l'extérieur, les policiers essayent désespérément d'entrer pour arrêter le massacre. Pasqua va être furieux. Mais les gudards, hilares, ont bloqué les portes et aux gestes obscènes répondent les noms d'oiseaux. » Les perturbateurs ont trouvé le moyen de s'enfuir par un vasistas, mais se font courser. Six personnes sont interpellées. Alors que les avocats de Fun Radio obtiennent de la prison ferme et la

1. Collectif, *Les Rats Maudits. Histoire des étudiants nationalistes (1965-1995)*, Éditions des Monts d'Arrée, 1995. L'ouvrage est dirigé par Frédéric Chatillon, Thomas Lagane, Jack Marchal. Ont participé à la rédaction Benoît André, Jean-Pierre Émié, Gauthier Guillet, Axel Loustau, Arnaud Lutin, Jildaz Mahé, Pierre Oldoni, Philippe Péninque, Christophe Pierre, Alain Renault, Pierre Robin, Jean-François Santaccroce, Gilles Soulas.

déchéance de leurs droits civiques en première instance, les peines sont ramenées à de la prison avec sursis en appel. Les gudards, reconnaissants, rendent hommage à leurs défenseurs : « Les six militants doivent une fière chandelle à leurs avocats, Jean-Pierre Émié et Philippe Péninque (tous deux anciens du GUD des années 1970) ainsi qu'à Marine Le Pen, qui ont plaidé pendant plusieurs heures afin d'obtenir ce résultat. » Visiblement, les liens noués à Assas perdurent. On retrouve, encore aujourd'hui, de nombreux gudards de cette époque dans l'entourage de Marine Le Pen.

L'année suivante, en 1995, elle doit se porter au secours du FNJ et de son beau-frère, Samuel Maréchal. Marié à Yann deux ans plus tôt, il préside le Front national de la jeunesse et organise des caravanes de jeunes pour soutenir la campagne présidentielle. À Auch, dans le Lot-et-Garonne, leur caravane croise des lycéens, qui les insultent et leur lancent des canettes. Maréchal et ses troupes décident de répondre par des coups de bâton et de batte de base-ball. Commentaire de leur avocate : « Les jeunes, emmenés par Samuel Maréchal, mon beau-frère patron du FNJ, se sont défendus non sans courage. Ce qui me paraissait légitime[1]. » Pas aux yeux de la justice. Samuel Maréchal et un autre militant sont condamnés à huit mois de prison avec sursis et 5 000 francs d'amende pour « coups et blessures volontaires commis en réunion avec des armes ». Hélas pour leurs avocats, ce n'est pas tous les jours le coup de poing. Fin 1997, Marine Le Pen doit se rendre à l'évidence : la plupart de ses dossiers sont ceux du Front et ils ne suffisent pas à la faire vivre. Elle propose donc à son père de créer un service juridique au sein du FN, dont elle serait la directrice. Il accepte, ainsi que le bureau exécutif du parti, à l'unanimité. Le 1er janvier 1998, elle s'installe au Paquebot, à Saint-Cloud, où elle bénéficie désormais d'un

1. Marine Le Pen, *À contre flots*, *op. cit.*, p. 165.

titre et d'un emploi très bien rémunéré : 30 000 francs par mois pour un deux tiers de temps[1]. Au-delà du népotisme, Lorrain de Saint Affrique y voit un signe supplémentaire de la pingrerie de Jean-Marie Le Pen : « donner des postes à ses filles au sein du FN, c'est aussi un moyen de ne pas avoir à leur donner d'argent en tant que père[2] ».

Génération Le Pen

Les trois filles Le Pen ont tenté de voler de leurs propres ailes, mais sont toujours revenues au Front national. Marie-Caroline a été journaliste au *Figaro Magazine* et au *Quotidien de Paris* avant de vivre de ses mandats politiques. Yann, sans doute la plus fragile, part un temps comme GO au Club Med à l'île Maurice, mais même là-bas son nom la rattrape. On fait des saluts nazis sur son passage. Et puis le Club Med, ça ne dure qu'un temps. Quand il lui faut songer à travailler et à faire vivre sa famille, c'est naturellement vers le Front qu'elle se tourne. On l'engage au service de presse. Ce qui lui permet de rester proche de son mari, Samuel Maréchal, également rémunéré par le parti. Fils d'un pasteur pentecôtiste, il a commencé à militer au Front national en 1985. Cinq plus tard, il sort « major » de l'université d'été du FNJ. Puis se marie, en 1993, avec la « fille du président ». Yann vient de mettre au monde une petite Marion. Comme son grand-père et comme sa tante, elle fera ses études de droit à Assas, où le fait de ne pas s'appeler Maréchal va moins l'exposer. Même si elle dit essuyer quelques remarques et ne pas avoir eu une enfance comme les autres. Très vite, pourtant, elle est rattrapée par le virus de la politique. Elle fait campagne, dès l'âge de dix-neuf ans,

1. Déclaration de Serge Martinez, directeur du personnel, au moment de la scission, cité par Renaud Dély, *op. cit.*, p. 232.
2. Entretien avec Lorrain de Saint Affrique, 17 mars 2011.

comme candidate aux cantonales de 2011. Ses parents auraient tenté de la « dissuader ». Sans succès. Sa tante Marine lui conseille de « se blinder ». Quand on lui demande quelle serait sa réaction si l'un de ses enfants souhaitait embrasser une carrière politique, voici sa réponse : « Je le lui déconseillerais sûrement. Quand j'étais jeune, j'ai cherché à fuir la politique en me lançant dans une carrière d'avocat. Mais la politique est un virus, et lorsque vous l'avez, il finit toujours, un jour ou l'autre, par ressortir. Je ne sais pas si un de mes enfants aura ce virus, je le préviendrai dans ces conditions de la dureté du monde politique, des sacrifices qu'entraîne ce choix. Mais il aurait bien entendu le dernier mot[1]. » Sa nièce, Marion Le Pen, a eu le dernier mot. Au point de songer à abandonner le nom de Maréchal pour prendre celui de Le Pen. Un signe, sans doute, qu'elle finira elle aussi par quitter le droit pour vivre de la politique. Dans la famille Le Pen, les études à Assas mènent rarement à défendre une autre cause que la sienne...

Alors qu'elle dit vouloir devenir avocate, Marine Le Pen se présente à une élection législative dès 1993. Nous sommes moins d'un an après sa prestation de serment, et elle fait campagne contre Bernard Pons, dans la 16e circonscription de Paris. Non sans attirer l'attention des caméras. La curiosité des journalistes est immédiate pour cette jeune femme de vingt-quatre ans, portrait craché de son père, qui vient de rater une semaine de campagne pour cause d'appendicite. Un reportage de France 3 la montre avec sa sœur Marie-Caroline, en train de déambuler dans son jardin, vêtue d'une veste d'homme. Ce qui lui donne une allure masculine malgré ses cheveux longs. Interrogée par le journaliste sur son manque d'expérience, elle met déjà en avant ses traumatismes d'enfance dus à son nom pour justifier sa maturité. Elle est également filmée à sa permanence, entourée de jeunes gens très chics, avec qui elle imagine ce slogan :

1. *Le Monde*, 28 mars 2008.

« Voter utile, c'est voter pour vos idées. » Histoire de contrer la notion de « vote utile » qu'on oppose d'ordinaire au FN. « Marine Le Pen aura-t-elle envie de se faire un prénom en politique ? » C'est la conclusion du reportage, dont tout le monde connaît maintenant la réponse[1].

Dans les années 1990, les trois filles Le Pen – Marie-Caroline, Yann et Marine – commencent à incarner la relève. Marine Le Pen est très proche de son beau-frère et de Yann, qu'elle appelle parfois sa « jumelle ». Quant à Maréchal, son coup de poing à Auch lui a fait une belle publicité en interne. À partir de 1998, ils forment le noyau dur d'une structure appelée Génération Le Pen, où se croise la jeune garde du parti. Ses militants viennent souvent du courant nationaliste-révolutionnaire et sont partisans de la « troisième voie », à la fois opposés au libéralisme et au socialisme, obsédés par le refus de l'américanisation, du système et du « lobby », qu'ils imaginent derrière un grand complot mondialiste contribuant à défaire l'identité nationale au profit du cosmopolitisme.

Le trésorier du FNJ, Philippe Rouger, vient de Troisième Voie. Jean-Émile Néaumet, qui sert de plume à Samuel Maréchal, a fait ses classes à *Présent*, *Minute* et *National Hebdo*. Il écrit désormais dans le journal *Flash*, où il explique qu'« islamisation et américanisation, même si elles "agressent" toutes deux l'identité française, ne le font pas au même degré de profondeur et pas pour les mêmes raisons. Pour l'une, il s'agit d'un principe de volonté et pour l'autre, d'un seul principe d'opportunité[2] ». La petite bande attire des radicaux mais aussi des communicants. À leurs côtés, Guillaume Vouzellaud et Louis Aliot participent à une SARL de presse, les éditions Objectif France, qui diffusent la littérature FN, bientôt surtout antimégrétiste[3]. Mais les

1. « Portrait de Marine Le Pen », France 3, 15 mars 1993.
2. http://www.egaliteetreconciliation.fr/Entretien-avec-Jean-Emile-Neaumet-redacteur-en-chef-de-FLASH-2732.html
3. Comme l'ouvrage de Xavier Cheneseau, *Crime contre le FN.*

vrais pros de la com sont plus radicaux encore. À l'image de Thomas Lagane, un ancien du GUD parti se battre en Croatie. Responsable de l'atelier de propagande du FN, il travaille auprès de Martine Lehideux, notamment à organiser des week-ends de formation pour les élus. L'édition et le graphisme du matériel de communication, sa conception, sont souvent confiés à la société RIWAL, que Lagane a créée avec un autre ancien chef du GUD, lui aussi parti se battre en Croatie : Frédéric Chatillon[1]. Aujourd'hui proche d'Alain Soral et de Dieudonné, c'est un vieil ami de Marine Le Pen. Ils se sont connus à Assas, où ils se sont beaucoup disputés. Mais par la suite, Chatillon a épousé l'une de ses meilleures amies : Marie d'Herbais de Thun, qui anime aujourd'hui la télévision du FN sur internet.

Les deux jeunes femmes, Marie et Marine, ont beaucoup de points communs. Elles viennent toutes deux d'une lignée très marquée. La famille d'Herbais de Thun est un nom qui compte à l'extrême droite. La mère de Marie, la comtesse Katherine d'Herbais, est une grande figure monarchiste, et sa tante n'est autre que Cendrine Chereil de La Rivière, l'épouse de Jean-Marie Le Chevallier et fille de Marcel Chereil de La Rivière. Katherine d'Herbais a été conseillère municipale de Beauvais et conseillère régionale FN. Avec son mari, ils font partie des principaux actionnaires du journal *Minute*. Sa propriété, le château d'Alincourt, dans la commune de Parnes, a parfois accueilli les stages d'entraînement du DPS, comme en mars 1992. Mais son nom a surtout fait quelques manchettes pour avoir servi de décor à un film X, *Les Visiteurs*, dont la vedette était tenue par Tabatha Cash. Éphémère star du porno, surtout connue pour

1. D'après le journal *Reflexes*, une grande partie des contrats de RIWAL « provient de ses nombreux contrats avec des structures d'extrême droite ou assimilées, la dernière en date étant la revue dirigée par Dominique Venner, *La Nouvelle Revue d'histoire*. Chatillon est également à la tête d'autres sociétés de communication telle IDéveloppement, créatrice du site iencheres.com, qui travaille également à l'occasion pour le FN ou le MNR » (cf. *Reflexes*, n° 51).

mari en septembre 1999, après deux ans de mariage. Ils se sont rencontrés aux BBR, et feront trois enfants ensemble. Leur petite fille naît en mai 1998. Moins de trois mois plus tard, Marine Le Pen est de nouveau enceinte, de jumeaux. Quand elle accouche, elle a déjà divorcé. Non sans mal. D'après Christiane Chombeau, « la police doit intervenir pour calmer le mari, qui n'accepte pas la situation[1] ». L'homme est décrit comme sanguin. Un ancien membre du Front national se souvient qu'il lui arrivait de finir une soirée en tirant au revolver depuis les toits. Le second époux de Marine Le Pen, Éric Iorio, milite aussi au FN. Ancien colleur d'affiches dans le Nord-Pas-de-Calais, il sera chargé des élections au secrétariat général. Après leur rupture, en 2006, il renoncera à tous ses postes au Front national et finira par plier bagage. Son nouveau compagnon, Louis Aliot, avec qui elle aime se défouler au stand de tir, vient du même cénacle.

La contre-société du FN est un tout petit monde, où les manières de Génération Le Pen choquent ceux qui se font une haute idée de la famille traditionnelle. Mais pas seulement. Son caractère clanique agace aussi. À l'époque de Samuel Maréchal, le FNJ connaît une certaine érosion au profit d'autres mouvements de jeunes nationalistes. Interrogé par *L'Express,* un membre du bureau politique déplore que le gendre de Jean-Marie Le Pen ait « transformé le FNJ en instrument de promotion personnelle » à force de rechercher « les coups médiatiques[2] ». Un reproche que l'on fera bientôt aussi à Marine Le Pen… Le FNJ sert surtout trop visiblement de garde rapprochée au clan Le Pen. Cela devient flagrant avec la scission qui se prépare. En coulisse, une guerre des « gendres » a commencé. Samuel Maréchal (le mari de Yann) et Philippe Olivier (le nouveau compagnon

1. Christiane Chombeau, *Le Pen, père et fille*, *op. cit.*, p. 194.

2. Romain Rosso, « Front national : les jeunes désertent », *L'Express*, 6 août 1998. Samuel Maréchal conteste cette érosion, sans donner de chiffres convaincants.

de Marie-Caroline) se disputent l'héritage. Mais c'est finalement la benjamine qui va l'emporter.

Quand la benjamine passe devant l'aînée

Marie-Caroline a été élevée pour succéder à son père. Mais la scission va bientôt inverser le cours de la succession. La fronde couve depuis un moment. L'une des premières alertes sérieuses se fait sentir au congrès de Strasbourg en 1997, lorsque Jean-Marie Le Pen présente Marine au Comité central, et qu'elle n'est pas élue. Un avertissement lancé par les mégrétistes[1]... Dans les coulisses, un homme a tout fait pour discréditer la candidature de la benjamine : Philippe Olivier. Pour lui, une seule fille Le Pen mérite de siéger au Comité central : sa femme. À l'entendre, Marine Le Pen serait inculte, et ne saurait pas distinguer une croix gammée d'une croix celtique. Les mégrétistes ont pour consigne de ne pas voter pour elle. Son père doit la repêcher quinze jours plus tard, en l'imposant dans la liste des vingt membres choisis par le président. C'est donc par le seul fait du prince qu'elle entre au Comité central. Un choc.

Jusqu'ici, Marine Le Pen ne fait pas bien la différence entre sa famille et les membres du parti, avec qui elle entretient des relations essentiellement amicales. Ni elle, ni ses sœurs ne sont passées par les cadets de Roger Holeindre, cette colonie de vacances pour mini-militants. Dans son château de Neuvy-sur-Barangeon, dans le Cher, l'ancien militaire a l'habitude d'initier les jeunes pousses frontistes

1. Le Pen se fait réélire haut la main. Mais les mégrétistes ont de nombreux élus. Mégret obtient 3 758 voix. Le Gallou, le numéro 2 de Mégret, 3 439 voix. Les fidèles de Le Pen, eux, perdent du galon. Samuel Maréchal (19e), Bernard Antony (26e), Jean-Michel Dubois (63e). Cf. Romain Rosso, Michaël Darmon, *Front contre Front*, Seuil, 1999.

à la discipline. On y tue le taureau, on apprend à le dépecer, avant de le manger… Pas vraiment dans les mœurs des filles de Montretout. En revanche, Roger Holeindre les a vues grandir et les regardera longtemps comme des enfants. Tout comme la plupart des militants historiques du Front. Cofondateur du FN et longtemps responsable de la rubrique littéraire de *Minute*, Jean Bourdier rapporte quelques anecdotes révélatrices de ce regard dans *National Hebdo* du 6 mars 1986. Il se souvient de « Marie-Caroline avec ses chaussettes mal tirées, Yann, toujours déguisée en petit rat de l'Opéra, et Marine vidant, à elle seule, tout un restaurant britannique en arrosant de Ketchup des clients dignes, mais légèrement offusqués ». Le parcours journalistique de Marie-Caroline est rapidement évoqué, essentiellement pour dire qu'elle a appris à « une rédaction naïve mais admirative à confectionner des avions en papier ». Yann est tendrement décrite comme le « charme incarné », tout en ayant un « palmier dans la paume droite ». Quant à Marine, écrit Bourdier, « c'est plus affreux encore : c'est papa. C'est papa réincarné – en plus séduisant, à mes yeux tout au moins. Même art de prendre la parole à huit heures du soir pour l'abandonner à regret à quatre heures du matin, même brio, et même manie de s'esclaffer au milieu d'une phrase en rejetant la tête en arrière et en s'étouffant presque de son propre rire. On s'y croirait. Cela fait peur[1] ».

C'est ce tempérament, ajouté au contexte de la scission, qui va décider de l'inversion de la succession entre l'aînée et la benjamine. Jean-Marie Le Pen – qui dit bonjour à ses filles en les embrassant sur la bouche – les a toujours exhibées comme ses princesses, son prolongement. En toute logique, celle qui lui ressemble le plus va prendre l'ascendant… Presque malgré lui. Il faudra que Marine trépigne pour qu'il accepte de lui montrer les coulisses d'une campagne

1. Jean Bourdier, *National Hebdo* du 6 mars 1986, *in* Yann Maréchal, *Le Pen*, Éditions Objectif France, p. 145.

électorale : les municipales de 1983, où il se présente dans le XXe arrondissement de Paris. « Si tu veux, je t'autorise à manquer l'école et tu passes une semaine avec moi sur le terrain », finit-il par céder[1]. Marine a alors quinze ans. La présence de la fille du chef n'est pas vraiment un cadeau pour les militants, obligés de la traîner de collages en tractages. Mais, pour Marine Le Pen, c'est une « révélation ».

Alors que beaucoup au Front la regardent encore comme une enfant gâtée et fêtarde, sa vocation grandit. Lorsqu'elle se présente au Comité central, ceux qui visent son père sans oser l'attaquer directement croient pouvoir atteindre le chef à travers elle. Loin de la déstabiliser, cette fronde va la rapprocher de son père et la mettre sur les rails pour lui succéder. Carl Lang, qui n'a pas apprécié l'attitude des mégrétistes, lui propose de se présenter sur sa liste aux élections régionales du Nord-Pas-de-Calais de 1997 : « J'aurais mieux fait de me tirer une balle dans le pied », dit-il aujourd'hui[2]. Mais à l'époque, les fidèles lieutenants du président ressentent le besoin de serrer les rangs autour de la benjamine. Le « tir de barrage » est uniquement destiné à envoyer un signal au « président » : ne pas confondre le Paquebot avec un bateau de plaisance familial. La benjamine a bien reçu le message, mais préfère une autre métaphore marine : « Je débarquais sur le pont du paquebot en pleine mutinerie, à un moment où une équipe passait déjà plus de temps à saboter les machines ou à fausser les cartes de navigation qu'à faire avancer le navire[3]. »

1. Marine Le Pen, *À contre flots*, *op. cit.*, p. 81.
2. Entretien avec Carl Lang, 8 avril 2011.
3. Marine Le Pen, *À contre flots*, *op. cit.*, p. 171.

La grande mutinerie

Au milieu des années 1990, bien que Jean-Marie Le Pen s'en défende corps et âme, sa succession donne le sentiment d'être ouverte. Le chef du Paquebot donne des signes de faiblesse. Comme lors de son débat raté avec Bernard Tapie. En 1994, les deux hommes se disputent Marseille et le vote populaire. Un débat télévisé est prévu le 1er juin. Leurs équipes s'entendent pour ne pas aborder certains sujets : les dérapages de l'un et les « affaires de l'autre[1] ». Alors que Jean-Marie Le Pen se bride, Bernard Tapie excelle dans le style qu'annonçaient les gants de boxe tendus par Paul Amar aux deux débatteurs. Le Pen apparaît vieilli, usé, et défait. Dans un moment où certains parmi la jeune garde lorgnent sa place. Pour rogner les ailes de Mégret le païen, Jean-Marie Le Pen a l'idée de faire monter Bruno Gollnisch le catholique. Mais c'est Mégret, le vrai numéro 2, qui tient la corde. Autour de lui, une génération d'élus locaux a pris du galon depuis les municipales de 1995 et la victoire du FN dans quatre villes : Vitrolles, Marignane, Orange et Toulon. Des laboratoires où le parti entend mettre en pratique son programme de rupture.

À Vitrolles, petite ville-champignon du Sud, Mégret a décidé de montrer l'exemple. Il commence par licencier 180 contractuels et auxiliaires de la ville, presque toutes ses forces vives. Ce qui coûtera deux millions de francs d'indemnités aux contribuables. La plupart des associations sociales et culturelles se voient retirer leurs subventions sous prétexte d'être « parasitaires ». Tout comme les fonds alloués à la zone d'éducation prioritaire, aux animateurs ou aux centres sociaux. Un vrai naufrage, emblématisé par un nouveau nom : Vitrolles-en-Provence. Lequel sied assez mal aux

1. Lorrain de Saint Affrique, Jean-Gabriel Fredet, *Dans l'ombre de Le Pen*, *op. cit.*

bâtiments de la ville, qui évoquent surtout une zone commerciale. Les fonds municipaux sont désormais tournés vers un saupoudrage de subventions accordées à des associations dites « enracinées », c'est-à-dire proches de la vision régionaliste voire frontiste, comme les Amis de Notre-Dame-de-la-Vie. La ville accorde également une prime à la natalité pour tout « Français ou européen » qui naîtrait à Vitrolles. Un bac à sable idéologique caricatural, qui va bientôt apparaître dans toute sa dérision et sa gabegie. En attendant, Bruno Mégret et ses cadres espèrent y faire pousser le nouveau Front national.

Comme les jeunes de Génération Le Pen, les mégrétistes rêvent de renouveler le parti, mais d'une tout autre façon, bien plus organisée. Polytechnicien, Bruno Mégret milite au FN depuis 1986, mais vient du RPR. C'est l'homme des réseaux de la Nouvelle Droite[1]. Un courant d'inspiration païenne et « indo-européenne », mijoté dans les laboratoires d'idées du GRECE et du Club de l'Horloge, et à qui Lorrain de Saint Affrique reproche d'abriter des nostalgiques du IIIe Reich. « Bruno Mégret protège au sein du Front national des néo-nazis et des admirateurs de l'Allemagne hitlérienne », ira-t-il jusqu'à déclarer en 1994[2]. Cette mise en garde publique lui vaudra d'être exclu du parti. Jean-Marie Le Pen lâche alors son conseiller en communication favori pour soutenir Mégret, l'un de ses principaux lieutenants. La querelle qui aboutira ensuite à la scission n'est donc pas une querelle sur le fond, mais bien une querelle de stratégie et de personnes. Mégret n'a qu'une obsession : transformer le FN en parti d'opposition crédible, capable de passer des alliances avec la droite

1. Pour une présentation de l'idéologie de la Nouvelle Droite jusqu'au milieu des années 1990 on pourra consulter : Pierre-André Taguieff, *Sur la Nouvelle Droite*, Descartes et Cie, 1994. Pour une mise en perspective historique du GRECE : Anne-Marie Duranton-Crabol, *Visages de la Nouvelle Droite. Le GRECE et son histoire*, FNSP, 1998.

2. Déclaration devant les médias, 1er septembre 1994.

classique. Ce qui suppose un fonctionnement plus démocratique, la mise en place d'une stratégie, et moins de provocations. Jean-Marie Le Pen souhaite-t-il vraiment cette mue ? Pour cela, il faudrait déléguer, démocratiser, et surtout cesser de gérer le Front comme une entreprise familiale…

Pour Lorrain de Saint Affrique, la clef de certains provocations de Jean-Marie Le Pen se trouve dans cette volonté, plus ou moins consciente, de garder le FN à sa main : « Ne jamais oublier que le fil rouge de Le Pen, c'est l'argent », rappelle-t-il souvent. À ses côtés, il va acquérir la conviction que le rôle de trublion lui convient parfaitement : « J'ai l'impression que Le Pen ne veut pas jouer gagnant parce qu'il a peur précisément qu'il lui arrive la même chose qu'à Tapie. On le tolère à 15 % des voix, avec des scandales minutés sur des créneaux tolérés avec un peu de révisionnisme et deux plaisanteries de mauvais goût. À 20 %, ce n'est plus permis. On mettra le nez dans la gestion de son patrimoine », écrit-il dans *À l'ombre de Le Pen*[1].

Le coup d'arrêt de Mantes-la-Jolie

Une provocation va stopper net toute chance de « normaliser » l'image du parti. La bousculade survenue lors de la campagne des législatives de 1997 à Mantes-la-Jolie. Marie-Caroline Le Pen, toujours pressentie pour succéder à son père, fait campagne depuis des mois. À sa manière : douce, mais FN. Tout se passe au mieux. La candidate fait un très bon score au premier tour. Elle a même une chance de battre son concurrent au second. Jusqu'à ce que son père décide de lui rendre visite… De l'aveu même de son premier mari, Jean-Pierre Gendron, la candidate n'y tient

1. Lorrain de Saint Affrique, Jean-Gabriel Fredet, *op. cit.*, p. 178.

pas[1]. Mais peut-on dire « non » au président du Front national, fût-il son père, lorsqu'il a décidé de venir vous soutenir ?

Il est attendu de pied ferme par un collectif de militants anti-FN, qui scandent des slogans et brandissent des pancartes. Au lieu d'aller jusqu'à son point de rendez-vous, son chauffeur croit être arrivé et se gare au milieu des contre-manifestants. Le bain de foule est bien moins agréable que prévu. Son service d'ordre donne des coups de pied pour le protéger. Une bousculade commence. Jean-Marie Le Pen, excédé, hurle : « On en a marre, on en a marre, vous comprenez ! » Il hurle sur une élue de gauche, ceinte de son écharpe tricolore : Annette Peulvast-Bergeal, qui se retrouve plaquée contre le mur par un Jean-Marie Le Pen vociférant. Des photos et un film le montrent même l'agrippant.

Malgré les images et le témoignage de l'élue, Marine Le Pen s'appuie sur le jugement rendu en Cour d'appel pour expliquer que l'agression physique est un mensonge : « La question qui reste en suspens et à laquelle Madame Peulvast n'a jamais cru bon de répondre, est de savoir qui était responsable de ces griffures très féminines qu'elle portait sur son décolleté alors que celui-ci était protégé par son chemisier et son écharpe d'élue[2]. » On se demande ce qui permet à Marine Le Pen d'être aussi catégorique en écrivant qu'il s'agit de griffures féminines… L'élue « griffée », elle, se souvient d'une violence impressionnante : « Tout s'est passé très vite, explique-t-elle. Il s'est approché de moi. J'ai tendu ma main pour protéger un manifestant qui venait de prendre un coup. M. Le Pen m'a agrippée. J'ai reçu des coups dans les jambes. Je me suis affaissée sur moi-même. Ce que j'ai vécu là, c'est la violence à l'état pur[3]. » Il suffit de regarder les images de la bousculade pour mesurer la

1. Entretien avec Jean-Pierre Gendron, 8 mars 2011.
2. Marine Le Pen, *À contre flots*, *op. cit.*, p. 129.
3. *Le Monde*, 21 février 1998.

violence de l'empoignade. Ce qui, sur le coup, réjouit visiblement Jean-Marie Le Pen. Quelques minutes plus tard, il provoque un manifestant : « Viens là, tapette, je vais le faire courir moi le rouquin, tapette va ! Pédé[1] ! » Puis, le souffle court, il sourit à une caméra : « Ça m'a rajeuni ! »

Ainsi va le fondateur du FN, jamais aussi heureux que lorsqu'il étale sa virilité en faisant le coup de poing. Sans doute en avait-il besoin pour prouver à ses troupes qu'il n'est pas tout à fait fini, mais à quel prix ? Il vient de gâcher la campagne électorale de sa fille aînée, qui ne lui pardonnera jamais. Le visage fermé de Marie-Caroline, réfugiée dans un bistrot avec son père après l'altercation, en dit long. Sa campagne est ruinée. Elle s'en plaint à son « président », qui n'est pas habitué. « Marie-Caroline le lui a dit clairement et ça s'est terminé tragiquement », confie Jean-Pierre Gendron. Il fait désormais le lien entre son ex-femme et son ex-beau-père[2]. Ce jour-là se dessine une rupture qui va aller beaucoup plus loin… Et qui est plus politique qu'il n'y paraît. Comme de nombreux cadres du FN, Marie-Caroline ne croit plus à la stratégie de son père. Au point de se rapprocher des mégrétistes et de son nouveau compagnon, Philippe Olivier, dont elle est enceinte. Un acte vécu comme de la haute trahison par Jean-Marie Le Pen, qui préfère le ramener à un niveau affectif et renie sa fille sur le plateau de TF1 : « Ma fille on le sait est liée a un des chefs de la sédition. Par conséquent c'est un peu la loi naturelle qui porte les filles plutôt vers leur mari ou leur amant que vers leur

1. En première instance, en avril 1998, M. Le Pen est condamné pour « violences en réunion à l'encontre de Mme Annette Peulvast-Bergeal » à trois mois de prison avec sursis et à 23 000 francs d'amende, peine assortie de deux ans d'interdiction des droits civiques. La Cour d'appel de Versailles confirma la condamnation, mais requalifia les faits en « violences sur une personne dépositaire de l'autorité publique ». Il est condamné à trois ans d'emprisonnement avec sursis, à 5 000 francs d'amende et à une inéligibilité d'un an. Ni la Cour européenne de Strasbourg ni la Cour européenne des droits de l'homme n'ont donné raison à Jean-Marie Le Pen.

2. Entretien avec Jean-Pierre Gendron, 8 mars 2011.

père[1]. » Marine Le Pen, également enceinte, entérine la rupture avec sa sœur aînée : « Elle suit son noyau familial qui n'est plus le nôtre[2]. » Après le départ de Pierrette Le Pen, c'est une nouvelle déchirure pour le clan Le Pen. Comme à chaque fois, la benjamine prend le parti de son père.

La « coupeuse de tête »

La scission qui secoue le Paquebot va connaître bien des épisodes à rebondissements, retracés en détail par Renaud Dély dans *Histoire secrète du Front national*[3]. L'épisode paroxystique, celui qui décide Brutus à « sortir son couteau », intervient à l'approche des élections européennes de 1999.

En septembre 1998, malgré les efforts de ses avocats, Jean-Marie Le Pen s'apprête à être déclaré inéligible suite à l'affaire de Mantes-la-Jolie. Bruno Mégret croit son heure venue de représenter les couleurs du parti. Le président sent le danger, et a une autre idée en tête. Présenter sa femme Jany : « Je serai tête de liste aux prochaines élections européennes mais si, en raison de décisions monstrueuses, j'étais rendu inéligible, mon nom figurerait en encore plus gros sur les affiches des candidats FN. Par famille interposée éventuellement[4]... » L'idée amuse les fidèles, comme Samuel Maréchal ou Jean-Claude Martinez, mais pas du tout Bruno Mégret : « Je suis moi-même candidat. Quand le chef est empêché, c'est son second qui doit le remplacer[5]. » Cette fois, les couteaux sont tirés et l'accusation de népotisme

1. Plateau du 20 Heures de TF1 repris dans Laurent Delahousse, « Un jour, un destin : Jean-Marie Le Pen », France 2, 28 septembre 2010.
2. Laurent Delahousse, « Un jour, un destin : Jean-Marie Le Pen », France 2, 28 septembre 2010.
3. Renaud Dély, *Histoire secrète du Front national,* Grasset, 1999, 331 p.
4. 14 juin 1998. Repris notamment par *Libération*, 11 juillet 2008.
5. Déclaration du 6 juillet 1998, reprise par *Libération*, 11 juillet 2008.

sert à mener la fronde. Non sans mauvaise foi, puisque Bruno Mégret a lui-même présenté sa femme, Catherine, pour prendre la tête de la mairie de Vitrolles, alors qu'il était frappé d'inéligibilité pour avoir dépassé les frais de campagne autorisés. Le dessinateur Luz immortalisera les aventures du couple à Vitrolles dans *Charlie Hebdo*, avec le feuilleton *Les Mégret gèrent la ville*... Jean-Marie Le Chevallier fera de même, avec sa femme Cendrine, à Toulon. Au Front national, les « femmes de » sont les bienvenues si elle savent rester à leur place : celle de faire-valoir et de marchepied. « Mais une élection locale ce n'est pas une élection nationale », répète en boucle Mégret. Il comprend que son heure ne viendra jamais. Le Front est moins un parti pensé pour gagner qu'une entreprise familiale destinée à se transmettre. L'idée de présenter Jany Le Pen – qui dit-elle-même ne « rien connaître à la politique » – le révèle dans toute sa crudité : « Je suis un bon petit soldat. S'il le faut, je le ferai. À mon corps défendant. Mais s'il le faut. J'essaierai d'être digne de cette mission », dit-elle, comme pour s'excuser[1].

Même quand ils ne sont pas mégrétistes, certains militants redoutent que son passé, la vie dissolue qu'on lui prête, et son inexpérience ne soient utilisés pour ridiculiser l'image du FN. Elle a d'ailleurs commis quelques gaffes. Comme parler des électeurs en disant : « Les braves gens du Front, quand je les embrasse, j'oublie complètement qu'ils sont moches[2] »... D'autres ne supportent tout simplement plus ce qu'ils appellent la « dérive monégasque » du Paquebot. Les filles Le Pen sont particulièrement visées. Pas Marie-Caroline, en raison de ses liens avec les mégrétistes, mais Yann et Marine dont le montant des salaires commence à circuler : « Yann et moi étions devenues des

1. Laurent Delahousse, « Un jour, un destin : Jean-Marie Le Pen », France 2, 28 septembre 2010.

2. Renaud Dély, *Histoire secrète du Front national*, *op. cit.*, p. 201.

gourdasses surpayées, blondes, sans cervelle, qui se faisaient les ongles toute la journée, n'avaient jamais milité et étaient scandaleusement imposées par leur père[1]. » Marine Le Pen passe de longues pages de son autobiographie à se défendre contre le soupçon de népotisme, sans convaincre tout à fait.

Une véritable purge s'abat sur les salariés mégrétistes ou soupçonnés de l'être. Alors que dans le même temps, le parti recrute et salarie des proches du clan Le Pen. L'une des salariées évincées, Nathalie Debaille, ira vider son sac devant la presse : « J'ai été licenciée pour raisons économiques le jour où quatre personnes, dont deux de la famille de Samuel Maréchal, ont été embauchées à la presse. Cela vise directement Bruno Mégret. C'est la purge annoncée, la démégrétisation est en cours[2]. » Le jour de cette déclaration, le 5 décembre 1998, Nathalie Debaille vient de semer la discorde en se rendant au meeting où tous les cadres du parti ont été convoqués pour s'expliquer. À sa seule vue, ils se déchirent et manquent d'en venir aux mains sous l'œil des journalistes. Le Pen crie au « complot ». Il est sifflé par de nombreux cadres, qui hurlent : « On en a marre ! » Roger Holeindre intervient pour exiger de ne pas donner ce plaisir à la presse : « Que tous ceux qui veulent que tous les petits pédés des radios et des télés triomphent ce soir se lèvent. » Le vieux baroudeur, incidemment lui-même journaliste à *Paris Match*, tape du poing sur la table : « Ma position est claire, nette et précise : que chacun arrête, que les disputes et les vengeances personnelles cessent[3]. » En réalité, il est trop tard. La purge et le grand déballage ont commencé. Bruno Mégret et les siens fondent le MNR (Mouvement national républicain) pour se présenter aux européennes, dans l'espoir de gagner le sigle et la caisse du

1. Marine Le Pen, *À contre flots*, *op. cit.*, p. 176-177.
2. Renaud Dély, *Histoire secrète du Front national*, *op. cit.*, p. 260.
3. *Ibid.*, p. 258.

FN par la voie juridique. Marie-Caroline fait une apparition remarquée à leur meeting du 8 juin 1999, pour insister sur le fait que « la fidélité, c'est Mégret » et critiquer son père, à qui elle reproche une triple « dérive ». L'éviction de Bruno Mégret, le fait d'avoir pris le petit-fils de Charles de Gaulle sur sa liste, mais aussi d'avoir offert la dixième place à Sid Ahmed Yahiaoui, le fils d'un sénateur-maire harki assassiné, qu'elle accuse d'être « favorable au port du tchador et à la construction de mosquées[1] ».

À l'époque, Marine Le Pen ne prête guère d'attention à ces questions de fond. La guerre interne est sa priorité. En tant que directrice juridique, elle se trouve à un poste clef pour mener la bataille contre les séditieux. Épuisée par sa grossesse, elle s'endurcit et « coupe les têtes » de tous ceux qui menacent son père. On la surnomme la « garde rouge ». Même les fidèles sont visés… Comme Bernard Courcelle, le patron du DPS, soupçonné d'être du côté de Mégret. Face à la guerre des clans entre lepénistes et mégrétistes, il essaie surtout d'éviter les bagarres entre militants, mais refuse d'exécuter un ordre qui lui paraît déloyal : « On m'avait demandé de ne plus mettre de service d'ordre dans les meetings des mégrétistes, alors qu'ils avaient un affichage FN. Il en était hors de question. Vous ne vous rendez pas compte de la violence des types qui venaient perturber ces rassemblements à l'époque. Je ne pouvais pas risquer de les laisser sans protection[2]. » Alors qu'il a passé Noël et le Jour de l'an à travailler pour le Front, il est convoqué et renvoyé pour « abandon de poste ». Il n'en revient pas : « J'avais pris un week-end de repos, ce qui n'était pas arrivé depuis un an. » Ce n'est bien sûr qu'un prétexte pour le licencier. Courcelle se souvient qu'à cette période, « Marine était très remontée[3] ».

1. Christiane Chombeau, *Le Pen, père et fille*, *op. cit.*, p. 22.
2. Entretien avec Bernard Courcelle, mars 2011.
3. Son renvoi a valu au FN d'être condamné par les prud'hommes. Courcelle est alors mis en cause par une commission parlementaire enquêtant sur le DPS (Département Protection Sécurité) soupçonné d'être une milice. Notamment à

Le clan Le Pen est déchiré, la tension immense, et Marine Le Pen au bord de la crise de nerfs : « Je priais tous les jours pour que ce que l'on raconte sur les émotions que l'on transmet au fœtus soit faux. Car alors mes jumeaux naîtraient avec une dose de stress historique[1] ! » Durant cette période, des liens profonds se tissent avec ceux qui n'ont pas quitté le Paquebot et se montrent fidèles au clan Le Pen. Comme avec Louis Aliot, qui devient directeur de cabinet de Jean-Marie Le Pen. Le premier cercle resserre les rangs. Yann n'ayant pas le tempérament guerrier, le père s'appuie surtout sur sa benjamine.

La procédure judiciaire engagée par Mégret bloque le versement de la subvention de l'État. Le FN se trouve dans une situation financière dramatique. Perdre le procès signifierait la fin. Marine Le Pen – qui, pour une avocate de formation, ne croit guère dans la justice – redoute une manipulation politique. Pourtant, le 11 mai 1999, la justice désavoue Mégret. Marine Le Pen, qui a accouché de ses jumeaux quatre jours plus tôt, appelle son père : « On a gagné ! » Il est en Haute-Savoie, pour animer un déjeuner-débat, et répercute la nouvelle autour de lui. L'assistance pousse des cris de joie. À l'autre bout du fil, soulagée et

---

cause de l'affaire de Montceau-les-Mines de 1996, où ses membres, très équipés, ont attaqué des contre-manifestants avec comme mot d'ordre « Triquez-les ». Mais aussi en raison des accusations d'un repenti, qui accuse des membres du DPS d'utiliser des uniformes de la RATP pour faire des contrôles au faciès, voire des ratonnades, dans le métro. Courcelle nie ces accusations, qu'il juge « délirantes », et porte plainte. Maître Galvaire, l'un des premiers employeurs de Marine Le Pen, le défend pour le FN. Malgré les consignes du parti. En revanche, l'ancien patron du DPS affronte seul la commission parlementaire sur le DPS, qui n'aboutira pas en raison des accusations étonnantes relayées par Noël Mamère et Thierry Meyssan. En pleine paranoïa anti-Mitterrand, Meyssan – alors président du Réseau Voltaire – soupçonne le DPS d'avoir servi à protéger Mazarine Pingeot, simplement parce que Bernard Courcelle connaît sa mère. En effet, il a été vigile au Musée d'Orsay… où travaillait Anne Pingeot ! Une version fumeuse, reprise par le député Noël Mamère, qui discrédite toute la commission. Pendant toute cette période, Courcelle fait face, sans le FN derrière lui. Il va connaître presque dix ans de chômage et même le RMI.

1. Marine Le Pen, À contre flots, op. cit., p. 178.

épuisée, Marine Le Pen pleure. Avec une dizaine de militants, elle part attendre son père à l'aéroport, qui arrive sous les acclamations, un peu comme un dissident rentré d'exil. Les élections européennes font le reste : le FN passe de justesse la barre des 5 % (5,7 %) et le MNR n'obtient que 3,28 %, ce qui ne lui permet pas d'obtenir le remboursement de ses frais par l'État et sonne le glas de sa dissidence. Un résultat inverse, un FN en dessous de 5 %, aurait changé le cours de l'histoire. Désormais, tout est possible.

Le tournant du 21 avril

Le 21 avril 2002, Jean-Marie Le Pen coiffe Lionel Jospin et se retrouve à la deuxième place de l'élection présidentielle. Le vieux lion est déçu. Il sait qu'en face de Chirac, il n'a aucune chance. Or c'est probablement sa dernière présidentielle. Sa fille, elle, se jette dans les bras de son père : « Je vais pleurer de joie toute la soirée, comme une gosse[1]. » Cette victoire, c'est la concrétisation de leur alliance à toute épreuve. Pendant toute la campagne, elle et sa sœur Yann ont eu les coudées franches pour imposer leur style et leurs conseils. Elles ont tout fait pour qu'on voie enfin le « vrai Le Pen », c'est-à-dire leur père, avec leurs yeux. Comme cette affiche en noir et blanc le montrant décontracté, en pull de marin. Des conseils officiels puisque Jean-François Touzé a demandé à la benjamine de participer à la cellule Idées-Images qu'il pilote aux côtés de plusieurs de ses proches : notamment Louis Aliot, Olivier Martinelli et Éric Iorio.

Mais la victoire du 21 avril est surtout due au climat post-11 septembre : à la montée de l'islamisme, au sentiment

1. *Ibid.*, p. 221.

d'insécurité et à la surmédiatisation de faits divers[1]. Lorsque le visage de Jean-Marie Le Pen s'affiche sur les écrans face à Jacques Chirac, avec 16,86 % des suffrages, la France est stupéfaite[2]. Lionel Jospin annonce qu'il se « retire de la vie politique ». Jean-Marie Le Pen, qui croyait à ses chances d'être face à la gauche, est à la fois heureux et déçu. Son discours commence par s'adresser à l'« interne ». Il salue la mort de l'une des militantes historiques du FN le soir même, une veille dame connue sous le nom de « Béret bleu », résistante, mais aussi militante antiavortement à SOS Tout-petits : « Comme il n'y a pas de joie parfaite, je veux saluer aussi la mémoire de Rolande Birgy, que vous connaissez sous le nom de Béret bleu, grande résistante, patriote qui avait reçu le titre de Juste après la Seconde Guerre mondiale et qui s'est éteinte ce matin, au moment où elle allait quitter l'hôpital pour voter[3]. » C'est un moment historique. Pour la première fois de sa vie Jean-Marie Le Pen peut s'adresser à tous les Français et il ne parle qu'aux siens. Enfin, il finit par prononcer un discours plus « externe » : « J'appelle les Françaises et les Français, quelles que soient leur race, leur religion ou leur condition sociale, à se rallier à cette chance historique de redressement national. » Loin d'être entendu, c'est une vague de rejet que son score suscite. De façon spontanée, des milliers de Parisiens descendent dans

1. Pour le contexte du 21 avril 2002, on lira : Patrick Cohen et Jean-Marc Salmon, 21 avril 2002. *Contre-enquête sur le choc Le Pen*, Denoël, 2003.

2. Jean-Marie Le Pen obtient 4 804 713 voix au premier tour (16,88 %). Jacques Chirac 5 665 855 voix (19,88 %). Lionel Jospin a été éliminé avec 4 610 113 voix (16,18 %). Au deuxième tour, Jean-Marie Le Pen obtiendra 5 525 032 voix (17, 79 %) et Jacques Chirac 25 537 956 voix (82,21 %).

3. Le 13 avril 1996, lors du procès intenté par les opposants à l'avortement au livre *L'Opposition à l'avortement*, Rolande Birgy s'était fait refouler à l'entrée. Sous son pardessus bleu, la vieille résistante, fidèle du docteur Dor, tentait de dissimuler un long couteau. Elle prétendra qu'il ne la quittait pas depuis la guerre. On suppose qu'elle l'a probablement laissé au vestiaire le 9 décembre 1997, quand elle a dû comparaître aux côtés de Ludovic Eymerie et du docteur Xavier Dor devant la 6e chambre du tribunal de Versailles. L'occasion pour elle de déclarer : « J'ai sauvé des enfants juifs, maintenant j'essaie d'en sauver d'autres. »

la rue pour se retrouver place de la Bastille. Un front républicain qui cimentera l'entre-deux-tours, et portera Jacques Chirac à la présidence avec plus de 82,21 % des voix.

En une semaine, le FN triomphant est redevenu pestiféré. Il faut l'assumer et tenir tête pendant la soirée électorale du second tour. La presse se dispute ses cadres pour aller sur les plateaux, mais il n'y a plus grand monde dans les couloirs du Paquebot. Alain Vizier se tourne vers Marine Le Pen et lui demande d'aller sur France 2. « Ça va pas la tête ! » répond-elle. L'anecdote, racontée dans *À contre flots*, est censée nous faire croire à une forme de surgissement. Comme si Marine Le Pen pouvait être très surprise qu'on puisse penser à elle. Toujours pour lutter contre le soupçon de favoritisme. En réalité, son visage et son nom l'imposent. Ce qui ne veut pas dire qu'elle n'appréhende pas cette pression. Ce soir-là, plus encore que d'habitude, elle a le trac, mais crève l'écran. Sa chevelure blonde suffit à l'éclairer. Pour le reste, avec une pointe de gouaille de son père dans la voix, elle n'a qu'à faire ce qu'elle fait de mieux depuis des années… attaquer ceux qui diabolisent son père et se faire passer pour la victime : « La France s'est transformée en camp de rééducation psychologique. Les Français ont eu peur parce qu'on leur a fait peur. On a dit que si Jean-Marie Le Pen était élu, les rivières s'arrêteraient de couler, le soleil ne se lèverait plus, ce serait le début de l'ère glaciaire[1]. » De fait, c'est plutôt le début de l'ère Marine Le Pen.

Elle vient de gagner ses galons de porte-voix : « Mon père en a été le premier surpris. Je pense l'avoir convaincu progressivement que j'étais à ma place[2]. » Désormais, c'est

---

1. France 3, 5 mai 2002. Les opposants à Marine Le Pen ont intégré l'idée d'un surgissement après le 21 avril comme une « riposte du système » (entretien avec Jérôme Bourbon, *op. cit.*). Oubliant qu'elle a, en 2002, dix ans de militantisme de terrain derrière elle et qu'elle fréquente les électeurs frontistes depuis dix-neuf ans (1983).

2. AFP, 26 février 2010.

officiel, il accepte qu'on la mette en avant et ça marche. « À partir de 2002, raconte sa sœur Yann, il l'a regardée se débrouiller, comme un vieux lion qui donne des coups de papatte. Rien ne s'est dit avec des mots. » Il n'a pas encore décidé qu'elle allait lui succéder. Il prendra sa décision en 2007, quand le camp Sarkozy pense avoir essoré pour de bon le Front national et que la débâcle financière menace. Un calcul de patriarche, qui assure la pérennité du clan. « Il s'est dit que la famille était une force et qu'il fallait se recentrer sur elle, commente Jany Le Pen. C'est tellement normal : il est très heureux de transmettre à quelqu'un de sa chair et de son sang plutôt qu'à un étranger[1]. » En toute logique, le partisan de la « préférence nationale » est aussi partisan de la « préférence familiale » et préférera toujours sa fille à n'importe quel autre militant du Front... À condition de s'appeler Le Pen et de garder la boutique dans le giron, il est maintenant possible de faire tout ce dont rêvait Mégret : « dé-diabo-liser ».

En 2003, Marine Le Pen prend la présidence de Génération Le Pen, qu'elle relance en ajoutant un « s » à Génération. Louis Aliot devient son secrétaire général et Guillaume Vouzellaud son trésorier. Les amis propagandistes du GUD ont déserté comme bénévoles, mais certains sont toujours là comme communicants professionnels, via la société RIWAL. La bande des « night-clubbers » est sommée de faire marcher son imagination pour rafraîchir la communication du parti. À l'image d'une affiche électorale de 2007 qui crée la surprise. Soudainement, le FN a le visage d'une jeune métisse aux cheveux frisés. Le nombril à l'air, un string qui dépasse du jean, elle pointe son pouce vers le bas. « Nationalité, assimilation, ascenseur social, laïcité, la droite et la gauche ont tout cassé. » Marine Le Pen en profite pour communiquer. À l'entendre, l'affiche serait en « parfaite

1. Pascalle Nivelle, « Elle n'a rien d'une blonde », *Libération*, 15 janvier 2011.

cohérence avec le message du FN depuis trente ans ». Ce qui change ? La forme seulement : « Nous rendons visible ce qu'est réellement le FN : un parti qui se bat contre le communautarisme[1]. » Non seulement l'affiche fait parler d'elle, mais Marine Le Pen parvient à dénoncer les préjugés... contre le Front national. Jusqu'ici, pourtant, les métisses n'étaient pas vraiment courantes dans l'iconographie du FN. L'affiche *Produisons français avec des Français*, un des modèles du genre, a pour visage des travailleurs, une blonde, deux roux et un châtain clair. Une expression très restreinte de la diversité. Une autre, *Immigration ouvrez les yeux*, nous montre deux immenses yeux bleus en gros plan. Autant dire que l'affiche de 2007 rompt avec tous les codes utilisés par le parti jusqu'à présent. Les colleurs d'affiches du Front sont les premiers à s'en plaindre. À ceux qui ne comprennent pas pourquoi leur parti met soudainement une « beurette » en avant, Éric Ioro tente d'expliquer qu'il s'agit « d'une jeune Antillaise plutôt jolie[2] ». Cela ne change pas grand-chose aux yeux des traditionalistes, surtout choqués par le string et le piercing. Les rangs, déjà clairsemés, se vident. Beaucoup d'anciens ne se reconnaissent pas dans la nouvelle ligne, très médiatique, de Marine Le Pen.

Un Front familial

Quand ce n'est pas la traversée du désert liée au succès de Nicolas Sarkzozy, c'est la « dérive monégasque » qui vide le Front national. Les militants les plus dévoués pensaient s'engager dans un parti républicain, et se retrouvent à la cour de Versailles. Ils sont bénévoles et finissent par comprendre qu'ils travaillent gratuitement pour une entreprise

1. Olivier Pognon, *Le Figaro*, 13 décembre 2006.
2. *Libération*, 11 décembre 2006.

familiale prospère. Directeur du personnel avant la scission, Serge Martinez voit passer toutes les fiches de paye. Au moment du « putsch », il convoque la presse pour tout balancer : « Samuel Maréchal et sa femme, petite secrétaire, coûtent 73 000 francs par mois au Front. » Les attaques visent aussi la nouvelle directrice du pôle juridique, Marine Le Pen, qui « cumule un salaire de 30 000 francs pour un deux tiers de temps[1] ». Le frère et la sœur de Samuel Maréchal sont aussi employés. Tout comme une amie du couple. Au total, « le clan Le Pen coûte au parti 2 159 000 francs par an, soit l'équivalent d'une année de cotisations de 21 500 adhérents chômeurs[2] ». Conclusion de Serge Martinez : « Le Pen pratique le népotisme absolu, quitte à rendre le mouvement ultra-minoritaire. »

Presque dix ans plus tard, c'est aussi ce que reproche Jean-Claude Martinez, l'autre Martinez du Front, celui qui avait choisi le clan Le Pen au moment de la scission : « Ils n'ont jamais travaillé. Ils n'ont rien ramené au PIB, moins qu'un immigré. Marine Le Pen, c'est l'assistée complète. C'est quand même un problème. On ne peut passer de l'assistanat à la Présidence de la République ! » Professeur de droit, il trouve le salaire de la directrice juridique élevé pour un travail où elle est largement assistée de maître Marcel Ceccaldi et Wallerand de Saint-Just : « Elle était paresseuse, fainéante, incapable… C'est Ceccaldi qui faisait l'essentiel du travail, et nous on payait[3] ! »

Le jugement est sévère. Il s'explique en partie par l'amertume. Marine Le Pen a exclu Jean-Claude Martinez du Front national, après lui avoir retiré sa désignation pour se représenter aux élections européennes de 2009. *Idem* pour Carl Lang. Voilà pourtant deux candidats solides. Jean-Claude Martinez, universitaire, réputé travailleur, siège

1. *VSD*, 17 décembre 1998.
2. Renaud Dély, *op. cit.*, p. 232.
3. Entretien avec Jean-Claude Martinez, 14 mars 2011.

au Parlement européen sous les couleurs du FN depuis 1989. C'est un fidèle parmi les fidèles. Tout comme Carl Lang. Mais ces deux lieutenants occupent aussi les meilleures places pour être élus au Parlement européen... Marine Le Pen et Louis Aliot convoitent ces places. Stupéfaits de ne pas être adoubés, Lang et Martinez décident de se présenter sous une étiquette dissidente[1]. Ils sont exclus du FN le 18 novembre 2008. Une décision qui fait des remous parmi les militants. La direction prévient : les cadres « qui se sont solidarisés ou qui se solidariseraient » avec eux seront convoqués à la commission de discipline et de conciliation. Jean-Marie Le Pen envoie même une lettre très dure à propos de Carl Lang : « Je croyais [...] qu'il était fait de l'acier dont on trempe les meilleures armes », « je me rends compte aujourd'hui qu'il est fait du zinc dont on fait les gamelles[2] ». Martinez, quant à lui, est poursuivi par Marine Le Pen. Elle lui reproche d'avoir dévoilé sa vie privée en justifiant son éviction ainsi : « Je gênais son compagnon. » Condamné à verser 15 000 euros, il se dit écœuré et terrifié à l'idée que « ces gens soient un jour au pouvoir[3] ».

« Le FN nourrit vos filles et vos gendres », lancera un jour Jean-Yves Le Gallou, alors numéro 2 du MNR, à Jean-Marie Le Pen[4]. De fait, le clan Le Pen a largement vécu de l'argent public, qu'il s'agisse de mandats ou de fonctions financées en partie par le système électoral. Plus de 30 millions d'euros en vingt ans. Yann Le Pen touche un nouveau salaire comme assistante parlementaire de Bruno Gollnisch. Quant à sa petite sœur, elle ne peut plus être salariée du pôle juridique depuis qu'elle cumule les mandats. Autant

1. Carl Lang affronte Marine Le Pen et Jean-Claude Martinez, Louis Aliot. Jean-Claude Martinez ne sera pas réélu, mais Louis Aliot ne sera pas élu non plus. Jean-Claude Martinez fera 0,92 % et Louis Aliot 5,93 %, soit 64 274 voix de moins que Martinez en 2004 (8,76 %).

2. Jean-Marie Le Pen, *Lettre aux cadres*, 17 novembre 2008.

3. Entretien avec Jean-Claude Martinez, 14 mars 2011.

4. Christophe Forcari, « La confusion des comptes », *Libération*, 26 avril 2002.

dire qu'elle continue à se débattre contre le soupçon de népotisme. Elle redoute par-dessus tout la comparaison avec Jean Sarkozy : « Je ne suis pas Jean Sarkozy, vingt-trois ans, en deuxième année de droit. J'ai été avocate. Et le FN, j'y bosse depuis vingt-cinq ans. Je suis élue au Parlement européen et conseillère municipale dans le Nord-Pas-de-Calais. J'ai fait mes preuves, non[1] ? » Pas sûr toutefois qu'elle soit la mieux placée pour donner des leçons de méritocratie. Dans *À contre flots*, elle attire la compassion en racontant combien il est épuisant de mener campagne tout en élevant trois enfants. Ce qui est certain. Plus étonnant, au détour d'une page, elle se réjouit que son père lui ait offert « dix soirées de baby-sitting » en 1999 ! Comme s'il s'agissait d'une largesse inouïe. Marine Le Pen, avec ses salaires, a-t-elle d'ailleurs besoin qu'on lui paie des soirées de baby-sitting ? Cette seule question fait sortir de ses gonds Jean-Claude Martinez : « Le baby-sitting, c'est le Parlement européen qui le lui a payé, avec mes indemnités ! Ils m'ont fait engager Huguette Fatna, la marraine des enfants, comme assistante parlementaire… Mais à l'époque, le Parlement européen, elle ne savait pas où ça se trouvait, elle n'y venait jamais. Par contre, elle passait son temps à garder les enfants de Marine[2] ! » Une version qu'Huguette Fatna réfute. À l'en croire, elle ne venait que « lorsque la nounou n'en pouvait plus[3] ». Néanmoins, dans son livre, Marine Le Pen laisse entendre que sa grande amie venait « tous les soirs » pendant l'année maudite, juste après la naissance des jumeaux[4].

Si l'argent est le nerf de la guerre, il est au cœur de bien des conflits au sein du Front national. Il a même divisé la famille Le Pen. Au moment de la scission, le conflit politique et familial s'est doublé d'un conflit financier. Marie-

1. Pascalle Nivelle, « Elle n'a rien d'une blonde », *op. cit.*
2. Entretien avec Jean-Claude Martinez, 14 mars 2011.
3. Entretien avec Huguette Fatna, 11 mai 2011.
4. Marine Le Pen, *À contre flots*, *op. cit.*, p. 181.

Caroline Le Pen était alors gérante de la SERP, la société de disques de son père, depuis 1992, pour des raisons essentiellement fiscales. Au moment de la brouille, alors qu'elle a choisi le camp du félon, elle tente de conserver la société. Son père ne la laisse pas faire. Comme souvent au FN, le conflit est porté devant les tribunaux. Il est arbitré par le tribunal de commerce de Paris le 16 septembre 1999. La SERP doit rembourser 516 000 francs à Jean-Marie Le Pen au nom de versements qu'il aurait faits à la société (une forme de prêt dont il demande restitution). L'avocat de Marie-Caroline Le Pen, lui, estime plutôt que Jean-Marie Le Pen doit 750 000 francs à la SERP. Une somme censée correspondre au salaire de son cuisinier… payé sur les frais de la société. En 2000, comme pour mettre tout le monde d'accord, la SERP a mis la clef sous la porte[1].

Depuis, le calme est à peu près revenu dans la famille Le Pen. Mais les querelles pourraient reprendre lorsque le clan se posera la question de l'héritage du patriarche. Non pas politique mais financier. Notamment entre les héritières ou entre elles et leur belle-mère. On l'a dit, il a fallu du temps pour que Jany Le Pen apprivoise ses belles-filles. Question de tempérament. Dans un entretien accordé à Azzedine Ahmed-Chaouch pour *Le Testament du diable*[2], la seconde femme juge Marine Le Pen « trop ambitieuse ». Ce qui n'a pas vraiment plu à l'intéressée. Interrogée sur cette petite phrase, elle remet sa belle-mère à sa place : « Jany n'a jamais rien voulu faire de sa vie. Elle n'a pas d'ambition, elle n'en a jamais eu. Ni familiale, ni professionnelle, ni personnelle[3]… » Ce n'est pas le cas de sa belle-fille.

---

1. Sa mise en liquidation judiciaire est prononcée le 30 mars 2000. La SERP disparaît définitivement pour « clôture pour insuffisance d'actif ».
2. Éditions du Moment, 2010, 212 p.
3. *Nice-Matin*, 6 octobre 2010.

Parachute doré à Hénin-Beaumont

Tout politique aspirant à un destin national a besoin d'un ancrage local. Pour son parachutage, Marine Le Pen a choisi la terre idéale. Une petite municipalité du Nord (26 000 habitants) ravagée par la désindustrialisation et le chômage, mise sous tutelle en raison de la gestion catastrophique d'une succession de maires de gauche. Un peu comme au FN, la ville a longtemps été gérée par une famille. Le socialiste Fernand Darchicourt (de 1953 à 1969), puis son fils : Pierre Darchicourt (de 1989 à 2001). Une gauche qui semble s'accommoder des scores du Front national pour diviser la droite et garantir sa réélection. Tout en laissant la ville couler. Malgré un potentiel lié à sa proximité avec Lille, rien n'est trouvé pour compenser le manque à gagner des mines qui ferment. Son adjoint, Gérard Dalongeville, décide de se présenter contre le maire aux élections municipales de 2001 et l'emporte. La ville continue à se dégrader terriblement : elle accumule 25 millions d'euros de déficit et 40 millions de dettes. La situation est jugée critique par la Cour des comptes dès 2003. La mairie vend ses biens et les terrains communaux pour tenter d'enrayer la spirale. Elle augmente les impôts locaux de plus de 85 %. Mais les dépenses de fonctionnement de la mairie augmentent également.

La situation est si préoccupante que la gauche décide d'envoyer une candidate de poids pour redresser la situation : Marie-Noëlle Lienemann. Située à la gauche du PS, femme de conviction, elle n'est pas du Nord mais elle est née à Belfort, près des usines Peugeot, et elle est persuadée qu'une gauche digne de ce nom doit rendre « sa dignité au monde ouvrier ». Cette gauche passe à ses yeux par Hénin-Beaumont : « Je n'y vais pas par compassion mais pour tenir un discours politique. Je fais partie d'une gauche qui ne se résout pas à la désindustrialisation[1]. » Elle y va pour rassembler, et si possible contourner Dalongeville. Mais sur place, le temps court et les réflexes clientélistes bien ancrés lui laissent peu de marge de manœuvre. Avec deux listes apparentées PS, la défaite est garantie, ainsi que le score du FN. Elle choisit donc de ne pas se présenter contre Dalongeville, mais de proposer une équipe rassemblant le PS et ses alliés (Verts et PC), où elle serait première adjointe et lui minoritaire. Les deux équipes, celle de Dalongeville et celle de Marie-Noëlle Lienemann, font quasiment campagne séparée. Une fois élue, la situation qu'elle découvre l'horrifie et leurs relations, déjà mauvaises, empirent. Ils ne sont d'accord sur rien, ni sur la vidéosurveillance, ni sur les choix financiers : « J'assiste à des pratiques inacceptables. Les comptes sont "insincères". Je ne veux pas être complice. » Elle se bat pour convaincre les autres adjoints de ne pas voter le budget, ce que les Verts et les communistes acceptent, mais pas les socialistes acquis à Dalongeville. Une seule adjointe PS la soutient. Pressentant que l'arrestation du maire est imminente, la fédération socialiste locale semble surtout se soucier de démettre la première adjointe de ses fonctions, pour qu'elle ne puisse pas lui succéder et se lancer dans une opération « mains propres ». Un conseil municipal est organisé pour lui retirer sa délégation. Le 6 avril, la police vient arrêter le maire et deux de ses assistants. Inculpé pour « détournement de fonds, faux en écriture, et favoritisme », il est démis de ses fonctions le 27 avril, sur proposition du préfet, par arrêté du ministère de l'Intérieur. Marie-Noëlle Lienemann se bat alors pour obtenir les signatures nécessaires pour « repasser devant le suffrage universel ». Mais la fédération socialiste, qui l'a tellement malmenée, s'est aussi terriblement déconsidérée. Un candidat divers gauche a plus de chances de l'emporter qu'une candidate PS. Elle doit abandonner la partie à regret,

1. Entretien avec Maire-Noëlle Lienemann, 26 avril 2011.

convaincue que le Front national y prospère parce qu'il n'y a rien en face : « Les gens d'Hénin-Beaumont n'ont pas la haine de l'immigré. Ils veulent simplement espérer, mais s'il n'y a rien en face qu'une gauche notabilisée, clientéliste, et qui ne comprend rien au monde ouvrier… » Le 27 juin 2009, une élection municipale partielle est organisée pour remplacer Dalongeville. Sans surprise, vu le climat, la liste conduite par Steeve Briois et Marine Le Pen arrive en tête, avec 39,34 %. Quant au nouveau maire élu, Daniel Duquenne, il partira moins d'un an après, pour raisons de santé, laissant le champ libre à la montée en puissance du FN.

Cela fait un moment que le Front national guette cette petite commune, où toutes les conditions sont réunies pour prospérer. En guise de passeport, Marine Le Pen se revendique d'Yves Darchicourt, l'autre fils de Fernand Darchicourt et militant nationaliste de longue date. D'abord attaché culturel à Alexandrie, il a fait carrière dans la police, où il a milité dans un syndicat d'extrême droite. Passé par le Cercle national des combattants de Roger Holeindre, il a été membre du DPS et figuré au bureau politique de la fédération Seine-Maritime du Front national, comme chargé de la propagande. Il attire l'attention du FN sur l'intérêt de s'implanter à Hénin-Beaumont dès les années 1980. C'est lui qui sert de guide à Marine Le Pen et Éric Iorio lorsqu'ils quadrillent la région comme secrétaires nationaux chargés des élections, notamment en vue des régionales de 1998. Marine Le Pen est alors en campagne sur la liste de Carl Lang et sera élue conseillère régionale du Nord-Pas-de Calais. En séance, elle fait surtout des interventions contre le moindre projet jugé coûteux : comme l'arrivée du tramway ou la construction d'une piscine. Tout comme Steeve Briois, son vrai relais à Hénin-Beaumont.

Militant frontiste depuis l'âge de quinze ans, il a le profil idéal. C'est un « gars de la région », fils d'ouvrier et petit-fils de mineur, aimable, toujours prêt à rendre service, à aider les vieilles dames à porter leur seau de charbon. Il colle des affiches pour le FN depuis le lycée. Et se présente à toutes les élections, pour le FN ou le MNR, depuis 1995 et ses vingt-trois ans. Plus la ville coule, plus ses scores montent. Aux municipales de 2001, il fait 19 % et se retrouve dans une triangulaire entre Darchicourt et Dalongeville. À l'époque, il choisit le camp des mégrétistes mais rentre dans le rang dès l'élection suivante : les législatives de 2002 (32 % au deuxième tour). Aux régionales de 2004, Marine Le Pen n'est plus dans les parages, elle a choisi l'Île-de-France. Mais elle réapparaît pour les législatives de 2007, qu'elle perd avec 41 % des voix. À l'époque, sa candidature est accueillie par des manifestations. Il n'y en aura plus à l'élection suivante, celle des municipales. Entre-temps, le 18 janvier 2008, le FN a inauguré en grande pompe sa permanence de 180 mètres carrés. Des invitations sont envoyées à toute la ville ou presque : 12 000 cartons. Grâce à un tractage acharné, un clip de campagne est même distribué dans 11 000 boîtes aux lettres. Une pratique inhabituelle pour le Nord-Pas-de-Calais.

« L'indignation, ça s'organise »

Marine Le Pen a mis le paquet pour faire d'Hénin-Beaumont son « Vitrolles ». De grands moyens au service d'un quadrillage local, digne du PC. Djamel Mermat, politologue, a infiltré sa campagne de 2007. Il se souvient de sa maxime préférée : « Posez vos bagages ! » Autrement dit, oubliez que vous êtes Front national, noyez-vous dans le paysage local et faites-vous élire sur les thèmes du local. C'est le sens de son intervention lors d'un séminaire de formation organisé à Hénin-Beaumont. « L'indignation, ça s'organise », déclare-t-elle pour clore la première session à l'intention des militants[1]. Elle conseille de profiter de chaque fait divers ou actualité pour mettre en scène l'indignation et faire monter le FN. Elle cite un exemple dans l'actualité : des violences urbaines à Saint-Dizier, en Haute-Marne. Michèle Alliot-Marie, alors ministre de l'Intérieur, s'est rendue sur place. Elle a appelé au « respect » pour les forces de sécurité et à la tenue d'une « conférence de cohésion ». Marine Le Pen explique comment réagir et commenter cette posture – pourtant sécuritaire – pour dissuader les électeurs de voter UMP : « On vous l'a dit tout au long de la journée : l'indignation, ÇA S'ORGANISE. Si vous ne dites pas : "tu ne trouves pas ça honteux !, qu'Alliot-Marie, elle veuille faire une table ronde après ce qui s'est passé à Saint-Dizier !", ben le type, il est... d'abord il [n']est pas au courant. Il ne sait pas qu'il y a eu un truc à Saint-Dizier. Il ne sait pas qu'Alliot-Marie est venue. Et il ne sait pas ce qu'elle a dit ! Donc, il ne peut pas être indigné, il n'a pas d'information ! Et même s'il a l'information, il n'aura pas l'indignation spontanée ! »

Un fait divers va lui permettre de s'indigner. Le 22 septembre 2007, Redwane Khiter, armé d'un pistolet à grenaille, interpelle agressivement Marine Le Pen en compagnie d'un de ses amis. Il y a foule. Nous sommes en pleine braderie à Hénin-Beaumont. Certains crient : « Il a une arme. » D'autre jurent avoir entendu « un coup de feu ». Visiblement, il a tiré en l'air après s'être éloigné de l'attroupement. Il sera arrêté et condamné à dix mois de prison, dont deux ferme, par le tribunal correctionnel de Béthune. Pas vraiment laxiste. En attendant, Marine Le Pen peut légitimement se dire indignée par cette agression : « Il y a une volonté manifeste de me faire peur, de m'impressionner, de me décourager de mener cette campagne municipale. Mais

1. Djamel Mermat, « Comment ouvrir une "nouvelle" ligne de front : l'exemple du ticket municipal "Briois-Le Pen" à Hénin-Beaumont », conférence, 2008.

je n'ai pas peur, je ne suis pas démotivée. Au contraire, je serai d'autant plus motivée pour débarrasser Hénin-Beaumont de ces caïds qui font régner la terreur au vu et au su de tout le monde[1]. » Elle demande à être reçue par la ministre de l'Intérieur. En vain. Ce qui permet de se dire deux fois indignée…

Marine Le Pen ne s'en cache pas. Elle veut faire de ce laboratoire un exemple pour la suite de son action : « Je pense que le succès d'Hénin-Beaumont est symbolique de la manière dont le Front national devra travailler dans les années qui viennent[2]. » Aux municipales de 2008, toute son équipe se démène comme jamais. Pour un résultat décevant : 28 % des suffrages et seulement quatre élus. Le FN a même perdu quelques voix au second tour. L'effet Sarkozy continue de lui couper les ailes. Marine Le Pen est très déçue. Son père l'appelle pour la rassurer : « Tu n'as rien à te reprocher. » Plus la soirée avance, plus le local se vide et plus Marine Le Pen ressasse sa défaite sous l'œil de quelques journalistes : « Sarkozy nous a dédiabolisés, soupire-t-elle, mais ceux qui nous avaient quittés pour lui ne sont pas encore revenus vers nous[3]. » En regagnant le petit appartement qu'elle a loué à Hénin-Beaumont pour la campagne, elle concède un vrai moment de découragement : « Il m'arrive d'en avoir marre de cette vie. » Puis se reprend : « Pff… en général, cela ne dure qu'une nuit. »

Le fait d'exercer un mandat dure plus longtemps. C'est là, au moment d'entrer en fonction, que les vrais problèmes commencent généralement pour le FN. Pour s'en prémunir, ses quatre élus décident de ne pas siéger. Quelques mois plus tard, le groupe explose. Brigitte Menin, l'une des élus FN, a été approchée par Dalongeville et semble prête à accepter une délégation… Elle reproche à Steeve Briois

1. AFP, 24 septembre 2007.
2. http://www.youtube.com/watch ? v=M578NrCc7zQ&feature=related
3. Raphaëlle Bacqué, *Le Monde*, 18 mars 2008.

d'avoir changé et d'aller trop souvent à Paris : « Depuis quinze ans, je le connais. Mais le Steeve Briois d'hier n'est plus celui d'aujourd'hui qui est devenu carriériste et joue à fond la carte Marine. Ne supportant plus que le FN ait fait d'Hénin un enjeu national au détriment des habitants, je ne pouvais plus rester avec eux ![1] » Le divorce se produit en public, durant un conseil municipal ahuri. Marine Le Pen et Steeve Briois se relaient pour l'insulter : « Judas », « Vendue au PS », « Tu me dégoûtes ! ». Brigitte Menin va effectivement finir par rejoindre le PS, mais invoque une raison de fond à ce ralliement : « Les décisions ne sont plus prises par des gens habitant Hénin. Je pressentais, lors des municipales, que l'arrivée de Marine se retournerait contre nous, que les gens auraient peur de cette trop visible étiquette FN. Je l'ai dit plusieurs fois à Steeve, il n'a pas apprécié[2] ! »

Le FN du Nord-Pas-de-Calais vit également une scission au niveau régional. Cette fois à cause de ses propres purges et du départ de Carl Lang. En tout, treize des seize élus régionaux du FN démissionnent. Aux journalistes qui lui demandent si tout va bien, la vice-présidente du Front répond : « ça va mieux qu'hier[3] ».

Autant dire que c'est autour d'un noyau resserré qu'elle se lance dans la campagne pour les municipales partielles de 2009. Cette fois, le climat national et local lui est franchement favorable. L'effet Sarkozy s'est dégonflé, de plus en plus d'électeurs retournent vers le Front national, mais surtout, le maire vient d'être arrêté. Steeve Briois et Marine Le Pen arrivent en tête avec 39,34 % des voix. Un front républicain gauche-droite empêche leur liste d'être élue de justesse, avec 47,69 % des voix. Qu'importe. Marine Le Pen tient le score dont elle avait besoin pour lancer la suite de son offensive. Le soir des élections, dans sa permanence,

1. *La Voix du Nord*, 30 octobre 2008.
2. *Ibid.*
3. *La Voix du Nord*, 7 février 2010.

elle exulte et en profite pour faire passer un message national : « Le FN que je souhaite pour l'avenir présentera le visage d'un mouvement renouvelé, proche des citoyens, fier de son passé, mais ouvert sur le présent et sur le monde et à la pointe des nouveaux combats politiques[1]. »

Fidèle à son habitude procédurière, Marine Le Pen dépose aussi un recours pour tenter d'invalider l'élection, sous le prétexte d'une déclaration de Daniel Duquenne, le nouveau maire divers gauche élu. Pendant la campagne, il a émis l'hypothèse qu'une mairie FN ferait fuir les subventions publiques. La procédure est rejetée, mais le nouveau maire ne dure guère. Il est remplacé par un suppléant : Eugène Binaisse. Alors que se profitent, déjà, les régionales de 2010.

Cheveux au vent, pantalon blanc et redingote noir, Marine Le Pen bat la campagne entourée de caméras, comme à la sortie de l'usine PSA Citroën de Trith-Saint-Léger. Ce jour-là, elle distribue un tract intitulé « Crise dans l'industrie : les ouvriers français trahis par le système » aux automobilistes qui passent. Grâce à sa médiatisation et à un discours national dédiabolisé, une image « sociale » et « populaire », elle réalise un bon score : 22,2 %. Soit dix-huit élus. Deux de plus qu'en 2004. Au final, Marine Le Pen cumule trois mandats : conseillère municipale, conseillère régionale et députée européenne. Ils vont bientôt s'ajouter à son poste de présidente du Front national. Conformément à la loi, elle abandonne son mandat de conseillère municipale le 24 février 2011. Conformément à la pratique de tout élu ayant une ambition nationale, elle reprend bien vite le TGV. Pour assurer son destin et tenter de remporter l'élection suprême. Mais avec une expérience de terrain en poche idéale pour parler aux

---

1. Réaction de Marine Le Pen au résultat de l'élection municipale d'Hénin-Beaumont, *Nationpresse*, 5 juillet 2009. Voir aussi http://www.youtube.com/watch?v=Gbiyc01sh4I

ouvriers. « Ce qui était une intuition chez son père, elle l'a vu de ses yeux », explique Marie-Noëlle Lienemann[1].

« Son clone avec des cheveux »

La phrase, célèbre, vient de sa propre mère : « Marine c'est le clone absolu de son père, avec des cheveux[2]. » Sauf que ces cheveux longs, et surtout le fait d'être une femme, changent bien des choses. Au moins dans le regard des autres. Le Front national est bien placé pour le savoir. Quand il présente une candidate femme, elle recueille souvent plus de suffrages qu'un candidat masculin. C'est l'effet correctif féminin : dans l'inconscient de certains Français, surtout les plus traditionnels, une femme est naturellement « plus douce » qu'un homme. Voter pour une candidate FN serait donc moins radical. Tout en procurant les mêmes effets protestataires. C'est d'ailleurs un équilibre difficile pour Marine Le Pen. Elle doit se fondre dans le leadership viril impulsé par son père, sans choquer l'électorat traditionnel attaché à la répartition des rôles, tout en séduisant un électorat qui ne croit qu'à un style masculin pour diriger. Pas simple. Marine Le Pen en rajoute dans le style paillard, ce qui ne passe pas forcément bien chez une femme. Jean-Marie Le Pen ne semble pas le voir : « Mes filles sont des caractères. Elles sont parées de beaucoup de féminité, qui va très bien avec des corps harmonieux et des âmes bien trempées, des intelligences droites[3]. » Dans une interview, il développe même une conception de la féminité plutôt contradictoire avec le nouveau rôle dévolu à sa fille : « Je suis contre l'égalisation des sexes. C'est grotesque. » Professant qu'« il y a chez les femmes plus d'affectivité que de cérébralité », dans la pure

1. Entretien avec Maire-Noëlle Lienemann, 26 avril 2011.
2. Pascalle Nivelle, « Elle n'a rien d'une blonde », *op. cit.*
3. Jean-Marie Le Pen, *Les Français d'abord*, *op. cit.*, p. 195.

tradition différentialiste de la Nouvelle Droite, il préfère les voir jouer des rôles qui conviennent à leur « nature » : « J'aime mieux voire des femmes infirmières que des femmes commando. Leur nature, leur physiologie les portent à la maternité donc à la tendresse. Elles peuvent être attirées par d'autres actions mais c'est au détriment de leur personnalité, de leur bonheur[1]. »

Sa fille est prévenue. Sa vie et son style sont loin de ces clichés sur la féminité. Ce qui ne l'empêche pas de penser, comme son père, que l'émancipation conduit au malheur. Ni de cracher dans la soupe du MLF. À la question de savoir si elle n'est pas le produit du féminisme, entre son ascension à la tête d'un parti et sa liberté de femme divorcée, la réponse est triple. Dans un premier temps, Marine Le Pen répond : « Bien sûr, j'en suis le produit. Et mon père nous l'a toujours dit : Ne dépendez pas d'un homme[2]. » Ce qui introduit déjà une nuance. Marine Le Pen est donc avant tout le produit de son père… Vient le deuxième temps de la réponse : « Mais les femmes aujourd'hui, elles sont isolées, les premières victimes de la crise économique, elles sont utilisées par l'ultra-libéralisme comme une variable d'ajustement. Je sais ce qu'elles sentent, moi qui ai élevé seule trois enfants tout en travaillant. » Puis, dans un troisième temps, elle conclut : « Les femmes sont épuisées. Elles avortent quand elles n'ont plus d'autres choix, c'est une souffrance, il faut leur permettre de garder leur enfant. Et le progrès, aujourd'hui, c'est de permettre de rester à la maison. » Voilà, bien résumée, l'ambiguïté de la présidente du FN sur le féminisme. Judith Perrignon, qui l'a interrogée, parle de « pensée à trois coups. Modernité. Empathie sociale. Et retour aux fondamentaux du Front national[3] ».

1. Propos rapportés par Christian Chombeau, *Le Pen, père et fille*, *op. cit.*, p. 81.

2. Judith Perrignon, « Itinéraire d'une ennemie redoutable », *Marianne*, 12-18 mars 2011.

3. *Ibid.*

En l'occurrence à celui des femmes au foyer. Marine Le Pen estime d'ailleurs que le « progrès consiste à permettre aux femmes de rester à la maison ».

Prononcée par son père, cette phrase aurait fait hurler. Prononcée par sa fille, elle passe. D'autant que Marine Le Pen insiste sur le fait qu'elle-même travaille tout en élevant trois enfants. Cela fait même partie des scènes les plus touchantes racontées dans *À contre flots* : « Ceux qui n'ont jamais donné d'interview en direct à France Inter enfermée dans les toilettes parce que Jehanne hurle : "Maman, Louis a arraché la tête de ma Barbie", ne savent pas ce que signifie être une dirigeante politique avec trois enfants en bas âge[1]. » C'est incontestablement un défi que bien des hommes politiques ne connaissent pas. De là à considérer que cette situation rapproche Marine Le Pen des victimes de l'ultra-libéralisme, il y a un pas que son train de vie relativise. Si le progrès consiste à rester à la maison, pourquoi n'y reste-t-elle pas ? Est-ce une régression de voir une femme à la tête du Front national ? Oui, si l'on en croit certains écrits du parti. Marine Le Pen déteste qu'on fasse ce rappel : « Parmi les innombrables caricatures faites du Front national, il en est une qui m'irrite au plus haut point. C'est celle qui consiste à faire croire que le FN voudrait renvoyer les femmes à la cuisine et aux enfants, leur interdisant en quelque sorte de travailler. Or, toute ma jeunesse mon père nous a dit, à mes sœurs et à moi : "Travaillez ! Ne dépendez de personne ! Soyez autonomes[2]". » Encore une fois, elle confond le discours que pouvait lui tenir son père en privé, et celui que son parti tenait en public... À l'intention des autres femmes.

Longtemps le FN a disposé d'une branche féminine, le Cercle national des femmes d'Europe (CNFE), dont le slogan était de « remettre les femmes à leur vraie place,

1. Marine Le Pen, *À contre flots*, *op. cit.*, p. 264.
2. *Ibid.*, p. 188.

c'est-à-dire à l'honneur[1] ». C'est-à-dire au foyer. Selon un article de Marc Cabantous, paru dans le *Bulletin du CNFE*, il s'agit d'« assurer l'épanouissement des femmes en leur permettant d'accomplir leur destin biologique dans la transmission de la vie et leur destin social dans l'éducation de leurs enfants[2] ». À ses yeux, « la vraie libération » consiste à « fonder un foyer, avoir des enfants ». Jean-Marie Le Pen lui-même désigne le travail des femmes à l'extérieur comme étant responsable de « l'éclatement de la famille, la délinquance et l'usage de drogue[3] ». Martine Lehideux, alors présidente du CNFE, est encore plus explicite : « Le monde moderne entend bien briser l'ordre naturel et s'attaquer en priorité à sa clef de voûte "la famille". Toutes les subversions ont en commun de prétendre libérer l'homme de ses enracinements. Détruire la famille est selon les vieilles philosophies dites des "Lumières" la condition de l'épanouissement de l'être humain. De fait, les idéologues voudraient une humanité composée d'individus isolés en face de l'État. Ils construisent un monde où par l'euthanasie et l'avortement, l'État se rend maître de la vie et de la mort. Un monde où l'État règle tous les détails de l'éducation et de l'existence même des hommes. À cette conception totalitaire inhumaine nous opposons le sens profondément humain de l'enfant bercé et élevé par sa mère, protégé par son père, se développant parmi ceux de son sang[4]. »

Voilà, en quelques lignes, la vision défendue par le FN concernant les femmes, si injustement caricaturée à en croire Marine Le Pen. Ce n'est d'ailleurs pas réservé à son aile

1. Le slogan est encore présent sur les bulletins d'adhésion distribués au BBR de 1991.

2. Marc Cabantous, « La femme dans la société moderne », *Bulletin du CNFE*, numéros 2 à 4, 1985.

3. Le Pen, discours au 1er congrès du CNFE, décembre 1987.

4. Martine Lehideux, *La Politique familiale*, supplément au n° 7 d'*Europe et Patries*, 1985, 24 p. En 1996, Jean-Marie Le Pen déclare à l'adresse des femmes : « L'affirmation que votre corps vous appartient est tout à fait dérisoire. Il appartient à la vie et aussi, en partie, à la nation » (*Le Parisien*, 20 mars 1996).

catholique. Toutes les tendances de l'extrême droite se retrouvent pour exiger le retour à un patriarcat et à une répartition des rôles mieux définie entre hommes et femmes. Les païens de la Nouvelle Droite y voient le moyen de préserver la civilisation de la décadence, les catholiques traditionnels celui de préserver la famille, « cellule de base de la société ».

Dans cette vision du monde, le modèle politique idéal est à l'image de la famille idéale. L'homme oriente son foyer et la femme le seconde. Telle une petite monarchie, les enfants sont des sujets. Cela dit, même en monarchie, il arrive que des femmes puissent régner. Comme Marie-Thérèse d'Autriche. On attend alors d'elle un comportement exemplaire, à l'image de la mère idéale, sous peine de finir maudite. Marine Le Pen correspond-elle à cette image pieuse ? On peut en douter. Elle fait d'ailleurs fuir les militants attachés à cette image traditionnelle.

Si le fait d'être une femme est une force pour redorer l'image du FN et le dédiaboliser dans les médias, cela lui vaut bien des désaffections en interne. Et même des sarcasmes, bien plus violents que ceux essuyés par Ségolène Royal à gauche. Si cette dernière est parfois perçue comme « Bécassine », Marine Le Pen se voir carrément traiter de « gourgandine ». Un vocabulaire d'un autre âge, qui a toujours cours chez certains sympathisants du Front. Pour autant, toutes les critiques ne sont pas que sexistes et comportent parfois une part de vérité. Ceux qui ont milité aux côtés de son père font remarquer que Marine Le Pen n'a ni sa culture, ni sa profondeur politique. Le père écrivait lui-même ses discours et pouvait improviser des conférences-fleuves, de deux ou trois heures, sans notes. Il fut même l'un des premiers hommes politiques à utiliser le micro-cravate à l'américaine, sur le modèle du télévangéliste Billy Graham[1]. Il n'est pas rare de le voir arracher des larmes à

1. Alain Rollat, « M. Le Pen, télévangéliste », *Le Monde*, 12 février 1992.

la salle en parlant de la Nation, ou de la faire rire comme dans un one-man-show. Ce n'est pas le cas de Marine Le Pen. Fille de son époque, elle lit peu et court. Des notes de synthèse, des articles, des sites internet. Elle fait surtout son marché en piochant ici et là : empruntant tantôt aux éditorialistes « durs » du moment, tantôt en surfant sur les sites internet de la nébuleuse nationale radicale : comme le site Bivouac, Novoppress ou Fdesouche. Pour Lorrain de Saint Affrique, la comparaison est vite vue : « Jean-Marie Le Pen a une mémoire phénoménale. Il peut vous réciter des pages entières de ses lectures de jeunesse, en latin et en grec. Marine, elle, n'a jamais ouvert un bouquin de sa vie. On lui fait des fiches[1]. » Un phénomène que Jean-Pierre Gendron analyse avec philosophie : « Jean-Marie est un homme de la IVe République. Il s'adresse à un monde qui n'existe plus. Ses filles sont de la Ve République. » C'est assez juste.

Comme beaucoup de politiques de sa génération, Marine Le Pen n'a guère le goût de l'écrit. Quant à son style oral, il est parfait pour les plateaux de télévision, mais pas encore au point pour les meetings. Ses intonations laissent parfois insensibles ses plus fidèles partisans. Comme en novembre 2003. Pour la première fois, le FN de Paris la propulse dans un meeting en solo. Elle est alors candidate pour les élections régionales en Île-de-France. On attend un grand show, mais le discours dure seulement trois quarts d'heure. Son père est censé venir à la fin pour lui tendre un bouquet, mais il arrive un peu tard et trouve une salle déjà déserte. Il s'en ouvre à sa fille : « Je pensais que tu allais faire dans le calibre paternel, c'est-à-dire 1 heure et 20 minutes[2]. »

Il ne faut pas sous-estimer la difficulté de l'exercice pour les femmes politiques. Dans un monde où la tradition chrétienne demande aux femmes de se taire en public, il faut

1. Entretien avec Lorrain de Saint Affrique, 7 mars 2011.
2. Cité par Christophe Forcari, *Libération*, 10 novembre 2003.

parfois des générations pour trouver son style. Les modèles manquent. C'est aussi la force de Marine Le Pen. Elle dispose d'un modèle paternel appelé à susciter de plus en plus la nostalgie dans le monde actuel. Celui de la communication express et superficielle. À travers certaines critiques qui lui sont adressées, on sent poindre un dépit qui concerne en fait toute la génération politique montante. Ségolène Royal, Nicolas Sarkozy et Marine Le Pen sont tous les trois le reflet de cette Ve République finissante. Si l'on compare Marine Le Pen à son père ou à de Gaulle, le changement est flagrant. Si on la compare à certains de ses concurrents, le peu de IVe République que lui a transmis son père peut suffire à lui donner une certaine contenance.

Un cabinet très fantôme

Comme au temps de Jean-Marie Le Pen, le cabinet officiel est au siège du parti et le cabinet réel à Montretout, la véritable boîte à idées du parti. C'est là que se rendait jadis un conseiller comme Lorrain de Saint Affrique, qui ne travaillait pas pour le Front national mais directement pour Jean-Marie Le Pen. Leurs discussions avaient lieu à Saint-Cloud et les déclarations qui s'ensuivaient prenaient souvent les militants du Front à contre-pied… Aujourd'hui, ce sont les conseillers de Marine Le Pen qui sont reçus dans le Saint des saints. L'un d'eux s'émerveille devant l'« ambiance bordélique de ces conclaves, où l'on voit passer en courant ses trois enfants ou même Pierrette Le Pen[1] ». Exactement comme à une certaine époque, lorsque les visiteurs pouvaient croiser les trois filles Le Pen et leur mère. Sa fille a réussi à reconstituer la tribu que le départ de

1. Philippe Cohen et Laureline Dupont, « À Montretout, les réunions du cabinet secret de Marine Le Pen », *Marianne*, 12-18 mars 2011.

Pierrette Le Pen avait brisée… En prenant la place du patriarche.

Elle vit dans une annexe restaurée, juste à côté de sa mère, pendant que sa sœur Yann et sa famille occupent un étage. Le père surveille depuis son bureau, mais regagne ses pénates le soir venu. Tandis que sa fille rêve à des dîners diversifiés et décomplexés avec des personnalités de tous bords : « C'est l'un de mes objectifs, avoue-t-elle : faire en sorte qu'ils puissent assumer le fait de discuter avec moi. » L'économiste (de gauche) Jacques Sapir a été suffoqué d'être contacté. Le député souverainiste Nicolas Dupont-Aignan, avec lequel elle souhaitait dîner, a fini par annuler. Le sulfureux Gilbert Collard, avocat de Pierrette Le Pen au moment du divorce, est un ami de longue date et se déclare « mariniste ». Zemmour, qui fréquente son père, n'est pas annoncé. L'ancien président de Reporters sans frontières, Robert Ménard, publie un livre intitulé *Vive Le Pen !*, mais parle de simple provocation…

Marine Le Pen fera tout pour élargir le cercle de ses alliés et susciter les « coming out ». Elle a souffert de voir certains « amis » de son père, comme Jean-Edern Hallier, nier connaître les Le Pen, alors qu'il était un habitué de Montretout[1]. Pour l'instant, elle tolère que ses conseillers gardent l'anonymat. Pour combien de temps ?

L'opération vérité se fait doucement. Dans *Marianne,* Philippe Cohen et Laureline Dupont évoquent un « cabinet secret », où l'on croise des hauts fonctionnaires, des énarques, des économistes et des polytechniciens[2]. À y regarder de près, il s'agit surtout d'un petit cercle, composé d'ancien villiéristes ou d'anciens chevènementistes

1. En 1991, après que *National Hebdo* a annoncé son ralliement au FN, il dément dans *Le Monde :* « Je rencontre Le Pen, comme Leroy et Marchais [respectivement directeur de *L'Humanité* et secrétaire général du PCF] en tant que directeur de *L'Idiot.* Le Pen représente beaucoup de Français de la France profonde. Il faut réconcilier Doriot et Thorez » (*Le Monde,* 29 juin 1991).

2. Philippe Cohen et Laureline Dupont, « À Montretout, les réunions du cabinet secret de Marine Le Pen », *op. cit.*

déçus, qui n'assument pas vraiment. Rarement une équipe de conseillers aura autant épousé la définition anglaise de cabinet fantôme (*shadow cabinet*). Certains ne veulent même pas donner leur nom de famille. Quand ils le font, le niveau de pluralisme et de compétence affiché paraît exagéré. Jean Roux, présenté comme l'« économiste passé par le PS », vient surtout du Rassemblement pour la France de Philippe de Villiers. Si l'on en croit la quatrième de couverture de son livre, il est plus comptable qu'économiste. Sous-titré *Une OPA géante sur la France,* l'ouvrage prévoit une mise en cessation de paiement de la France[1]. Sa doctrine se résume en quelques mots : les multinationales, les investisseurs étrangers et les fonds de pension américains s'approprient peu à peu le patrimoine français.

Plus connu, Paul-Marie Coûteaux vient lui aussi du souverainisme, villiériste et chevénementiste. Il anime depuis quelques années une émission sur Radio Courtoisie, la radio des catholiques intégristes, où il reçoit souvent son ami Éric Zemmour. Lui se prononce officiellement pour une alliance allant de la droite traditionnelle au FN[2]. Un autre ancien chevènementiste, un certain Bernard, ne veut pas dire son nom, mais encourage Marine Le Pen à se saisir de la « révolution fiscale » souhaitée par l'économiste de gauche Thomas Piketty.

David Mascré, de son côté, serait la caution intellectuelle. Son CV en impose : double doctorat (en mathématiques et en philosophie-histoire des sciences), professeur de géopolitique, titulaire d'un 3e cycle en analyse des menaces criminelles contemporaines. Selon les sources, il est également éditeur et auteur de neuf ou dix-sept livres. Un chiffre qui impressionne beaucoup Marine Le Pen :

1. Jean Roux, *La Grande Braderie du patrimoine public des Français. Une OPA géante sur la France*. Éditions François-Xavier de Guibert.

2. « Le souverainiste Coûteaux favorable à une alliance avec le FN en 2012 », AFP, 30 mars 2011.

« Lui, c'est l'intello. » Âgé de trente-neuf ans, il ne ménage aucun effet pour en avoir l'apparence. Look studieux, petites lunettes, costume et discours précieux. Il somme ses interlocuteurs de lire son œuvre avant de l'interviewer. Pas si simple. Un seul de ses livres est répertorié sur Amazon. Ce qui témoigne d'une diffusion au-delà du confidentiel, surtout qu'il s'agit d'un article de revue. Ses ouvrages les plus « connus » seraient *Crise, krach et collapsus* et *Des barbares dans la cité*. Un livre, introuvable, qui se présente comme un essai sur l'affaire Halimi, qu'il attribue à « une atomisation du lien social, à un délitement des solidarités organiques traditionnelles et du même coup à une explosion des actes délinquants et criminels[1] ». Sur France 24, il explique que les États-Unis se servent du changement climatique pour asseoir leur domination mondiale. Ce qui est une façon très réductrice de comprendre cet enjeu. Interviewé par le site internet de fibre frontiste, *Enquête et débat*, il commence par se plaindre de ne pas être invité à la télévision, contrairement à des êtres qui ne maîtrisent ni la langue ni les concepts – à cause de mai 68 –, avant de se lancer dans un exposé creux sur la « cristallisation des faits divers », la barbarie du crime d'Ilan Halimi, le risque de guerre civile et la crise financière. Des propos déjà tenus, de façon plus synthétique et vivante, par n'importe quel invité souverainiste sur les plateaux de télévision. À cela près qu'il ajoute un grandiloquent appel churchillien à suer « du sang et des larmes » : « Revenir à une logique du sacrifice individuel pour redonner élan à la patrie. » Sans toutefois se départir d'un ton si appliqué qu'il ne soulève aucun enthousiasme.

Laurent Ozon, le conseiller écologiste de Marine Le Pen, est plus intéressant. Il a produit une véritable analyse sur le nucléaire, très proche de celle des Verts. Normal, il

1. « David Mascré, auteur de *Des barbares dans la cité* », Riposte laïque, 26 mai 2009.

y a milité entre 1992 à 1995, avant de les considérer comme un « appendice de gauche de la social-démocratie[1] ». Cela explique pourquoi Cécile Duflot s'étonne de retrouver certaines de ses propositions, au mot près, dans la bouche de la présidente du FN. Notamment sur le besoin de « relocalisation ». Marine Le Pen se défend d'être soudainement inspirée : « Le Front national a toujours été écologiste[2] » ! Ce qui est vrai, mais dans un sens « naturaliste », pas dans cette version élaborée. Laurent Ozon y est pour beaucoup. Il a été directement catapulté par Marine Le Pen au bureau politique, sans être passé par l'élection au Comité central du parti. Mais ce n'est pas qu'un ancien militant Vert... C'est aussi un ancien du Bloc identitaire, ce mouvement national-révolutionnaire en guerre contre l'« islamisation ». Il est même intervenu récemment, en octobre 2009, à la convention annuelle du mouvement. Il a d'ailleurs créé « Maison commune », un groupuscule écolo-identitaire. C'est aussi un adepte des thèses décroissantistes de Serge Latouche. En 1999, il organisait des passerelles entre la gauche et l'extrême droite autour du refus de la guerre en Serbie. Son « Collectif Non à la Guerre » avait alors accueilli Alexandre Soljenitsyne, Harold Pinter, et l'Abbé Pierre. Ancien sapeur-pompier, il s'est reconverti dans la sécurité et dirige une société de 30 salariés (7 millions de chiffre d'affaires en 2010), Storvision, qui est le leader français de la vidéo-surveillance. Gérée par l'une de ses collaboratrices, cette société surveille 15 000 sites, 7 000 agences bancaires, ainsi que de nombreuses collectivités et entreprises. Marine Le Pen possède aussi ses entrées à Bercy, ministère des Finances (et du fisc), grâce à un conseiller qui refuse de donner son nom de famille[3].

1. *La Nouvelle République*, 9 février 2011.
2. *Mots croisés*, 4 avril 2011.
3. *Le Parisien*, 8 avril 2011.

Décidément, le Manoir de Montretout n'est pas encore devenu une demeure totalement fréquentable. Autre tradition qui ne change pas, le conseiller est un quasi-bénévole. Quand Lorrain de Saint Affrique réclamait ses émoluments, Jean-Marie Le Pen faisait la sourde oreille : « Quoi ? Ce ne sont que des discussions, ça ne peut pas coûter de l'argent[1] ! » C'est en proposant à ses proches de se présenter à des élections sous l'étiquette FN, et donc de vivre de mandats publics, qu'il réglait ses additions. Marine Le Pen proposera-t-elle la même formule ? L'un des anciens chevènementistes souhaitant garder l'anonymat espère devenir son directeur de cabinet dès qu'« elle aura les moyens de le payer ». Comme si la famille Le Pen manquait de moyens… Sur ce point aussi, tel père, telle fille ?

1. Entretien avec Lorrain de Saint Affrique, 7 mars 2011.

Un discours « attrape-tout »

Marine Le Pen tiendrait un « nouveau discours ». La partition est d'autant plus facile à jouer que son père s'est chargé des fausses notes. Sa fille n'a qu'à adoucir la mélodie, sans changer de refrain, pour élargir son audience. Son public est libre d'entendre ce qu'il veut : la mélodie de « Marine » ou la rengaine du FN. Ce sont pourtant ces deux discours, celui de la présidence et du parti, qu'il faut analyser pour connaître la nouvelle chanson du Front national et la comparer à l'ancienne. Ce n'est d'ailleurs pas si simple. Le parti de Jean-Marie Le Pen n'a pas toujours brillé par sa cohérence. Plutôt par un discours expiatoire, à géométrie variable, selon les publics captifs et les boucs émissaires. En un mot « attrape-tout », selon l'expression utilisée pour décrire la diversité de son électorat[1]. Son sens de la provocation et de l'opportunisme lui a permis d'incarner une synthèse improbable entre les courants les plus contradictoires : catholiques intégristes et païens, antijuifs et antiarabes, ouvriéristes et grands patrons... Marine Le Pen s'inscrit dans cette continuité hasardeuse. Elle peut fâcher certains courants d'extrême droite, mais mise sur son image médiatique pour recomposer

1. L'expression est notamment utilisée par Pascal Perrineau dans *Le Symptôme Le Pen,* Fayard, 1997, Christophe Nadaud de la SOFRES ainsi que Michel Soudais, « Un parti attrape-tout », *Le Banquet*, n° 10, 1997/1.

un nouvel alliage. Avec un savoir-faire qui lui vient de son père et en naviguant comme lui. À vue et selon les vents porteurs. L'époque décidant des opportunités à saisir.

Jean-Marie Le Pen a grandi dans l'après-Seconde Guerre mondiale et la guerre d'Algérie, parfois en arrivant trop tard sur les champs de bataille. Marine Le Pen a raté les grands combats qui font l'identité d'un militant d'extrême droite : la décolonisation, l'anti-mai 68, l'anticommunisme et même l'antimitterrandisme. Mais il lui reste une époque tourmentée : par le 11 septembre, l'intégrisme musulman, la crise financière, le nucléaire, le multiculturalisme… C'est ce contexte – et non un changement de cap – qui explique leurs nuances. Des nuances que Marine Le Pen assume : « Oui, il m'arrive d'avoir des positions divergentes ou des nuances sur un certain nombre de points du programme avec mon père. Dieu merci, le FN n'est pas une secte. Nous n'avons pas, mon père et moi, le même âge, le même parcours, et par conséquent, il n'est pas étonnant que sur certains points nous puissions avoir des avis divergents ou des nuances. »

Elle cite notamment la fonction publique, qui n'est pas la position la plus sulfureuse de son père, mais la plus démodée. Lui-même n'y voit pas une rupture mais une évolution dictée par le contexte : « Il est évident que le programme politique évolue selon l'évolution de la situation. Dans un pays très socialisé, on aspire à plus de libertés. Dans un pays en état de désintégration morale, on vise à plus de rigueur. Ce n'est pas un changement de discours. C'est comme un tableau. À un moment donné, vous accentuez le trait. Parce qu'on est en démocratie. Le goût du public a changé et vous adaptez sans cesse une doctrine, qui est en quelque sorte un cadre, dans lequel vous inscrivez un tableau qui est relativement différent. Parce que s'il ne plaît pas ce tableau, il restera dans votre grenier. Et vous en serez l'unique admirateur avec votre famille.[1] »

1. Entretien avec Jean-Marie Le Pen, 6 mai 2011.

Ainsi va le Front national. Toujours le même cadre : celui de la Nation contre l'immigration, mais repeint à l'aide d'une nouvelle palette, où Marine Le Pen atténue certains traits et en dessine d'autres pour vendre son tableau au plus grand nombre. Quand on l'accuse de populisme, elle assume : « Si le gouvernement par le peuple et pour le peuple c'est le populisme, alors oui, je suis populiste[1]. » Sauf que « populisme » veut surtout dire « démagogique ». Surtout quand on promet la sortie de l'Europe et de l'euro sans problème, la retraite à soixante ans sans financement ou la nationalisation sans budget. En entendant ce nouveau programme, parfois très éloigné des fondamentaux ultralibéraux du FN, un ancien militant s'étrangle : « On nous accusait d'être fascistes mais avec nous l'État ne menaçait personne. Nous défendions une droite nationale mais libérale, avec moins d'État. Elle défend une droite national-étatiste… La Troisième Voie, quoi ! » Dans ses intonations, c'est vrai, Marine Le Pen reste imprégnée du vocabulaire de ses amis gudards et de Troisième Voie, sur le « mondialisme » notamment. Tout en y versant une louche d'amalgames sur l'immigration-islamisation. Elle recycle aussi des propositions déjà formulées par le Mouvement pour la France, le Front de gauche ou d'Europe Écologie-Les Verts. En y ajoutant, ce qui change tout, une forte dose de propositions xénophobes, isolationnistes et ruineuses pour la France.

Tous pourris, sauf le FN

S'il y a bien un domaine où le Front national a toujours fait de la surenchère, c'est dans le registre du « tous pourris ». Jadis réservé aux extrêmes, la dénonciation des élites

1. Pascale Nivelle, « Elle n'a rien d'une blonde », *op. cit.*

s'est largement démocratisée depuis la crise financière. À gauche du Parti socialiste, Jean-Luc Mélenchon a choisi d'importer un slogan digne des révolutions sud-américaines : « Qu'ils s'en aillent tous[1] ! », dans l'idée de prôner une Constituante faisant table rase de l'oligarchie. Sauf qu'en France, le FN a préempté l'idée de balayer ce que Marine Le Pen appelle la « caste au pouvoir » ou l'« hyperclasse mondiale », et que son père appelait l'« establishment. » Un credo qu'il a appris à manier auprès de Pierre Poujade, lequel faisait campagne sous le slogan « Sortons les sortants ! ». Marine Le Pen s'inscrit dans cette continuité lorsqu'elle appelle à se débarrasser de la « clique UMPS ». Une contraction pensée pour faire croire que la droite et la gauche « font strictement la même politique ». C'était déjà l'idée du slogan « Ni droite, ni gauche, français », utilisé pendant la campagne de 1995, en vue d'élargir la base tout en s'élevant au-dessus des partis au pouvoir[2]. La grande chance du Front national étant de n'avoir jamais gouverné, en tout cas au niveau national, et de pouvoir laver plus que blanc dans ses discours.

« La morale publique, dans notre pays, est bafouée chaque jour par la clique UMPS, à tous les niveaux. » C'est le credo de l'un des tout premiers discours prononcés par Marine Le Pen en tant que présidente du FN, le 15 février 2011 à Nanterre. Il est vrai que le climat politique s'y prête. Nous ne sommes plus au temps des grandes « affaires », lorsque les partis politiques profitaient des failles de la législation pour se financer de manière peu transparente. Depuis, la règle a été éclaircie. Mais le mandat de Nicolas Sarkozy a révélé de douteux conflits d'intérêts. Comme l'affaire Woerth-Bettencourt ou le tortueux procès Clear-

1. Jean-Luc Mélenchon, *Qu'ils s'en aillent tous ! Vite, la révolution citoyenne,* Flammarion, 2010.

2. Selon un sondage Cevipof/SOFRES, 67 % des Français ne font confiance ni à la droite ni a la gauche pour gouverner. 40 % se disent « ni de droite ni de gauche », 21 janvier 2010.

stream, égarant jusqu'au plus sincère citoyen sur l'origine de la machination. Sans parler de l'affaire Karachi, où des rétrocommissions sont soupçonnées d'avoir servi à financer la campagne d'Édouard Balladur de 1995, et même d'être à l'origine d'un attentat ayant coûté la vie à plusieurs Français. Marine Le Pen ne peut qu'en faire son miel : « Nous ne voyons là que la partie émergée de l'iceberg… Tout est fait en effet pour empêcher la vérité d'éclater sur bien des dossiers : manipulation des médias, mise au pas de la Justice. Croyez bien aussi que si l'on cherche à empêcher le Front national de siéger dans les assemblées, au Parlement, comme dans les conseils généraux, c'est bien parce qu'ils savent tous que lorsque nous sommes présents quelque part, comme à Hénin-Beaumont ou au conseil régional du Nord-Pas-de-Calais, les magouilles ne sont plus aussi faciles[1]. »

Ainsi donc, le Front national serait victime du scrutin majoritaire pour protéger les « affairistes ». Qui peut adhérer à une telle démagogie ? Tous ceux qui refusent la moindre parole officielle. Marine Le Pen n'a qu'à les conforter en rappelant une promesse non tenue par le président de la République : « Qui peut croire celui qui a défendu la République irréprochable et qui s'est le premier, une fois élu, essuyé sur les principes élémentaires de la morale publique ? » En guise de solution, elle propose de sortir les sortants, qu'elle juge tous « corrompus » : « Il faut évidemment d'abord se débarrasser de l'hyperclasse corrompue, remplacer l'intégralité du personnel politique aujourd'hui en place et donc remercier la clique UMPS à tous les niveaux. On ne peut plus faire confiance à cette caste politique. À force de compromissions, de mauvaises habitudes, d'amitiés douteuses et de fréquentations inacceptables, à l'UMP comme au PS, tous ont profondément ancrée en eux la culture de la corruption. » Puis elle propose de jeter avec

1. Discours de clôture du Conseil national, 12 février 2011.

l'eau du bain l'ensemble des élites, là aussi sans faire dans le détail, et d'établir de nouvelles règles : « Se débarrasser de ces élites vautrées dans les compromissions en tous genres, ça ne suffira pas. Il faut de nouvelles règles pour faire régner la culture de la probité, de la morale publique, à tous les niveaux : élus nationaux, locaux, personnels administratifs. Il faut inculquer une vraie culture de la transparence, de rupture avec les conflits d'intérêts, et de gestion plus que scrupuleuse de l'argent public. » La présidente en est persuadée : « Le Front national est une force de propositions en la matière. » Et le répète : « Nous voulons jeter des propositions dans le débat. Et nous les porterons à la présidentielle. Il faut des règles claires, drastiques, d'urgence ! »

Le plaidoyer serait convaincant s'il venait d'un parti scrupuleux, transparent et respectueux de l'intérêt général, qui détaille les règles en question et formule des propositions. Il l'est quand une personnalité comme Martin Hirsch propose des réformes concrètes dans son livre *Pour en finir avec les conflits d'intérêts*[1]. Qui exige notamment une transparence renforcée concernant le patrimoine des élus et leurs activités quand ils sont avocats (car susceptibles de travailler pour des intérêts privés contre l'intérêt de l'État). Le Front national et la famille Le Pen sont-ils vraiment crédibles pour faire de la surenchère dans ce domaine ? Rien n'est moins sûr. À bien écouter les témoignages d'anciens militants du Front ses pratiques ne l'autorisent guère à faire la morale.

Marine Le Pen ironise sur l'affaire de l'EPAD, l'organisme des Hauts-de-Seine dont Jean Sarkozy fut un instant pressenti pour en devenir le président. Essentiellement en raison de son nom et non de son expérience. De mauvaises langues pourraient lui rétorquer que même dans les Hauts-de-Seine, le fils Sarkozy n'a pas hérité d'un tel poste. En

1. Stock, 2010.

France, il n'existe qu'un seul parti politique français pouvant se vanter d'avoir transmis le poste de président sur un mode aussi monarchiste : le Front national.

Marine Le Pen vante la transparence. Mais au Parlement européen, elle n'a pas daigné donner le moindre détail lors de sa déclaration de revenus et de frais que tout élu européen doit remplir. Tout comme son père. En 2002, il est épinglé pour avoir investi dans un vignoble, avec sa femme Jany, sans le mentionner sur sa fiche de député européen. Le couple s'est associé à 50 % avec un ancien braqueur devenu viticulteur : Patrick Bourson[1]. Une erreur de jeunesse commise après son renvoi des parachutistes, pour indiscipline. Longtemps « roi du vin », il s'est reconverti dans le négoce du champagne et a proposé aux époux Le Pen de prendre des parts dans sa société : les champagnes « François Daumale ». D'après le montant communiqué à l'assemblée générale du 26 juin 2006, elle réalise cette année-là un chiffre d'affaires de 3 798 137 euros[2]. Assez conséquent pour être signalé. Mais comme sa fille, Jean-Marie Le Pen semble peu désireux de remplir une certaine paperasse bruxelloise... qui se trouve avoir été mise en place pour éviter les conflits d'intérêts. Selon un haut fonctionnaire européen, « il aurait dû mentionner qu'il avait des parts d'une société » car « en tant que député, il peut être amené à voter une loi dans le secteur viticole. Il serait juge et partie[3] ». Voilà une règle simple que le FN n'a pas besoin de proposer mais pourrait au moins respecter avant de faire la morale.

Marine Le Pen n'ose pas trop railler l'absentéisme de ses collègues parlementaires. On pourrait lui rappeler qu'elle

1. *L'Express*, 25 janvier 2007. Il a été condamné en 1980 à douze ans de prison pour braquage. Voir aussi son livre : *Fils d'une naine et d'un soldat américain.*

2. François Vignolle, « Avec Jany, il investit dans le Champagne », *Le Parisien*, 24 octobre 2006.

3. *Ibid.*

fait partie des députés européens les moins assidus. En termes de présence, elle arrive en 724e place sur 736 députés. Entre 2004 et 2009, elle n'a participé qu'à 58 % des séances. Juste ce qu'il faut pour toucher son salaire, sachant qu'un député européen voit sa rémunération supprimée s'il manque plus de 50 % des séances…

L'avantage, quand on est peu assidue, c'est qu'on peut plus facilement cumuler des mandats. Dans ce domaine aussi, Marine Le Pen est assez mal placée pour donner des leçons. En février 2011, elle est à la fois conseillère municipale, conseillère régionale et députée européenne. Une récente décision du Conseil d'État – voulue par la « caste au pouvoir » – l'oblige à abandonner un mandat. Ce qu'elle n'aurait visiblement pas fait d'elle-même. « Effectivement, c'est la loi, reconnaît-elle alors. Ce n'est donc pas un choix. La loi oblige à conserver le dernier mandat obtenu. Encore faut-il que la justice se soit prononcée sur la validité de l'élection et ce, de manière définitive. Or plusieurs recours ont été introduits visant à l'annulation de l'élection de Hénin-Beaumont. Je me conformerai donc à la loi lorsque la justice aura rendu sa décision sur cette élection. J'abandonnerai probablement le mandat de conseiller régional[1]. » Finalement, elle choisira d'abandonner plutôt son mandat municipal, non sans avoir multiplié les recours. Ce qui lui a permis de prolonger de plusieurs mois le cumul de ses trois casquettes et salaires.

Marine Le Pen loue le sens de l'intérêt général et de la probité, mais peut-on donner des leçons quand le fondateur de son parti et son président d'honneur refuse de payer ce qu'il doit en tant que contribuable ? Le contentieux entre Jean-Marie Le Pen et le fisc dure depuis trente ans ! Pour payer moins d'impôts sur son patrimoine, le propriétaire de Saint-Cloud n'a pas mis Montretout à son nom mais à celui d'une SCI, une société immobilière : Le Pavillon de

1. Chat avec Marine Le Pen, LeMonde.fr, 26 mars 2008.

l'Écuyer. Ce qui suppose, en contrepartie, qu'il verse un loyer correspondant au bien possédé, sous peine de tricher et de constituer un « avantage en nature ». Or l'administration reproche à Jean-Marie Le Pen d'avoir sous-évalué la valeur de l'hôtel particulier et d'avoir versé, pendant des années, des loyers trop bas[1]. « Un procédé de gangster » selon Jean-Marie Le Pen, qui estime être « l'unique cible » de ce genre de vérifications : « Ça aboutissait à des sommes énormes, mais j'étais le seul citoyen français qui ait été l'objet de ce genre de persécutions[2]. » En réalité, bien sûr, cette règle vaut pour tout citoyen, mais Jean-Marie Le Pen est le seul à penser pouvoir dissimuler une sous-évaluation. Ses déclarations de revenus seraient aussi un peu amnésiques. Notamment concernant certaines plus-values boursières ou l'origine des dons. En 1995, le tribunal administratif épingle une somme de 591 000 francs en espèces, d'origine indéterminée[3]. Jean-Marie Le Pen parle de dons anonymes et de collecte de fonds, ce qui semble attester d'une certaine confusion entre ses comptes politiques et personnels[4]. La vraie sanction tombe en 1998, lorsque la Cour administrative d'appel confirme le jugement et lui inflige un redressement fiscal de 1 million de francs. Pour des « oublis » s'étalant de la fin des années 1970 au début des années 1980. Depuis, d'autres procédures lui réclameraient « 5 millions de francs » en tout, soit 762 000 euros. Jean-Marie Le Pen parle d'« inquisition fiscale » et dit avoir payé environ un tiers de ce qu'il doit[5].

À y regarder de près, les montants des impôts acquittés ces dernières années, en tout cas quand il accepte de jouer

1. Romain Rosso, « Le Pen, châtelain de Saint-Cloud », *L'Express*, 28 mars 2002.
2. Entretien avec Jean-Marie Le Pen, 6 mai 2011.
3. Fabrice Tassel, « Sa petite cuisine fiscale tourne mal », *Libération*, 27 avril 2002.
4. Christophe Forcari, « La confusion des comptes », *Libération*, 26 avril 2002.
5. Entretien avec Jean-Marie Le Pen, 6 mai 2011.

la transparence et de les faire connaître, sont plutôt modestes : 27 000 francs, soit 4 116 euros en 2001 (pour un actif net imposable déclaré de 10 millions de francs), 6 679 euros en 2004. Mais surtout, Le Pen n'est pas un contribuable résigné. En cas de contentieux, il n'hésite pas à interpeller les ministres des Finances ou le médiateur pour tenter de négocier. En novembre 2004, *Le Monde* publie un article intitulé « Le Pen a demandé une intervention de M. Sarkozy sur une procédure fiscale[1] ». Quelques jours plus tôt, le 18 novembre, au Parlement européen, Le Pen a été vu en train de s'entretenir avec son collègue Brice Hortefeux, qui est aussi le plus proche conseiller de Nicolas Sarkozy, alors ministre de l'Économie et des Finances. D'après les témoins, la discussion est « animée ». Elle se poursuit à l'aéroport de Strasbourg, dans un salon réservé aux personnalités. *Le Monde* révèle qu'elle porte sur les problèmes fiscaux de Jean-Marie Le Pen[2]. À l'époque, les services réexaminent seize exercices, allant de 1978 à 1993. Le Pen a déjà écrit au ministre délégué au budget, mais son secrétaire d'État, Dominique Bussereau, lui a adressé une fin de non-recevoir. Quant au ministère des Finances, on juge que cette demande n'est pas « extravagante », mais Nicolas Sarkozy dément la « moindre dérogation, ni de près, ni de loin » et affirme avoir répondu par la négative[3].

Quand nous avons interrogé Jean-Marie Le Pen sur cette demande d'intervention, il a commencé par nier avoir sollicité Brice Hortefeux sur ce sujet avant de concéder : « Je lui en ai touché un mot mais ce n'était pas lui qui était décideur dans cette affaire, il n'était rien, conseiller, c'est tout. » L'un des décideurs s'appelle Nicolas Sarkozy.

1. Pascal Ceaux et Christiane Chombeau, « Le Pen a demandé une intervention de M. Sarkozy sur une procédure fiscale », *Le Monde*, 26 novembre 2004.

2. *Ibid.*

3. *Le Figaro*, 26 novembre 2004.

Mais Jean-Marie Le Pen se souvient surtout d'avoir sollicité le médiateur : « Je me suis adressé au médiateur, qui a reconnu le bien-fondé de ma démarche, mais qui a dit : "vous comprenez, le premier tiers a autorité de chose jugée". La justice française, m'obligez pas à dire ce que j'en pense, le Conseil d'État, le tribunal administratif... J'ai été condamné au mépris de la loi. Pour le reste, j'ai réussi. On m'a pas poursuivi pour les deux autres tiers... mais on m'a pas remboursé le premier. » Dans cette phrase, Jean-Marie Le Pen soutient donc avoir été victime de persécutions de la part de tribunaux de la République (parfaitement indépendants) mais confie avoir pu échapper aux deux tiers de ses condamnations grâce à une négociation avec le médiateur. Quand on lui fait remarquer que cette fonction est bien plus politique (car moins indépendante), il s'agace : « Que le médiateur soit un moyen pour le ministre de faire ce qu'il ne peut pas faire, c'est possible. Mais rendre justice à quelqu'un, ce n'est pas forcément ignoble. Si vous considérez comme une faveur qu'une injuste persécution s'arrête, alors oui, en effet[1] ! »

Dernier rappel, ces négociations – visiblement fructueuses – portent uniquement sur le contentieux fiscal à propos de montants déclarés, et non sur les révélations anciennes mais troublantes de Pierrette Le Pen à propos de placements en Suisse. Ce qui n'empêche nullement le Front national de dénoncer haut et fort un « problème général de morale publique » au moment de l'affaire Bettencourt[2]. Cette distorsion entre les discours et les actes posant encore plus question depuis que Marine Le Pen prétend faire de cette morale le centre de son action politique.

1. Entretien avec Jean-Marie Le Pen, 6 mai 2011.
2. *Le Figaro*, 30 juin 2010.

L'affaire Le Rachinel

Ancien ouvrier typographe, fils d'agriculteur, Fernand Le Rachinel a monté plusieurs sociétés d'impression. Un métier clef en politique. Lui-même s'est présenté à plusieurs élections dans sa région, la Normandie. D'abord sous l'étiquette UDF puis FN à partir de 1982. Il sera successivement secrétaire départemental, conseiller régional, délégué à la propagande, puis député européen à partir de 1994. C'est un homme d'affaires engagé, fortuné, et un ami de la famille Le Pen. Il a plusieurs fois dépanné le parti. Notamment en 1999, l'année de la scission. « J'étais la variable d'ajustement », raconte Fernand Le Rachinel[1]. Jean-Marie Le Pen tient à préciser qu'il n'a rien d'un mécène : « Jamais Le Rachinel n'a donné un centime au FN, c'est un Normand ! Il les lâche pas beaucoup… [les sous, NDA]. Il a toujours agi comme un prestataire de services. Efficace, mais extrêmement cher. Il emprunte de l'argent – que nous cautionnons – pour que nous puissions lui acheter son papier[2]. »

La solution, plusieurs fois expérimentée, est en effet celle de l'emprunt. Grâce à sa stature financière et immobilière, l'imprimeur contracte un prêt à la banque, puis prête en retour cette somme au même taux (sans toucher la moindre commission) au FN. Ce qui est parfaitement légal et s'est toujours bien passé. Jusqu'ici, le FN a toujours passé la barre des 5 %. Ce qui lui a permis de toucher une subvention publique et de rembourser l'imprimeur. L'échec de 2007 va changer la donne. Le Rachinel a souscrit un emprunt de 1,5 million (+ les intérêts) pour la présidentielle et de 7 millions d'euros (intérêts compris) pour aider le parti à financer la campagne des législatives. La présiden-

1. Entretien avec Fernand Le Rachinel, 26 avril 2011.
2. Entretien avec Jean-Marie Le Pen, 6 mai 2011.

tielle permet de rentrer dans les frais, mais pas les législatives. Or c'est de loin la plus rémunératrice pour un parti politique. L'UMP ayant capté une grande partie de l'électorat, le FN a droit à une subvention bien plus modeste que prévu : 1,8 million par an pour les cinq ans à venir, au lieu de 4,6 millions par an.

La solution la plus simple serait de vendre immédiatement le Paquebot pour rembourser Le Rachinel, dont les intérêts courent. Mais le clan s'y résout difficilement. Ils exigent une somme élevée – 15 millions d'euros pour 5 000 mètres carrés – et le Paquebot tarde à trouver preneur. Plusieurs offres tombent à l'eau.

L'autre solution est bancaire. La Société générale, qui sert à la fois de banque à Le Rachinel et au Front national, accepte d'accorder un prêt-relais au FN. Ce qui peut lui permettre de rembourser l'imprimeur et d'attendre la prochaine subvention électorale pour rembourser la banque. Un accord est trouvé. Jean-Pierre Reveau, le trésorier du Front, et Le Rachinel boivent même le champagne chez le banquier. Il ne manque plus que la signature du président. Il a donné son accord par téléphone, mais se ravise au dernier moment. « Les conditions étaient draconiennes », estime le président d'honneur. Le Rachinel attribue surtout ce revirement à « l'ascendant pris par sa fille » : « Elle voulait que je reverse une partie de l'argent remboursé. » Une remise de plusieurs millions, sous peine de procédures à n'en plus finir. Le Rachinel s'en explique avec le « président » en 2007. D'après lui, Jean-Marie Le Pen lui demande une remise de 3 millions : « Il m'a dit, vends quelques biens. C'est pas grave, vieux. C'est moins grave qu'un cancer. Je lui ai dit et toi ? Pourquoi tu ne mets pas de l'argent ? Il m'a répondu : mais moi je suis le président[1] ! » Les demandes sont de moins en moins courtoises : « On m'a dit : si tu ne nous retournes pas une partie de

1. Entretien avec Fernand Le Rachinel, 26 avril 2011.

l'argent, on te fera dix ans de procédures et tu seras étranglé. » En droit, cela s'appelle une « tentative d'extorsion de fonds », précise l'avocat de Le Rachinel, maître Robert Apéry. Extérieur au monde de la politique, il dit avoir découvert une famille Le Pen particulièrement fanatique quand il s'agit d'argent.

Jean-Marie Le Pen a bien entendu une autre version, mais confirme le montant de la remise exigée. Il estime que Le Rachinel a suffisamment gagné sa vie grâce au FN et doit aider le parti : « On espérait que Le Rachinel, étant parlementaire du Front, ferait un geste. » De quelle ampleur ? Il l'évalue à « 30 %, même 50 %. C'est à chacun de voir le sacrifice qu'il peut faire. Quand on a travaillé pendant vingt-cinq ans avec le FN, que le FN était votre principal client, que vous affirmez que vous avez gagné 20 milliards de centimes, ça mérite peut-être un geste, mais il ne l'a pas eu[1] ».

Outre que Le Rachinel n'a pas les moyens d'un tel « geste », cette « proposition » revient à vouloir contourner la loi électorale. Car si l'imprimeur n'exigeait pas d'être intégralement remboursé pour les sommes investies, cela reviendrait à faire un don de plus de 3 millions… Un montant largement supérieur aux 7 500 euros autorisés par la loi quand un particulier souhaite financer un parti politique. D'où l'affaire Bettencourt, soupçonnée de financer l'UMP au-delà de ce montant, à l'aide d'argent liquide glissé dans des enveloppes… Jean-Marie Le Pen y voyait alors un problème de « morale publique », tout en exigeant une remise de plusieurs millions à Le Rachinel.

L'imprimeur refuse la « proposition » et intente un procès pour obtenir le règlement de son contrat de prêt. Jean-Marie Le Pen est alors obligé de mettre une hypothèque sur la Cotelec, sa structure chargé de collecter des fonds, et dégage environs 2,7 millions d'euros. Preuve qu'il pouvait

1. Entretien avec Jean-Marie Le Pen, 6 mai 2011.

trouver l'argent... Pendant ce temps, Marine Le Pen et Philippe Peninque sont à la manœuvre pour gagner du temps. L'ancien militant du GUD, avec qui elle a plaidé dans l'affaire Fun Radio, est l'un de ses proches conseillers depuis la campagne de 2007. Il est chargé de réaliser un audit financier du Front, qui croule alors sous les dettes, et de trouver une solution pour ne pas avoir à rembourser l'intégralité des factures à Le Rachinel. L'affaire est à la fois financière et politique. Car Le Rachinel est un proche de Carl Lang, en train de se brouiller avec le parti à propos des européennes. Mais surtout, l'essentiel des factures porte sur l'impression d'un journal que le FN a décidé de faire porter « sous blister » dans les boîtes aux lettres. Extrêmement coûteux et peu efficace. Ce mauvais choix tactique a dévoré l'essentiel des frais de campagne. L'imprimeur n'y est pour rien, mais Bruno Gollnisch, alors directeur de campagne et décisionnaire, y est pour quelque chose... Pour Marine Le Pen et son conseiller, l'affaire Le Rachinel est donc à la fois un moyen de trouver de l'argent pour renflouer le parti, et l'occasion de montrer qu'elle peut mieux le gérer que son rival. D'où l'énergie qu'elle mettra dans ce dossier. « Elle voulait me faire rendre gorge », dit d'elle Le Rachinel.

Le procès a lieu le 23 juin 2008, devant le tribunal d'instance de Nanterre. L'avocat du FN, David Dassa Le Deist, dénonce « un système de surfacturation systématique visant à faire rembourser par l'État des sommes indues ». Ce qui revient à « détourner l'argent du contribuable » et justifie surtout de « résister aux demandes de M. Le Rachinel[1] ». Selon l'avocat de l'imprimeur, il s'agit en fait de « jouer la montre » par des « manœuvres dilatoires ».

Dans le doute, à la suite des accusations portées, une enquête est ouverte. S'ensuivent trente heures de garde à vue, six perquisitions, toute une série d'expertises et un nouveau

1. AFP, 23 juin 2008.

contrôle fiscal pour Fernand Le Rachinel. Sans parler des frais d'avocats pour se défendre et des intérêts du prêt de 7 millions qui courent toujours. L'imprimeur vit un cauchemar. Il se trouve effectivement étranglé et doit hypothèquer ses biens. Juste avant la descente aux enfers, il décide de se rendre dans le bureau de Jean-Marie Le Pen, au Parlement européen, pour obtenir une explication. La conversation devient houleuse et même menaçante. En sortant, Le Rachinel, blême, se rend dans le bureau de Carl Lang pour rédiger une attestation sur l'honneur indiquant qu'il vient d'être menacé. Ce qu'il prend très au sérieux : « Le Pen devient fou quand il s'agit d'argent. Ce sont des voyous, il ne faut jamais croiser la route de ces gens[1]. »

Jean-Marie Le Pen n'a aucun souvenir de cette altercation. Pour lui, leur dernière entrevue a eu lieu à Montretout et fût effectivement orageuse. Quand on lui demande d'être plus précis sur le contenu de la conversation, il répond : « Vous voyez bien ce que peut dire quelqu'un à qui on reproche d'abuser de la situation ! Ça s'apparentait à la limite à une volonté – du moins un appui – à la destruction du FN ! » Jusqu'à se montrer menaçant ? Impossible selon Jean-Marie Le Pen : « Comment peut-on le menacer ? On ne peut pas le menacer[2]... » En revanche, le FN accuse Le Rachinel de « surfacturation » pour ne pas avoir à honorer son contrat de prêt. Même Jean-Pierre Reveau, qui l'a signé en tant que trésorier du FN, le reconnaît : « C'était de la pure mauvaise foi[3] ».

La justice finit par reconnaître le bon droit de l'imprimeur. Son avocat a engagé une procédure pour saisir une partie de l'argent public versé par l'État au titre de la mandature 2007-2012. Bien qu'il ait touché l'argent de l'État, le FN fait encore de la résistance, mais l'avocat finit par récupérer les sommes que le parti doit. Le FN est moins pris

1. Entretien avec Fernand Le Rachinel, 26 avril 2011.
2. Entretien avec Jean-Marie Le Pen, le 6 mai 2011.
3. Entretien avec Jean-Pierre Reveau, 10 mai 2011.

à la gorge depuis le 27 avril 2010, date à laquelle le Paquebot a enfin été vendu à un prix raisonnable : 9,6 millions d'euros. Selon un document en notre possession, en 2006, Marine Le Pen détenait 25 parts sur 3 500 de la SCI le possédant. Elle touchera donc une petite part de la vente (0,7 %), soit probablement dans les 70 000 euros. Quant au FN, à cause du temps perdu et des intérêts, sa dette – qui était évaluée par la Cour des comptes à environ 11,9 millions d'euros fin 2009 – a augmenté. Même avec la vente du siège et les saisies, elle reste importante. Marine Le Pen mise sur l'échéance présidentielle, où on lui prédit un score colossal, pour renflouer. « Elle va retrouver de l'argent, c'est leur motivation première », lâche Fernand Le Rachinel, écœuré. Il dit trembler à l'idée de la voir gouverner : « Marine Le Pen veut faire du FN un parti de gouvernement, eh bien si les Le Pen gèrent le pays comme ils gèrent le parti, le résultat ne sera pas très beau à voir[1]. »

Économie : séduire patrons et ouvriers

« Le Front national ne bénéficie pas de l'argent de la corruption ou des grands patrons », se félicite souvent Marine Le Pen[2]. Pour les grands patrons, ce n'est pas faute d'avoir essayé. Pendant des années, le Front a multiplié les cercles destinés à attirer d'éventuels financiers : comme le Cercle Renaissance de Michel Rostolan ou Entreprise et liberté de Jean-Michel Dubois. En 1998, lors d'une longue enquête sur les sponsors du Front national, nous avions constaté que quelques grandes enseignes avaient financé le FN au titre de « personnes morales », via des succursales déclarées au *Journal officiel.* Mais bien peu osent afficher leur soutien par peur d'éventuelles retombées sur leur

1. Christophe Forcari, *Libération*, 24 juillet 2008.
2. http://www.youtube.com/watch?v=Gbiyc01sh4I

image. Les seuls patrons connus sont Jean Bruel, patron des Bateaux-Mouches jusqu'à sa mort, la baronne des stylos Bich, André Mulliez des magasins Auchan, ou François d'Aulan, l'ancien patron de Piper-Heidsieck (vendu depuis).

En dehors de quoi, c'est vrai, le FN a surtout séduit des petits patrons, des commerçants et des artisans, grâce à un discours poujadiste prônant la suppression de l'impôt sur la fortune, la « baisse des impôts », mais aussi la déré-gulation et moins de fonctionnaires. C'est l'un de ses constants objectifs entre 1972 et 2007 : un programme libéral. « Nous défendons les libertés économiques, parce que sans libertés économiques, il n'y a plus de libertés politiques[1]. » Il est question de « rendre aux Français leurs libertés fiscales », en limitant « constitutionnellement le montant de la pression fiscale à 35 % au plus du Produit intérieur brut, tous prélèvements confondus[2] ». Non sans « libérer au maximum l'entreprise des contraintes de toute nature qu'elle subit ». Fiscales, mais aussi salariales : durée hebdomadaire du travail et code du travail sont visés[3]. La promesse étant de faire « gagner plus à ceux qui travaillent plus ». Un slogan repris par Nicolas Sarkozy, avec le résultat que l'on sait… Au Front national, ce slogan avait également pour but de faire accepter le principe de la retraite à soixante-dix ans, pour compenser le vieillissement de la population sans avoir recours à l'immigration. Marine Le Pen, qui veut conquérir les classes populaires, promet à la fois la retraite à soixante ans et d'arrêter l'immigration…

Autant l'UMP dissimule mal sa proximité avec les intérêts des grands patrons, autant le FN a réussi à prôner un programme ultra-libéral tout en devenant le premier parti

1. *Jean-Marie Le Pen présente : « Pour la France. Programme du Front national »*, 1985, Albatros, p. 10.
2. Programme 2002.
3. Programme 2007.

ouvrier de France[1]. Notamment en faisant croire à certains prolétaires, y compris d'origine immigrée, que les nouveaux immigrés volaient leur travail : « 3 millions de chômeurs = 3 millions d'immigrés de trop[2] ».

Depuis son ancrage à Hénin-Beaumont, Marine Le Pen manie mieux que personne le ton démagogique destiné aux classes populaires, mais elle adapte aussi son programme économique à l'après-crise financière de 2008. Un tonnerre dans le ciel radieux de l'ultra-libéralisme. La crise a révélé combien l'État restait le seul outil protecteur, notamment pour les classes populaires, qui paient le prix fort. Elles sont légitimement en colère et peuvent avoir l'impression que l'État renfloue les banques mais les abandonne. L'Union européenne a servi de plate-forme pour éviter le pire. Sans parvenir à convaincre qu'elle pouvait faire passer l'intérêt des peuples avant le « libre marché », qu'elle a tant protégé. D'où la tentation de chercher des solutions au niveau des États-nations. Le Front national de Jean-Marie Le Pen s'était déjà approprié le mot « nation », sa fille le complète en ajoutant « État ».

Il suffit de perdre un peu la mémoire sur ce qu'a été le FN pour donner des leçons. Comme ce vendredi 11 mars 2011, lors d'un meeting à Bompas, dans les Pyrénées-Orientales. Devant 900 personnes, Marine Le Pen lit un discours-fleuve : « la vague bleu marine, la vague sociale ! ». Comme la plupart des politiques désormais, y compris à droite, elle plaide pour une revalorisation du travail et non

1. Depuis 1988, les ouvriers sont de plus en plus séduits par le vote frontiste. 15,5 % des ouvriers ont voté Le Pen en 1988, 19,5 % en 1995 et 22,5 % en 2002. En avril 2001, 82 % des électeurs ont récidivé en 1995. Cf. Nona Mayer, *Ces Français qui votent Le Pen*, Flammarion, 2002. Selon un sondage IFOP/*JDD* du 24 avril 2011, Marine Le Pen arrive en tête des intentions de vote des ouvriers avec 36 % des intentions de vote pour le premier tour de la présidentielle.

2. Créé par F. Duprat à la fin des années 1970, le slogan avait beaucoup ému par sa ressemblance avec le slogan nazi de 1931 : « 500 000 chômeurs, 400 000 Juifs, la solution est simple ».

du capital, mais promet tout et son contraire : diminuer le « coût du travail » (ce qui va plaire aux patrons) tout en augmentant les salaires (ce qui va plaire aux salariés). Extrait : « Nous devons repenser les mécanismes de financement de la protection sociale qui repose essentiellement sur le travail, afin de diminuer le coût du travail et de retrouver la voix d'une véritable justice fiscale tant il n'est pas concevable que le travailleur soit plus taxé que le rentier. Associée à une grande politique de relance industrielle, à la relocalisation de nos activités productives, à un véritable protectionnisme économique et social, nous nous engagerons dans une logique de reconnaissance de la valeur travail supposant naturellement une revalorisation des salaires souvent trop bas pour vivre décemment. »

L'affiche est belle, mais contradictoire, et ne dit pas comment elle sera financée… Le FN n'ayant pas sérieusement l'intention de gouverner, le budget est illimité. Avec l'argent que l'État n'a pas, Marine Le Pen propose également de renationaliser EDF[1]. « L'expérience de la privatisation des autoroutes ou de l'électricité a montré que le prétexte de la baisse du coût pour l'usager était un leurre, un attrape-gogos. […] Le gaz a ainsi augmenté de 50 % depuis 2005. Les Français n'en peuvent plus et c'est pourquoi le Front national demande de revenir sur la hausse du gaz prévue en avril, enfin les directives européennes de libéralisation du secteur de l'électricité et du gaz devront être abandonnées. » Sur ce dernier point, le discours est séduisant mais il se rapproche du Front de gauche, du NPA, d'Europe Écologie-Les Verts, et de la gauche du Parti socialiste, qui proposent eux aussi de limiter la libéralisation des services publics. Mais comment nationaliser si ce n'est en augmentant les impôts ? Encore faut-il l'assumer et prévenir les Français. Or le discours de Marine Le Pen glisse déjà vers d'autres promesses alléchantes, comme la

1. *Mots croisés*, 4 avril 2011.

baisse du prix de l'essence via la réduction des taxes comme la TIPP (Taxe intérieure de consommation sur les produits pétroliers). Tant pis s'il s'agit d'une importante recette pour l'État. Elle propose de compenser en taxant les « profits des grandes compagnies pétrolières et gazières ». S'ensuit un très beau discours sur les services publics et les acquis sociaux : « Il n'y a pas de fatalité, pas de sens de l'histoire, nous allons reconstruire et assurer la modernisation les services publics pour donner à l'État les moyens de ses devoirs régaliens et aux citoyens l'égalité à laquelle ils ont droit. » À lire ce discours, qui commence en évoquant Zola et se poursuit en pourfendant le MEDEF, on se croirait à gauche... À ceci près que le MEDEF est accusé non pas de refuser la justice fiscale, mais de « réclamer l'immigration à cor et à cri ». Tout comme les syndicats, eux aussi décriés.

Le discours de Marine Le Pen, qui se veut « ni de droite, ni de gauche », s'adresse bien aux classes populaires, mais sur un mode qui cherche moins à construire qu'à diviser. Dans son livre, Marine Le Pen consacre de longs passages à dresser les zones prolétaires du Nord contre celles d'Île-de-France : « Pas de discrimination positive pour les anciens bassins industriels, qu'ils soient du Pas-de-Calais ou de Lorraine, ni pour les anciennes régions agricoles de Bretagne... Pas de colonie de vacances payée par le contribuable, pas de croisière de réinsertion et pas de “politique de la ville” dispendieuse et ruineuse pour ces campagnes. Pas assez de plaintes, pas de réclamation de ces gens du Nord si chaleureux et hospitaliers, si pudiques, trop pudiques, sur leurs difficultés[1]. » Marine Le Pen feint d'ignorer que ces équipements ou loisirs sont votés par les élus, locaux ou régionaux, comme les conseillers régionaux FN du Nord-Pas-de-Calais, qui s'opposent régulièrement à ces dépenses... Mais pour elle, c'est surtout la gauche qui est

1. Marine Le Pen, *À contre flots*, *op. cit.*, pp. 196-197.

responsable : « En soutenant aveuglément une immigration sauvage et débridée, elle s'est fait la complice de ce grand capital qui, dès les années 1970, avait vu dans la venue en masse de travailleurs peu qualifiés, un fantastique moyen de faire pression à la baisse sur le travail manuel des Français. » Avec le Front national, tous les maux viennent toujours de la mondialisation, qu'il associe systématiquement à l'immigration : « La mondialisation, enfant chérie de la gauche internationaliste, est évidemment la mort des classes populaires. »

Il est certainement plus facile de répondre à la crise financière par la xénophobie que par la régulation transnationale de la finance. Pourtant ni la mondialisation, ni l'Union européenne n'empêchent de revoir l'imposition fiscale de façon à prendre aux plus riches pour redistribuer aux plus pauvres. Or ce n'était pas dans le programme affiché par le Front national jusqu'à très récemment. Sans que l'on sache toujours comment Marine Le Pen envisage de faire la synthèse entre l'ancien et le nouveau programme économique du Front. Un flottement qui permet à ses détracteurs d'émettre des doutes sur sa crédibilité dans ce domaine. Marine Le Pen se défend en attaquant : « Quel programme économique aura et a déjà eu des conséquences catastrophiques, si ce n'est celui de l'UMP et du PS – c'est le même – qui consiste à toujours accélérer dans la même direction, ultralibérale, antinationale et mondialiste ? Nous n'avons aucun complexe à avoir face à la morgue et l'arrogance de tous ces gens-là ! Nous n'avons aucune leçon à recevoir d'eux : c'est nous, mes chers amis, qui allons leur en donner ! » Sauf que pour donner des leçons, il faudrait commencer par faire son autocritique. Marine Le Pen ne cesse d'attaquer l'ultra-libéralisme du PS et de l'UMP, en feignant d'oublier qu'au plus fort de la crise, elle-même était contre le renflouement des banques par les États[1].

1. « On jette des sommes colossales par les fenêtres, alors que la France

Une position partagée par les ultra-libéraux américains qui aurait entraîné une catastrophe économique et sociale.

Un grand oral d'économie anonyme

Le 8 avril 2011, Marine Le Pen convoque le gratin de la presse économique sur une péniche pour lui exposer « les grandes orientations » de son nouveau programme économique. Tout le monde sait qu'il s'agit de l'un des points faibles du FN. Marine Le Pen a décidé de démontrer le contraire. Mais le grand oral tourne à une étonnante partie de cache-cache. Le service de presse demande aux journalistes de ne pas utiliser d'appareil photo : « Pas de caméra, ni de photographe. Certains travaillent dans de grands ministères, ils pourraient prendre des risques pour leur emploi s'ils s'exposaient plus[1]. » Le terrorisme intellectuel serait tel qu'il faut protéger deux des trois « experts » présents. Notamment un certain « François », qui se dit économiste dans une institution financière privée[2]. Mais aussi un certain « Monsieur Pavillon », à moins que ce ne soit « Monsieur Armand ». Dans les deux cas, il s'agit de pseudonymes. Jean-Richard Sulzer, lui, accepte d'être cité. Il est professeur d'économie et élu FN dans le Nord-Pas-de-Calais. La réforme de la fiscalité qu'ils proposent s'inspire de Thomas Piketty, un économiste de gauche, qui prône la fusion de l'impôt sur le revenu et de la CSG pour une fiscalité plus progressive. Elle supprime aussi la notion de niche fiscale. Une expression qui sonne comme un privilège,

---

elle-même subit déjà, du fait de l'incurie du gouvernement, des déficits publics insoutenables » (Marine Le Pen sur la Grèce, site du Front national).

1. « Les conseillers très discrets de Marine Le Pen », TF1 News, 8 avril 2011.

2. Relevé par Marc Landré, blog « Les dessous du social », *Le Figaro*. http://blog.lefigaro.fr/social/2011/04/le-programme-eco-passeiste-et.html

mais qui permet de favoriser une politique publique en direction de tel ou tel secteur. Comme par exemple sortir les travaux ménagers du travail au noir en encourageant le fait de les déclarer, inciter les foyers à acheter des fenêtres plus étanches ou à se doter d'une énergie photovoltaïque. Ce qui va dans le sens de la protection de l'environnement.

Marine Le Pen souhaite aussi le rétablissement de l'« échelle mobile des salaires » pour indexer les salaires sur l'évolution des prix. Une mesure qui conduirait à refuser la moindre sécurité de revenu et à déréguler les acquis sociaux. Pas vraiment de gauche. En revanche, les enfants de prolétaires pourraient découvrir la précarité dès le plus jeune âge, puisque le parti souhaite rétablir l'apprentissage à quatorze ans.

Au chapitre de la lutte contre la fraude sociale, on s'attend à de grandes annonces. Ne serait-ce que pour compenser l'exemple fiscal désastreux donné par son père et restaurer la « morale publique » tant promise. On en est loin. Les grands fraudeurs peuvent dormir sur leurs deux oreilles… et leur matelas financier. Car la grande chasse annoncée concerne « les 10 millions de fausses cartes Vitale, sur les 60 millions en circulation ». Marine Le Pen croit avoir levé un lièvre énorme. L'énoncé suggère une fraude massive… liée à l'immigration ? Pas du tout. Elle se base sur un rapport de l'Inspection générale des affaires sociales de 2004. Preuve que les énarques font peut-être leur travail. Mais surtout, elle n'en retient qu'une partie. D'après ce rapport, en effet, il y aurait 10 millions de cartes Vitale en trop, puisque 60 millions circulent alors que 50 millions de titulaires seulement ont plus de seize ans. Mais le différentiel s'explique par le fait que certaines personnes ont reçu deux cartes Vitale quand elles avaient deux emplois. Et que d'autres n'ont été valables qu'un an. Pauvre annonce.

Le clou du spectacle est offert par un certain « Adrien », qui refuse lui aussi de donner son nom. Il se dit ancien chevènementiste, diplômé de Sciences-Po, d'une école de commerce, et énarque. Ce qui est impossible à vérifier. Il se présente surtout comme haut fonctionnaire au ministère de l'Économie et des Finances, où il est rattaché à la direction du Trésor. Au *Parisien,* il explique comment il travaille auprès de Marine Le Pen : « On lui fait des notes, des synthèses de rapports, on prépare ses interventions médiatiques et on définit les thèmes d'actualité sur lesquels elle doit être présente. En outre, je lui fais aussi profiter de mon réseau : des hauts fonctionnaires et des fiscalistes qui l'aident à développer sa culture économique[1]. » Lui aussi espère officialiser son rôle de conseiller, et devenir son directeur de cabinet. Un candidat de plus à ce poste. Il faudra d'abord qu'il démissionne de son poste de fonctionnaire, où il est soumis – en principe – au devoir de réserve. Une réserve qu'il ne semble pas avoir bien saisie. Devant un journaliste effaré, il explique assez fièrement qu'il lui est arrivé de « sortir » des documents confidentiels du ministère : « Ça m'est arrivé parfois, notamment pour des rapports confidentiels de l'Inspection générale des finances que je récupère sur le serveur interne. Mais je ne les imprime pas sur place... ça laisse des traces. Alors j'en fais une copie sur une clé USB. Et hop, direction le siège du FN[2]. »

Sortir de l'euro, c'est par où ?

La sortie de l'euro est peut-être la seule proposition économique sur laquelle l'ancien et le nouveau programme du Front s'accordent. C'est un message simple à marteler et qui correspond à la logique d'un parti nationaliste : « L'autorité de l'État est en voie de perdition. La

1. Olivier Beaumont, « Adrien, haut fonctionnaire à Bercy et conseiller de Marine Le Pen », *Le Parisien*, 8 avril 2011.
2. *Ibid.*

souveraineté de la nation, c'est le moins que l'on puisse dire, est en perdition aussi puisqu'on a transféré à l'Union européenne notre souveraineté monétaire, budgétaire, financière, territoriale, législative[1]. » La solution que propose Marine Le Pen est à la fois simple et séduisante : « Je crois qu'il faut retrouver la maîtrise de nos frontières de manière générale, que ce soit économiquement, que ce soit en matière de flux migratoires. Ce que je propose, c'est la sortie de l'UE. »

Tout devient plus compliqué quand il s'agit de rassurer sur les conséquences qu'aurait cette sortie de l'euro. On l'a vu dans l'émission *À vous de juger*[2]. Alain Duhamel pose la question franchement et simplement à Marine Le Pen : « Comment faites-vous pour sortir de la zone euro sans que ce soit le chaos et la spéculation ? » Marine Le Pen ne répond jamais à la question sur le long terme, mais passe du temps à imaginer des scénarios improbables, fortement hypothétiques, permettant d'accompagner la sortie à court terme : « J'ai proposé de se rapprocher d'un certain nombre de pays pour envisager une sortie groupée de l'euro. » Alain Duhamel met fin à ce scénario de science-fiction : « Ils ne veulent pas. » Marine Le Pen poursuit dans ses rêves : « Beaucoup de pays sont en train de se poser la question. » Alain Duhamel s'agace : « Oooh, franchement, vous me prenez pour un imbécile. » Il rappelle qu'une sortie de l'euro signifierait une explosion du coût de la vie, notamment du prix de l'essence, et une dévaluation très forte de la monnaie. Coincée par ce rappel au concret, Marine Le Pen se rabat sur une posture à la fois rhétorique et nostalgique : « Je pense qu'il y a énormément d'avantages à retrouver une monnaie nationale et à procéder à une dévaluation compétitive. [...] Souvenez-vous quand on a fait le nouveau franc, il y a eu des dévaluations, et il y avait de

1. Entretien avec Marine Le Pen, 20 septembre 2011.
2. *À vous de juger*, 9 décembre 2010.

l'emploi. » Le FN suggère une parité 1 euro = 1 franc, suivie d'une « dévaluation compétitive » de 20 %. « On faisait ainsi pendant les Trente Glorieuses », assène Marine Le Pen.

Le fait d'agiter ce « bon vieux temps » relève de la mystification. Primo, l'époque de la dynamique industrielle et du plein emploi est révolue. Deuzio, ce n'est pas du tout la même chose de dévaluer une monnaie de son plein gré, alors que la zone euro n'existe pas, et de le faire parce que nous quittons la zone euro. Le fait de comparer notre situation à celle du Royaume-Uni, comme le fait souvent Marine Le Pen, est totalement hors de propos. La présidente du Front national feint d'ignorer qu'une sortie de l'euro – et non un refus d'y entrer – entraînerait un taux de change très désavantageux. Si la dévaluation peut paraître compétitive, elle ne compensera jamais l'explosion de la dette du pays… contractée en euros. Puisqu'un franc vaudra soudainement beaucoup moins. Elle était de 20 % du PIB dans les années 1960. Elle est de 82 % aujourd'hui. Ce qui change tout. L'État mais aussi ses citoyens verront leur pouvoir d'achat fondre littéralement. Un foyer ayant épargné 6 000 euros se retrouvera du jour au lendemain avec 6 000 francs au lieu de 39 360 francs… Mais le coût de la vie, lui, grimpera. L'essence, par exemple. Puisque nous l'achetons nécessairement à l'étranger, avec une monnaie moins forte, elle pourrait augmenter de 50 %. La France redeviendrait compétitive puisque les Français auraient soudainement le niveau de vie des Roumains. Ce qui est une formidable affaire pour les patrons et les exploitants d'usine, mais certainement pas pour les ouvriers.

Comment fait avaler un tel programme, dévastateur, à un électorat populaire ? Tout simplement en gommant le concret. C'est l'esprit du plan en « 12 étapes » proposé par le FN pour une sortie « groupée » de l'euro. Il propose de négocier avec d'autres pays désireux de quitter la monnaie unique (Irlande, Grèce, Italie), sans préciser qu'il n'y a aucune chance que ceux-ci acceptent. Il « parie » sur « la perte de crédibilité de l'euro ». Puis explique doctement qu'un « modèle économique patriotique » permettrait de retrouver l'équilibre budgétaire « à partir de 2016 », et même de résorber la plus grande partie de la dette publique – soit la bagatelle d'environ 1 600 milliards d'euros – dès 2025. Là, nous sommes au-delà de la promesse en l'air, à la limite de l'escroquerie politique... Pour compenser, Marine Le Pen s'en prend à la loi Pompidou-Giscard, qui interdit depuis 1973 au Trésor public d'emprunter directement à la Banque de France à un taux d'intérêt faible ou nul, et nous oblige « à aller emprunter sur les marchés financiers internationaux ». Ce qui ne résoudrait pas le problème de cette dette, puisqu'elle est déjà contractée. Comment la résorber avec un franc dévalué ? De deux choses l'une, soit le FN possède une baguette magique, soit il est totalement irresponsable. Il voudrait être perçu non plus comme une parti de « contestation » mais de « proposition ». Le chemin est encore long.

Un protectionnisme hors sol

Pour rendre son message crédible, Marine Le Pen propose un « protectionnisme raisonné[1] ». Fait de « tarifs douaniers » et de « quotas d'importations », « par produits et par pays d'origine », ciblant les secteurs où « la concurrence est particulièrement déloyale ». « L'idée, explique-t-elle, c'est de rééquilibrer la concurrence entre les produits qui sont fabriqués sur notre marché national et les produits évidemment qui sont importés et qui ne respectent aucune condition sociale, de sécurité, d'environnement, etc. On ne

1. Entretien avec Marine Le Pen, 20 septembre 2010.

peut pas rester comme ça. Si on reste dans cette situation de concurrence soi-disant libre, qui est en fait la loi de la jungle, il est évident qu'on va transformer notre économie en cimetière. »

La proposition paraît sage. Elle est portée par bien des économistes et des intellectuels souverainistes, comme Emmanuel Todd. Eux aussi jugent qu'il faut limiter le libre-échange grâce à des exigences sociales et environnementales. Mais ce projet n'est réalisable que dans le cadre d'une union politique, forte et coordonnée, notamment entre la France et l'Allemagne. Ce qui plaide pour ne surtout pas sortir de l'union européenne. Sans quoi la France sera isolée, un cimetière pour main-d'œuvre bon marché, qui aura perdu toute puissance. Autant dire un cauchemar, à l'opposé des promesses de grandeur et d'État fort rêvés par le Front national. Tout ça pour avoir une offre politique simple à proposer ? Quand on la met devant ces risques, Marine Le Pen hausse les épaules « De toute façon, l'euro va s'effondrer. L'euro va mourir, on le sait[1]. »

Voilà bien la recette du Front national : toujours parier sur le pire pour prospérer. Jouer les prophètes de malheur tout en électrisant son électorat à coup de slogans chocs, comme lorsque Marine Le Pen tonne contre le « mondialisme totalitaire » et le libre-échange « débridé ». Avec tous les sous-entendus douteux que cela suppose. Le « mondialisme » fait penser à une contraction des mots « mondialisation » et « cosmopolitisme ». Ce qui a le mérite de remettre au goût du jour un vieux fonds de commerce que l'antitotalitarisme avait justement périmé... Mais si la mondialisation et le cosmopolitisme sont les nouvelles sources du totalitarisme, tout s'arrange ! Sauf que la mondialisation est exactement le contraire du totalitarisme : une libre circulation absolue et un manque

1. *Ibid.*

absolu de règles et de régulations. Marine Le Pen le reconnaît, mais pour mieux dénoncer le libre-échange « débridé ». Là aussi, le sous-entendu ne manque pas de saveur. Car le mot débridé fait inconsciemment penser à quelque décadence imputable à mai 68 ou à la liberté des mœurs. En l'utilisant pour parler du libre-échange, Marine Le Pen amalgame de façon subliminale le libéralisme économique et le libéralisme social. Ce qui lui permet de faire d'une pierre deux coups : séduire à la fois les anticapitalistes et les moralisateurs.

Mai 68 pour moi, pas pour les autres

La présidente du Front national, on l'a dit, est née en 1968. Elle a largement bénéficié des libertés qui en découlent. Mais qui voterait pour elle si elle l'admettait ? En politique, tout est affaire de niche. Celle du Front national est celle d'une France éternelle, d'avant 1968, imaginaire et reconstruite. L'ordre, la famille traditionnelle, et la patrie. Jean-Marie Le Pen est l'homme qui s'est le plus battu pour une vision de la famille traditionnelle, sans jamais se l'appliquer à lui-même. Interrogé quant à la contradiction entre les valeurs chrétiennes qu'il défend et son propre divorce, il botte en touche en invoquant un point technique : à savoir ne pas s'être marié à l'église et donc être « en quelque sorte pour l'église une espèce de jeune homme célibataire ».

Marine Le Pen, moins traditionnelle encore, n'a pas les mêmes scrupules, mais cède tout de même à la mode de l'anti-mai 68 : « Mai 68 a promu l'individualisme. Un individualisme qui a bouleversé les fondements de notre société. Le désir d'un individu est considéré comme supérieur à l'intérêt du groupe. On en voit encore aujourd'hui les conséquences avec les revendications communautaristes ou les demandes de mariage homosexuel. La pensée 68 dit : les filles sont libres. Libres à tel point qu'elles ont le droit de porter la burqa. » Conclusion : « Mai 68 a été un événement destructeur de la société[1]. »

C'est évidemment une vision très particulière de ces événements. N'en déplaise à quelques individus déboussolés, qui défendent en effet le « choix » de la burqa, l'assignation à des vêtements hommes-femmes si différenciés est une réaction à la libéralisation des mœurs et à l'émancipation sexuelle permises par mai 68. Loin de prôner la burqa, cette ébullition – qui donnait tant la « nausée » à Jean-Marie Le Pen – a ouvert la voie à une société plus libre et plus égalitaire, au droit de divorcer sans être mal vu, d'élever ses enfants seule sans être traitée de « putain »... Autant d'acquis dont la famille Le Pen a tout particulièrement profité. Sans renoncer à les vomir.

L'homosexualité et les « froufrous »

Comme souvent avec les questions de société, le FN joue l'obstruction tant qu'il peut, avant de s'adapter et suivre le mouvement. Le Pacs en est un exemple. Marine Le Pen estime qu'il « est super, surtout pour les non-homosexuels, puisque 95 % de ceux qui se pacsent ne sont pas homosexuels et 5 % seulement le sont[2] ». Pourtant en 1999, au moment où il fallait se battre pour le faire adopter, son parti le décrivait comme le diable incarné. La scission occupe alors toutes ses forces. Mais ses militants sont bien présents dans les manifestations contre le projet de loi. Les deux FN, celui de Mégret et celui de Le Pen, sont même représentés. Et l'abrogation du Pacs figure dans le programme du FN de 2001 : « La loi n'a pas à légiférer au profit de lobbies

1. *Le Point*, 3 février 2011.
2. Chat LeMonde.fr, 26 mars 2008.

organisés (moins de 30 000 personnes dont un quart à Paris) prétendant imposer leurs comportements déviants en modèle social normatif. » En décembre 2006, Jean-Marie Le Pen amorce un tournant : « Je ne vois pas beaucoup d'intérêt à cette formule, mais dans le fond, si elle permet à certaines personnes de se témoigner réciproquement de leurs intérêts matériels, je ne vois pas d'inconvénient[1]. » Le président du FN rappelle tout de même son opposition à l'homoparentalité : « Je suis contre, pour des raisons de conception de la famille, de modélisation de la vie sociale, et d'équilibre entre les sexes. [...] La famille, c'est d'abord un homme et une femme. » En 2007, plus trace d'opposition au Pacs dans le programme. La marque de Marine Le Pen.

Elle fait partie d'une génération qui – grâce au Pacs – a beaucoup évolué. Sans pour autant envisager de considérer les homosexuels comme des citoyens à part entière : « Je suis totalement contre le mariage homosexuel et d'ailleurs, je pense que les homosexuels ne le réclament pas[2]. » Elle s'avance un peu vite. Car bien entendu de nombreux citoyens homosexuels souhaitent l'égalité des droits, donc le droit au mariage et celui d'adopter. Cette réalité dérange le discours faussement tolérant de Marine Le Pen, qui s'improvise donc porte-parole d'une minorité heureuse d'être discriminée : « Je pense que les associations soi-disant représentatives ne sont pas représentatives [des homosexuels] et l'immense majorité des homosexuels réclament non pas le droit à la différence mais le droit à l'indifférence. » Ici, comme très souvent, elle amalgame le désir d'égalité avec un « droit à la différence », pour mieux refuser l'égalité sous prétexte d'être anticommunautariste. Alors qu'il s'agit de plaider pour le maintien de l'inégalité entre les couples.

1. BFM, repris par l'AFP, 21 décembre 2006.
2. *Grand Journal*, 23 mars 2011.

Séduits par ce discours plus « soft », certains partisans de Marine Le Pen se persuadent un peu vite qu'« au FN, personne n'a jamais surveillé les braguettes[1] ». Étrange amnésie. Même si l'homophobie affichée par Jean-Marie Le Pen en public est loin de correspondre à l'homme privé, elle a bien existé. En 1984, à l'*Heure de vérité*, il explique que l'homosexualité « constitue une anomalie biologique et sociale ». Avant de prédire : « L'homosexualité nous conduit, si elle se développe, à la fin du monde. » En 1987, alors que l'épidémie du sida agite tous les fantasmes, il a cette phrase terrible : « Lépreux d'aujourd'hui, le sidaïque est contagieux par sa transpiration, ses larmes, sa salive, son contact. » En juillet 2000, devant les troupes du FNJ, il pourfend le « prosélytisme homosexuel » qui « entraîne la destruction volontaire des valeurs essentielles de la jeunesse par la promotion des comportements déviants ». Plus récemment, le 20 février 2007, devant un parterre de chasseurs, il s'amuse : « Dans le Marais de Paris, on peut chasser le chapon sans date d'ouverture ou de fermeture, mais dans le marais de Picardie, on ne peut chasser le canard en février. » À part ça, Jean-Marie Le Pen n'a jamais attaqué les personnes sur leur vie sexuelle… Personnellement en tout cas. Sans doute par peur qu'on lui retourne le compliment.

Marine Le Pen, elle aussi, surveille les braguettes à sa façon. Comme lorsqu'elle fond sur le livre de Frédéric Mitterrand, *La Mauvaise Vie,* sur un mode qui entretient l'amalgame entre homosexualité et pédophilie. Mais sa langue fourche aussi sur le maire de Paris, qu'elle décrit comme une « figure de proue de la gauche pailletée, friquée et froufroutante[2] ». Un formidable amalgame de clichés, digne des publications du FN, qui relativise grandement

1. Nolwenn Le Blevennec, « La Marine's touch : dix façons de renouveler le danger FN », Rue89, 16 janvier 2011.

2. Christophe Forcari, « Marine, premier meeting sans papa », *Libération*, 10 novembre 2003.

l'ouverture d'esprit affichée par sa présidente. Ce qui ne l'empêche pas d'être tendance auprès de certains jeunes nationalistes : « Elle est ouverte d'esprit là-dessus. Du coup, il y a de plus en plus d'homos autour d'elle », déclare un militant du FN, lui-même gay. Elle assume ses nouveaux fidèles. « J'ai beaucoup de retour d'homosexuels, qui me disent oui, c'est vrai, est-ce que je peux adhérer au Front ? » Quand on lui demande ce qu'en pensent les anciens du FN et son père, elle hésite : « À la limite, on verra bien[1]. »

En réalité, comme pour les Noirs ou les Arabes, le FN s'est toujours accommodé des homosexuels, à condition qu'ils servent un parti qui prône leur discrimination. Au moment de l'assassinat de Poulet-Dachary, un militant frontiste, nostalgique du nazisme et très ouvertement homosexuel, Jean-Marie Le Pen aura ce commentaire : « Il doit y avoir des homosexuels au Front national, mais il n'y a pas de folles. Les folles, on les envoie se faire voir ailleurs[2]. » Même plus à droite, dans l'histoire des SA et dans celle plus récente des skinheads, on cultive volontiers l'homosexualité virile. Jean-Marie Le Pen lui-même n'a jamais eu aucun problème à s'entourer de collaborateurs gays, du moment qu'ils ne le revendiquent pas... Ces collaborateurs se retrouvent aujourd'hui dans l'entourage de Marine Le Pen. Aux côtés de militants plus jeunes et moins complexés, attirés par sa façon de transgresser les codes et d'incarner une femme virile. « Marine Le Pen a, elle, quelque chose d'une icône gay : une gouaille, un côté masculin-féminin, qui me séduisent », déclare volontiers un militant frontiste[3].

Les homos du FN ont toujours existé, ils se cachent légèrement moins qu'avant, mais toujours beaucoup plus

1. Entretien avec Marine Le Pen, 20 septembre 2010.

2. Dit devant les caméras de télévision dans les couloirs du palais Neptune, à Toulon et repris par *L'Express* du 7 septembre 1995.

3. Nolwenn Le Blevennec, « La Marine's touch : dix façons de renouveler le danger FN », *op. cit.*

qu'ailleurs. Si l'on en croit la confidence d'une militante FN, ils s'enverraient même discrètement des textos pour aller ensemble à la Gay Pride... Sans banderole, il ne faut pas exagérer. Ni gêner la présidente qui explique à qui veut l'entendre que les militants homosexuels ne souhaitent pas l'égalité des droits. Pendant que ses fidèles participent à une marche qui la réclame.

Dérembourser l'IVG

Marine Le Pen n'est jamais si moderne que lorsqu'on compare ses déclarations à son père, et non au reste de l'échiquier politique. Le 19 novembre 1979, le chef du Front national ouvrait une manifestation demandant l'abrogation de la loi Veil au bras de ses trois filles. En 1984 à l'*Heure de vérité*, pour sa première émission de grande écoute, il condamne le droit à l'avortement sans la moindre ambiguïté : « La législation de l'avortement a été dans notre pays une régression de plusieurs siècles, peut-être même de plusieurs millénaires car les Romains avant même le christianisme avaient noté l'*infans conceptus*, c'est-à-dire que l'enfant conçu est réputé né chaque fois qu'il s'agissait de son intérêt. Et je ne reconnais pour ma part pas le droit de tuer l'avenir dans la personne des enfants. »

Depuis, l'interdiction du droit à l'avortement fait partie des thèmes de campagne récurrents du Front national. Elle figure dans le programme de 1985· mais aussi de 2002[1]. En 2007, une campagne où Marine Le Pen et sa sœur Yann ont

1. *Pour la France. Programme du Front national*, 1985, Albatros. L'avortement est alors présenté comme la clef de voûte de la « politique antifamiliale » (p. 127). En 2002, le programme du FN réaffirme : « Il découle du principe précédemment posé que l'avortement, mettant en cause un tiers, l'enfant à naître, ne peut être tenu pour légitime ; quant à la Nation, elle doit pourvoir à sa continuité dans le temps. Allant donc contre le Bien commun de notre pays, les lois sur l'IVG seront abrogées. »

été particulièrement actives, la « politique de respect et d'accueil de la vie » est toujours réclamée, mais il n'est plus question d'abroger unilatérale la loi Veil[1]. La question serait posée par référendum.

Jean-Marie Le Pen, probablement sous l'influence de sa fille, estime que ce n'est plus une priorité. Il le dit sur Radio Courtoisie et le confirme sur Canal +, face à Laurence Ferrari, qui insiste pour lui faire dire qu'il a « évolué » : « Je n'ai pas changé d'avis. Je suis pour la défense de la vie mais je pense qu'il y a des questions qui sont prioritaires et celle-là, en l'état actuel de l'opinion publique, ne me paraît pas prioritaire. » Le journal catholique *Présent* s'en inquiète. Jeanne Smits, l'une de ses plumes, décrypte cette émission comme un recul sur un sujet majeur à ses yeux : « Ce massacre, ce génocide est au centre de la culture mort (la volonté de cultiver la mort, de la répandre et de la multiplier). [...] [C']est le signe le plus visible de la dérive vers la barbarie. Le futur président de la République peut-il se croire incompétent en ce genre de matière[2] ? »

L'équipe de *Présent* comprend que les prises de position de Jean-Marie Le Pen doivent beaucoup à sa fille. À plusieurs reprises, en 2006 et en 2010, le quotidien invite Marine Le Pen à préciser sa pensée. De façon constante,

---

1. « La législation mise en place depuis la loi Giscard-Chirac-Veil ne répond pas aux objectifs initialement fixés par le législateur : protéger la vie et répondre à la détresse des femmes ayant recours à l'avortement. Aujourd'hui 220 000 avortements officiels sont toujours pratiqués chaque année en France. Il convient donc prioritairement de mettre en place une véritable politique familiale et d'accueil de la vie. L'adoption prénatale, la création d'un revenu parental, la définition d'un statut juridique et social pour la mère de famille et la revalorisation des allocations familiales réservées aux familles françaises constituent les moyens concrets pour réduire le nombre des avortements et relancer la natalité française. Parallèlement à ces mesures nouvelles de valorisation et de protection de la famille, nous nous engageons à demander aux Français, par voie référendaire à la fin du quinquennat, de promouvoir une Nation moderne soucieuse du respect de la dignité humaine par l'inscription dans les textes, qui fondent son existence et son développement, du caractère sacré de la vie et l'affirmation du droit de la personne à être protégée par la loi de sa conception à sa mort naturelle. »

2. *Présent*, 21 octobre 2006.

elle se déclare « favorable à la vie ». Elle ne souhaite pas abroger la loi Veil, mais dérembourser l'IVG : « J'ai toujours tenu ce même discours. Je suis d'ailleurs, je crois, dans la droite ligne du Front national, puisque je rappelle à vos lecteurs qu'en 1986 le groupe de 35 députés à l'Assemblée nationale ne propose pas la suppression de la loi Veil. Ils font une proposition de loi de déremboursement. Et ils ne vont pas plus loin que cela. Ça a toujours été la ligne du Front national. » Marine Le Pen semble méconnaître les programmes du Front, notamment celui de 2002 où il est écrit en toutes lettres : « Les lois sur l'IVG seront abrogées. » Plus loin, elle insiste pour se dire pro-vie mais tournée vers le futur : « De manière générale, la société française doit à nouveau se tourner vers le respect de la vie. Aujourd'hui la vie est, elle aussi, traitée de façon anodine. Ce que je reproche à certaines structures catholiques et c'est peut-être un peu le défaut de notre famille de pensée, c'est d'être toujours en train de mener la bataille perdue d'hier. Alors qu'il y a des batailles à mener aujourd'hui et que si nous ne les menons pas, nous allons les perdre aussi. C'est la bataille de l'euthanasie, c'est la bataille de la bioéthique. Plutôt que de s'attaquer à une guerre perdue, celle de l'avortement, il y a maintenant trente-cinq ans, il faut s'attaquer de manière organisée et intelligente aux problèmes bioéthiques[1]. »

Ce qui laisse la porte ouverte à un référendum contre le droit à l'IVG : « Il n'y aura pas de décision qui sera prise sans avoir au préalable demandé son avis au peuple français[2]. » C'est aussi la position de Christine Boutin, pour conserver l'électorat catholique sans se couper du reste de la société. Un référendum n'oblige à rien, mais permet de flatter les différents publics dans le sens de ce qu'ils souhaitent entendre. Un message d'ouverture à l'extérieur, plus ferme

1. *Présent*, 21 décembre 2010.
2. 18 décembre 2006.

à l'intérieur. Certains des partisans catholiques de Marine Le Pen ont compris qu'il suffisait d'être patient. Comme Rodolphe, trente-deux ans, venu assister au congrès de Tours : « Elle n'est pas pour la suppression immédiate de la loi Veil, mais nous promet de mener une politique pro-vie pendant quatre ou cinq ans, puis d'organiser un vote par référendum[1]. »

En attendant, Marine Le Pen propose une grande politique « pro-vie » : « Si j'avais les moyens, je ferais tout ce qui est en mon pouvoir pour faire baisser de manière majeure le nombre des avortements mais surtout pour réinsuffler chez les femmes – et les hommes [...] – la conscience du caractère sacré de la vie[2]. » Une prise de « conscience » qui passe visiblement par une attaque en règle du Planning familial, pourtant indispensable pour promouvoir une sexualité protégée et apaisée, notamment dans les quartiers populaires. Grâce à lui et à son travail de prévention auprès des lycéens, les grossesses non désirées sont moins nombreuses. Marine Le Pen préfère y voir un organisme banalisant l'IVG : « Aujourd'hui, lorsqu'une femme se rend au Planning familial, on lui propose l'avortement ou l'avortement ! Il est impératif de rétablir les conditions d'un véritable choix, ce qui passe par l'information, des aides financières aux familles et l'adoption prénatale[3] ».

Comme les anti-IVG, la présidente du FN feint de croire que la plupart des femmes qui avortent ne vont pas au bout de leur grossesse par manque de moyens financiers : « Moi, je ne me félicite pas qu'il y ait de plus en plus d'avortements, parce que je pense que c'est un drame. En tout cas, ça peut être vécu comme un drame. Qu'il y ait encore 200 000 avortements aujourd'hui en France, il n'y a pas de quoi s'en glorifier. Ça veut dire que les mères qui veulent,

1. Nolwenn Le Blevennec, « La Marine's touch : dix façons de renouveler le danger FN », *op. cit.*
2. Radio Courtoisie, 12 septembre 2008.
3. *La Croix*, 15 février 2011.

les femmes qui veulent avoir un enfant supplémentaire, il y a une femme sur deux en France qui veut avoir un enfant supplémentaire, d'après ce qu'elles disent dans les sondages, ça veut donc dire qu'elles n'ont pas la possibilité de les avoir. Ça veut dire qu'économiquement, on ne fait pas l'effort pour leur permettre de les avoir[1]. »

En réalité, le nombre d'avortements par an n'est pas en augmentation, mais reste imperturbablement stable depuis les années 1980. Ce qui prouve soit qu'il existe un pallier incompressible, soit qu'il faut renforcer la prévention. Or ni le Front national ni Marine Le Pen ne souhaitent cette prévention, puisqu'ils préconisent une politique nataliste : « Il m'apparaît que la solution la plus évidente est de mettre en place une grande politique d'incitation à la natalité[2]. » Cette incitation à « la vie » cache mal ses objectifs politiques. Il s'agit moins de répondre à un impératif moral ou religieux qu'une volonté nationaliste du lutter contre le vieillissement de la population sans avoir recours à l'immigration. Ce qui explique pourquoi, malgré un style de vie presque féministe, Marine Le Pen demeure attachée au fait d'encourager les autres femmes à rester à la maison... pour y faire des enfants et fortifier la Nation. Notamment en distribuant des points retraite aux mères de plus de trois enfants[3] : « Les mères ayant élevé au moins trois enfants doivent pouvoir partir plus tôt. Elles qui contribuent au dynamisme et à l'avenir de notre nation sont bien en droit de profiter d'un petit coup de pouce. Cette remise à plat de la réforme doit s'accompagner d'une grande politique familiale et nataliste, à même d'aider chaque Français à concilier une vie professionnelle épanouie et une vie familiale heureuse[4]. » Chaque Français ou presque... Car bien

1. Entretien avec Marine Le Pen, 20 septembre 2010.
2. Radio Courtoisie, 12 septembre 2008.
3. Ce qui est d'ailleurs le cas puisque les mères de plus de trois enfants, jusqu'à la génération 1955 incluse, bénéficient de la retraite sans décote.
4. Communiqué de presse de Marine Le Pen, 21 septembre 2010.

entendu, il n'est pas question de repeupler la Nation française en autorisant les homosexuels à adopter ou des couples à avoir recours à la gestation pour autrui. Cette fois, Marine Le Pen n'a d'ailleurs qu'à s'abriter derrière un discours anticapitaliste largement partagé : « Je pense que dans notre société, tout n'est pas à vendre et tout n'est pas à acheter. Alors après, on peut toujours discuter du curseur, mais si on continue sur cette pente, où tout est à vendre et tout est à acheter, on va vivre dans une société inhumaine et on changera de civilisation[1]. »

Pro-vie mais pro-peine de mort

On vient de le voir à propos de l'IVG, Marine Le Pen se prononce pour une politique qui « réinsuffle la conscience du caractère sacré de la vie ». Pourtant, elle prône le rétablissement de la peine de mort. Une solution porteuse d'une régression inouïe en termes de « civilisation », mais facile à vendre comme solution à la délinquance au moindre fait divers. Comme le 15 mars 2009. Un couple de retraités de Tourcoing est violemment agressé par des cambrioleurs qui lui dérobent 60 000 euros en liquide. Marine Le Pen n'y va pas par quatre chemins : « L'affaire qui nous occupe fait partie, dans l'esprit du Front national, de celles qui devraient être soumises à la peine de mort[2]. » Un concept que Marine Le Pen entend dans son sens le plus large, puisqu'elle l'envisage pour des cambrioleurs ou des trafiquants de drogue. « En 2010, en France, les trafiquants de drogue pourrissent la vie des jeunes et des habitants de très nombreux quartiers. À Marseille, à Grenoble, ils tuent et assassinent des enfants en toute impunité. Jusqu'à quand le pouvoir sarkozyste laissera-t-il ces événements insuppor-

1. Entretien avec Marine Le Pen, 20 septembre 2010.
2. Point presse de campagne, Tourcoing, 18 mars 2009.

tables se produire ? Il faut enfin une réaction à la mesure de ces drames. Au pouvoir, le Front national éradiquera le trafic de drogue. Pour cela, il rétablira la peine de mort pour les trafiquants[1]. »

Car bien sûr, une fois au pouvoir, le Front national détient une recette magique pour éradiquer le trafic de drogue. Non contente de réhabiliter la chaise électrique ou la mort par injection, l'ancienne avocate semble également légitimer le droit de faire justice soi-même. Du moins si l'on en croit sa réaction à un drame survenu le 5 août 2010 à Nissan-lez-Enserune, dans l'Hérault. René Galinier, soixante-treize ans, tire au fusil sur deux femmes roms en train de le cambrioler. Ancien combattant d'Algérie, les déclarations du retraité ont tout pour plaire à la droite radicale : « J'étais en danger avec cette sale race, je suis devenu raciste… On est obligé de s'armer… Si la justice faisait son boulot. » Le procureur de la République refuse le prétexte de la « légitime défense ». Un avis confirmé le 17 août par la Cour d'appel de Montpellier. Aussitôt les groupes d'extrême droite les plus radicaux se mobilisent pour soutenir le détenu. Marine Le Pen ne leur donne pas tort : « Dans la France UMPS, c'est toujours l'impunité pour les délinquants et toujours plus de sévérité pour les honnêtes gens[2]. »

D'une façon générale, elle estime que « la disparition de la peine de mort, d'une manière quasiment structurelle, a effondré le niveau des peines et qu'elle a des conséquences sur l'application de ces peines[3] ». L'ancienne avocate ne peut ignorer, elle l'écrit d'ailleurs dans son livre, que les peines ne sont surtout pas appliquées en raison du manque de place en prison et du manque de personnel. Ce que Marine Le Pen propose de résoudre par le retour de la peine

1. Communiqué de presse de Marine Le Pen, 20 novembre 2010.
2. Communiqué, 19 août 2010.
3. *À vous de juger*, 9 décembre 2010.

de mort. Preuve s'il en était besoin que ces années de barreau ne l'ont pas tout à fait attendrie. Mais une fois de plus, pour ne pas avoir à assumer une position aussi tranchée, elle propose un référendum.

Supprimer le droit du sol

S'il existe un seul fonds de commerce indémodable au Front national, c'est bien la question de l'immigration. Tout y est ramené, systématiquement, comme si cette cause expliquait à elle seule tous les dérèglements : géopolitiques, financiers, sociaux, identitaires, religieux. Toujours pour renvoyer les politiques dos à dos : « Strauss-Kahn ou Sarko, l'euro ou l'euro, l'immigration ou l'immigration[1]. » Toujours sous la forme d'une vague invasive, dont le nombre est exagéré pour faire peur : « Pourquoi continuez-vous à faire installer des millions d'étrangers dans notre pays ? » demande Marine Le Pen à Frédéric Lefebvre, porte-parole de l'UMP[2]. En fait l'immigration totale concerne alors 200 000 personnes par an. Parmi ces personnes, il y a :

1) Une immigration de travail appelée par des secteurs de l'économie qui manquent de main-d'œuvre, comme la restauration ou le bâtiment.

2) Une immigration liée au regroupement familial, impossible à interdire, à moins d'interdire à tout Français de se marier avec quelqu'un d'une autre nationalité.

3) Une immigration de réfugiés politiques : des hommes et des femmes qui fuient les talibans en Afghanistan, le terrorisme ou la guerre civile, que la France – terre des droits de l'homme – s'honore à accueillir.

Ces nuances, ces parcours, ces visages, Marine Le Pen s'emploie à les oublier en les englobant dans un seul et grand

1. Marine Le Pen, congrès de Tours.
2. AFP, 5 août 2010.

danger : « L'immigration est un vecteur d'aggravation de l'insécurité dans notre pays. » Comme si l'immigration nuisait, en soi, à la sécurité des Français. Marine Le Pen réclame « le rétablissement des frontières, notamment pour lutter contre l'insécurité ». Mieux, la suppression du droit du sol. Le programme du Front national d'avril 2011 prévoit de supprimer « l'acquisition automatique de la nationalité (celle-ci ne serait alors automatique que si l'on est de père ou de mère français[1]) ». Ce qui revient à rétablir le droit du sang. Autrement dit à abattre le modèle français.

Déchéance nationale

Le programme du Front national envisage « la déchéance de la nationalité » en cas « de naturalisation acquise depuis moins de 10 ans » dans le cas « de crime ou délit grave ayant entraîné une condamnation à plus de 6 mois de prison, non assortie de sursis ». Une mesure extrême, exigée selon Marine Le Pen par le contexte : « La France est livrée aux racailles, aux casseurs, aux bandes armées. Dans Paris, on est tué pour une cigarette. Même au parc Astérix, les Gaulois ne font plus la loi. Nos rues sont le théâtre de véritables scènes de guerre[2]. » Puisque nous sommes en guerre, il faut agir comme si notre survie en dépendait, et retirer la nationalité en cas de « récidive de délit ». Le terme est vaste. À l'oral, Marine Le Pen peine à le définir : « par exemple un comportement criminel » ou « l'ensemble des choses qui nous apparaissent contraires à nos lois, à nos valeurs et qui démontrent la volonté de cette personne de

1. Dans le programme publié en avril 2011, on peut lire : « Lancer une réforme du droit de la nationalité, en supprimant notamment la binationalité et l'acquisition automatique de la nationalité (celle-ci ne serait alors automatique que si l'on est de père ou de mère français). L'acquisition dépendrait alors de critères reposant sur la bonne conduite et le degré d'intégration. »

2. Communiqué du 19 juillet 2010.

combattre notre pays ». Ce qui s'entend pour le « terrorisme » devient plus inquiétant lorsque Marine Le Pen l'élargit au fait « de s'extraire du fonctionnement normal de la société ». Une notion bien vague et porteuse de mille dérives. Cela revient surtout à briser le concept de citoyen à égalité, lui aussi hérité de la Révolution française. Puisque un délinquant récidiviste « de souche » sera moins puni qu'un Français d'origine immigrée pour le même délit. Lui risquera en plus de se voir déchu de sa nationalité, qu'elle compare à un permis à points : « Quand vous avez votre permis de conduire vous l'avez pas à vie jusqu'à nouvel ordre. On vous retire des points. Vous pouvez perdre votre permis. Et bien c'est exactement la même chose. On peut vous retirer des points. La nationalité française n'est pas une situation administrative. C'est bien plus profond que cela[1]. »

C'est justement parce que la nationalité n'est pas un permis à points que cette proposition heurte profondément la conception française de la citoyenneté, censée être à appliquée sans « distinction d'origine ». Pour un effet nul, puisque la plupart des délinquants sont français. Vers quel pays les renvoyer ? Marine Le Pen, elle-même, reconnaît que c'est improbable : « Je pense qu'il faut rester dans le cadre de 1998, c'est-à-dire qu'il ne faut pas déchoir de la nationalité des gens qui l'ont obtenue il y a trente ans ou des gens qu'on ne peut pas déchoir de la nationalité parce qu'en réalité, ils sont enfants de parents ayant eux-mêmes obtenu la nationalité française. C'est notre honneur et c'est notre responsabilité de tenir compte des erreurs de ceux qui nous ont précédés. Je pense que ça a été une erreur d'organiser cette immigration massive, ça a été une erreur à l'égard de tout le monde. Du peuple français et de ceux qu'on a accueillis dans des conditions dont on savait en fait pertinemment qu'elles n'étaient pas

1. France Info, 3 août 2010.

bonnes. Mais c'est comme ça. On a accordé la nationalité française de manière excessive. Il n'en demeure pas moins qu'aujourd'hui, il y a des gens qui ont la nationalité française et qu'on est obligé d'assumer ça. Il faut assumer, il faut voir comment est-ce qu'on peut régler les difficultés que ça engendre dans le cadre des lois républicaines[1]. » Au final, donc, beaucoup de bruit et de fureur pour rien. Car cette mesure ne pourrait quasiment jamais s'appliquer. Elle ne servira qu'à braquer certains Français tout en fragilisant le modèle républicain en matière d'égalité.

Supprimer la double nationalité, et l'équipe de foot ?

Il n'y a pas qu'en cas de délit ou de récidive que Marine Le Pen veut « supprimer la double nationalité[2] ». D'après elle, « il faut demander » aux jeunes ayant « deux nations au cœur, deux allégeances » de « choisir ». À quel traîtres à leur pays pense Marine Le Pen ? À Rama Yade… qui a la « double nationalité sénégalaise et française ». Elle rappelle que la secrétaire d'État aux Sports avait confié dans son livre : « Jusqu'à 18 ans, s'il y avait eu une guerre entre le Sénégal et la France, j'aurais choisi le Sénégal et depuis, je ne sais pas. » Elle oublie de dire que depuis, Rama Yade a choisi, et que sa double culture ne l'a en rien empêchée de servir la France et sa République. Il faut croire que ce n'est jamais assez. Surtout si l'on a un accent étranger comme Eva Joly, dont Marine Le Pen dira : « Quand on est candidat à la présidentielle […] il faut avoir un lien charnel avec notre pays, avec notre peuple. Je trouve profondément indécent que quelqu'un qui est devenu français à vingt ans

1. Entretien avec Marine Le Pen, 20 septembre 2010.
2. *Grand jury*, 22 novembre 2009.

[...] qui a la double nationalité, puisse poser sa candidature[1]. »

L'adage ne semble pas s'appliquer seulement à quelques concurrents politiques, mais aussi à l'équipe de France de football. Quitte à prendre le risque de sérieusement clairsemer la sélection française. Jean-Marie Le Pen trouvait déjà qu'il y avait trop de « joueurs de couleur » en équipe de France[2]. Quant à Bruno Gollnisch, interviewé dans *Minute* sur la défaite de la France face à l'Italie en 2006, il ironise : « Les Romains ont battu des Gaulois qui ne ressemblent pas vraiment à des Gaulois[3]. »

Marine Le Pen, de son côté, reconnaît que le foot n'est pas « son truc ». Mais le nationalisme, si. En 2010, elle dit ne pas se « reconnaître » dans l'équipe de France. Vu les résultats et leur état d'esprit en Afrique du Sud, elle n'est pas la seule... mais son reproche va bien au-delà. Elle en veut tout particulièrement à certains joueurs « appartenant à une autre nation ou ayant une autre nationalité de cœur » : « Si on entendait parfois parler de patriotisme dans la bouche de ces joueurs, si un certain nombre ne refusaient pas de chanter la *Marseillaise*, si on ne les voyait pas enroulés dans le drapeau d'autres nations que la nôtre, peut-être les choses changeraient, mais en l'état j'avoue que je ne me reconnais pas particulièrement dans cette équipe[4]. » Non sans ajouter une petite touche anticapitaliste en évoquant « le pognon qui dégouline de ces gens » et « le sentiment

1. Canal +, *Dimanche plus*, 30 janvier 2011.

2. À La Grande Motte, Jean-Marie Le Pen déclare « ne pas sentir de grand élan national » derrière l'équipe de France. « Peut-être parce que l'entraîneur a exagéré la proportion de joueurs de couleur », juin 2006.

3. Le 27 juin 2006, *Minute* titre : « Y a-t-il trop de Noirs dans l'équipe de France ? » Gollnisch poursuit : « L'équipe nationale est peut-être représentative de la France de demain. Elle ne correspond pas à celle d'aujourd'hui. » Dans *Libération*, il ajoute : « J'aurais été favorable à une discrimination positive avec un peu plus de Français d'origine européenne. » Citation reprise par *Libération*, 12 juillet 2006.

4. « Marine Le Pen ne se reconnaît pas dans l'équipe de France de football », AFP, 3 juin 2010.

de cet argent facilement gagné ». Franck F
particulièrement visé, en raison de ses cont
et le Bayern de Munich. À ses yeux, l'« antil
« vendu aux étrangers », constitue « un
pour notre jeunesse[1] ».

Partager le gâteau entre Français

Retirer la nationalité à toute personne non blanche ou non chrétienne est impossible. Ce n'est pas d'ailleurs pas ce que propose le FN. Que propose-t-il ? La préférence nationale. Mais encore ? De quoi s'agit-il ? La question est d'importance puisqu'il s'agit de l'une des mesures phares qui n'a jamais varié au Front national. Son programme le dit et le redit : « L'ensemble de l'énergie de la nation devrait être tournée vers les Français d'abord, par l'instauration d'une politique de préférence nationale à l'emploi, au logement et d'exclusivité pour l'octroi des prestations sociales. » Concrètement, à part instaurer un climat douteux, où chacun se demande s'il n'est pas plus français et donc plus prioritaire que l'autre, où cela mène-t-il ? À réserver l'essentiel des prestations sociales aux nationaux : « Il faut réserver la protection sociale à certains, et notamment aux Français[2]. » Il s'agit notamment de lutter contre ce que Marine Le Pen appelle l'« immigration sanitaire ». Une façon de sous-entendre que les migrants viennent en France pour profiter de l'aide médicale. Or de deux choses l'une. Soit ils sont sur le sol français légalement et dans ce cas ils cotisent. Soit ils sont sans papiers et dans ce cas, ils ont très peu recours à l'Aide médicale d'État. Par peur d'être arrêtés. S'il le

1. « Ribéry : un "antihéros", "vendu" aux étrangers, selon Marine Le Pen », AFP, 6 mai 2010.
2. Relevé par Marc Landré, blog « Les dessous du social », *Le Figaro*, http://blog.lefigaro.fr/social/2011/04/le-programme-eco-passeiste-et.html

…, c'est qu'ils sont très gravement malades. Dans ce cas, … est dans l'intérêt de la Nation qu'ils se soignent pour éviter les épidémies. Marine Le Pen est prête à prendre le risque : « Les étrangers en France doivent subvenir à leurs besoins sans faire appel à la solidarité nationale[1]. » Pour quoi faire ? Des économies ?

C'est absurde. Outre le coût sanitaire en cas de pandémie ou de virus lié au fait que moins de personnes se soignent, les cotisations des étrangers équilibrent les comptes. Car ils sont souvent plus jeunes que le reste de la population et sollicitent moins les prestations sociales que les « Français ». Plusieurs études menées depuis les années 1990 le démontrent : les « Français » utilisent plus souvent ces prestations que les « populations migrantes », dont les dépenses sont « plus faibles[2] ». Si l'on faisait deux caisses – l'une pour les « Français » et l'autre pour les « étrangers » – comme le souhaite le FN, la caisse des étrangers serait équilibrée voire excédentaire et celle des Français déficitaire. Le fait de fusionner les cotisations comme les dépenses permet de rééquilibrer. Tout en évitant un « tri » ridicule et immoral.

Mais alors la préférence nationale, ça sert à quoi ? À instaurer un climat de « discrimination positive » pour les Français de souche ? Le FN est censé être contre la discrimination positive (voir chapitre suivant). À flatter la discrimination des Français plus récents ? Le FN est censé être contre. C'est même ce que promet Philippe Péninque, l'ancien gudard, pour convaincre un Français d'origine maghrébine de voter FN aux présidentielles de 2007. La scène se passe sur le marché d'Aulnay-sous-Bois en com-

1. Hervé Nathan, « Marine Le Pen patauge encore dans l'économie », *Marianne 2*, 8 avril 2011.

2. A. Duraffour, « Des mythes aux problèmes : l'argumentation xénophobe prise au mot », *in* P.-A. Taguieff (sous la dir.), *Face au racisme*, t. 1, *Les moyens d'agir*, La Découverte 1991, p. 159. Voir aussi *Cette France-là*, La Découverte. Publié tous les ans : « Les immigrés "coûtent" annuellement 47,9 milliards d'euros en dépenses de protection sociale, ils rapportent 60,3 milliards en cotisations, soit un solde largement positif » (Martine Billard).

pagnie de Marine Le Pen. L'AFP retranscrit cette conversation entre lui et un jeune Français dénommé Sofiane[1].

Sofiane : Ceux qui sont pas français vous vous en battez les c... ?

Péninque : Mais toi, tu es français, on se parle entre Français, alors rejoins-nous. La préférence nationale, c'est pour tous les Français.

Sofiane : Mais si je me marie en Algérie, je peux pas revenir avec ma femme.

Péninque : Mais si, tu peux, si tu es français [...]. Tu es au chômage, tu veux un boulot ?

Sofiane : Oui.

Péninque : Alors si t'es français, tu auras du boulot. C'est comme quand tu as un gâteau, tu ne vas pas le partager avec tout le monde ! La préférence nationale, c'est partager le gâteau entre Français[2].

Au FN, toutes les voix sont bonnes à prendre. Et la démagogie est sans limite. Car la recette du Front national, c'est bien de se tailler des parts de gâteau sans vouloir partager. En principe, la doctrine en la matière claque comme un slogan : « Être français, ça s'hérite ou ça se mérite. » En pratique, bien des phrases démontrent que certains ne seront jamais assez français... qu'ils s'engagent en politique ou dans l'armée. Une phrase en particulier. Elle est tirée d'un texte du Front national consacré à défense nationale : « Faute de crédits, non seulement il est impossible de recruter beaucoup d'engagés, mais il devient de plus en plus difficile d'avoir un recrutement de qualité. 20 % des nouvelles recrues sont désormais issues de l'immigration originaire du monde musulman[3]. » Ici, le double discours apparaît. Que l'on soit footballeur ou

1. AFP, 5 avril 2007.
2. Cette dernière partie de conversation est rapportée par Christiane Chombeau (*Le Monde*, 7 avril 2007).
3. http://www.frontnational.com/?page_id=1153

engagé dans l'armée française, il y aura toujours les français qui méritent vraiment de l'être, parce qu'ils l'ont hérité, et ceux dont l'origine ou la religion rendra toujours suspecte leur nationalité.

L'Europe déchirée des nationalistes

On pourrait penser que les prises de position de Marine Le Pen sur l'« islamisation » rapprochent le nouveau FN d'autres populistes européens, comme l'UDC en Suisse, le Parti du peuple danois au Danemark, les Démocrates de Suède, ou le parti de Geert Wilders aux Pays-Bas, eux aussi en pleine ascension. Leur mise en réseau est plus complexe qu'il n'y paraît. Pour une raison simple : les partis européens récents craignent d'être diabolisés s'ils s'associent au Front national. Ce que reconnaît Marine Le Pen avec une certaine lucidité : « Non, nous n'avons pas de lien avec ces partis pour une raison assez facile à comprendre. Chaque fois qu'un parti comme ça se monte en Europe, ils ont besoin de, ils cherchent à échapper eux-mêmes à la diabolisation. […] À chaque fois qu'un parti se monte, le premier truc qu'il dit, c'est : je n'ai rien à voir avec le Front national. Le Front national, c'est le grand diable d'Europe. On a été tellement diabolisés, qu'ils s'en libèrent comme ça[1]. »

Cela n'empêche pas les convergences objectives. Marine Le Pen vise clairement à faire du FN un parti aussi décomplexé que la droite populiste suisse. Celle-ci a fait un tabac aux élections de 2007 grâce à une affiche montrant des moutons blancs expulsant un mouton noir du drapeau suisse. Le Front national de la jeunesse a copié une autre de ses affiches, celle utilisée pour dire « oui » à la votation contre les minarets : une femme en niqab posant devant une

1. Entretien avec Marine Le Pen, 20 septembre 2010.

Suisse recouverte de minarets en forme de missile. Cela n'a pas beaucoup plu à la droite populiste suisse, qui a exigé des royalties... Ici, c'est l'UDC qui redoute de se voir comparée au FN. Parfois, c'est l'inverse. Marine Le Pen n'a pas encore vraiment tissé de liens avec le Néerlandais Geert Wilders, qui a comparé le Coran à *Mein Kampf*. Elle se méfie ouvertement de tout parti classé à l'« extrême droite », comme le FPÖ autrichien, et cherche plutôt à se rapprocher de partis récents ou ayant réussi à sortir de la diabolisation. Comme le Parti démocrate suédois, qu'elle refuse de considérer comme un parti d'« extrême droite », bien qu'il ait longtemps abrité des nostalgiques du nazisme : « Je ne suis pas tout à fait sûre que ce parti – que je ne connais pas bien d'ailleurs – corresponde à la vision, enfin aux conditions, pour mettre un parti à l'extrême droite. C'est un parti nationaliste[1]. »

On peine parfois à saisir les critères utilisés par Marine Le Pen pour définir ce qui relève de l'extrême droite ou non, d'un parti fréquentable ou non. Le cas de la Belgique est très parlant. Pendant vingt-six ans, le Front national français a entretenu des liens cordiaux avec le Front national belge, qui s'est construit sur le modèle du grand frère français. En 2008, le parti fait scandale avec la diffusion d'une vidéo montrant un des deux chefs, Michel Delacroix, fredonnant une chanson antisémite et l'un des dirigeants, Patrick Cocriamont, tenant des propos racistes, antisémites et révisionnistes. Ces excès n'ont jamais posé de problème à Jean-Marie Le Pen. Ils en posent à sa fille, qui veut bien sauver l'image du père, mais ne souhaite pas porter sur ses épaules toute la diabolisation du monde... En 2011, elle décide de

1. Alors que le SD (Sverigedemokraterna) avait déjà entamé le choix de la voie parlementaire, une enquête du CRIDA notait que plusieurs activistes néo-nazis prônant la violence du réseau néo-nazi Storm étaient toujours présents. En février 1994, Anders Klarström était président. Son casier judiciaire n'était pas vierge (menaces d'attentats, destruction de librairies de gauche, menaces de mort sur des antifascistes (cf. *Rapport 96. Racisme, extrême droite, et antisémitisme en Europe*, CRIDA, 1996).

couper les liens avec le FN belge. Elle adresse une lettre très juridique, dans laquelle elle interdit à plusieurs membres de ce parti « d'utiliser des photos [la] représentant pour illustrer des documents de propagande inhérents au Front national belge[1] ». La mise en garde ne vaut que pour les sites Facebook personnels, pas pour le site officiel du FN belge, mais elle sonne comme un désaveu. Marine Le Pen ne laissera pas son image être utilisée à tort et à travers. Le FN belge, déçu, misait beaucoup sur son image pour rafraîchir la sienne[2]. Mais Marine Le Pen a choisi de se rapprocher plutôt de son concurrent flamand : le Vlaams Belang.

En 2003, elle s'invite à ses rencontres parlementaires[3]. Loin d'être isolé, ce parti voit ses idées progresser comme jamais chez les néerlandophones, tandis que les francophones font surtout les frais du nationalisme flamand. Au lieu de se solidariser avec les francophones, Marine Le Pen préfère soutenir le nationalisme néerlandophone qui a le vent en poupe. Sur le papier, pourtant, le Vlaams Belang n'est pas plus fréquentable que son équivalent francophone. Anciennement appelé Vlaams Block, il a dû changer de nom à la suite d'une condamnation pour incitation à la haine raciste. Preuve, s'il en était besoin, que ni la radicalité ni la réalité du discours ne sont les seuls critères retenus pour opérer ces rapprochements.

Le parti hongrois que Marine Le Pen considère comme étant « le plus proche » du FN est particulièrement extrémiste. Il s'agit du Jobbik[4]. Créé en 2003, il refuse, dans un premier temps, de se présenter aux élections européennes pour montrer son opposition à l'adhésion de la Hongrie à l'UE. Aux élections suivantes, il ne récolte que 2,2 % sous l'étiquette Troisième Voie, mais ne cesse de progresser depuis. En juin 2009, le parti se présente enfin aux élections

1. Selon le site d'informations sur l'extrême droite Résistances.
2. http://www.resistances.be/camusfnfr.html
3. AFP, 1er octobre 2003.
4. AFP, 19 janvier 2011.

européennes et obtient 3 des 22 sièges. L'année suivante, aux législatives, il obtient 16,67 % des voix et rafle 47 sièges à l'assemblée nationale. C'est cette progression qui intéresse Marine Le Pen, malgré une radicalité évidente. Le Jobbik revendique la préservation de l'identité nationale, le retour des valeurs chrétiennes, la famille et l'autorité. Ses ennemis déclarés sont le libéralisme, le cosmopolitisme et le communisme. Sur le terrain, il a monté une milice paramilitaire, la Garde Hongroise, dont les uniformes noirs, les logos rouge et blanc et les croix fléchées évoquent la période nazie. Durant les manifestations, il n'est pas rare d'entendre des nervis crier « À bas les Juifs ! ». Le Premier ministre socialiste de l'époque y est dénoncé comme le « larbin des Juifs[1] ». En 2011, lors d'une manifestation pour sauvegarder les retraites des fonctionnaires, ses militants ont brûlé le drapeau israélien en signe de protestation[2]... Plusieurs membres de la Garde sont impliqués dans des tabassages de Roms. Ce qui fait son succès. Et relativise la modération affichée de Marine Le Pen sur la question.

En 2010, alors que Brice Hortefeux est en difficulté pour avoir ciblé les campements de Roms dans une circulaire, la future présidente du FN lui fait presque la morale : « Je vais avoir une position très républicaine. Je vais vous dire qu'il faut respecter la loi et il faut la faire appliquer mais quelle que soit la nationalité ou l'ethnie des gens qui sont dans ces camps illégaux[3]. » Impeccable. Mais le diable se niche toujours dans les détails. Comme dans le fait que Marine Le Pen soutienne le Jobbik et un retraité français ayant tiré sur deux femmes roms en train de le cambrioler...

La question rom n'a pas fini de révéler la violence des partis nationalistes européens. Elle est au cœur du groupe « Identité, tradition et souveraineté » réunissant les extrêmes

1. Il s'agissait de Ferenc Gyurcsány. *Courrier international,* 30 avril 2008.
2. TF1 News, 7 mai 2011.
3. Itélé, 13 septembre 2010.

droites au Parlement européen. Pendant onze mois, du 17 janvier au 14 novembre 2007, ce groupe va rassembler des formations françaises, italiennes, roumaines, bulgares ou autrichiennes de natures très diverses : le FN, le Vlaams Belang, l'Union nationale bulgare, la Grande Roumanie, Alternativa sociale, Fiamma tricolore, le Parti autrichien de la liberté. Techniquement, cet attelage improbable permet surtout de bénéficier des avantages d'un groupe parlementaire : des moyens matériels supplémentaires et un temps de parole plus important. Pour cela, il faut avoir au moins 20 députés. Ce que la percée de partis d'extrême droite bulgares et roumains permet en 2007. Parmi ces nouveaux militants d'extrême droite roumains, on compte un ancien eurodéputé libéral, Mircea Cosea, qui n'est pas à un retournement de veste près pour conserver son siège. Ancien ministre des Réformes entre 1993 et 1996, il a dû quitter son parti après des articles révélant qu'il avait appartenu jadis à la Securitate. Son ralliement à la Grande Roumanie et l'arrivée d'autres députés d'extrême droite offrent le quorum nécessaire. Le groupe est crée le 17 janvier, sur la base d'objectifs communs a minima : « Reconnaissance des intérêts nationaux, des souverainetés, des identités et des différences ; Engagement en faveur des valeurs chrétiennes, de l'héritage, de la culture et des traditions de la civilisation européenne ; Engagement en faveur de la famille traditionnelle en tant que trait d'union naturel de la société ; Engagement en faveur des libertés et des droits hérités par tous ; Engagement en faveur du respect de l'État de droit ; Opposition à une Europe unitaire, bureaucratique et à un super-État européen ; Engagement en faveur de l'établissement de la responsabilité directe des gouvernants envers le peuple et de la transparence dans la gestion des fonds publics. » Sur le papier, le groupe a le droit de déposer des amendements et des résolutions. Dans les faits, il ne fait pas grand-chose. Les membres se sont essentiellement retrouvés lors de journées de travail. Comme le 3 juillet, à Palerme, où Jean-Marie Le Pen est accueilli par des contre-manifestants qui lui lancent des cocktails Molotov et des pétards.

En tout, sept députés européens représentent le FN : Bruno Gollnisch, Carl Lang, Jean-Marie Le Pen, Fernand Le Rachinel, Jean-Claude Martinez, Lydia Schénardi et Marine Le Pen. Contrairement à son père, la future présidente du FN ne goûte pas vraiment l'ambiance et ne s'investit pas beaucoup. De toute façon, au bout de quelques mois, le groupe explose. Alors que le racisme anti-Roms monte en Italie – on assiste même à des pogroms – et que le moindre cambriolage ou fait divers échauffe les esprits. En octobre 2007, l'Italie s'émeut du meurtre de la femme d'un officier de marine italien, tuée par un Rom. Une déclaration d'Alessandra Mussolini met tout particulièrement le feu aux poudres. Pour elle les Roumains sont des « délinquants d'habitude ». Elle invite « l'ambassadeur roumain à quitter » le pays et considère « tout citoyen roumain comme un citoyen indésirable ». Ce qui ne plaît pas du tout aux deux députés roumains d'extrême droite – Daniela Buruianä-Aprodu et Cristian Stänescu – qui lui reprochent de faire l'amalgame entre « Tziganes et Roumains[1] ». Alessandra Mussolini décide de quitter le groupe « Identité, tradition et souveraineté », qui n'a plus assez de membres pour se maintenir et doit s'auto-dissoudre le 14 novembre. Pour la plus grande joie des autres parlementaires européens, qui applaudissent. Furieux, Jean-Marie Le Pen leur adresse un bras d'honneur.

Le répit n'est probablement que de courte durée. Mieux que son père, Marine Le Pen va certainement profiter des remous provoqués par la « question rom ». C'est l'un des effets de l'intégration précipitée de la Roumanie et de la Bulgarie à l'Union européenne. Les partisans d'une Europe sans cesse élargie, essentiellement guidée par des

1. *Le Monde,* 16 novembre 2007.

motivations économiques – un grand marché et une main-d'œuvre à bas coût – n'ont pas anticipé ses effets pervers. Comme le fait de voir affluer des gens du voyage fuyant leur pays d'origine, où ils sont discriminés et vivent dans des conditions terribles. L'Union aurait dû s'assurer que les millions versés à ces pays allaient améliorer leur environnement avant d'ouvrir les portes à un exode prévisible. Au lieu de quoi, les gouvernements hongrois, bulgares et roumains ont encaissé ces aides tout en encourageant la migration des Roms vers d'autres pays. Cette transhumance, les difficultés qui peuvent en résulter, notamment du fait de la pauvreté de ces populations et de leur mode de vie, aura pour effet de régénérer les extrêmes droites européennes. Non seulement en Hongrie, en Bulgarie et en Roumanie, où elles ne cessent de prospérer, mais aussi, désormais, dans les autres pays de l'Union. Ce défi n'est pas nouveau. Mais le contexte de crise économique et de remontée des nationalismes désigne les gens du voyage comme des boucs émissaires idéaux. Bien des Européens risquent de perdre patience. Surtout s'ils en sont à leur septième cambriolage et si la police leur explique que c'est à cause des Roms. S'ils voient les images de campements en bord d'autoroute. S'ils prennent leur train gare du Nord à Paris, où l'on est assailli par la mendicité agressive. Exaspérés, certains Français risquent de ne pas écouter longtemps ce que les partisans de la complexité ont à leur dire. Que la police serait plus efficace contre les cambriolages et la mendicité si elle n'était pas occupée à expulser des migrants. Qu'il existerait moins de camps illégaux si la France avait construit suffisamment de camps légaux pour assurer une coexistence plus harmonieuse entre vie sédentaire et vie nomade. Qu'il faut maintenant profiter de l'Union européenne pour coordonner des pratiques d'intégration, au lieu de vouloir en sortir pour mieux expulser tous ceux que l'on persécute déjà dans leur pays d'origine. Dans ce domaine, comme souvent, les extrêmes droites se renforcent mutuellement. En terrorisant les Roms en Hongrie, le Jobbik les poussent à émigrer vers la France, où Marine Le Pen – si « proche » du Jobbik – peut s'en plaindre.

L'autre dossier sensible concerne l'entrée de la Turquie dans l'Union. Avec une population de 76 millions d'habitants, principalement musulmans, il est facile d'agiter toutes les peurs. Surtout si le Front national s'en mêle. Comme le 8 octobre 2009 contre l'éclairage de la Tour Eiffel aux couleurs de la Turquie. Il s'agit simplement de célébrer le début de la saison de la Turquie en France. Mais le Front national y voit un symbole. Il ne réunit grand monde pour protester sur le parvis de l'Hôtel de Ville. À peine 50 personnes, Marine Le Pen en tête, brandissant des pancartes où la Tour Eiffel est parée d'un croissant : « Quelle honte ! Sarkozy/Delanoë complices. » À entendre Marine Le Pen, cette illumination « est le symbole de la volonté de nos élites de faire rentrer la Turquie dans l'Union européenne[1] ». Elle vise tout particulièrement le maire de Paris, Bertrand Delanoë, qui « a indiqué très clairement qu'il était favorable à l'entrée de la Turquie dans l'UE ». Pour elle, cette illumination est « un acte politique ». Pourtant chaque saison est célébrée par une illumination aux couleurs du pays honoré. Quand un journaliste lui fait remarquer qu'il s'agit d'une simple tradition, elle ne se démonte pas : « Je ne veux pas que soit projetée sur cet emblème qu'est la Tour Eiffel quelque couleur étrangère que ce soit ». Pour Bertrand Delanoë, ces motivations « strictement xénophobes » se situent « à l'opposé des valeurs d'ouverture, d'échange et de dialogue qui sont au cœur de l'identité de notre capitale ».

1. AFP, 8 octobre 2009.

Une étrange sympathie pour les dictateurs

S'il existe un domaine où le discours du Front national n'a ni vision, ni colonne vertébrale, c'est bien la géopolitique. Par définition, l'international n'est pas le fort des nationalistes. Marine Le Pen s'y intéresse encore moins que son père. Bien qu'elle se vante d'avoir une position affûtée sur le terrorisme et le risque islamiste, il lui arrive de confondre les taliban afghans et les Gardiens de la révolution en Iran… Comme sur RTL, en janvier 2011, où elle explique que le Shah d'Iran a été remplacé par un régime taliban[1]. Son père sait d'autant mieux faire la différence qu'il entretient des rapports très cordiaux avec le régime iranien. En février 2009, il se rend même à son ambassade pour y célébrer le 30e anniversaire de la Révolution islamique. Une vidéo du Centre Zahra le montre disant son « plaisir » d'être là, au micro d'une jeune journaliste voilée, qui le salue d'un « *Salam Aleykoum* ». Ce qui le fait sourire. Lorsqu'elle lui demande la raison de sa présence, Jean-Marie Le Pen déclare sa flamme : « Je suis un ami de l'Iran, je l'ai toujours montré. Je me suis toujours rangé derrière les nations libres qui n'acceptent pas le diktat d'autres pays. » L'Iran d'Ahmadinejad est alors pointé du doigt par la communauté internationale pour son programme visant à se doter de l'arme nucléaire, sans vraiment rassurer sur ses intentions pacifiques. Une démarche que soutient le président du Front national : « Sur les problèmes récents de l'industrie nucléaire, j'ai dit que je pensais que l'Iran avait les mêmes droits que n'importe quel autre pays du monde. Et que s'il y avait une voix qui devait être hostile à l'arme nucléaire, elle devait désarmer ceux qui s'en sont dotés, bien souvent secrètement et en contradiction totale avec les règles de l'ONU. Je suis un homme assez logique. » Logique et soulagé pour l'Iran de

1. 18 janvier 2011.

voir que cette question est passée au second plan avec la crise financière : « La crise a peut être sauvé l'Iran d'une attaque que je craignais. [...]. J'ai poussé un sourire de soulagement en me disant que, peut-être, Dieu et grand. » Il termine cette phrase par un grand éclat de rire[1].

Marine Le Pen ne dit pas autre chose lorsqu'elle est interrogée sur l'Iran par une radio israélienne : « Très objectivement, je pense que la bombe nucléaire est une arme dissuasive, ce n'est pas une arme offensive... Et pour cause, si l'Iran pensait à utiliser une bombe, les Iraniens seraient vitrifiés dans les vingt minutes qui suivent[2] ». Elle ne semble pas prendre au sérieux les menaces d'Ahmadinejad promettant de rayer Israël de la carte. Entre « les mots et les actes, dit-elle, il y a un grand pas ». Un pas qui l'amène à ne prononcer aucun mot en faveur de la vigilance.

Au nom du soutien au nationalisme des autres, le Front national peut être à la fois sioniste et proche de tous les dictateurs arabes. On se souvient de sa volte-face surprenante au moment de la première guerre du Golfe. Alors que tout le monde imaginait qu'il profiterait de l'intervention militaire pour conforter son positionnement interne anti-arabe, Jean-Marie Le Pen fait une déclaration de soutien à Saddam Hussein. Une stratégie décidée d'instinct, qui va surprendre certains militants du Front. Il l'écrit dans une tribune envoyée au *Figaro* sous le titre « Qu'allons-nous faire dans cette felouque ? ». L'article plaît beaucoup à l'ambassade irakienne, qui le contacte : « Elle m'a demandé si éventuellement je viendrais en Irak[3]. » Depuis le 20 août 1990, le régime irakien retient des ressortissants français en otage. Le Pen y voit l'occasion de négocier leur rapatriement et de se poser en héros national. Il n'en aura pas le

1. Vidéo du Centre Zahra, 20 février 2009.
2. 90 FM, 30 mars 2011.
3. Entretien avec Jean-Marie Le Pen, 6 mai 2011.

temps. Conscient de l'image déplorable qu'il vient de donner en se montrant à la télévision avec quelques otages, dont un petit garçon tremblant de peur, Saddam Hussein a décidé de les relâcher moins d'une semaine après... En revanche, grâce à un avion affrété par Bagdad, huit députés des droites européennes font le voyage en Irak pour en dire le plus grand bien à leur retour. Notamment Jean-Michel Dubois, chargé des contacts économiques au Front national. Il ira jusqu'à inventer le terme de « dictateur libéral » pour qualifier sobrement Saddam Hussein[1]. Depuis, le Front et le parti Baas irakien ont gardé des liens. Lorrain de Saint Affrique se souvient de cette phrase d'un haut dignitaire irakien : « *Mr. Le Pen has a lot of good ideas, but always empty pockets* » (Jean-Marie Le Pen a beaucoup de bonnes idées, mais toujours les poches vides[2]). Les contacts se poursuivent pendant des années à travers l'association SOS Enfants d'Irak, créée en 1995 et présidée par Jany Le Pen. Elle y est secondée par Jean-Michel Dubois et Bernard Antony. Officiellement, il s'agit de faire parvenir des vivres aux enfants victimes du blocus américain. Elle permet aussi le rapatriement de chrétiens d'Irak. Mais elle sert également la propagande. En 2002, l'association fait placarder des affiches de Saddam Hussein avec ce slogan : « Ami de la France ». En mars 2005, l'association diffuse en France les messages de Tarek Aziz. Dans un livre rendant hommage à son travail en Irak, Jany Le Pen apparaît voilée. Parfois, c'est carrément déguisée qu'elle fait honneur au régime. Le soir du 15 janvier 1991, alors que la première guerre du Golfe vient d'éclater, Jean-Marie Le Pen et sa femme reçoivent pour un bal costumé à Montretout. Le « président » est habillé en archiduc d'Autriche et sa femme en tsarine. Mais le costume le plus apprécié, c'est celui d'un invité arrivé en Saddam Hussein.

1. *Libération*, 28 mars 2003.
2. Lorrain de Saint Affrique, *Dans l'ombre de Le Pen*, *op. cit.*, p. 216.

Les hôtes vont trinquer à sa santé et à la gloire du « Raïs » toute la soirée, parfois en criant « *Yankee go home*[1] » !

Fidèle à son père et à la logique nationaliste, Marine Le Pen critique vivement l'entrée de la France dans le commandement intégré de l'OTAN : « S'il y a bien un sujet sur lequel il y a consensus au sein du FN, c'est le rejet de ce suivisme à l'égard des Américains. Ce n'est pas une hostilité de principe aux États-Unis, qu'ils défendent leurs intérêts est une chose, mais nous sommes là pour défendre les intérêts de la France et des Français. Avec cet alignement systématique sur les intérêts américains, nous avons perdu la voie spécifique diplomatique de la France qui pouvait apporter plus de paix dans le monde. D'autant que l'on sait très bien que derrière ces conflits, ces menaces de conflit, portés par les États-Unis, il y a évidemment les intérêts économiques américains, l'Irak l'a assez démontré[2]. »

Ce refus de l'OTAN est partagé par d'autres, qu'ils soient gaullistes, non alignés ou tout simplement attachés à l'indépendance de la voix de la France. Le Front national de Jean-Marie Le Pen, nostalgique de l'Algérie française, ne s'est jamais revendiqué pour autant du général de Gaulle. Surtout face à son ennemi juré : Jacques Chirac. Face à Nicolas Sarkozy – que Marine Le Pen décrit à juste titre comme le plus atlantiste des présidents que la France ait jamais eu – tout est différent. Marine Le Pen n'hésite plus à se revendiquer du Général : « Je me demande si, sur ce coup-là, le général de Gaulle n'aurait pas voté Front national lui aussi[3]. » Comme le Parti socialiste et certains gaullistes de la première heure, elle réclame que la France retire au plus vite ses troupes d'Afghanistan. La lutte contre l'islamisme, oui, mais en France seulement.

---

1. Raconté par Renaud Dély dans « On aura tout vu à Montretout », *Libération*, 27 janvier 2006.
2. *Marianne*, 9 janvier 2011.
3. Meeting de Suresnes. AFP, 5 avril 2009.

« Charbonnier est maître chez soi »

Sous Marine comme sous Jean-Marie Le Pen, il n'existe pas de cohérence entre les discours « intérieur » et « extérieur » du Front. Revendiquer le droit de faire ce que l'on veut chez soi suppose de laisser faire les autres ce qu'ils veulent chez eux. « Au nom de la liberté, au nom du droit pour chaque État à avoir sa souveraineté, sa sécurité, sa liberté sur son territoire », précise Marine Le Pen[1]. C'est exactement la position de la Chine. Au « nom du droit à la souveraineté », celle-ci résiste à l'universalité de la Déclaration des droits de l'homme en soutenant bien des régimes nationalistes, anti-impérialistes ou despotiques, notamment arabes et africains. Bien entendu, en échange de cette solidarité, les régimes les plus infréquentables confient volontiers l'exploitation de leurs matières premières à la Chine… Qui peut compter sur leur soutien lorsqu'elle est mise en cause à l'ONU pour non-respect des droits de l'homme.

Le Front national appartient clairement au même camp : celui des relativistes et non des universalistes. La Déclaration universelle qui fut signée à Paris le 10 décembre 1948, en partie rédigée par le résistant René Cassin, ne figure pas au panthéon des textes qui enthousiasment Marine Le Pen : « On a détaché la Déclaration des droits de l'homme des peuples auxquels elle devait s'appliquer, en fait, on en a fait une espèce de concept hors sol, manipulé d'ailleurs. » En quoi ? Marine Le Pen s'explique : « Dans la Déclaration des droits et des devoirs, les devoirs ont disparu, le citoyen a disparu. De manière volontaire, je le pense. Parce que l'existence de ce terme de citoyen permettait justement d'ancrer ces droits et ces devoirs au sein d'une nation. Ça voulait dire qu'on avait aussi la possibilité de donner des

1. Entretien avec Marine Le Pen, 20 septembre 2010.

droits et des devoirs à ceux qui avaient la nationalité et de donner des droits qui n'étaient peut-être pas obligatoirement les mêmes à ceux qui ne l'avaient pas. C'est aussi simple que ça. Chaque nation étant là pour déterminer quel était leur cadre[1]. » Ici, clairement, Marine Le Pen la nationaliste considère l'universalisme comme un ennemi. Sa phrase n'est pas sans faire penser à celle de Joseph de Maistre, philosophe de la contre-révolution, qui moquait lui aussi l'abstraction des droits de l'homme : « L'homme n'existe pas, je n'en ai jamais vu. J'ai vu, dans ma vie, des Français, des Italiens, des Russes… Je sais même, grâce à Montesquieu, qu'on peut être Persan. » Même si elle ne peut le dire ouvertement, étant donné son tournant « républicain », Marine Le Pen se situe dans une tradition contre-révolutionnaire et maurassienne, à des années de l'utopie universaliste – qui fait pourtant la grandeur de la France. Elle lui préfère une France recroquevillée, coupée du monde, de sa francophonie et de sa puissance diplomatique. Bref, de tout ce qui fait que la « France est plus grande qu'elle-même ».

Aux yeux de la présidente du FN, les droits de l'homme sont moins « universels » que « naturels » : « Le rôle d'un parti politique, c'est d'assurer les droits naturels et imprescriptibles de l'homme », dit-elle volontiers[2]. L'irruption de ce mot « naturel » est lourd de sens du point de vue philosophique. Il rattache le droit à une essence ou à une morale, et non à un idéal. C'est évidemment un emprunt à la morale naturelle chrétienne, laïcisée, mais aussi non universelle puisque confinée à l'intérieur d'une nation. De quels droits « naturels » parlons-nous ? Marine Le Pen les classe par ordre de priorité : « La liberté, la sûreté, la propriété et la résistance à l'oppression. » Surtout si elle vient de l'extérieur, d'une puissance étrangère. Beaucoup moins s'il s'agit

1. *Ibid.*
2. *Ibid.*

d'intervenir pour empêcher un régime étranger d'opprimer son propre peuple. Comme Laurent Gbagbo en Côte d'Ivoire ou Kadhafi en Libye.

C'est pourtant dans ces cas de figure, tyranniques, que la Déclaration des droits de l'homme se veut « universelle » et que les Nations unies existent. Même s'il n'est jamais facile de déterminer jusqu'où, et à quel moment, doit s'appliquer le droit de « protéger les peuples ». Les véritables universalistes acceptent de réfléchir au cas par cas pour déterminer ce qui relève de l'humanisme et ce qui verse dans l'impérialisme. On peut être *contre* la seconde guerre d'Irak (abusive et sans mandat de l'ONU) mais *pour* l'intervention en Libye (désirée par le peuple libyen, et approuvée par les mêmes instances, pour éviter un massacre). Juger la première « impérialiste » et la seconde « universaliste ». Marine Le Pen ne se situe pas dans ce débat et s'oppose par principe au droit d'intervenir. Voici sa réponse lorsqu'on lui demande « Le droit d'ingérence, pour vous, ce n'est jamais valable ? » : « Non, je pense que ce n'est pas valable. Parce que le droit d'ingérence va directement en contradiction avec la souveraineté des peuples[1]. » Marine Le Pen se montre même hostile au fait de protester symboliquement contre la violation des droits de l'homme dans un autre pays… Ainsi, bien que viscéralement anticommuniste, le Front national n'a pas soutenu le boycott symbolique des Jeux olympiques de Pékin. « À titre personnel, explique Marine Le Pen, je ne pense pas que le boycott puisse avoir des conséquences sur la politique mise en place par la Chine[2]. »

Lorsque le souverainisme devient à ce point l'ennemi de la communauté internationale, il sert volontiers de carte blanche aux pires exactions. On peut s'accorder sur le fait que le droit d'ingérence est en soi questionnable. Il ne faut

1. *Ibid.*
2. Entretien avec Marine Le Pen, 20 septembre 2010 ; LeMonde.fr, 28 mars 2008.

pas le confondre avec un droit d'intervenir tous azimuts, mais pas non plus refuser le droit d'intervenir pour « protéger » un peuple en danger, sous mandat de l'ONU. Comment faire lorsque ce peuple est bâillonné, que la diplomatie n'a rien donné et qu'un massacre de grande ampleur se prépare ? L'ONU a été créée pour répondre à cette question. Lors d'une conférence de presse à Genève, en 1933, Goebbels est interpellé sur les persécutions qui commencent en Allemagne contre les Juifs. Il esquive par cette formule : « Charbonnier est maître chez soi. » Une façon de confondre le droit à la souveraineté avec celui de persécuter en toute impunité. Les nations s'en contentent. Le « charbonnier » va réduire l'Europe en cendres... Il faudra l'« ingérence » des États-Unis, au nom d'une vision universaliste, pour libérer la France de l'occupant allemand. Un occupant qui n'était pas si « inhumain », à en croire Jean-Marie Le Pen. Faut-il s'étonner que ce parti continue à soutenir le moindre « charbonnier » contre le droit d'ingérence ?

Le Front-Afrique

En décembre 2010, alors que la France s'engage aux côtés de l'ONU pour tenter de faire respecter le verdict des urnes en Côte d'Ivoire, Marine Le Pen choisit son camp : celui de Laurent Gbagbo. « Je juge avec assez de sévérité la précipitation avec laquelle le président de la République a pris position en faveur de Ouattara. Des vies de Français sont en jeu », déclare-t-elle[1]. Le contre-pied politique n'est pas la seule raison de ce choix. Marine Le Pen préfère Gbagbo, un nationaliste, partisan de l'« ivoirité » (qui ressemble tant à la « préférence nationale » appliquée à la Côte d'Ivoire). Entre lui et Ouattara, un homme politique musulman, ayant

1. *Grand jury RTL-LCI-Le Figaro*, 19 décembre 2010.

travaillé au FMI et proche des Américains, le choix est vite vu. C'est le nationaliste xénophobe qu'elle soutient. Tant pis si Gbagbo est à la tête d'un mouvement de fanatiques, les Jeunes Patriotes, qui tuent des opposants et terrorisent les ressortissants français. Tant pis, surtout, s'il a perdu l'élection… Marine Le Pen pourrait s'en tenir à une prudente neutralité. Pas du tout. Elle prend position contre ce qu'elle dépeint comme de l'ingérence, alors qu'il s'agit simplement de faire appliquer une résolution de l'ONU, largement approuvée, y compris par l'Union africaine, en vue de faire respecter les résultats d'une élection démocratique et transparente. Ici, clairement, Marine Le Pen préfère le nationalisme à la démocratie. Comme Roland Dumas, elle se range à l'avis du Conseil constitutionnel ivoirien soutenant Gbagbo, dont tout le monde sait qu'il est à sa botte. La députée européenne va même jusqu'à poser une question écrite à la Commission européenne dans ce sens : « Le Conseil constitutionnel ivoirien a proclamé monsieur Gbagbo vainqueur après avoir invalidé une partie des votes dans certaines régions du pays. Il appartient à son adversaire qui conteste cette décision, d'engager un recours devant les instances juridiques compétentes et d'apporter les preuves qu'il n'y a eu ni fraudes massives ni violences dans les régions du Nord contrôlées par la rébellion des Forces nouvelles qui, en 2002, avaient tenté de renverser Laurent Gbagbo[1]. »

Ce rappel des violences antérieures à l'accord de paix n'est pas anodin. Il s'agit de faire oublier les violences actuelles du camp Gbagbo, pourtant destinées à voler le choix de tout un peuple. Et Marine Le Pen ne se contente pas de mots. Alors que Gbagbo est isolé et cherche désespérément des soutiens internationaux, elle rejoue la posture paternelle en Irak et souhaite se rendre en Côte d'Ivoire. D'après un membre du FN interrogé par un journal de Côte

1. Question de Marine Le Pen à la Commission européenne, 18 février 2011.

d'Ivoire, tout est prévu : « Nous avons lancé les demandes. Les connexions avec l'entourage du président Gbagbo sont établies, on prépare tout ça et c'est bien parti, Marine ne devrait pas tarder à être à Abidjan[1]. » Le voyage n'aura finalement jamais lieu. Les forces républicaines de Ouattara – aidées par l'ONUSI – ayant réussi à arrêter l'usurpateur... Mais de quelles connexions parlons-nous ?

Il existe de nombreux liens, de travail et d'estime, entre certains dirigeants africains et l'extrême droite française. Dans un album illustré, Jean-Marie Le Pen est fier d'exhiber les nombreuses photos prises avec certains dictateurs au fil des années : Hassan II au Maroc, Mobutu au Zaïre, Omar Bongo au Gabon, et bien sûr Félix Houphouët-Boigny, l'ancien président à vie de la Côte d'Ivoire. Bien entendu, d'autres hommes politiques français les ont rencontrés, mais ces contacts se comprennent dans le cadre de relations internationales, lorsqu'on est chargé de représenter le gouvernement français. Ce qui n'a jamais été le cas de Jean-Marie Le Pen. En revanche, le président du Front national a certainement la même vision de la Nation que ces potentats, également critiqués pour leur xénophobie et leur autoritarisme. Roger Holeindre, qui commente l'album photo, le résume avec ces mots : « De son propre aveu, Jean-Marie Le Pen appréhendait les réactions des chefs d'État arabes et africains lors de ses premières visites officielles en ce continent : “S'ils croient tout ce que l'on dit sur mon compte, je vais être bien reçu...” Tout au contraire, c'est là que l'accueil fut le plus chaleureux, que ce soit avec le roi du Maroc, Hassan II, ou les présidents Houphouët-Boigny, Bongo et Mobutu. Tous patriotes convaincus, ils étaient, probablement plus que d'autres, à même de comprendre la démarche de leur hôte[2]. » L'homme qui tient la plume, Roger Holeindre,

1. http://cotedivoiresouveraine.net/content/marine-le-pen-pour-la-souverainete-de-la-cote-divoire

2. Yann Maréchal, *Le Pen*, *op. cit.*, p. 118.

a lui-même largement bénéficié de ces affinités puisqu'il a vécu des années – et entraîné les cadets du FN – dans un château (un domaine de 40 hectares en Sologne) loué puis prêté par Bokassa[1].

Ces liens entre l'extrême droite française et les dictateurs africains se poursuivent jusqu'à nos jours. Pendant la crise en Côte d'Ivoire, Bernard Houdin, ancien cadre du GUD, défend Gbagbo sur tous les plateaux, avec le titre de conseiller spécial du président[2]. Il est persuadé que la trop grande diversité ethnique de la Côte d'Ivoire l'a empêchée de devenir une nation et que Gbagbo a bien raison d'insister sur l'« ivoirité ». Place de la République, le 19 décembre 2011, les partisans du président usurpateur vont d'ailleurs défiler sous un slogan fascisant : « Un seul Peuple, une seule Nation, un seul Guide. » Il existe aussi des contacts via des figures de la Françafrique passées par le Front national, comme l'avocat Marcel Ceccaldi. Un intime de Bongo et de Gbagbo, qu'il a également défendu sur les plateaux de télévision pendant la crise. Il n'est plus un militant actif du FN depuis 2006, mais d'autres anciens cadres du FN connaissent très bien la Côte d'Ivoire. Notamment l'ex-beau frère de Marine Le Pen, Samuel Maréchal, qui s'y est quasiment expatrié depuis son divorce. Il y a monté une société, « Maréchal & Associés », dans le but d'« établir des liens entre entrepreneurs et institutions financières ». Il avait quelques entrées pour cela. Sa nouvelle épouse n'est autre que l'une des petites-nièces d'Houphouët Boigny.

Quand Laurent Gbagbo est arrêté, en avril 2011, le service de presse du Front national de Marine Le Pen est le premier à protester, sur un ton très vif : « L'arrestation de

---

1. Bokassa lui a même proposé de lui léguer son château, ce qu'Holeindre refusera pendant longtemps. En 1995, il crée une SCI et retape le château. Dix ans plus tard, le château est vendu à un couple étranger.

2. Bernard Houdin, ancien patron du GUD, est notamment intervenu sur France Info le 17 décembre 2010 et sur Europe 1 le 7 avril 2011, en tant que porte-parole en France de Laurent Gbagbo et conseiller spécial chargé de l'environnement.

Laurent Gbagbo par les militaires français qui l'ont remis immédiatement aux chefs de la rébellion, constitue une violation gravissime des règles les plus élémentaires du droit international, à l'heure où le Tribunal pénal international soupçonne les partisans de Ouattara de s'être livrés à des massacres et des atrocités[1]. » De façon étonnante, alors que les ressortissants français se disent soulagés et vont pouvoir regagner leurs maisons, le FN prétend les protéger en réclamant le retour à des négociations avec Gbagbo : « Les décisions de Nicolas Sarkozy portent gravement préjudice aux intérêts de la France en Côte d'Ivoire, mettent en danger la vie de nos compatriotes dans ce pays et dans toute l'Afrique, ainsi que celle de nos soldats engagés dans cette guerre civile. Le Bureau politique du Front national réitère sa position sur le conflit ivoirien en préconisant la protection de nos ressortissants, la neutralité des troupes françaises, l'arrêt des combats et le retour aux négociations. » À part Roland Dumas et Jacques Vergès, personne en France n'a pris si violemment position contre l'intervention réussie de l'ONUSI et des forces françaises.

Roland Dumas lui trouve un « certain charme »

Mitterrand avait l'habitude de dire qu'il avait deux avocats : Badinter pour le « droit » et Dumas pour le « tordu ». Inculpé en 1999 dans l'affaire Elf et cité dans celle des frégates de Taïwan, ce dernier écopera de six mois ferme et deux ans avec sursis, puis sera relaxé en appel. En revanche, il sera définitivement condamné pour complicité d'abus de confiance dans l'affaire de la succession de Giacometti (12 mois d'emprisonnement avec sursis et 150 000 euros d'amende). On connaît son goût pour l'entregent,

1. Communiqué du 11 avril 2011.

notamment entre la France et l'Afrique. Personne n'a été surpris de le voir se porter au secours de Laurent Gbagbo juste après l'élection volée. Officiellement, lui et son acolyte Jacques Vergès sont venus mener l'enquête sur d'éventuelles fraudes. En réalité, personne n'est dupe, les deux compères ont été sonnés par Gbagbo pour jouer ses VRP. Leur numéro de claquettes tiers-mondiste fait surtout sourire. Il y a longtemps que Roland Dumas est de tous les mauvais combats, très souvent aux côtés des dictateurs les plus fortunés. Quand il ne vient pas plaider la cause de Gbagbo, il défend Kadhafi : le seul, d'après lui, à posséder un « pouvoir légal[1] ». Parfois, les prises de position de Dumas tournent à la farce, comme lorsqu'il déclare sur le plateau de Frédéric Taddeï : « Le 11 septembre, je n'y crois pas[2]. » Un sujet de conversation qui le rapproche de ses nouveaux amis.

On peut apercevoir Roland Dumas sur une photo, ravi, après un spectacle de Dieudonné. Il pose en compagnie de membres du FN et de Jany Le Pen… Jean-Marie Le Pen et lui sont de vieilles connaissances. D'après Louis Aliot, « ils se sont connus en 1956 sur les bancs de l'Assemblée nationale[3] ». Des liens renoués en mai 1988, lorsque Mitterrand ne voyait pas d'un si mauvais œil la montée du Front national pour diviser la droite et faire gagner la gauche. Roland Dumas est mandaté pour prendre langue avec Jean-Marie Le Pen[4]. Il faut croire que ces conversations furent agréables… puisque elles se poursuivent. *Le Point* relate un dîner organisé à Montretout en 2008, où Dumas et les Le Pen (père et fille) auraient devisé – entre autres – sur le succès de *Bien-*

1. *Le Figaro*, 8 mars 2011.
2. France 3, 16 décembre 2010.
3. Julien Martin, « Les amitiés frontistes de Roland Dumas ressurgissent », Rue89, 4 mai 2010.
4. Emmanuel Faux, Thomas Legrand et Gilles Perez, *La Main droite de Dieu, enquête sur François Mitterrand et l'extrême droite*, Seuil, 1994. Extrait : « Un soir de mai 1988, Roland Dumas a rendez-vous sur les bords de la Marne pour un dîner chez les Faucher. Le père, Jean-André, est un ami d'enfance.

venue chez les Ch'tis[1]. Jean-Claude Martinez était présent parmi les convives et s'en souvient très bien : « Jean-Marie Le Pen disait que le film était nul. Dumas était d'accord. Et Marine s'est mise à hurler : "Vous n'avez pas aimé parce qu'il n'y a pas de cul !" » C'est si violent que Dumas, surpris, s'amuse : « Ça a l'air d'être important pour vous, madame[2]. » Depuis, d'autres contacts ont eu lieu. Roland Dumas dit ne pas se souvenir du dîner, mais confirme avoir donné son accord pour soutenir le compagnon de Marine Le Pen, Louis Aliot, pour l'entrée au barreau de Paris : « Louis Aliot a toutes les qualités pour devenir avocat. Il a tous les diplômes. Il vaut la peine comme juriste[3]. » C'est peut-être un peu excessif pour un homme qui a surtout exercé ses talents au service du FN... Mais ce coup de pouce l'a certainement aidé. Licencié du Front national en juillet 2009, pour raisons économiques, Louis Aliot cherche alors à se reconvertir dans le métier d'avocat. Son doctorat de droit public le dispense de concours s'il est bien recommandé. Roland Dumas fait partie de ses trois parrains, aux côtés de Jean-Marie Crouzatier, professeur de droit à l'université de Toulouse I, et de Serge Didier, ancien d'Occident. Dumas assume. Mais Louis Aliot semble un peu embarrassé lorsqu'on lui demande comment il a connu l'ancien ministre de François Mitterrand : « Roland Dumas était dans le jury d'un ami qui présentait sa thèse, il y a deux ans. On a

---

Le menu des discussions s'annonce plus politique qu'intime, du fait de la présence d'un deuxième invité, Roland Gaucher. L'ancien et futur ministre des Affaires étrangères et ce membre du bureau politique du Front national n'ont pas besoin d'être présentés : ils se sont déjà rencontrés deux fois. [...] Au cours du dîner, Roland Dumas donne à Roland Gaucher du grain à moudre. Il évoque un possible retour du scrutin proportionnel, lui rappelle les combats antigaullistes du président de la République et, petite note affective pour un ancien croisé de l'Algérie française, lui remémore la réhabilitation tant controversée des généraux putschistes en 1982. À la fin de la soirée, les deux Roland repartent dans le même taxi. »

1. *Le Point*, 29 avril 2010.
2. Entretien avec Jean-Claude Martinez, 14 mars 2011.
3. « Quand Roland Dumas "recommande" Louis Aliot », Droite(s) extrême(s), 2 mai 2010. Blog d'Abel Mestre et Caroline Monnot.

sympathisé lors du traditionnel déjeuner qui suit, avec la famille, les amis, les membres du jury[1]. »

Le rapprochement entre le pire de la Mitterrandie et le nouveau Front national, si prompt à dénoncer la corruption et l'establishment, a de quoi amuser. Roland Dumas n'a plus grand-chose à perdre et cache de moins en moins ses sympathies. Sur RMC, alors qu'un sondage donne Marine Le Pen haut dans les sondages, un journaliste lui demande : « Elle vous séduit ou elle vous fait peur ? » Réponse de Dumas : « Marine Le Pen ne fait pas peur… Même le père ne faisait pas peur. La dernière fois, c'était une rigolade, la menace de Le Pen ! On a fait voter tous les socialistes comme des couillons qui sont allés voter pour Juppé ou je sais plus qui, pour Chirac. Ce sondage est très intéressant mais pas comme on l'entend… Moi, je pense que ce sondage a été bien présenté de façon à faire peur, il faut faire peur[2]. » Dans un autre entretien, il sera plus explicite en disant que Marine Le Pen « exprime des idées nouvelles », qui invitent à « réfléchir plutôt que bannir[3] ». Dans un troisième entretien, sur France Inter, il confesse lui trouver « un certain charme[4] ».

Le « printemps arabe » vu comme un danger

Début 2011, le monde est entré dans une série de révoltes complexes, où la France de Nicolas Sarkozy n'a pas toujours été à la hauteur. Elle est même lamentable sur le dossier tunisien, notamment en raison des déclarations tra-

1. Julien Martin, « Les amitiés frontistes de Roland Dumas ressurgissent », *op. cit.*
2. *Les Grandes Gueules*, RMC, 7 mars 2011.
3. Talk/Orange/*Le Figaro*, 7 mars 2011.
4. France Inter, 12 avril 2011 : « Marine Le Pen c'est la fille et ce n'est pas la fille de son père. Elle a un certain charme, elle a des idées. […] Elle véhicule, c'est vrai, des idées anciennes mais elle véhicule aussi des idées nouvelles. »

giques de Michèle Alliot-Marie, qui propose le savoir-faire des forces de l'ordre françaises pour lutter contre les émeutiers. La France s'est mieux débrouillée sur le dossier de la Libye. Ce qui n'a pas empêché Marine Le Pen de jouer l'opposante systématique, sans la moindre cohérence. En quelques semaines, on la verra railler le manque de puissance diplomatique français puis l'intervention en Libye, où la France a pourtant retrouvé sa voix. L'idée étant de s'opposer à Sarkozy au nom de la grandeur de la France, tout en cachant la petitesse de certaines motivations, plutôt guidées par les accointances entre le Front et les dictateurs nationalistes. Des dictateurs que le « printemps arabe » menace. Tandis que Marine Le Pen voit d'un bon œil le maintien de régimes dictatoriaux, vus de leur peuple, mais stables vus de nos frontières. Elle a longtemps vanté les mérites du régime de Ben Ali[1]. Elle ne semble pas non plus enthousiaste à l'idée de voir Moubarak partir. Présent aux côtés de Marine Le Pen lors d'une conférence de presse sur l'Egypte en février 2011, Jean-Marie Le Pen ironise : « On a remplacé une dictature militaire par une dictature militaire[2]. » Marine Le Pen surenchérit : « Oui, mais la deuxième, elle est choisie par les Américains. » Son père passe la troisième couche : « L'autre aussi. »

Jean-Marie Le Pen ne croit pas à « une soudaine aspiration à la démocratie » et penche, comme souvent, pour une explication démographique voire biologique et climatique : « J'ai une analyse très différente de la situation qu'on qualifie d'arabo-musulmane. Je crois que ça se produit dans ces pays, pas du tout parce qu'il y a une aspiration des Arabo-Musulmans à la démocratie... Ces gens-là manifestent pour avoir le droit de dire qu'ils ont faim. Parce que ce sont des pays désertiques, où la misère au sens le plus physiologique

1. Dans un chat du *Monde* elle affirme que « l'islamisme a longtemps été contenu par M. Ben Ali » (21 janvier 2011).

2. AFP, 12 février 2011.

se manifeste la première. La Tunisie, c'est de l'eau, du sable et du soleil, rien d'autre. L'Égypte, c'est 85 millions de gens qui vivent sur un territoire utile grand comme la Bretagne. Tout le reste, 1 million de kilomètres carrés, c'est du sable, c'est du désert, et c'est là que ça se produit. Alors bien sûr, il y a des phénomènes de contagion, ethnico-religieux, médiatiques, qui jouent un rôle. Bien sûr, ce sont toujours des situations infiniment complexes. Mais je crois que le fond du problème, c'est un problème géopolitique de grande magnitude : l'incapacité de nos sociétés, de la société humaine, à créer suffisamment de produits pour assumer la multiplication de la population[1]. » Marine Le Pen ne va pas aussi loin dans l'analyse et dit ne pas s'opposer à ce désir de changement : « On se félicite que tous les peuples accèdent à un fonctionnement démocratique[2]. » Mais ce soutien est immédiatement assorti de deux « craintes » : « La première, c'est la prise de pouvoir par des organismes fondamentalistes musulmans, dont l'objectif sera, s'ils accèdent au pouvoir, la mise en place de la charia avec l'ensemble des régressions en termes de droits de l'homme que ceci entraînera, en particulier pour les femmes. » Noble préoccupation, mais à géométrie variable. « La deuxième inquiétude c'est que je croyais, moi, que les Tunisiens, ou les doubles nationaux [...] repartiraient en Tunisie au bénéfice de cette grande révolution démocratique et je viens d'apprendre que l'Italie venait de déclarer l'urgence sanitaire [...] puisqu'il y a un afflux considérable de Tunisiens qui arrivent depuis quelques jours en Italie[3]. » En effet, juste après la chute de Ben Ali, 3 000 migrants fuyant la misère ou des règlements de comptes politiques arrivent sur l'île de Lampedusa en Italie. Beaucoup rejoignent ensuite le continent et la France. Presque un miracle pour le FN. Marine Le Pen n'a surfé sur

1. Entretien avec Jean-Marie Le Pen, 6 mai 2011.
2. AFP, 12 février 2011.
3. *Ibid.*

les peurs que pour en récolter les fruits : « Je crains qu'au bénéfice de ces bouleversements ce soit un afflux considérable d'immigrés en provenance de Tunisie, en provenance d'Égypte et peut-être demain d'Algérie – jusqu'où cela ira ? – qui arrivent aux frontières de la France[1]. »

Avec le printemps démocratique qui s'annonce, on tourne à la fois la page de l'après-décolonisation et du 11 septembre. À long terme, ce n'est pas bon pour le Front national, qui a bâti toute sa nouvelle stratégie sur le « choc des civilisations ». À court terme, toutes les peurs sont bonnes à prendre. Les transitions démocratiques seront longues et incertaines, des citoyens de ces pays voudront fuir – pour des raisons politiques ou économiques – et Marine Le Pen pourra agiter le spectre de l'invasion comme un chiffon rouge. Au Salon de l'agriculture, alors que les gouvernements sont tombés en Égypte et en Tunisie et qu'une catastrophe humanitaire s'annonce en Libye, elle pense surtout à marteler ses éternelles obsessions : « L'Union européenne est totalement impuissante à nous protéger, il faut passer un accord bilatéral avec l'Espagne et l'Italie pour permettre à nos marines de préserver nos eaux territoriales et repousser dans les eaux internationales les migrants qui voudraient entrer en Europe[2]. » Nicolas Sarkozy lui-même s'y emploie. Le FN espère que les Français préféreront l'original à la copie. Marine Le Pen se paie même le luxe d'avoir l'air plus mesurée que Chantal Brunel (UMP), qui propose de remettre les immigrés tunisiens « dans les bateaux », avant de s'excuser. La présidente du Front national exprime son « désaccord ». Non pas sur le fond, mais parce qu'elle juge cette mesure « inapplicable » et préfère arraisonner les bateaux avant qu'ils ne gagnent les côtes, « humainement » bien sûr[3].

---

1. *Ibid.*
2. Cité par *Marianne,* 25 février 2010.
3. « Quand je dis que je suis en désaccord, que je désapprouve ce que dit Mme Brunel, c'est parce que ce qu'elle dit est complètement inapplicable [...]. Nous devons passer un accord trilatéral avec l'Italie et l'Espagne pour que nos

Son humanité va jusqu'à se rendre sur place, à Lampedusa, le 14 mars 2011. Beaucoup y voient une erreur de communication. Il est plus facile de désigner des boucs émissaires à distance que d'aller à leur rencontre, avec leur visage et leur histoire. Sur place, Marine Le Pen ne se fera d'ailleurs pas filmer devant les migrants, mais sur un parking, à l'écart. Elle s'adresse davantage aux Français qu'aux migrants, en utilisant une petite métaphore destinée à renouveler le fameux « nous ne pouvons pas accueillir toute la misère du monde » : « Moi si je n'écoutais que mon cœur, évidemment que je proposerais de monter dans ma barque. Sauf que ma barque est trop frêle. Et si je vous prends dans ma barque eh bien ma barque va couler et nous nous noierons ensemble[1]. » La phrase est bien pensée, mais la couverture médiatique plus brève que prévu. Entretemps, un séisme doublé d'un tsunami et d'une catastrophe nucléaire vient de meurtrir le Japon. L'opinion, qui a les yeux rivés vers l'archipel, se sent d'humeur compassionnelle. L'effet « Lampedusa » tombe à l'eau.

Tout comme le revirement du FN sur la crise libyenne. Pendant des semaines, Marine Le Pen n'a cessé d'ironiser sur la diplomatie française. Rien ne dit qu'un ambassadeur du gouvernement FN serait plus avisé. En tout cas, si Marine Le Pen présidait la France, il y a fort à parier que jamais la France n'aurait pris la tête d'une résolution onusienne visant à sauver les habitants de Benghazi d'un massacre annoncé. Le 18 mars 2011, alors que les avions français se préparent à entrer en action pour faire respecter la zone d'exclusion aérienne, le Front national publie un communiqué dans lequel il accuse la France de déclarer la guerre à la Libye : « Le Front national regrette ce choix d'ingérence, non seulement parce qu'il est, une fois

---

marines nationales respectives convoient les bateaux qui arriveraient, jusqu'à leurs côtes d'origine, humainement » (AFP, mars 2011).

1. Reuters, 14 mars 2011 ; journal de France 2, 14 mars 2011.

encore, une violation du principe de souveraineté sur lequel repose le droit international, mais surtout parce que les conséquences géopolitiques, en Méditerranée et dans le Sahel, d'une chute de Kadhafi seront pires que son maintien ou qu'une issue purement nationale de la guerre civile libyenne. » La suite précise que le FN apporte néanmoins « son soutien et ses pensées à nos forces armées » et regrette que le colonel Kadhafi ait « reçu dans sa trop longue histoire de nombreuses marques d'amitié de la part du système UMPS. Notre mouvement s'honore de ne jamais s'être commis avec ce régime ».

On ne peut pas fréquenter tous les dictateurs, surtout quand on est un parti d'opposition et non un parti au pouvoir... En revanche, si le FN avait été au pouvoir, nul doute qu'il aurait soutenu Kadhafi, comme il a soutenu Saddam Hussein, si précieux pour lutter contre le terrorisme et contenir l'immigration. Le communiqué du FN le laisse supposer : « L'explosion des flux migratoires vers l'Europe est à prévoir, car ce régime contribuait tout de même à limiter la pression migratoire sur l'Italie. » Une fois de plus, l'intérêt passe avant les principes. Et encore, l'intérêt du FN et non de la France. Car laisser écraser Benghazi et mettre fin au « printemps arabe », à long terme, revenait à poursuivre le cercle infernal dont se nourrit l'islamisme... et l'extrême droite.

Si le sionisme est un nationalisme

Si la position du FN a toujours été ambiguë concernant les relations internationales en général, elle l'est *a fortiori* concernant un conflit aussi instrumentalisé que le conflit israélo-palestinien. À son arrivée au Parlement européen, en 2004, elle a souhaité intégrer le Groupe d'amitié France-Israël : « Parce que c'était intéressant, dit-elle. « J'ai beaucoup appris, moi, dans cette commission, entre les problèmes d'eau et le reste. Maintenant, dans ce groupe, je ne vous cache pas que dans cette commission, c'est assez drôle d'ailleurs, mais dans cette commission Israël il y a plus de pro-Palestiniens que de pro-Israéliens, parce que c'est la bagarre à l'intérieur. C'est quand même assez étonnant[1]. » En 2006, le groupe doit se rendre en Israël. Marine Le Pen fait partie du groupe, et devrait donc être du voyage, mais le gouvernement israélien s'y oppose. Ce que Marine Le Pen déplore : « J'espérais pouvoir normaliser aussi les relations entre nations. J'ai regretté qu'ils fassent en sorte que je n'y aille pas. Parce qu'encore une fois, au-delà de la communauté (je n'aime pas ce terme), de la communauté juive française, il y a une nation qui s'appelle Israël et avec laquelle nous devons évidemment avoir des relations, comme nous devons en avoir avec l'ensemble des autres nations. Maintenant, je vais vous dire, moi j'ai tendance à dire aux gens de chez nous : écoutez, le conflit israélo-palestinien, commençons par régler les problèmes chez nous, et puis on verra après. » Toujours ce refus de l'ingérence, mais en plus ambiguë. À la phrase d'après, Marine Le Pen regrette que « la France n'ait pas eu l'intelligence d'avoir son mot à dire. On a laissé les États-Unis négocier avec les extrémistes israéliens et avec les extrémistes palestiniens, moyennant quoi ce conflit ne se réglera jamais dans ces conditions-là. La France aurait pu avoir un rôle. Encore fallait-il qu'elle ait encore une diplomatie, qu'elle ait encore une autorité, qu'elle n'a plus ». Nous sommes quelques mois avant que le FN condamne l'ingérence des troupes françaises en Côte d'Ivoire et en Libye…

Ce qui ne veut pas dire que Marine Le Pen n'a aucun avis sur le conflit. Au moment de la flottille de Gaza et de l'intervention israélienne, qui a fait dix morts à bord, elle estime qu'Israël doit « lever le blocus de Gaza », et se prononce pour un État palestinien, tout en qualifiant d'« acte

1. Entretien avec Marine Le Pen, 20 septembre 2010.

de piraterie » l'assaut sanglant. « Le blocus touche des populations civiles et en réalité [...] plus rien ne passe sauf les armes, tout le monde le sait », déclare-t-elle, qualifiant le blocus d'« inefficace, semble-t-il » et d'« injuste[1] ». Interrogée pour savoir si elle considère que le Hamas est une organisation « terroriste », elle relativise : « Vous savez, dans cette partie du monde, très honnêtement, chacun se lance des accusations de terroriste à la tête [...] tous les grands dirigeants historiques palestiniens peuvent être considérés comme des terroristes et vice versa [...] Moi, j'ai le sentiment que les Israéliens sont en réalité les otages de leurs éléments les plus radicaux, c'est-à-dire les colons. » Elle précise qu'« Israël a le droit de préserver sa sécurité », « sa souveraineté pleine et entière », mais « un État palestinien doit également exister et avoir lui aussi le droit à sa souveraineté et à sa sécurité ». Ce qui paraît, au fond, une position assez équilibrée. Peut-elle conserver cet équilibre ?

Au vu des tentations qui traversent le FN, sa présidente est amenée à tanguer selon les circonstances nationales, et les influences qu'elle subit. En 2011, dans un entretien accordé à *Haaretz,* elle s'agace surtout d'être *persona non grata* en Israël : « Nous avons le droit de critiquer la politique de l'État d'Israël, comme celle de tout État souverain, sans être taxés d'antisémitisme. Après tout, le Front national a toujours été pro-sioniste et a toujours défendu le droit à l'existence d'Israël. » Visiblement piquée au vif, elle va même plus loin : « Si nous disions en France ne serait-ce qu'un millième de ce qui est dit en Israël, nous irions immédiatement en prison pour incitation à la haine raciale[2]. » Cet agacement pourrait devenir plus ferme à la faveur d'un changement stratégique. Dans son entourage, certains amis, violemment anti-israéliens, s'y emploient. Mais pour le

1. BFM TV/RMC Info repris par l'AFP, 3 juin 2010.
2. Repris par l'AFP, 7 janvier 2011.

moment, Marine Le Pen a choisi de ménager tous les ennemis supposés de son grand ennemi : « l'islamisation ».

Un refus opportun de la « repentance »

La nouvelle présidente du Front national est furieusement hostile à toute « repentance », même lorsqu'il s'agit de reconnaître des crimes bien réels commis au nom de la France. Que ce soit pendant la colonisation ou la Seconde Guerre mondiale. Tout ne serait que prétexte à mieux faire accepter l'immigration : « L'Histoire a d'abord permis de culpabiliser les Français au-delà du raisonnable. On leur a expliqué qu'ils étaient des salauds, des colonisateurs, des esclavagistes... À ce titre, ils devaient abandonner leurs réflexes de survie et accepter, par exemple, une immigration insupportable. » Quand on lui demande si elle aurait soutenu l'indépendance de l'Algérie, elle répond par la négative : « Non. Je pense que ça a été fait dans des conditions épouvantables. Les tenants de l'indépendance étaient une minorité. Je pense qu'on s'est particulièrement mal tenus dans la suite d'ailleurs de la décolonisation, à l'égard des Harkis notamment. Il faut quand même dire que ces gens qui sont arrivés et qu'on a foutus à la mer dans le port de Marseille, qu'on a coulés dans des ghettos. Le bilan de la colonisation, en tout cas ce que j'en vois aujourd'hui, c'est leur choix. Quant au bilan de la décolonisation, il n'est pas particulièrement positif[1]. » Un clin d'œil qui signifie, inversement, que le bilan de la colonisation l'est peut-être davantage... C'est ce que souhaitaient inscrire dans les manuels scolaires certains députés. Sans succès. À défaut, le Front national continue de participer aux manifestations nostalgiques de cette époque, comme l'inauguration d'une

1. Entretien avec Marine Le Pen, 20 septembre 2010.

stèle commémorant l'Algérie française[1]. Ou en assistant le 26 mars 2010 à la messe de Requiem célébrée en l'église Saint-Nicolas-du-Chardonnet, en mémoire des victimes de la tuerie du 26 mars 1962, rue d'Isly à Alger.

Ce qui vaut pour la colonisation vaut pour Vichy. Marine Le Pen, comme son père, ne supporte pas que Jacques Chirac ait pu s'excuser pour les crimes commis par l'État français. Même s'il a pris soin de préciser que la vraie France, son âme, était à Londres. Pour le Front national, l'âme de la France était surtout à Vichy. Pétain reste un héros. Que l'on commémore. Quand *Haaretz* demande à Marine Le Pen si elle est prête à dénoncer le régime du maréchal Philippe Pétain et les crimes du fascisme français, elle refuse de verser dans la repentance : « Absolument pas ! Tout d'abord je me refuse à dire du mal de mon pays. [...] Ce n'était pas la France qui était responsable, ce n'était pas l'État français, c'était un régime. C'est une erreur de faire de constants et systématiques mea-culpa. Nous devons accepter notre pays tel qu'il est avec ses périodes de splendeur et celles qui le sont moins, avec ses erreurs, ses drames et ses désastres. L'histoire de la France est de très longue durée. Il convient de la traiter comme un tout et non de la découper en tranches de salami sans connexions les unes avec les autres, afin de se donner politiquement un beau rôle[2]. » Sur le même registre, elle trouve « absurde » que l'écrivain Louis-Ferdinand Céline soit retiré du calendrier des célébrations nationales de 2011. Alors qu'il ne s'agit pas de censurer ses

1. Parmi les invités, Jean-Pax Mefret. Un écrivain qui glorifie les martyrs de l'OAS. A notamment écrit une biographie de Jean Bastien-Thiry, héros de l'Algérie française exécuté pour avoir tenté d'assassiner de Gaulle lors de l'attentat du Petit-Clamart. Il a été invité chez Taddeï le 20 juin 2007. Une divine surprise pour l'écrivain pour pense être un martyr des médias. Le souvenir de l'OAS est une constante du militantisme autour de Jean-Marie Le Pen. Marine Le Pen a donné quelques signes d'amitié envers les rapatriés et Louis Aliot, son compagnon, fils de rapatrié, se charge de préserver ce soutien. Voir aussi Anne-Marie Duranton-Crabol, *Les Temps de l'OAS*, Complexe, 1995.

2. Marine Le Pen, *Haaretz*, *op. cit.*

livres, mais simplement de ne pas le considérer comme un modèle digne d'être commémoré par l'État.

Au final, sur de très nombreux points, la continuité entre le nouveau Front national et l'ancien est flagrante. Beaucoup plus que la rupture. Y compris sur la République ou la laïcité, deux thèmes qui servent désormais à déguiser ses vieilles obsessions.

OPA sur la République et la laïcité

« Nous avons ramassé le drapeau tricolore que la classe politique a laissé traîner dans le caniveau, nous relèverons les valeurs traditionnelles de la République française ; les véritables défenseurs de la République, c'est nous ! » C'est par ces mots que Marine Le Pen conclut le congrès de Tours qui la consacre nouvelle présidente du Front national. Chaque mot compte. Comme souvent, le Front national tente de se faire passer pour l'« unique » défenseur d'une cause, afin de mieux se l'approprier. Cette fois, il n'a pas choisi n'importe quelle niche : celle de la République et de la laïcité. Le moins que l'on puisse dire, c'est que l'OPA est osée. De tous les partis politiques français, aucun n'a compté dans ses rangs autant de monarchistes et d'intégristes raillant la République et la laïcité. Le nouveau refrain entonné par Marine Le Pen constitue un virage à 180 degrés.

Pourquoi un tel revirement ? Tout simplement parce que ces thèmes sont très porteurs. Ce qui est la preuve qu'ils n'ont pas été abandonnés ni « laissés dans le caniveau ». La France est l'un des pays les plus laïques au monde. Toutes les lois votées ces dernières années, comme celle de mars 2004 sur les signes religieux ostensibles à l'école publique, ou celle de 2010 sur l'interdiction de masquer son visage dans la rue, en passant par l'adoption de chartes de la laïcité dans le secteur hospitalier, vont dans le sens de la vigilance. S'il existe une certaine confusion chez certains militants d'extrême gauche, la laïcité reste une valeur revendiquée par tous les grands partis : de l'UMP au Parti socialiste en passant par le Modem et bien sûr le Parti de gauche[1]. Si certains « territoires de la République » régressent, c'est en raison de concessions faites par des élus locaux, qu'ils soient de droite ou de gauche. Le principal ennemi de la sécularisation étant le recul de l'État-providence, et avec lui celui des services publics et du lien citoyen. Mais aussi la dureté du climat politique national et international, qui favorise la montée de la défiance entre citoyens d'appartenances communautaires différentes. Face à cela, quelle est la réponse du Front national ? Réaffirmer le concept d'« égalité », de « fraternité » et de « citoyenneté » grâce à l'école républicaine et laïque ? Bien sûr que non.

Marine Le Pen ne défend pas la citoyenneté mais « les valeurs traditionnelles de la République française ». L'ajout de ce mot, « traditionnel », n'est pas anodin. Il s'agit d'inscrire la République dans une notion ancestrale, où les premiers arrivés ont toujours raison sur les derniers arrivants. Donc de tirer la République vers une vision « traditionnelle » de la Nation et de se servir de la laïcité pour réaffirmer l'identité chrétienne de la France. Tout en instaurant une hiérarchie allant du plus au moins français. Sur le plateau de *Semaine critique*, Marine Le Pen l'a formulé encore plus clairement : « Être français, c'est respecter les traditions françaises[2]. » De quelles traditions parlons-nous ? Le vin et le saucisson ? La messe ? Pour le savoir, il faut ne pas se laisser impressionner par la bande-annonce et bien lire les sous-titres. En passant du respect des principes ou

1. Même au NPA et chez Europe Écologie-Les Verts, il existe des militants laïques se battant pied à pied pour que la crainte du racisme antimusulman ne conduise pas à abandonner toute vigilance face à l'intégrisme. Voir Caroline Fourest, *La Tentation obscurantiste*, Grasset, 2005.

2. *Semaine critique*, France 2, 10 septembre 2010.

des lois (comme la laïcité) à celui des « traditions », Marine Le Pen opère un glissement subtil, où la « conversion » à la laïcité permet surtout de recycler le bon vieux refrain du Front national contre l'immigration. Dans ses discours, le mot « islam » reste deux fois moins prononcé que le mot « immigration », mais lui est toujours associé. Cette combinaison permet de renouveler le discours sécuritaire, largement « occupé » par Nicolas Sarkozy, tout en se démarquant d'un président tenté par une approche plus anglo-saxonne menaçante pour la laïcité. Du point de vue politique, le costume choisi par Marine Le Pen est intelligent. Dommage que les coutures se voient tant... L'accoutrement fait penser à la ruse employée par les Chouans pour se reconnaître sans être pris par les armées de la Révolution. Ils chantaient l'air de la *Marseillaise*, mais pas ses paroles. On croyait entendre « Aux armes citoyens ! », alors qu'ils fredonnaient « Aux armes Vendéens ! ».

Quand Valmy mène à Soral

L'habillage « républicain » du Front national ne date pas de l'ère Marine Le Pen. Il a commencé sous Jean-Marie Le Pen. Le 20 septembre 2006, alors que la campagne présidentielle démarre, il surprend en se rendant à Valmy. Un lieu hautement symbolique. Le 20 septembre 1792, sur le champ de bataille de cette petite commune de la Marne, les troupes révolutionnaires françaises ont remporté une victoire inespérée face à l'armée de Prusse, puissante alliée de la monarchie. Ce jour-là, les volontaires français repoussent miraculeusement l'ennemi aux cris de « Vive la Nation ! ». Sauvant la Révolution. Le lendemain, la République est officiellement proclamée.

Le Moulin de Valmy sera détruit. Mais un nouveau moulin a depuis été construit pour célébrer le 150e anniversaire de la bataille. C'est sous ses ailes, devant une forêt de micros et de caméras, que Jean-Marie Le Pen prononce le premier grand discours de sa campagne présidentielle de 2007. Une partie de ses troupes aurait sans doute préféré la Vendée pour y rappeler les crimes de la Révolution française contre les Chouans. Mais Jean-Marie Le Pen a l'art de la synthèse. Il sait parfaitement réécrire l'histoire de France à son profit. Ce jour-là, rien ne manque. Il commence par rappeler l'importance symbolique de ce lieu, « Valmy, dernière victoire de la Monarchie, première victoire de la République ». Puis enchaîne : « En ce lieu, à cette date, naquit le grand espoir qui remit une France vacillante, divisée, menacée, sur le chemin de sa grandeur. » Vu sous cet angle, en effet, Valmy appartient à tous... Sauf peut-être au FN. Jean-Marie Le Pen doit d'ailleurs se justifier auprès de son public royaliste : « Je sais aussi que certains de nos vieux compagnons s'étonnent de ce choix... À ceux-là je veux rappeler amicalement que si j'ai choisi Valmy, c'est qu'à travers ces diverses épopées, je crois à la continuité de la grandeur de notre peuple. De Gergovie à la Résistance en passant par la monarchie capétienne et l'épopée napoléonienne, je prends tout ! Oui tout ! » Une OPA complète donc, sans souci de cohérence.

Comme pour mieux faire le lien entre tous ses électeurs, Jean-Marie Le Pen trace des traits d'union là où l'histoire fut faite de ruptures et de guerres. Entre révolutionnaires et monarchistes. Entre l'Église et les partisans de la laïcité. Jean-Marie Le Pen les réconcilie puisque les uns et les autres font partie de l'histoire de France, qu'il s'approprie tout entière : « Loin d'opposer les époques les unes aux autres, je suis de ceux qui pensent qu'un certain centralisme jacobin puise sa source dans le règne de Louis XIV, de ceux qui croient que notre attachement farouche à l'égalité, motif de tant de luttes sociales, trouve son origine dans notre vieux fond chrétien... Comme le disait le grand patriote et grand historien Marc Bloch, dont la célèbre citation exprime parfaitement ma pensée : "qui n'a pas vibré au sacre de Reims et à la fête de la Fédération n'est pas vraiment français !". »

Vient le moment d'annoncer qu'un « nouveau Valmy nous attend ». Bien entendu, le Front national serait l'emblème qu'il faut à cette croisade... ou révolution, selon les goûts. Mais qui donc menace la France ? Qui sont les nouveaux Prussiens ? Dans ce discours, Jean-Marie Le Pen vise la mondialisation, l'OTAN et les États-Unis : « Mes chers concitoyens, ma présence ici justifiée, éclairée, je suis venu vous annoncer qu'un nouveau Valmy nous attend. Nouvelle menace, nouveau défi, nouvel espoir. Pour que continue l'histoire d'une France forgée à la grandeur des Vercingétorix, des Saint Louis, des de Gaulle... Ou bien qu'elle disparaisse, dépecée, annihilée, engloutie dans le magma euro-atlantiste, vouée à l'Organisation mondiale du commerce et soumise à l'euthanasie de l'OTAN. En vérité je vous le dis, dans sept mois, c'est-à-dire demain, il s'agira de vaincre ou de périr, de se relever ou de se soumettre. »

Dans sa croisade contre l'OTAN, avant sa fille, Jean-Marie Le Pen vient de récupérer de Gaulle. C'est assez rare pour être souligné. Pour le reste, le fondateur du FN est fidèle à lui-même. Après les Prussiens, vient le tour des Sarrasins... Il agite le spectre de l'« immigration sauvage », s'en prend à l'Union européenne, aux « élites historiquement abonnées à la trahison », à l'« UMPS », en un mot au « Système », responsable d'avoir fait perdre à la France la maîtrise de ses frontières : « Le Système, la bête à deux visages au nom étrange et inquiétant d'UMPS s'applique de plus en plus à nous singer. [...] Eux qui portent la responsabilité terrible et criminelle de l'état de délabrement où gît notre pays, eux – tous agents du Système – voudraient nous faire croire qu'au moment des comptes, ils ont enfin vu la lumière ! Mais vous et moi ne sommes pas dupes ! » Suit un réquisitoire sans merci contre Ségolène Royal et Nicolas Sarkozy, « valet de l'atlantisme et de l'Empire », mais aussi « communautaire et clientéliste, divisant volontiers pour régner, allant jusqu'à aider l'islam le plus extrême à prendre pied sur notre sol pour mieux montrer les Maghrébins français du doigt. » Philippe de Villiers, le concurrent, en prend aussi pour son grade. Il est traité de « vicomte islamo-pourfendeur », « caricature sponsorisée de ce qu'il croit être Le Pen, là, pour tenter de diviser et rabattre les voix des nationaux trahis à Sarkozy ». Alors que Jean-Marie Le Pen, lui, se présente comme un « patriote intransigeant et assimilationniste », « un homme libre », « indépendant des lobbies, des appareils et des puissances d'argent » : « Face à cette vaste coalition de forces apparemment antagonistes, mais travaillant toutes pour le Système, à la perpétuation du Système, à l'irréversibilité du Système, j'ose aussi affirmer que moi, et moi seul, Jean-Marie Le Pen, incarne la démocratie ! »

S'ensuit un tableau apocalyptique très proche du discours que tient désormais Marine Le Pen : des « services publics délabrés », « l'éducation de nos enfants volontairement sabotée pour réduire ces futurs citoyens à l'état de consommateurs », « la sécurité à laquelle nous n'avons plus droit, détruite par les communautarismes, l'immigration sauvage qui touche les plus humbles, les plus démunis, les plus isolés », mais aussi « les prélèvements qui augmentent et avec eux, la pauvreté », « ces maisons si chères qu'elles ne sont plus accessibles qu'aux millionnaires et aux étrangers », « nos paysages, nos terroirs saccagés, dénaturés par la spéculation et la surproduction délirante ». En un mot, une « vision terrible, mais tristement réelle de notre pauvre France où la liberté, l'égalité, la fraternité désertent chaque jour un peu plus notre sol et nos vies, au point que nous, Français de souche ancienne ou récente, sommes devenus des étrangers inquiets dans notre propre pays ! ». Ce qui permet de terminer par un vibrant : « Vive la Nation française ! Vive la République française ! Vive le Peuple français ! Vive la France ! »

Contrairement à son habitude, Le Pen a lu son discours de bout en bout, sans dévier de sa feuille. Le texte lui est fidèle, au sens où il permet de concilier tous les extrêmes. Mais il a clairement été soufflé par sa nouvelle équipe, celle qui donnera le ton de la campagne de 2007 : Marine Le Pen, Philippe Péninque, Jean-François Touzé et un quatrième mousquetaire. Un nouveau conseiller dont ce discours porte la marque de fabrique : Alain Soral.

L'homme se vante d'avoir tout particulièrement inspiré Marine Le Pen, avant qu'ils ne se brouillent. Elle préfère relativiser l'importance de leur collaboration : « La première fois qu'Alain prend contact, c'était avec Bruno [Gollnisch]. Puis, il a pris contact avec le président. Moi, on me présente Alain Soral – qui à l'époque est sur la ligne "droite des valeurs, gauche du travail, droite du travail, gauche des valeurs", enfin bref, qui n'est pas inintéressante d'ailleurs comme analyse politique. Donc, je suis à ce moment-là en train de terminer mon livre, dont il dira plus tard qu'il en est l'inspirateur. Car il inspire tout le monde ! Zemmour, Marine Le Pen… Chaque fois que quelqu'un pense quelque chose qui n'est pas trop éloigné de ce qu'il pense, c'est lui qui a inspiré. Je l'ai vu à quelques reprises. Mais je n'ai pas travaillé avec lui. Il n'a jamais fait partie des gens avec qui j'ai travaillé d'une manière très proche[1]. » Ce n'est pas la version que donnait Alain Soral de leur rencontre avant de claquer la porte du FN : « J'ai appris que Marine Le Pen appréciait mes livres. Par elle, j'ai rencontré Jean-Marie Le Pen avant l'été. L'homme est loin de la caricature qu'en font les médias. Je suis devenu son conseiller. Il est un personnage entre de Gaulle et Chavez, avec une dimension révolutionnaire[2]. » S'il est probable que Soral ait plus d'admiration pour le père que pour la fille, ils ont œuvré main dans la main au tournant de Valmy. Ce n'est pas rien quand on connaît le CV du conseiller en question, sans doute le plus « vert-brun » des écrivains… Non pas au sens

1. Entretien avec Marine Le Pen, 20 septembre 2010.
2. Christophe Deloire, *Le Point*, 30 novembre 2006.

de mélanger extrême droite et écologie, mais bien nationalisme et islamisme[1].

En une génération, ce fils de notable, ancien élève du lycée Stanislas, est passé du PC au FN. Journaliste à *Libération,* il doit démissionner en 1993 pour cause de positions idéologiques douteuses. En l'occurrence, il soutient un appel paru dans *L'Idiot international* sous le titre « Vers un Front national ». Dans ce texte, signé par Jean-Paul Cruse, un autre journaliste de *Libération* passé par la Gauche prolétarienne, il est question d'appeler à « un violent sursaut de nationalisme industriel et culturel » contre l'ultralibéralisme mondialisé illustré par « Wall Street, le sionisme international, la bourse de Francfort et les nains de Tokyo », ainsi qu'à « une politique autoritaire de redressement du pays », liant les problèmes « de l'immigration, du chômage et de l'insécurité urbaine[2] ». En un mot de prôner une alliance allant des communistes aux ultra-nationalistes, en passant par Chevènement et Pasqua. Le tout « dans une dynamique de redressement, de dépassement, d'efforts de citoyens lucides, contre la logique de crise, de soumission, d'avilissement et d'éclatement, qui déferle sur la planète au rythme du sida[3] ». Du Doriot après l'heure, selon le magazine antifasciste *Reflexes*, qui rappelle qu'une petite cellule de militants communistes tisse alors des liens avec l'extrême droite[4]. Pilier du groupe Jalons et rédacteur en chef de *L'Idiot*

1. Caroline Fourest, « Verts-bruns : la nouvelle extrême droite », *ProChoix*, n° 48, juin 2009.

2. Fils de la grande bourgeoisie bordelaise, ancien de *Libération* et de la Gauche prolétarienne, Jean-Paul Cruse fait partie de la deuxième période de *L'Idiot international.* Il est aussi militant du Collectif communiste des travailleurs des médias (cellule Ramón-Mercader) et délégué SNJ-CGT de *Libération*, dont il est l'un des fondateurs. Il sera exclu du PCF et quittera *Libération* en 1994, de son propre chef, pour rejoindre *VSD.* Il est aujourd'hui connu comme animateur d'Europalestine et sympathisant du Parti des Musulmans de France du très radical Mohamed Latrèche. Il tient un blog : http://www.lemondereel.fr/

3. Jean-Paul Cruse, *L'Idiot international*, mai 1993.

4. Lors d'une conférence devant le FNJ de Nice, Alain Soral affirme avoir été l'un des rédacteurs du texte signé Cruse. *Reflexes*, 24 mars 2007.

international, Marc Cohen semble avoir aussi participé à l'écriture du texte, ainsi que Jacques Dimet (du magazine communiste *Révolution*) et Alain Soral. On parle alors de « rouges-bruns[1] ». De fait, Soral est passé par toutes les couleurs...

Quand il voulait séduire les nostalgiques de l'Algérie française, il décrivait les « beuricots » comme de la graine de délinquants[2]. Depuis qu'il milite avec les intégristes chiites du Centre Zahra (proche de l'Iran et du Hezbollah) au sein de son association Égalité et réconciliation, il se rend volontiers au congrès de l'UOIF... Le parcours peut étonner si l'on croit au poids des mots et à la cohérence des idées. Ce serait se tromper de grille de lecture pour décrypter Alain Soral. Affichant un look skinhead, l'homme joue au dur, tout en ayant une peur physique du Bétar – qui l'a déjà agressé. Le ton de ses écrits ressemble à du Jean-Edern Hallier, en plus vulgaire. Ses mots préférés sont toujours les plus injurieux possible : *raté*, *looser*, *puceau*, *jeune con*, *arriviste*, *trucs à papa*, *inculte*, *minable*, *imbécile*, *escroc*... Ses ennemis peuvent varier. À quatre exceptions près, obsessionnelles : le « mondialisme », le féminisme, l'homosexualité et le sionisme. Il a publié plusieurs livres, mais quatre d'entre eux résument bien sa pensée « biliaire » : *Abécédaires de la bêtise ambiante : Jusqu'où va-t-on descendre*[3] et *Vers la féminisation ?*

1. Didier Daeninckx, *Négationnistes, les chiffonniers de l'Histoire*, essai (ouvrage collectif), Golias-Syllepse, 1997.

2. « La délinquance comme une sorte d'extension du droit à l'autodétermination (alors que celui qui se comporte en colon, de plus en plus c'est le Beur) » *Abécédaires*, (p. 84) ; « ces petits beuricots se mettent à crier "sales Feujs" par solidarité imaginaire », *Misères du désir* (p. 84).

3. *Vers la féminisation ? Démontage d'un complot antidémocratique* Bibliothèque Blanche, 2007 ; *Abécédaires de la bêtise ambiante* : *Jusqu'où va-t-on descendre ? Socrate à Saint-Tropez*, Bibliothèque Blanche, 2008 (il s'agit de deux abécédaires publiés l'un après l'autre dans le même volume). Citons aussi *Misères du désir*, Bibliothèque Blanche, 2004.

Marine Le Pen les a-t-elle lus ? Sur un plateau de télévision, elle fait allusion à l'un de ces titres *Jusqu'où va-t-on descendre ?* Sans doute est-ce le clin d'œil qui a poussé Alain Soral à la contacter. Quant aux autres livres, en 2010, ils étaient mis en avant à la boutique du FN, au siège du parti. Un affichage qui prend tout son sens quand on connaît le propos défendu au fil des pages… Ses premiers livres font le procès du féminisme comme n'ayant rien compris au désir des hommes : « la femme n'ayant pas par son corps le même désir de pénétrer l'objet, sa volonté d'analyse (pénétration sublimée) est forcément moindre que l'homme[1] ». Le viol y est justifié par le fait qu'une femme n'établit pas de « frontière franche entre le "oui" et le "non[2]" ». Soral rend également la libération des femmes responsable du chômage. Avec les immigrés, ce sont les femmes qui auraient pris leur travail aux hommes français[3]. Un sexisme rare, doublé d'une homophobie d'un autre âge : « Quoi qu'il en soit de l'hétérophobie en marche, je rappelle donc à tous les gays qui portent leur anus en sautoir comme la Légion d'honneur, à tous ces psy-cul qui n'hésitent jamais à convoquer la psychologie de bazar pour conforter leur petit moi – que selon le freudisme, et malgré la dérobade de 1973, l'homosexualité reste une perversion[4]. »

1. Alain Soral, *Vers la féminisation ?, op. cit.*, p. 59.

2. « Si l'on excepte la pure pathologie et la pure violence (avec un couteau, à six sur un parking), le danger et l'ambiguïté du viol tiennent aussi à la spécificité du désir féminin. Désir qui a tendance à avancer masqué et à se mentir à lui-même (comme s'il fallait qu'il la dépasse pour son plus grand plaisir). La femme n'éprouvant pas à cet endroit, de frontière franche entre le "oui" et le "non", se trouve naturellement en porte à faux face au désir de l'homme qui s'annonce plus clairement, mais aussi face à la vérité qui, en logique comme en morale, n'admet pas l'équivoque ». Et de détailler : « Si rétrospectivement on est sûr qu'il y a eu viol quand elle a dit "non" jusqu'au bout, dans certaines situations ambiguës il n'est pas toujours évident de déterminer le moment ou le "non" proféré par l'être du peut-être cesse d'être un "oui" qui joue à se faire prier » (Alain Soral, *Vers la féminisation ?, op. cit.*, pp. 173-175).

3. Éric Zemmour ne dit pas vraiment autre chose dans son essai contre le féminisme. Son livre, *Le Premier Sexe* (Denoël, 2006), est très clairement inspiré par le livre de Soral sur la « féminisation ».

4. *Abécédaires de la bêtise ambiante*, *op. cit.*, p. 352.

Dans *Abécédaires de la bêtise ambiante*, Soral déclare la guerre au li-li-bo-bo. Entendez au libéral-libertaire-bourgeois-bohème. Il regrette tour à tour : la France qui a quitté l'Algérie[1], le regroupement familial qui a transformé les banlieues rouges en « banlieues beurs[2] », la restriction de la période de chasse imposée par Bruxelles qui porte atteinte à « notre liberté[3] », Jésus qui n'était pas un vengeur comme Jéhovah ou armé comme Mahomet[4], la loi Gayssot « qui n'a fait que renforcer le statut privilégié d'une minorité agissante, déjà intouchable[5] », etc. Il s'en prend également à l'avortement, qu'il préfère appeler « banalisation planifiée de l'infanticide[6] », à Bourdieu, aux Allemands, au divorce, à la mixité, aux féministes bien sûr, et à l'immigration : « On ne dira jamais à quel point la maghrébisation, l'africanisation, la tiers-mondisation de la France ont fait baisser vertigineusement le niveau de civisme et la civilité de la population française[7]. » Petite précision d'importance : Alain Soral en veut aux Arabes de banlieue mais pas à « l'islam », qui le fascine : « Une religion virile et simple, égalitaire (pas de caste, pas de clergé), d'abord soucieuse des pauvres qui ont la haine[8]. »

Cette fascination pour la « virilité » de la religion musulmane explique pourquoi Soral peut se montrer à la fois

1. *Ibid.*, p. 13.
2. *Ibid.*, p. 33.
3. *Ibid.*, p. 51.
4. *Ibid.*, p. 61 : « La France est née de la christianisation, et c'est parce qu'elle est chrétienne qu'elle est devenue une démocratie (ça n'aurait sans doute pas été le cas si elle avait été Terre d'islam ou bouddhiste). Le christianisme est la voie de la démocratie parce que le christianisme est la seule religion qui permet, par la médiation du Christ, le retour de la foi ou doute. »
5. « Loi politicienne créée par un communiste pour lutter contre l'influence grandissante du Front national sur le marché du vote populiste, la loi Gayssot n'a fait que renforcer le statut privilégié d'une minorité agissante, déjà intouchable. » (Alain Soral, *Abécédaires de la bêtise ambiante*, *op. cit.*, p. 127).
6. *Ibid.*, p. 32.
7. *Ibid.*, p. 35.
8. *Ibid.*, p. 135.

raciste et pro-islamiste. Depuis qu'il a réalisé que les islamistes avaient deux ennemis jurés – les femmes et les juifs –, il est convaincu qu'ils feraient de très bons Français... En tout cas de très bons alliés contre le « parti de l'antiFrance ». Il balance en permanence entre antisionisme et antisémitisme. Il dédicace volontiers ses livres à la librairie d'Emmanuel Ratier, qui poursuit l'œuvre du célèbre écrivain antijuif Henri Coston, en dressant des listes de juifs et de franc-maçons[1]. Mais profite aussi de certains invitations médiatiques pour expliquer que tous les problèmes d'Israël viennent du fait que les Juifs sont... antipathiques : « Ce n'est pas systématiquement de la faute de l'autre [...] si personne ne peut vous blairer partout où vous mettez les pieds [...]. Parce qu'en gros c'est à peu près ça leur histoire – des juifs –, tu vois. Ça fait quand même 2 500 ans, où chaque fois où ils mettent les pieds quelque part, au bout de cinquante ans, ils se font dérouiller[2]. »

Nous sommes en 2004. Deux ans avant que Soral ne propose ses services au FN et ne soit recruté. Après l'avoir apprécié et avoir battu le pavé à ses côtés, Marine Le Pen va se lasser. Moins à cause de ses positions que de son tempérament. Un épisode l'alerte. En avril 2007, Marine Le Pen, Philippe Péninque et Alain Soral ont décidé de montrer que le Front national peut facilement se rendre en banlieue, contrairement à Nicolas Sarkozy. Mais ce n'est pas si simple.

---

1. Né en 1910, Henri Coston fonde à l'âge de dix-huit ans la revue antisémite, anticommuniste et antimaçonne *La Contre-Révolution*. Deux ans plus tard il fonde les Milices antijuives. Admirateur du nazisme, se revendiquant d'Édouard Drumont il essaie à plusieurs reprises, dans les années 1940, de relancer *La Libre Parole* malgré un refus allemand. Vice-président de l'Association des journalistes antijuifs sous Vichy, il est chargé de surveiller les francs-maçons. Il est arrêté en Autriche en 1946, condamné à la perpétuité pour faits de collaboration puis gracié en 1951 pour raisons de santé. Pendant les cinquante années qui suivent (il meurt en juillet 2001), il crée des maisons d'édition et écrit des livres antisémites et antimaçons. Notamment *Dictionnaire de la politique française* ou *Les 200 Familles au pouvoir*.

2. Invité sur France 2, 21 septembre 2004.

Alors qu'ils viennent porter la bonne parole à Aulnay-sous-Bois, un passant d'origine maghrébine les interpelle et dit sa peur du FN. Un journaliste demande à Marine Le Pen s'il est normal que ce monsieur soit inquiet. Elle veut répondre, mais Alain Soral prend le journaliste à partie : « C'est à cause de vous, monsieur. Des mensonges que vous balancez depuis trente ans. Vous inquiétez cet homme-là. » Puis il se met à le provoquer comme un gamin : « Par contre moi, je veux bien te prendre où tu veux hors caméra. » Marine Le Pen est obligée de le calmer : « Alain, Alain. » Il continue à défier physiquement le journaliste : « Non, c'est une proposition. À l'ancienne. Un duel[1]. »

L'agressivité, contre-productive, n'est pas sans faire penser aux sautes d'humeur de Jean-Marie Le Pen, qui ont tant coûté au FN. Rien n'agace plus la benjamine que d'avoir à gérer les débordements de Soral en plus de ceux de son père : « J'aime son côté provocateur. Mais je pense qu'on a dépassé justement le stade de la provocation. Effectivement, ça m'ennuie ce côté "je vais te casser la gueule" avec cet air-là, c'est vrai que ce n'est pas mon truc[2]. » Leurs relations, aujourd'hui distendues, se heurtent à trois problèmes : le rapport aux femmes, à Israël et à l'ego. Marine Le Pen s'en explique assez franchement : « Assez rapidement, j'ai eu des problèmes de personne avec Alain. Je pense qu'il a un problème avec les femmes… » Quand on lui demande si elle a lu ses livres, où il parle déjà de façon très sexiste des femmes, elle concède seulement avoir lu son dernier livre, puis enchaîne sur son problème d'ego : « L'ego démesuré, ça m'a vite fatiguée et puis, à un moment donné, cette espèce d'obsession, Israël, machin bidule, ce n'est pas notre combat. Du coup, assez rapidement d'ailleurs, les relations se sont distendues, même si elles n'étaient pas non plus extrêmement proches. Quand on lui a refusé la tête

1. Canal +, 8 avril 2007.
2. Entretien avec Marine Le Pen, 20 septembre 2010.

de liste en Île-de-France, il a pété un câble, il a fait un texte extrêmement violent à mon égard. Il paraît que maintenant, il a encore changé d'avis. Je ne l'ai pas revu, honnêtement. »

La rupture intervient, en effet, un an plus tard, lorsque Alain Soral n'obtient pas le poste éligible qu'il réclame en prévision des élections européennes de 2009. Marine Le Pen freine. Son père lui propose une place non éligible et c'est le clash. Dans un billet sur son blog intitulé « Marine m'a tuer », Alain Soral règle ses comptes comme il sait le faire : de façon outrancière, sexiste et violente. Il traite Marine Le Pen de « Rachida Dati de souche », et la décrit comme une petite-bourgeoise satisfaite du « Système », adoubée par les médias. Non sans s'attribuer un rôle d'ancien gourou que Marine Le Pen lui refuse. Pour le reste, sa réaction est largement guidée par le dépit : « J'avais accepté, à la demande expresse du Président, afin de ne pas trop faire de vagues en interne et de ne pas perturber l'appareil, la deuxième place derrière madame Arnautu, la place non éligible, histoire qu'on ne puisse pas dire que j'étais venu au Front pour la gamelle. [...] Mais cette proposition, cet accord passé avec le Président, s'est au dernier moment transformé en une place d'honneur, la troisième ou la dernière, avec promesse, pour que je reste encore et fasse vitrine, d'un bon petit poste de conseiller régional l'année prochaine ! J'ai bien sûr refusé le tout. »

Cela ne veut pas dire, nous y reviendrons plus loin, qu'Alain Soral ait totalement disparu de la nébuleuse frontiste. Ses écrits continuent d'influencer une partie du public de Marine Le Pen, qui applaudit aussi aux spectacles de Dieudonné. Un nouvel ami de Jean-Marie Le Pen plutôt encombrant pour sa fille.

Dieudonné et l'humour vert-brun

Au regard de sa priorité, dédiaboliser, Marine Le Pen n'a guère intérêt à s'afficher avec Dieudonné. Mais elle n'a pas toujours vu d'un mauvais œil le rapprochement avec celui qu'on hésite encore à appeler un « humoriste ». Bien qu'il dénonce la commémoration de la Shoah comme une « pornographie mémorielle » et qu'il accuse les « sionistes » d'être responsables de la traite négrière, elle refuse de voir en lui un antisémite. Tout au plus un provocateur, un peu communautariste : « Dieudonné n'est pas antisémite. Il a juste poussé le communautarisme à son paroxysme », explique-t-elle[1]. Elle rêve même de « réconcilier Elie Semoun et Dieudonné[2] ». Plus tard, elle dira s'être cachée lorsqu'il est venu jouer les invités « surprises » aux BBR de 2006, mais sur le moment sa venue n'est pas si mal jugée. Ne serait-ce que parce que le FN a besoin de cautions issues de la « diversité ». C'est d'ailleurs Frédéric Chatillon, un ami commun, qui l'a accompagné lors de cette visite. Quant à Louis Aliot, le fidèle second de Marine Le Pen, il résume bien le sentiment de l'époque : « Le message qui est arrivé en bas, c'est qu'une personne de couleur qui était contre le Front est venue à la fête des Bleu Blanc Rouge en disant "on m'a trompé sur le Front[3]". » Dieudonné joue parfaitement cette partition en expliquant : « J'ai voulu me faire une opinion par moi-même. » Comme si serrer la main de Le Pen permettait de percer à jour ses secrets… Sans surprise, le courant est passé.

Il est loin le temps où Dieudonné mettait son talent au service de l'antiracisme et faisait campagne contre Jean-Marie Le Pen. Depuis qu'ils se sont découvert des ennemis

1. Christophe Ono-dit-Biot, « Ceux qui veulent dédiaboliser Le Pen », *Le Point*, 14 décembre 2006.
2. *Ibid.*
3. *Ibid.*

communs, les deux hommes ont aussi réalisé qu'ils pouvaient être amis. L'entente est si cordiale que Dieudonné a demandé à Jean-Marie Le Pen d'être le parrain de son nouveau-né, baptisé à Saint-Nicolas-du-Chardonnet, l'église tradionaliste proche du FN. Jany Le Pen a également visité le Cameroun en compagnie de Dieudonné, en mars 2007. Un projet dont ils avaient parlé aux BBR. Séduit par l'action de SOS Enfants d'Irak, l'humoriste veut lui faire connaître les Pygmées de Kriby. La « première dame » du FN doit justement se rendre au Cameroun pour Fraternité française, une autre association humanitaire du parti. Elle vient livrer un minibus à une école dont elle est la marraine et inaugurer un « pont Jany Le Pen », financé par Jean-Pierre Barbier, conseiller régional du FN en Rhône-Alpes et chef d'entreprise à Douala[1]. Dans la foulée, elle rejoint Dieudonné et ils embarquent à bord d'une pirogue à la rencontre des Pygmées de Kriby. Petit détail amusant, elle arbore alors un T-shirt aux initiales du LPDR, le parti de l'ultra-nationaliste russe Vladimir Jirinosvki... De retour à la capitale, Jany Le Pen va rencontrer la femme du président du Cameroun, Chantal Biya, qui leur souhaite « bonne chance » pour la présidentielle, sous l'œil attendri des médias camerounais.

Mais leur plus belle provoc' remonte au 26 décembre 2008. Ce soir-là au Zénith, pour son spectacle « J'ai fait le con », Dieudonné a décidé de frapper un grand coup. Il fait monter sur scène le plus célèbre négationniste de France, Robert Faurisson, et le fait même applaudir à tout rompre. Un homme en pyjama rayé, portant une étoile jaune, vient lui remettre le prix de l'insolence. Dans les travées, un homme se dit « étonné » mais savoure : Jean-Marie Le Pen. En coulisse, ce sont les grandes retrouvailles. Embrassades et tutoiements de rigueur[2]. Autour d'eux, tout le gratin

---

1. « Jany Le Pen est retournée au Cameroun », Novopress, 20 mars 2007.
2. Albert Herszkowicz, « Dieudonné, Faurisson, Le Pen : décryptage du trio infernal », Memorial98, 11 janvier 2009.

rouge-vert-brun se congratule : Alain de Benoist, Dominique Joly (conseiller régional FN élu sur la liste de Marine Le Pen), Frédéric Chatillon, Ginette Skandrani, (l'ancienne écologiste reconvertie dans le soutien aux verts-bruns par antisionisme), mais aussi Kémi Séba de la Tribu Kâ (un groupe communautariste noir ouvertement raciste envers les Blancs[1])... D'autres soirs, c'est à la Main d'or, le théâtre de Dieudonné, que l'on croise d'étonnants admirateurs de cet humour si particulier : Thierry Meyssan (l'auteur de *L'Effroyable Imposture*), Farid Smahi (l'un des militants « diversité » du FN), Bruno Gollnisch, Jean-Michel Dubois, Roland Dumas, Éric Iorio (l'ancien compagnon de Marine Le Pen) et souvent, Jany Le Pen.

Ce n'est pourtant pas sur une liste Front national que Dieudonné va se présenter aux élections européennes de 2009. Mais sous les couleurs du Parti antisioniste. Alain Soral a rejoint la liste, conduite par Dieudonné, mais pilotée par un certain Yahia Gouasmi. Peu connu en France, il s'agit du représentant du Centre Zahra, chargé de relayer la propagande du régime iranien en France. Toute la liste du Parti antisioniste est à cette image : une collection de verts-bruns, d'islamistes ou de militants d'extrême droite, parfois même des fans de sectes, ayant pour seul point commun une forte propension à la paranoïa et au complot. Il suffit d'écouter la conférence de presse donnée par l'ensemble des colistiers

---

1. Interdit après une descente en forme de ratonnade dans le sentier, la Tribu Kâ a laissé place au Mouvement des damnés de l'impérialisme (MDI), « ouvert à toutes LES PERSONNES DÉSIREUSE [*sic*] DE METTRE UN TERME à l'hégémonie des impérialistes (Axe Americano-Sioniste, ILLUMINATI, et autres groupes occultes ». Le MNH a récemment publié sur son site une contribution où l'on peut notamment lire « je ne suis et ne serai JAMAIS le larbin d'un quelconque peuple. Ce n'est quand même pas de ma faute si, ces dernières années, parmi ceux qui, sans être inquiétés, ont ouvertement craché sur des Noirs en France, on compte pas mal de Juifs (ou d'origine juive). » y2bkl, « En tout cas la négrophobie juive est un fait » : http://association-mnh.com/modules.php?name =News&fi le=article&sid=180

Vincent Archer, « Kémi Séba : un jour avec des communautaristes noirs, l'autre avec des extrémistes blancs », *ProChoix News*, 12 mai 2008.

pour se faire une idée. Le 24 avril 2009, au théâtre de la Main d'or, une vingtaine de journalistes ont fait le déplacement. À la tribune, les trois têtes de liste distribuent la parole : Dieudonné, Soral et Gouasmi. L'ambiance est électrique. Leur discours cible « ces mauvais Français qui soutiennent insidieusement une patrie étrangère ». Entendez les juifs de France pro-Israël. Maria Poumier, l'une des candidates, favorable à la liberté d'expression des négationnistes, a pris soin de préciser qu'il ne s'agissait pas de tous les juifs, mais d'une mafia qui « usurpe l'appellation d'une religion ». Un autre colistier, Ahmed Moualek, animateur du site La banlieue s'exprime, croit bon d'ajouter : « La France, ceux qui ne l'aiment pas, c'est dehors ! » Un slogan sans doute inspiré par les candidats nationalistes présents sur la liste : Alain Soral, bien sûr, mais aussi Michael Guérin (un ancien du Front national de la jeunesse), Charles-Alban Schepens (transfuge de Renouveau français et membre de la Fraternité franco-serbe) et Emmanuelle Gili (ancien membre de Renouveau français, une association royaliste qui rêve de restaurer la théocratie chrétienne).

La restauration de la théocratie ? Voilà qui ne déplairait pas à Yahia Gouasmi. « En France, la "laïcité" est le nom derrière lequel se dissimule la religion sioniste obligatoire... », écrit-il volontiers[1]. Ce partisan de la théocratie iranienne regrette que « les chrétiens vivent comme des étrangers chez eux ». Heureusement, lui et ses amis promettent de les libérer des sionistes... qu'ils voient partout, « derrière chaque divorce » et même, à en croire l'un des colistiers, derrière le virus H1N1 ! Il s'emporte contre « ces gangsters qui manipulent le monde à coups de mensonges et de guerres bactériologiques... comme ces derniers temps avec cette fausse grippe ». Le candidat en question s'appelle Christian Cotten, et il a tenu un blog défendant les sectes et la Scientologie.

1. Yahia Gouasmi, « Laïcité française : Des concours de nuit pour les étudiants juifs pratiquants... », Parti antisioniste, 16 avril 2011.

Qui peut bien soutenir une liste aussi caricaturale ? Pas les électeurs. La liste du Parti antisioniste ne recueille que 37 000 voix en Île-de-France. À Ménilmontant, à Saint-Denis, sur d'autres marchés des quartiers populaires, les colistiers de Dieudonné se sont fait siffler et traiter de « fachos ». Fernand Le Rachinel a imprimé leurs affiches. Mais il sera réglé sans problème, bien que la liste soit loin d'avoir atteint les 5 % au niveau national. Dieudonné dit ne pas savoir où en est le « budget ». Lorsque des journalistes lui posent la question, c'est Yahia Gouasmi, l'homme du régime iranien, qui répond. Il leur confirme que tout est arrangé. Par la suite, Dieudonné ira directement chercher un chèque à Téhéran, des mains d'Ahmadinejad, pour financer un projet de film[1]. Un chèque taché de sang puisque celui qui se prend pour « l'imam caché » vient de voler l'élection et de réprimer dans le sang toute contestation. Ce qui n'empêche pas Dieudonné de poser, hilare, devant une photo de l'Ayatollah Khomeiny dans les rues de Téhéran... Interviewé quelques mois plus tard sur une télévision iranienne, il ira jusqu'à déclarer au présentateur que l'islam « libère les populations » et que « les chrétiens qui sont aujourd'hui perdus doivent rejoindre l'islam ». Le mot « sioniste » est répété si souvent qu'on croit à un comique de répétition[2]. En l'espèce, il s'agit surtout d'un terme volontiers utilisé pour dire « juifs » sans être condamné...

1. « Nous avons reçu un budget important qui nous permet de faire des films à la hauteur de ceux d'Hollywood qui est le bras armé de la culture sioniste » (conférence de presse au théâtre de la Main d'or, 28 novembre 2009).

2. « Les valeurs islamiques arrivent partout dans le monde et c'est pour ça que le sionisme développe une communication islamophobe. [...] L'heure est venue à un front plus large de s'unir contre le sionisme. Les musulmans doivent tendre la main aux chrétiens. Et les chrétiens qui sont aujourd'hui perdus doivent rejoindre l'islam. De l'islam ouvert. Cet islam moderne. Cette révolution islamique qu'a lancée l'iman Khomeiny » (Sahar TV, 10 février 2011). Sahar TV est une chaîne à destination de l'étranger. Elle émet en anglais, en français, en kurde et en urdu. Sahar TV est interdite en France suite à la diffusion des *Yeux bleus de Zahra*, une série dans laquelle l'armée, le gouvernement et des civils israéliens complotaient pour voler les yeux d'enfants palestiniens. Elle est diffusée sur internet.

Voilà donc l'homme que Marine Le Pen n'estimait pas antisémite en 2006. Il est vrai que depuis, le mal s'est aggravé. Il faut dire aussi qu'elle est habituée à relativiser les provocations sur ce thème au nom de la liberté d'expression. En 2009, elle soutient le droit du Parti antisioniste à se présenter aux élections européennes. Pour « des raisons de respect de démocratie » : « Ils ont le droit de se présenter, même si je ne partage pas leurs convictions[1]. »

De fait, cette ligne n'est pas le sillon sur lequel Marine Le Pen a choisi d'engager le FN. Ces fréquentations pourraient même s'avérer très encombrantes au regard de sa nouvelle croisade, contre l'« islamisation ». Interrogé par *Rivarol*, Dieudonné garde son admiration pour Jean-Marie Le Pen mais critique sévèrement la stratégie de sa fille : « Jusqu'où devra aller Marine Le Pen pour donner des gages de sionisme et d'islamophobie ? Ira-t-elle jusqu'à danser à demi nue sur un char de la Gay Pride ? Je ne sais pas. La stratégie politique qui est actuellement en train de se mettre en place est en tout cas nauséabonde[2]. »

Un vent de populisme suisse

Si une affiche devait résumer le nouveau credo du Front national, ce serait celle choisie par le FNJ de Provence-Alpes-Côte d'Azur pour mener la campagne des régionales de 2010. Une France aux couleurs du drapeau algérien, hérissée de minarets. Avec au premier plan, une femme en niqab noir, le regard sévère. En titre : *Non à l'islamisme*. Et en sous-titre : « La jeunesse avec Le Pen. »

Le jeune homme derrière cette initiative, David Rachline

1. « Marine Le Pen (FN) : "pas d'accord" pour interdire listes Dieudonné », AFP, 11 mai 2009.
2. *Rivarol*, mars 2011.

(président du FNJ), est un proche de Marine Le Pen. À l'époque, il est même accusé de mener des purges « mariniennes » chez les jeunes du Front. Cette campagne a-t-elle été soumise à la direction du FN ? Bien sûr que oui : « Je fais toujours copie de ce que je fais aux dirigeants Jean-Marie Le Pen et Marine Le Pen. S'il y a un souci, on en discute. Là, il n'y en a pas eu[1]. » Pourquoi cette affiche ? Rachline argumente : « J'ai constaté que c'est souvent les drapeaux algériens que l'on voit après les matchs de foot. Je suis opposé à la binationalité. On n'a qu'une seule mère et une seule patrie. J'ai peur que ces gens-là ne se sentent pas français. » Malgré un titre précautionneux – « Non à l'islamisme » –, le dessin assimile clairement la présence d'Algériens sur le sol français à un risque intégriste. Ce qui est particulièrement odieux quand on sait le prix payé par l'Algérie à l'islamisme : près de 200 000 morts. Amalgamer le drapeau algérien tout entier à ce danger revient à dire qu'un immigré algérien, fût-il laïque et persécuté par le Front islamique du Salut (FIS), représente un danger pour la France et la laïcité…

Ce raccourci a logiquement choqué un journaliste comme Mohamed Sifaoui, auteur de nombreuses enquêtes sur l'islamisme. Il a justement obtenu la nationalité française parce qu'il ne peut retourner dans son pays, l'Algérie, où il est condamné par le régime et menacé de mort par les intégristes. Cette affiche le bouleverse. Avec SOS Racisme, il décide de porter plainte. Sans succès. L'affiche est jugée légale[2]. Elle n'en est pas moins immorale. D'autres groupes disent leur émotion. Y compris en Algérie, comme le RCD, un parti d'opposition à la fois démocratique et laïque, dont

1. « Régionales en PACA : le FNJ et "les porteurs de valise" », Droite(s) extrême(s), 2 mars 2010.

2. Le juge des référés de Marseille avait interdit l'affiche pendant les élections régionales de mars 2010. La LICRA, SOS Racisme et le MRAP ont porté plainte pour « incitation à la haine » raciste. Défendu par Wallerand de Saint-Just, le FN a été relaxé le 5 avril 2011.

les militants ont particulièrement souffert du terrorisme. Un porte-parole du FLN, le parti au pouvoir, proteste également. Cet émoi, qui dépasse de loin nos frontières, n'intéresse pas le Front national... La seule réaction qu'il recherche est celle de Michel Vauzelle, tête de liste PS en Provence-Alpes-Côte d'Azur et président du conseil régional sortant. Lui aussi a demandé l'interdiction de cette affiche. Dans un communiqué sans nuances, le FNJ saute sur l'occasion pour titrer : « Vauzelle allié du FLN dans la défense de l'islamisme. » David Rachline va jusqu'à l'accuser de se placer « dans le camp du parti de l'étranger[1] ». Preuve, s'il en était besoin, que la jeune garde mariniste n'a pas tout à fait renoncé aux vieux slogans...

C'est pourtant bien de l'étranger que vient l'inspiration de cette affiche. De Suisse, où la droite populiste vient d'obtenir l'interdiction des minarets grâce à une votation populaire particulièrement populiste[2]. Elle aussi se revendique de la « laïcité » face à l'islam, mais tous ses actes indiquent en réalité une volonté de réaffirmer la domination culturelle du christianisme. Le leader de l'UDC, Christophe Blocher, est fils de pasteur. En souhaitant l'interdiction des minarets, il convoque une vieille tradition protestante. Dans le pays de Vaud, jusqu'en 1970, les catholiques n'avaient pas le droit de construire de clochers[3]. Aujourd'hui, les partisans de la domination chrétienne justifient de s'en prendre aux minarets en expliquant qu'ils symbolisent

---

1. Communiqué du FN, 1er mars 2010.

2. Le vote a lieu le 29 novembre 2009. 57,5 % des votants adhèrent à la proposition de l'UDC. À noter, ce succès tombe en pleine affaire Kadhafi : le fils du dictateur, Hannibal, a été condamné par la justice suisse pour avoir maltraité et battu ses employés. En guise de rétorsion, Kadhafi détient plusieurs ressortissants suisses en Libye. Le tout forme un cocktail explosif, qui va permettre le succès de la votation contre les minarets.

3. Chassés par la Réforme en 1536, les catholiques reviennent dans le pays de Vaud après la Révolution française. À Lausanne, ils construisent une église au pied de la cité. Sans cloches, interdites à l'époque. Un clocher ne verra le jour que dans les années 1930. Une loi de 1810, en vigueur jusqu'en 1970, autorisait bien les catholiques de retour au pays de Vaud à construire des églises, mais

une « revendication politico-religieuse »… Leur argument ne doit tromper personne. On pourrait tout à fait comprendre qu'une votation sur l'urbanisme souhaite réglementer la hauteur de tous les édifices cultuels et leur impose le silence, ne serait-ce que par respect pour le voisinage. Mais cette question était réglée avant la votation (les rares minarets existant en Suisse étaient silencieux), et ce n'est pas ce qu'elle propose. Elle vise uniquement les minarets. Ce qui introduit de fait une discrimination entre les lieux de culte et les religions. Contrairement à la loi sur les signes religieux ostensibles à l'école publique, il ne s'agit pas de défendre l'égalité hommes-femmes au nom de la laïcité, mais bien d'assurer la domination visuelle et symbolique du christianisme. Au nom d'une vision traditionnelle qui n'a rien de laïque.

La laïcité française veille à traiter toutes les religions sur un pied d'égalité. Elle peut se montrer exigeante envers certaines interprétations politiques et inégalitaires du religieux, comme le voile à l'école publique, mais elle respecte les lieux de culte, qu'elle peut même entretenir au titre de la culture et du patrimoine. La Suisse a fait un choix inverse : non pas s'attaquer aux manifestations politiques du religieux, mais s'en prendre à sa part culturelle : l'architecture. Pourtant, les mosquées ayant un minaret sont souvent les plus belles et parfois les moins intégristes. Alors que le Centre islamique de Genève, le quartier général d'où rayonnent les Frères musulmans depuis la Suisse, n'a pas de minaret… Cette votation n'a d'ailleurs pas manqué de renforcer leur propagande victimaire. Comme toujours, la droite populiste anti-islam frappe à côté, de façon totalement contre-productive. Sauf pour faire monter les extrêmes.

---

leur interdisait l'accès aux financements et tout signe ostentatoire comme un clocher. Cf. Marco Danesi, « Quand Lausanne bannissait les clochers catholiques », *Le Temps,* 24 décembre 2008.

L'« islamisation », ce nouveau péril…

Marine Le Pen se présente comme « l'une des dernières défenseures de la laïcité en France ». C'est évidemment faux. Mais surtout à géométrie variable. Car Marine Le Pen n'invoque guère le beau mot de « laïcité » pour se battre contre l'explosion d'écoles catholiques intégristes, la propagande de militants anti-IVG ou le concordat qui perdure en Alsace-Moselle… Elle a mis au point une laïcité à « tête chercheuse », visant uniquement l'islam. Pour éviter les procès, elle prend soin de parler d'« islamisme », mais se reprend vite et reconnaît vouloir combattre l'« islamisation ». La nuance a son importance. Il ne s'agit pas seulement de dénoncer l'islamisme (l'intégrisme au nom de l'islam), comme devrait le faire toute personne attachée aux libertés individuelles et à la laïcité, mais de faire de l'immigration musulmane, en soi, un risque d'intégrisme. Ce qui est très différent.

Lorsqu'on demande à Marine Le Pen « Quelle différence faites-vous entre islamisme et islamisation ? », voici sa réponse : « Je pense que l'islamisation est la conséquence de l'islamisme. L'islamisme, c'est quoi ? C'est politique. Ce sont des groupes politico-religieux. Alors, on peut discuter parce qu'évidemment, la politique et la religion en matière d'islam sont tellement liées, ou en tout cas sont inséparables… Mais c'est la volonté par un certain nombre de groupes politico-religieux d'appliquer, de soumettre en réalité les lois de la République française pour les rendre compatibles avec la charia. C'est ce qu'ils sont en train de réussir. Dans le bras de fer sournois qui a lieu entre ces groupes politico-religieux et la France, c'est la France qui cède pour l'instant. Alors que nous avons les armes, les armes politiques pour lutter contre cela. L'État ne les utilise pas, refuse de les utiliser. Est-ce que c'est par peur ? Est-ce que c'est par lâcheté ? Est-ce que c'est par connivence intellectuelle ? Je n'en sais rien, je ne sais pas, je ne sonde pas les cœurs et les reins. Ce que je vois, c'est qu'aujourd'hui en France, l'État encore une fois est soit organisateur, soit complice[1]. »

L'argumentaire est bien pensé. Il donne le sentiment de sonner l'alerte lancée depuis des années par des républicains, sincèrement désireux de ne pas reculer face à aux provocations ou aux demandes insensées de quelques groupes intégristes. Comme la volonté de séparer les hommes et les femmes à certaines heures dans les piscines publiques, refuser la transfusion sanguine ou d'être accouchée par quelqu'un du sexe opposé à l'hôpital (même en cas d'urgence), imposer les interdits religieux dans les cantines scolaires ou porter des vêtements ne permettant pas d'être identifiée... À cette différence près que les laïques sincères et antiracistes refusent de considérer que l'islam mène forcément à l'islamisme et donc à l'islamisation. Cette lecture essentialiste – créant un amalgame entre islam, islamisme et islamisation – fait toute la différence. Or, elle est bien à l'œuvre chez Marine Le Pen.

Sur la Chaîne parlementaire, la présidente du Front national a déclaré que « la laïcité n'est pas absolument compatible... pas naturelle, avec l'islam, puisque l'islam confond le spirituel et le temporel[2] ». Quand on lui demande si « l'islam peut être laïque », sa réponse revient à dire non : « C'est à eux [les musulmans] de nous le dire. Moi, ce que je vois, c'est qu'il ne l'est que par des régimes totalitaires ou armés. En Turquie, c'est l'armée qui impose la laïcité. Ce n'est quand même pas rien, c'est l'armée[3] ! » À l'inverse, elle décrit le christianisme comme naturellement laïque, voire comme ayant engendré la laïcité : « Je pense que si la France est laïque, si elle peut être laïque, c'est justement

1. Entretien avec Marine Le Pen, 20 septembre 2010.
2. AFP, 28 janvier 2011.
3. Entretien avec Marine Le Pen, 20 septembre 2010.

parce qu'elle est d'essence chrétienne[1]. » D'un un entretien accordé à *Présent*, Marine Le Pen va bien plus loin, en liant les grands principes de la République à son héritage chrétien et non à la Révolution française, qu'elle accuse d'avoir trahi ces principes : « La liberté, l'égalité et la fraternité sont des valeurs chrétiennes qui ont été dévoyées par la Révolution française[2]. »

Cette OPA grossière ne pouvait échapper à Henri Peña-Ruiz, philosophe et auteur de nombreux ouvrages sur la laïcité. Dans une tribune, il remet quelques pendules historiques à l'heure : « Elle affirme que les principes émancipateurs consignés dans le triptyque républicain sont issus d'une tradition religieuse propre à l'Occident, alors qu'ils ont été conquis dans le sang et les larmes, à rebours d'oppressions sacralisées par le christianisme institutionnel. » Moralité : « Faire dériver les trois principes de liberté, d'égalité et de fraternité du transfert aux autorités séculières de valeurs religieuses est une contre-vérité. Pendant près de quinze siècles de domination temporelle, et pas seulement spirituelle, de l'Église catholique en Occident – en gros de la conversion de Constantin en 312 à la Révolution de 1789 –, jamais le christianisme institutionnalisé n'a pensé ni promu les trois valeurs en question. Il les a bien plutôt bafouées copieusement et ces valeurs sont à l'inverse nées d'une résistance à l'oppression théologico-politique[3]. »

Cette mauvaise foi n'est pas propre au Front national. De nombreux auteurs chrétiens réécrivent depuis longtemps l'histoire de façon à présenter la laïcité comme l'enfant naturel du christianisme. Notamment en s'appuyant sur cette phrase de Jésus : « Il faut rendre à César ce qui est à César. » Ce qui est censé démontrer la volonté chrétienne de séparer le politique du religieux. C'est oublier que le

1. *Ibid.*
2. *Présent*, 21 décembre 2010.
3. Henri Peña-Ruiz, « La conversion républicaine et laïque du Front national n'est qu'un leurre », *Le Monde*, 21 janvier 2011.

« denier de César » n'a pas empêché Constantin de bâtir un empire chrétien, ni l'Église de se mêler de politique chaque fois qu'on lui en a laissé la possibilité. En France, les députés qui ont choisi de voter la loi de séparation de l'Église et de l'État de 1905 ont tous été excommuniés. Les « promoteurs de l'avortement » le sont aussi. Le Vatican n'a toujours pas renoncé à appeler de ses vœux une « laïcité positive », où le christianisme pourrait plus officiellement se mêler de la vie de la cité. Ce qui indique bien que la séparation laïque est vécue comme « négative ». En fait, il aura fallu la montée d'un islam politique concurrent pour que certains chrétiens, notamment au Front national, découvrent les vertus de la laïcité à la française… essentiellement pour accréditer l'idée que l'islam ne sait pas faire la différence entre le spirituel et le temporel, et serait donc – lui – incompatible avec la laïcité, donc avec la France.

Si l'islam ne peut se réformer

Il existe dans le Coran un passage tout à fait comparable au « denier de César » : la sourate 42 du verset 23, dite de la « délibération ». Elle recommande de « laisser les hommes délibérer entre eux de leurs affaires ». Les musulmans laïques s'en servent pour prôner la séparation du politique et du religieux. Dès 1925, en Égypte, Ali Abderraziq écrit un livre – *L'Islam et les fondements du pouvoir* – rappelant que Mahomet n'avait pris aucune disposition pour qu'un gouvernement politique lui succède[1]. Il insiste sur le fait que l'essentiel de son message se voulait spirituel, hormis les versets « révélés » à Médine, où Mahomet se trouve être en effet à la fois chef temporel et spirituel. Plusieurs savants musulmans insistent pour rappeler que le Prophète ne

1. Ali Abderraziq, *L'Islam et les fondements du pouvoir*, La Découverte, réédité en 1994.

voulait pas de ces « hadiths » (ses faits et gestes rapportés par des compagnons pour être imités), et que bien des hadiths utilisés par les intégristes sont faux et apocryphes. Enfin, l'islam, comme le judaïsme, est une religion qui a tissé tout un nuancier de commentaires et d'interprétations entre le texte original et le croyant d'aujourd'hui, entre l'esprit et la lettre… Passant par-dessus ces écoles, l'intégrisme musulman s'en tient à une lecture fondamentaliste simplifiée, plus facile à imposer et plus politique. D'où le bras de fer délicat et difficile que mènent les musulmans laïques face aux salafistes (littéralistes) ou face aux Frères musulmans (non littéralistes mais fondamentalistes et partisans d'un islam très politique). Les confondre revient à nier ce bras de fer et à faire le jeu des intégristes. C'est bien le feu dangereux avec lequel jouent tous ceux qui « essentialisent » l'islam et refusent cette complexité, à la fois historique et politique.

De ce point de vue, Marine Le Pen est bien plus radicale que son père. Ce dernier n'a jamais tenu de propos aussi définitifs et ignorants sur l'histoire de la religion musulmane. En septembre 2009, dans un entretien accordé au journal *Flash*, Jean-Marie Le Pen estime qu'il n'existe « aucune incompatibilité » entre « les cinq piliers de la foi musulmane (profession de foi, prières quotidiennes, ramadan, charité du vendredi, pèlerinage à La Mecque) et le mode de vie français ». Prenant ses distances avec une lecture réduisant l'islam à un religion naturellement guerrière, il rappelle l'histoire guerrière du christianisme : « En principe, les religions chrétiennes étaient religions de paix, de fraternité et d'amour. Ça n'a pas empêché les catholiques et les protestants de s'égorger des siècles durant. »

Marine Le Pen, qui a moins de culture historique et moins de mémoire, tombe plus facilement dans le raccourci. Mais père et fille oublient ensemble une part d'histoire qui explique pourquoi l'*aggiornamento* de l'islam est plus difficile à réaliser. La colonisation, si chère au Front national, a contribué à disqualifier les partisans de cette réforme et de la sécularisation, immédiatement perçus comme vendus à l'Occident. Dans les années 1930, les cafés du Caire bruissaient de débats pour savoir s'il fallait suivre la réforme moderniste d'Atatürk ou la réforme fondamentaliste de Hassan al-Banna (le fondateur des Frères musulmans). Il a suffi que les intégristes traitent Abderraziq ou ses semblables de « penseurs occidentalisés » pour disqualifier l'islam laïque parmi les masses les moins cultivées. Après la décolonisation, le nationalisme arabe autoritaire a fait le reste en mettant au point un islam officiel, aux ordres du politique, tout en étouffant la société civile. Ce qui n'a laissé aucune chance aux élites démocrates et laïques d'incarner l'alternative, tout en nourrissant l'option radicale intégriste. Des opposants persécutés, mais vécus comme martyrs. C'est ce cercle infernal, cet enchaînement de faits géopolitiques et historiques, que Marine Le Pen choisit d'ignorer en attribuant le déficit de sécularisation du monde musulman à la nature même de l'islam.

C'est bien l'idée. Proclamer que l'identité laïque de la France lui vient de ses « racines chrétiennes » et se méfier de toute immigration musulmane comme pouvant modifier cette identité en raison de son déficit séculier : « il y a "une spécificité avec la religion musulmane : elle est extrêmement récente sur notre sol. Ce n'est pas parce qu'elle est arrivée de manière massive ces dernières années qu'elle participe au même titre que les religions judéo-chrétiennes à l'identité de la France[1]" ». Il ne lui reste plus qu'à déplorer « la déchristianisation de la France » et « l'immigration massive », surtout musulmane, pour retomber sur ses pieds : « La France est la France. Elle a des racines chrétiennes, c'est ainsi, c'est ce qui fait aussi son identité. Elle est laïque, et nous tenons à cette identité et nous ne permettrons pas que cette identité soit modifiée. »

1. AFP, 28 janvier 2011.

Si l'immigration maghrébine ne peut s'intégrer

C'est un vieux refrain du Front national. L'immigration maghrébine serait bien plus problématique que l'immigration italienne ou polonaise. Marine Le Pen évite de mettre en avant la question religieuse et commence par invoquer un argument « social » : « L'immigration polonaise, l'immigration italienne d'abord, s'est faite par le travail, et ça c'est très important, bien sûr. Elle s'est faite par le travail et dans des proportions qui n'étaient pas les proportions que nous avons vécues avec l'immigration des années 1970, dont l'objectif était d'ailleurs de peser à la baisse sur les salaires[1]. » Ce premier argument ne tient pas la route. L'immigration des années 1970, principalement maghrébine, est une immigration de « travail », comme les deux autres... En leur temps, les Italiens et les Polonais ont également été accusés de peser à la baisse sur les salaires des ouvriers. Par ceux qui estimaient que les « polaks » et les « macaronis » volaient le travail des Français. Depuis, ils se sont si bien intégrés que certains de leurs descendants votent FN dans le Nord-Pas-de-Calais. Il faut donc les ménager.

Marine Le Pen se plaint souvent que l'immigration maghrébine ait été « massive ». Mais pourquoi l'a-t-elle été ? Si ce n'est à cause de la colonisation. Dans les années 1950 et au tout début des années 1960, les grands patrons de l'industrie, automobile notamment, ont choisi de faire venir leur main-d'œuvre d'Algérie parce qu'ils étaient français, et ne posaient donc aucun problème de papiers. Ils venaient en priorité de villages reculés du Maghreb avec qui la France avait des accords privilégiés. L'immigration des années 1970 ne fait que prendre la suite, pour des raisons économiques (le besoin de main-d'œuvre) et de regroupement familial. En soutenant la colonisation, les fondateurs

1. Entretien avec Marine Le Pen, 20 septembre 2010.

du Front national font donc partie de ceux qui ont contribué à cette immigration. En prime, l'immigré a toujours tort. S'il travaille, l'ex-colonisé vole le pain des Français. S'il est au chômage, c'est un parasite qui vole les allocations.

Autre argument, plus efficace, l'immigration maghrébine serait moins facile à intégrer… à cause de la religion : « Le basculement, c'est lorsque le quartier vit à l'heure de la religion, c'est-à-dire au moment où comme à Roubaix, par exemple, il n'y a plus une seule boucherie qui ne soit pas halal. Où par définition, la proportion, si vous voulez, prend le pas sur tout le reste. Donc, les femmes sont obligées de se soumettre à la pression sociale qui va finir par exister dans ces quartiers sur leur manière de vivre, sur leurs habillements. Il n'est pas bon d'être femme, homosexuel, juif ou blanc dans certains quartiers, c'est la vérité[1]. » Cette réalité mérite d'être décortiquée. Encore une fois, des laïques antiracistes (comme Ni putes ni soumises, SOS Racisme, ProChoix, l'UFAL ou des associations de quartier) dénoncent ce repli depuis des années. Mais avec des termes précis. Comme étant le résultat de la ghettoïsation sociale et de l'intégrisme. Ils le combattent au nom du féminisme, de l'égalité et de la laïcité. Là où Marine Le Pen y voit une atteinte à l'« identité française » et se sert de la laïcité pour partir en guerre contre ce qu'elle décrit comme « l'émergence sur notre sol d'une Nation musulmane[2] ».

Ce raisonnement fait, une fois de plus, l'impasse sur l'histoire. Ce n'est pas la religion en soi, mais la colonisation puis la décolonisation, la crise des années 1980, la ghettoïsation urbaine et sociale, la guerre du Golfe, le 11 septembre, la montée du racisme et de l'islamisme, qui expliquent pourquoi l'immigration musulmane met plus de temps à s'intégrer. Sinon comment expliquer que cette dérive communautariste et intégriste n'ait pas eu lieu dans

1. *Ibid.*
2. Marine Le Pen, *À contre flots*, *op. cit.*, p. 62.

les années 1970, au plus fort de l'immigration maghrébine ? Mais dans les années 1990-2000 ? Si l'immigration maghrébine était en soi un danger, les premiers migrants, les « pères », seraient aujourd'hui les plus intégristes. Or ils pratiquent un islam traditionnel, fort peu politique et très discret. Leurs enfants, nés en France, sont largement moins pratiquants (ce qui prouve que l'intégration fonctionne) mais un petit nombre d'entre eux revendiquent un islam plus affirmé et plus politique. Parce qu'ils se sentent chez eux et sont intégrés, justement. Mais surtout en raison d'un malaise identitaire, lié à la suspicion que génère un nom d'origine maghrébine en France. À tous les étages de cette histoire, le FN possède une part de responsabilité. En flattant le racisme antiarabe, il a contribué à la crise identitaire des deuxièmes et troisièmes générations. Au risque de les pousser dans les bras des islamistes. Il se sert maintenant de ce radicalisme comme d'un épouvantail. Ce qui revient à se servir par deux fois de l'immigration maghrébine comme d'un bouc émissaire. Là où les républicains laïques sincères s'en désespèrent, le FN s'en réjouit. Et même s'en régale.

« 10 millions de musulmans en France », qui dit mieux ?

Les chiffres les plus délirants circulent sur le nombre de musulmans en France. Claude Guéant, ministre de l'Intérieur, annonce vaguement « entre 5 et 10 millions[1] ». Marine Le Pen, qui fait toujours plus fort que l'UMP, évoque « 10 millions de musulmans » dans *Haaretz*[2]. Un fantasme parfois partagé par les instituts anglophones, qui s'amusent régulièrement à vouloir évaluer le nombre de musulmans européens

1. « En 1905, il y avait très peu de musulmans en France, aujourd'hui il y en a entre 5 et 10 millions », *Le Monde,* 4 avril 2011.
2. Entretien avec Aaron Primor, *Haaretz,* 10 janvier 2011.

sur une base improbable. Les estimations d'un organisme comme Pew Institute sont passées de 500 000 à 4,7 millions en moins de vingt ans[1]. Sans que la moindre méthodologie puisse l'expliquer. Tout dépend en fait de la démonstration visée. Selon qu'il s'agit de lancer ces chiffres pour des raisons électoralistes (faire peur), confessionnelles (réclamer plus de mosquées qui seront vides) ou commerciales (pour favoriser l'investissement en direction d'un marché, plus intéressant s'il s'agit de 9 millions de personnes que de 2).

Loin de ces instrumentalisations, la réalité française peut tout à fait se mesurer sans recourir à des « statistiques ethniques ». Il suffit d'examiner les données fournies grâce aux sondages et aux études et de les rapprocher du nombre de consommateurs réguliers de viande halal. En le faisant, on s'aperçoit que toutes les sources se recoupent pour évaluer à environ 3,8 millions le nombre de Français de culture musulmane. C'est-à-dire nés dans un pays musulman ou de parents nés dans un pays musulman. Ce qui inclut les Pieds-Noirs d'Algérie, les Sénégalais chrétiens, les Coptes d'Égypte, les Pakistanais chrétiens. Ainsi Bernard-Henri Lévy et Enrico Macias, nés en Algérie, font partie des musulmans comptabilisés par Claude Guéant et Marine Le Pen... Le bon critère étant, bien évidemment, le nombre de Français se « déclarant musulmans ». Selon les instituts, il varie entre 3 et 4 % de la population française.

En 2007, TNS-Sofres donne le chiffre de 3 % (1,95 million). La même année, le CSA en obtient à 4 % (2,6 millions). En 2009, seul l'IFOP monte soudainement à 5,8 % (3,5 millions). Deux études plus sérieuses et plus récentes, menées par l'INSEE et l'INED, tombent d'accord pour évaluer le nombre de « musulmans déclarés » à 2,1 millions. Ce qui ne veut pas dire qu'ils sont tous pratiquants. Selon

1. http://features.pewforum.org/muslim-population-graphic/#/France. Il faut noter que cette « enquête » sur le nombre de musulmans est financée par la Fondation Templeton. Proche de la droite religieuse américaine, elle milite pour la « liberté religieuse » absolue.

l'enquête menée par le Cevipof et TNS-Sofres, seuls 22 % des Français d'origine turque et africaine (y compris maghrébine donc) se rendent au moins une fois par mois à un office religieux[1]. Soit environ 800 000 musulmans ayant une pratique occasionnelle et collective de leur religion. Au sein de ces pratiquants, l'estimation du nombre exact des intégristes est très difficile à évaluer. Il s'agit d'une minorité agissante. Toujours selon l'enquête TNS-Sofres/Cevipof, un tiers des Français se déclarant musulmans – au sens confessionnel – seraient « tout à fait ou plutôt d'accord » avec la phrase suivante : « Un musulman doit suivre les principes coraniques même s'ils s'opposent à la loi française[2]. » Si l'on rapporte ce chiffre à celui de 1,1 million de Français musulmans retenu par l'enquête, on obtient un chiffre (évidement aléatoire) de 300 000 intégristes potentiels.

Combien, parmi ces intégristes, sont susceptibles d'actions violentes ? En 2006, l'ancien ministre de l'Intérieur, Charles Pasqua, que l'on sait souvent bien informé et surtout peu soupçonnable de minimiser le danger, estimait à environ « 5 à 10 000 » le nombre de « personnes sensibles à la démarche intégriste » pouvant « les conduire éventuellement à s'engager dans des actions violentes à l'étranger, et peut-être en France[3] ». Au final, selon les estimations des uns des autres, qu'elles soient plutôt alarmistes ou plus réalistes, il y aurait donc :

– entre 2,1 millions et 3,5 millions de Français issus de pays de culture musulmane ;

– entre 1,1 et 1,2 million de Français de confession musulmane ;

– environ 800 000 musulmans ayant une pratique collective ou régulière ;

1. Sylvain Brouard, Vincent Tiberj, *Français comme les autres ?*, Presses de Sciences-Po, 2005. Voir aussi Fiammetta Venner, *OPA sur l'islam de France*, Calmann-Lévy, 2005.

2. Sylvain Brouard, Vincent Tiberj, *op. cit.*, p. 34.

3. AFP, 1er octobre 2006.

– 300 000 intégristes potentiels, dont 5 à 10 000 considérés comme potentiellement séduits par les thèses djihadistes.

Ce n'est qu'une estimation imparfaite, mais sans doute plus réaliste que celle guidée par les fantasmes. Soudain, le risque de voir l'identité de la France menacée par une invasion musulmane s'éloigne… Ce n'est pas une question quantitative, mais une question qualitative. Le Front national a-t-il intérêt à dire cette vérité aux Français ?

« Occuper » le terrain des prières de rue

Le vendredi 10 décembre 2010, Marine Le Pen anime un meeting à Lyon et tient des propos qui vont faire couler beaucoup d'encre. La veille, sur le plateau d'*À vous de juger*, elle a tenu à laver le FN du moindre soupçon : « Le Front national n'a rien à voir, ni de près ni de loin, avec l'idéologie nazie, qui fut une abomination[1]. » L'opération dédiabolisation va durer vingt-quatre heures. Le lendemain, une dépêche tombe et fait réagir toute la classe politique. Devant ses militants, à Lyon, Marine Le Pen compare « les prières de rue » de musulmans à une forme d'« occupation ». « Il y a quinze ans on a eu le voile, il y avait de plus en plus de voiles. Puis il y a eu la burqa, il y a eu de plus en plus de burqas. Et puis il y a eu des prières sur la voie publique […] maintenant il y a dix ou quinze endroits où de manière régulière un certain nombre de personnes viennent pour accaparer les territoires. » Un phénomène qui sert à revenir sur la Seconde Guerre mondiale en renversant le soupçon au profit du Front national : « Je suis désolée, mais pour ceux qui aiment beaucoup parler de la Seconde Guerre mondiale, s'il s'agit de parler d'occupation, on pourrait en

1. France 2, 9 décembre 2010.

parler, pour le coup, parce que ça c'est une occupation du territoire [...]. Certes y a pas de blindés, y a pas de soldats, mais c'est une occupation tout de même et elle pèse sur les habitants. »

La salle est aux anges. Les 200 à 300 adhérents du FN présents applaudissent à tout rompre. Marine Le Pen leur a donné ce qu'ils attendaient. Ce n'est pas un dérapage, ni même une première. Elle a déjà tenu des propos similaires. Le 18 juin 2010, en pleine polémique sur le sujet, elle est même allée plus loin dans la comparaison : « Très clairement comme en 1940, certains croient se comporter dans la France de 2010 comme une armée d'occupation dans un pays conquis. » L'allusion est colossale. Et montre que Marine Le Pen maîtrise la double sonorité. En une phrase, elle a réussi à relativiser les propos de Jean-Marie Le Pen sur l'occupation nazie, tout en faisant passer une vingtaine de prières en pleine rue pour une occupation militaire étrangère... Du grand art. En plus dangereux. Car contrairement aux provocations gratuites de son père, celle-ci porte sur un vrai sujet : l'appropriation des trottoirs par des mosquées. Du coup, la polémique va diviser. Les antiracistes, qui ont l'ouïe fine, entendent « islam = immigration = occupation étrangère ». Ils montent au créneau et s'indignent avec force. D'autres ne voient pas de mal à dénoncer une « occupation » de la voie publique et sont surtout choqués par cette entorse, bien réelle, à la loi. Ils se demandent si les anti-Marine Le Pen n'en font pas trop.

Comble du paradoxe, on interroge Jean-Marie Le Pen pour savoir s'il est « choqué » par les propos de sa fille ! Sans trop de surprise, il ne l'est pas... Contrairement au reste de la classe politique. Benoît Hamon, le porte-parole du PS, estime que les déclarations de Marine Le Pen montrent le « vrai visage de l'extrême droite française » : « Historiquement, c'est scandaleux et présentement inqualifiable. Marseille a été libérée par les Algériens. Marine Le Pen juge que les petits enfants des libérateurs de Marseille sont des occupants quand sa famille politique, l'extrême droite française, elle, était du côté de la Collaboration[1]. » Pesant chaque mot, Martine Aubry se dit « choquée » par « ces paroles touchant les personnes qui prient effectivement à Marseille ». Cécile Duflot, la secrétaire nationale d'Europe Écologie-Les Verts, juge les propos de Marine Le Pen « désespérants de médiocrité et comme d'habitude très inquiétants ». « Le naturel revient au galop », déplore de son côté le député UMP Jean-François Lamour : « On voit bien que derrière une façade peut-être plus, entre guillemets, respectable au début, il y a véritablement un fond de xénophobie qui s'exprime au travers de ce dérapage. » Le secrétaire national du PCF, Pierre Laurent, réclame qu'elle soit condamnée. Le garde des Sceaux, Michel Mercier, exclut cette possibilité : « Il y a un combat politique à mener contre le Front national [...] sereinement, fortement, sans faiblir. On ne va pas mettre des juges partout. »

Le MRAP envisage pourtant d'agir en justice. Mouloud Aounit annonce son intention de porter plainte pour incitation à la haine. Non sans exprimer son « dégoût » et son « indignation » vis-à-vis de propos « immondes[2] ». Une réaction excessive qui sert à merveille la propagande victimaire du Front national. Même à gauche, le MRAP de Mouloud Aounit s'est largement discrédité ces dernières années pour avoir mis l'antiracisme au service de la censure : tout propos envers l'islam ou même l'intégrisme étant qualifié d'« islamophobe[3] ». Marine Le Pen ne pouvait rêver mieux que d'en être la cible pour apparaître comme la nouvelle icône de la laïcité. D'autant que ses propos – si douteux soient-ils – relèvent de la liberté d'expression. Bilan : la cote de popularité

1. « Islam et Occupation : Marine Le Pen provoque un tollé », *Le Figaro*, 12 décembre 2010.
2. *Ibid.*
3. Cf. entre autres Caroline Fourest, *La Tentation obscurantiste*, *op. cit.* ; *Charlie Blasphème*, Charlie Hebdo Éditions, 2006 ; mais aussi le dossier complet sur l'islamophobie publié par ProChoix en 2007.

de Marine Le Pen monte en flèche, y compris chez les sympathisants de gauche. Quatre Français sur dix approuvent ses propos[1]. L'OPA du FN sur la laïcité est bien lancée... Marine Le Pen persiste et signe : « Je réitère qu'un certain nombre de territoires, de plus en plus nombreux, sont soumis à des lois religieuses qui se substituent aux lois de la République. Oui, il y a occupation et il y a occupation illégale[2]. » Cette fois, néanmoins, les mots sont plus justes. Car oui, il existe bien une occupation illégale de la voie publique, que les laïques dénoncent, sans avoir besoin d'en faire une occupation militaire étrangère synonyme d'invasion.

Dans une vingtaine de rues en France, tous les vendredis, des fidèles annexent les trottoirs pour prier. Certains mettent des brassards et des barrières pour empêcher les passants de passer. Les commerces ferment, les voisins sont lassés. C'est le seul cas, flagrant, où la France cède à la mode des « accommodements raisonnables », si décriés par des laïques au Québec[3]. Inspirés d'une vision anglo-saxonne et maximaliste de la liberté religieuse, ces « accommodements » consistent à assouplir la règle commune pour « accommoder » des demandes particulières, souvent portées par des minorités religieuses. À Montréal, par exemple, des juifs ultra-orthodoxes ont décidé de faire un feu en pleine rue pour la fête de la « crémation des pains ». Lorsque les pompiers arrivent pour éteindre l'incendie, ils estiment qu'on porte atteinte à leur liberté religieuse. C'est aussi au nom de la liberté religieuse qu'ils ouvrent des synagogues sauvages, sans autorisation. Le même problème de non-respect de la loi commune se pose lorsque des fidèles décident de bloquer un trottoir pour prier... Car bien sûr, aucune autre association, non religieuse, ne serait autorisée à le faire. Un professeur d'aérobic dont le cours aurait beau-

1. Sondage IFOP 13 et 14 décembre 2010. 39 % des Français approuvent les propos de Marine Le Pen sur les prières de rue.
2. AFP, 10 mars 2011.
3. Caroline Fourest, *La Dernière Utopie,* Grasset, 2009.

coup de succès demanderait à ses clients de se cotiser pour louer une salle plus grande. S'il lui venait l'idée étrange de déborder sur le trottoir, et de faire ses exercices en plein air tous les vendredis, la police interviendrait pour « trouble à l'ordre public ». Elle ne le fait pas lorsqu'il s'agit de prière et non de cours d'aérobic. Cette concession s'apparente donc à un privilège. Même si elle s'explique. Les maires et les préfets ne se voient pas prendre la responsabilité de faire évacuer des croyants *manu militari*, avec les images qu'on peut imaginer. D'autant que certains voient dans ces prières « sauvages » le signe d'une défaillance de la République, qui n'aurait pas construit assez de mosquées. Ce n'est pourtant pas son rôle.

S'il fallait construire des mosquées sur fonds publics

Selon l'article 2 de la loi de 1905, « la République ne reconnaît, ne salarie ni ne subventionne aucun culte[1]». Cette séparation constitue le cœur de la laïcité à la française et nous différencie de pays où la classe politique flatte le clientélisme religieux. C'est bien la tentation de certains élus locaux, qui cherchent par tous les moyens à satisfaire les demandes d'associations musulmanes ou évangéliques en pleine expansion. Sans voir que leurs concessions défont la sécularisation.

Il s'ouvre une salle de prière, islamique ou évangélique, par semaine en France. Le « retard de l'islam », tant rebâché, est largement rattrapé. On compte 2 500 mosquées et salles de prière, contre 1 600 il y a sept ans, soit neuf cents de plus. Cela correspond aux besoins. Sauf bien sûr si l'on fantasme sur les « 10 millions de musulmans en France ».

1. Il existe toutefois une exception, qui pose question, avec les aumôneries : « Pourront toutefois être inscrites auxdits budgets les dépenses relatives à des services d'aumônerie et destinées à assurer le libre exercice des cultes dans les établissements publics tels que lycées, collèges, écoles, hospices, asiles et prisons. »

Ce sont les partisans de la modification de la loi de 1905 pour construire des mosquées qui s'arrangent avec les chiffres. Ou manipulent les images. Dans une vingtaine de cas, c'est vrai, les mosquées sont pleines et débordent sur le trottoir. Mais d'autres sont vides ! Et les solutions existent. Il suffit de demander aux fidèles de se cotiser pour louer une salle plus grande ou d'organiser plusieurs offices le vendredi, comme le propose la mosquée de Paris, pour régler le problème. Sans toucher à la loi de 1905, ni faire de concession à la loi commune. Simplement, calmement. Est-ce le souhait du Front national ?

Si Marine Le Pen cherchait vraiment à régler cette question, elle ferait comme les laïques : elle proposerait des solutions. C'est d'ailleurs pour trouver une solution que la mairie de Paris a imaginé, à tort ou à raison, un Institut des cultures d'Islam dans le quartier de la Goutte d'Or. Sa partie culturelle sera financée par les contribuables et une autre partie du bâtiment – financée par des dons privés – pourrait servir de salle de prière pour désengorger la rue Myrha, où la mosquée déborde sur le trottoir tous les vendredis depuis 17 ans. Le projet a connu bien des péripéties, mais sur le papier, il respecte la loi de 1905. Verra-t-il le jour ? Les financements manquent, son issue est incertaine. Rien ne dit que les fidèles de la rue Myrha iront prier dans ce local, placé sous le sceau de la République. Personne ne peut non plus garantir que les prêches qui y seront tenus seront très républicains. En attendant, les images de ces fidèles bravant la loi pour prier en pleine rue n'en finissent pas de nourrir le racisme anti-musulmans et la propagande de l'extrême droite.

Le Front national, comme toujours, joue sur tous les tableaux. D'un côté, il dénonce les prières en pleine rue. De l'autre, il multiplie les recours contre tout maire autorisant la construction de mosquées, même lorsque cette autorisation n'engage aucun fonds public et respecte la loi de

1905[1]. La situation s'envenime. Mais le FN récolte. Marine Le Pen n'a qu'à se draper dans une posture républicaine et laïque pour donner des leçons aux autres partis et apparaître comme la seule à vouloir reconquérir les « territoires perdus de la République ». Une pure mystification, mais qui fonctionne le temps d'une émission de télévision. Comme ce 8 novembre 2009 sur France 3. Nous sommes bien avant la polémique sur l'« occupation ». Samuel Etienne a invité Marine Le Pen et Razzy Hammadi pour le Parti socialiste. Après quelques entrechats, elle bondit sur son contradicteur : « Etes-vous d'accord avec le maire socialiste de Paris lorsqu'il laisse bloquer des rues avec des barrières pour que des centaines de musulmans prient à même le sol ? » Razzy Hammadi ne l'a pas vu venir. Il n'est pas élu à la mairie de Paris, mais secrétaire national chargé des Services publics. L'idée que des fidèles puissent bloquer une rue avec la complicité de la mairie lui paraît si peu probable qu'il croit à un bluff : « Le maire de Paris ne laissera jamais bloquer avec des barrières les rues de Paris. » Techniquement, c'est exact. Puisque cette situation incombe au préfet. C'est lui qui laisse la mosquée mettre des barrières sur la voie publique… Mais la vérité administrative n'est pas la « vérité » politique. Chose assez rare chez un politique, Razzy Hammadi aura le courage de le reconnaître, et même de l'écrire dans une tribune parue dans *Libération* et intitulée : « Face à Marine Le Pen, extirper la part de vérité[2] ». Dans un texte argumenté et franc, il reconnaît que les prières en pleine rue posent un problème en République : « Comme préconisaient les platoniciens, on ne lutte efficacement

1. Edouard Ferrand, membre du Bureau politique du Front national, président du groupe Front national au Conseil régional de Bourgogne a déposé un recours au Tribunal administratif de Dijon contre la vente par la municipalité d'un terrain à Avallon le 16 février 2011. En 2007 des représentants du FN, du MNR et du MPF avaient déposé un recours devant le tribunal administratif de Marseille pour subvention déguisée au culte musulman au sujet du bail emphytéotique de 99 ans accordé à l'association « la Mosquée de Marseille ».
2. *Libération,* 15 décembre 2010.

contre les démagogues qu'en extirpant la part de vérité qui les fait vivre. Or, la vérité c'est qu'en République, on ne prie pas au milieu de la rue. C'est là une vérité essentielle qui ne doit pas être relativisée par la condamnation unanime, bien au contraire. Nombre de nos concitoyens condamnent la comparaison inqualifiable de Marine Le Pen, qui insulte les citoyens de confession musulmane et souille la mémoire de ceux qui se sont battus pour notre liberté. Les mêmes veulent aussi entendre cela de la part de la gauche. C'est notre devoir. » Plutôt courageux. D'autant que Razzy Hammadi croule sous les insultes racistes des sympathisants FN, qui lui reprochent d'« avoir menti face à Marine Le Pen ». Un montage reprend leur face-à-face de France 3 et l'entrecoupe d'images de la rue Myrha. Les commentaires sont particulièrement odieux. En voici deux, assez parlants. Le premier, publié sur le site Fdesouche, vomit « la stupidité héréditaire des musulmans alliée à la lâcheté proverbiale des socialistes[1] ». Un autre ironise : « Razzy Hammadi ment – Razzy Hammadi ment – Razzy Hammadi EST MUSULMAN. » Ce que ne savent pas ou feignent d'ignorer les fans de Marine Le Pen, c'est que Razzy Hammadi, profondément laïque, conseille depuis longtemps à son parti de s'intéresser à ces thématiques républicaines. Le porte-parole du Parti socialiste lui-même ne nie pas la réalité du problème. Le 15 décembre 2010 sur BFM TV, d'un ton très calme, Benoît Hamon explique que ces prières sur la voie publique constituent « des situations qui ne sont pas tolérables beaucoup plus longtemps ». Il prône « une négociation avec un calendrier » dans le but de les faire cesser. Des négociations ont d'ailleurs été entamées entre la mairie de Paris, le préfet et la mosquée de la rue Myrha pour parvenir au plus vite à une sortie de crise.

Au fond, c'est le jeu démocratique. Le FN crie au loup, les autres partis cherchent des solutions. Mais parfois, le fait

1. Albert, 28 janvier 2011 à 11 h 22, Fdesouche.

que le FN crie au loup, de façon excessive, fait l'effet inverse... Il suscite un tel rejet que tous les partis avançant vers des solutions se figent, voire reculent. C'est l'un des effets pervers de la démagogie. En qualifiant les prières en pleine rue d'occupation comparable à une « occupation » militaire et étrangère, Marine Le Pen a failli fragiliser la loi de 1905. Alors que tous les partis, UMP compris, commençaient à renoncer à l'idée de « financer des mosquées » sous prétexte de rattraper le retard ou de les contrôler, voilà qu'elle ressurgit ! Une tentation déjà formulée par l'ancien ministre de l'Intérieur, Nicolas Sarkozy... Mais que la vigilance de réseaux républicains et laïques avait permis d'éviter. A cause de la surenchère du FN, le projet est relancé. Pendant des semaines, il est de nouveau question de couper l'islam de « ses influences étrangères » en autorisant le financement public des mosquées pour éviter les financements étrangers. Marine Le Pen, de son côté, se dit à la fois opposée à tout « financement public » pour la construction de mosquées (ce qui est la loi), tout en voulant interdire les financements « venant de pays étrangers » qui « ne respectent pas sur leur propre territoire la liberté religieuse », comme l'Arabie Saoudite[1]. Ce qui revient à priver les mosquées d'argent public et d'argent privé. Autrement dit à ne pas vouloir que se construisent des mosquées... Ou alors, les plus petites possible. Marine Le Pen assume : « Les fidèles doivent financer leurs propres mosquées dont je réclame qu'elles soient modestes et qu'elles ne soient pas ostensibles[2]. »

Les deux positions, celle de Marine Le Pen et celle de Nicolas Sarkozy, ne tiennent pas la route. De quel droit, dans une République laïque, pourrait-on imposer des règles à une religion et pas à toutes ? Peut-on demander aux mosquées d'être modestes sans imposer aux églises de l'être aussi ? Au nom de quel principe va-t-on interdire à une

1. Interrogée, lors du *Grand Jury RTL/LCI*, 19 décembre 2010.
2. *Idem.*

association d'encaisser un chèque d'un mécène étranger pour construire un lieu de culte ? Et les autres religions ? Allons-nous interdire au Vatican (un Etat étranger où l'on ne construit pas de mosquées) de financer des églises en France ? Mettre sous tutelle les temples évangéliques financés par les Etats-Unis, dont les pasteurs chantent en anglais ? Sanctionner les prêtres dont le catéchisme bafoue les lois de la République sur le Pacs ? Tentant, mais pas sérieux. Subventionner le culte ou même vouloir simplement le contrôler, sur un mode concordataire, signifie la mort de la loi de 1905. Autant dire le début de mille effets pervers. Sans en résoudre aucun. Le fait qu'un lieu de culte soit financé par de l'argent étranger n'est pas le problème. Cet argent va dans la pierre. La vraie question est de savoir ce qui se dit à l'intérieur de ces édifices, une fois construits. Autrement dit de s'assurer que les prêches n'incitent pas à la haine. C'est le travail des renseignements généraux, et c'est ce qu'ils font. Avec un certain talent si l'on en croit la dizaine d'attentats déjoués sur le sol français ces dernières années. Mais les trains qui arrivent à l'heure intéressent-ils un parti comme le FN ?

A droite du FN, le Bloc identitaire

Le Front national fonctionne comme n'importe quel autre parti. Pour exister et récolter des voix, il doit proposer une offre politique qui se démarque de sa droite et de sa gauche. Or le FN est tiraillé sur sa droite par le Bloc identitaire. Un mouvement surnommé « l'extrême droite saucisson[1] ». Tenté de présenter un candidat aux élections pour négocier une place de choix au sein du Front national, il s'est fait connaître

1. Caroline Fourest et Fiammetta Venner, « La soupe au cochon », publié dans le numéro *Marianne-L'Histoire*, septembre 2010 ; *Numéro spécial de ProChoix*, n° 52, juillet 2010.

par des actions symboliques : soupe au cochon, opération contre les Quick halal, apéro « saucisson et pinard »... Un « 100 % porc » devenu son cri de ralliement contre « l'islamisation ». Il séduit même quelques ultra-laïques, prêts à minimiser son caractère raciste et extrémiste. Sous ce masque de cochon, c'est pourtant bien l'extrême droite la plus radicale qui fait bloc : le courant national-révolutionnaire. Un mélange d'idéologie nationaliste pure et dure et d'iconographie révolutionnaire empruntée à l'extrême gauche.

Avant de militer au Bloc identitaire, la plupart de ses membres ont fait leurs classes au GUD, à Jeune Europe ou à Nouvelle Résistance, la première ébauche du mouvement. Les pages de son journal, *Lutte du Peuple*, sont décorées avec des figurines maoïstes empruntées à la Gauche Prolétarienne, le goût de l'Internationale en moins. Le groupe affiche surtout sa haine du « comopolitisme », du « mondialisme » et du « système ». Sans hésiter à accréditer l'idée d'un complot mondial sur le mode des *Protocoles des Sages de Sion*, ce faux document russe censé prouver que les juifs veulent dominer le monde : « les sionistes doivent être combattus partout parce qu'ils menacent les autres peuples (...) Une partie des désastres n'est que le fruit des manipulations d'un groupe criminel qui entend asservir les peuples à un gouvernement mondial[1] ». On est loin d'un propos simplement destiné à critiquer la politique du gouvernement israélien... L'antisémitisme et non le tiers-mondisme explique l'obsession de Nouvelle Résistance pour la cause palestinienne. On retrouve la même obsession chez Unité radicale, qui prend la suite de Nouvelle Résistance après avoir fusionné avec le GUD en 1998, sous l'impulsion de Christian Bouchet et Fabrice Robert. Il n'est pas rare de voir ses militants dans les manifestations contre Israël ou la guerre en Irak, non sans rivaliser de slogans antijuifs. Lors des Assises d'Unité radicale du 21 septembre

1. Congrès du 2 mars 1993, *Lutte du Peuple*.

2001, un journaliste du *Monde* a relevé cette phrase : « Un bon juif est un juif mort[1]. » A ne pas confondre avec une quelconque sympathie pour la cause arabe. Comme l'a très bien résumé un militant lors de ce même congrès : « Nos alliés objectifs sont les Palestiniens, qui nous aident à déloger les Israéliens. On fait un bout de chemin avec l'allié objectif, et après on lui met une balle dans la tête. »

Tous les militants d'Unité radicale ne s'en tiennent pas aux paroles. Le 14 juillet 2002, en marge du défilé, un jeune homme sort un fusil de chasse et s'apprête à tirer sur le président Jacques Chirac. Il est désarmé par un touriste. La police ne met pas longtemps à retrouver sa fiche. Il s'agit de Maxime Brunerie, un ancien du GUD, du PNFE (Parti nationaliste français et européen), du MNR et militant d'Unité radicale. Le mouvement est dissous. Il renaît sous un autre nom : les Jeunesses Identitaires. Même références, même presse, et même discours. Les premiers communiqués sont clairs : « Les Jeunesses Identitaires proposent à tous les jeunes Européens une organisation de combat moderne, adaptée aux défis que le XXIe siècle impose à ceux de notre sang[2]. » Le sang et non l'engagement républicain fondent leur nationalisme. Ils refusent l'idéal égalitaire de la République, qu'ils jugent à la fois trop « cosmopolite » et « jacobin », mais aussi les nationalistes mous, qui acceptent de jouer le jeu électoral comme le FN ou le MNR. Ce sera donc un mouvement capable de fédérer tous ceux qui souhaitent défendre une identité fondée sur le « sang » : le Bloc Identitaire, qui porte aussi le nom de Mouvement social européen.

Créé en avril 2003, il est présent dans 16 régions et revendique 80 délégations locales. Ses cadres sont Fabrice Robert et Guillaume Luyt, deux anciens animateurs d'Unité radicale, qui deviennent respectivement président et vice-président.

---

1. Congrès tenu le 22 septembre 2001. Compte rendu verbatim paru dans *Le Monde*, 17 juillet 2002.

2. Communiqué annonçant la naissance des Jeunesses Identitaires, septembre 2002.

Tous deux sont des déçus du FN et du MNR. Luyt a milité quatre ans chez les camelots de l'Action française avant d'être nommé chef du Front national de la jeunesse (FNJ) à la suite de Samuel Maréchal. Moins discipliné, il tombe en disgrâce après avoir dénoncé l'« immobilisme timoré de la direction du FN ». Pour casser ce jeune ambitieux, Le Pen nomme à sa place Farid Smahi au bureau politique... Guillaume Luyt le vit comme un « affront fait à la jeunesse frontiste ». Il cherche un moyen de prendre sa revanche et atterrit chez les Identitaires, où il retrouve Fabrice Robert, trente-sept ans, consultant en multimédia et ancien conseiller municipal du FN à La Courneuve. Lui-même juge le Front trop timoré et se défoule en jouant dans un groupe de rock identitaire, *Fraction Hexagone*, qui chante contre « le sionisme international » et « le métissage institutionnel ».

Id Magazine, le magazine des Identitaires, a consacré son premier numéro à répondre à la question : « Pourquoi nous sommes identitaires ? » Le moins qu'on puisse dire, c'est que le discours républicain n'est pas encore bien assimilé ni la Révolution française digérée... Le jacobinisme est la base du système qu'ils combattent : « L'Etat jacobin puis ensuite la technostructure ont toujours organisé la destruction des communautés constituées[1]. » L'identité n'est pas choisie mais génétique. « L'idéologie dominante prétend que l'identité relève exclusivement du choix personnel. Nous contestons ce dogme. » Et puisque l'identité, c'est donc l'ethnie, les femmes sont priées de la perpétuer et donc de ne pas avorter. Dans leur numéro 5, les Identitaires s'inquiètent de la dénatalité blanche, qu'ils attribuent aux gauchistes et aux féministes : « En Allemagne, les fruits d'une dénazification forcenée s'ajoutent aux ravages libertaires[2] ». Ils veulent bien lutter contre le voile

1. *Id Magazine,* n° 1.
2. *Id Magazine,* n° 5.

des musulmanes, mais certainement pas pour l'émancipation sexuelle et le féminisme. Ils n'hésitent d'ailleurs pas à jouer les gros bras contre les *kiss-in* – ces baisers publics – organisés contre l'homophobie à Lyon et à Paris. C'est cette matrice idéologique qui prétend désormais donner des leçons de modernité et de laïcité aux musulmans français…

Si l'antisémitisme a permis à ce mouvement de serrer les rangs des premiers fidèles, le refus de l'« islamisation » va lui permettre d'élargir le cercle de ses alliés. Les actions les plus symptomatiques, celles qui font parler d'eux, sont toutes liées au cochon. Quand on les interroge sur cette fixation, les Identitaires citent volontiers une phrase tenue par Alain Sanders dans *Présent* : « Etre français, c'est tout simplement manger du cochon[1]. » Voilà qui est clair. Etre français pour les Identitaires, c'est n'être ni musulman, ni juif, ni Témoin de Jéhovah, ni même végétarien… Le porc devenant un moyen de trier les bons des mauvais Français, sans tomber sous le coup des lois antiracistes. En 2003, les identitaires décident de distribuer gratuitement « une soupe au cochon » à la gare de l'Est. L'opération s'appelle « Solidarité des Français[2] ». Refuser de servir une certaine catégorie de personnes sur la base de leur religion peut être assimilé à une discrimination. Les militants du Bloc Identitaire le savent et décident de souligner – haut et fort – que leur soupe est 100 % porc… Ce qui ne trompe personne. L'initiative est condamnée par la mairie de Paris. La préfecture interdit sa distribution, mais le Bloc invite quelques SDF à manger cette soupe dans un restaurant tenu par un sympathisant. Sept militants seront interpellés pour avoir, malgré tout, manifesté. Le Bloc dénonce sur son blog « les nouveaux chiens de garde de la Charia » et promet de

1. *Présent*, 4 mars 2010.
2. Aujourd'hui la soupe au cochon est revendiquée par le Bloc Identitaire comme une de ses premières actions politiques.

nouvelles actions : « Tenez-vous prêts à aider les nôtres avant les autres ! »

Une autre actualité va leur permettre de déployer tout leur talent pour la provocation. En 2010, la chaîne de restaurants Quick fait une annonce retentissante. Désormais, plusieurs de ses restaurants serviront uniquement des menus halal. Les consommateurs n'approuvant pas cette ghettoïsation de l'offre peuvent boycotter. Les Identitaires vont plus loin. Ils organisent l'invasion spectaculaire d'un restaurant Quick halal par 70 militants portant des masques de cochon. Une action qui va les faire connaître et leur permettre de gagner des alliés bien au-delà des cercles classiques de l'extrême droite.

Les dessous de l'apéro « saucisson »

Le 18 juin 2010, jour anniversaire de l'appel à la résistance du général de Gaulle, les identitaires annoncent leur intention de participer à un « apéro saucisson pinard » à la Goutte d'Or. Pour protester contre une occupation particulière : les prières qui ont lieu, depuis 17 ans, sur le trottoir de la rue Myrha. Comme la soupe au cochon, le fait qu'il s'agisse d'un « apéro saucisson pinard » vise à indiquer que ces prières nuisent aux traditions françaises et pas seulement à la loi... L'idée serait partie d'une certaine Sylvie François, habitante de la Goutte d'Or. Après enquête, il s'agit d'un faux profil Facebook et d'une militante proche des Identitaires. Le texte de l'appel ne laisse d'ailleurs aucun doute sur l'orientation de l'« apéro ». Il ne parle pas de se rassembler pour faire respecter la « laïcité », mais de protester contre « les adversaires résolus de nos vins de terroir et de nos produits charcutiers ». Le nom des associations partenaires achève de signer : le Bloc Identitaire, mais aussi le Projet Apache (branche de la jeunesse parisienne des Identitaires), Terroirs parisiens, le site Bivouac-ID, quelques villiéristes (Jeunes pour la France)... et Riposte laïque. La caution laïque du rassemblement.

Il est animé par Pierre Cassen, ancien trotskyste, et sa compagne, Christine Tasin[1]. La revue *Prochoix* a été l'un des premiers médias à consacrer un long article analysant la dérive sémantique de ce groupuscule, dont le site internet publie des contributions souvent écrites sous pseudonyme[2]. Il est moins question d'« islamisme » que d'« islamisation », et il est interdit de croire qu'il peut exister des musulmans laïques puisque l'islam ne saurait être laïque. Quel peut être le débouché politique d'une telle grille de lecture ? Pour Riposte laïque, ce débouché semble avoir un visage : celui de Marine Le Pen. Chose impensable il y a quelques années pour un site se disant laïque, et dont plusieurs contributeurs viennent de la gauche ou du féminisme, ses articles ne manquent jamais une occasion de vanter les mérites de la présidente du Front national[3]. Pierre Cassen lui décerne même volontiers un brevet de laïcité : « il n'y a qu'une personne

1. Pierre Cassen a dû quitter l'UFAL, l'Union des familles laïques, pour avoir voulu faire de la laïcité un combat non plus contre l'intégrisme mais contre l'islam. Alors que cette association a toujours mené ses combats, que ce soit contre l'intégrisme des associations catholiques ou contre les signes religieux ostensibles de l'école publique, au nom d'une vision équilibrée de 1905. Ces deux lignes, clairement distinctes, sont apparues en 2006 au moment de l'affaire Truchelut. C'est le nom d'une propriétaire d'un gîte rural qui a refusé de louer des chambres à deux femmes voilées si « elles n'enlevaient pas leur voile dans les parties communes ». Ce qui revient à confondre à refuser un service (un commerce n'étant pas l'école publique) et à prendre le risque, légitime, de tomber sous le coup des lois antiracistes. Elle sera d'ailleurs condamnée. L'Union des familles laïques et plusieurs intellectuels laïques ont refusé de soutenir sa démarche. Ce qui leur a valu d'être accusés d'« islamophilie » par Riposte laïque, qui souhaite interdire le voile simple dans la rue.

2. Voir sur ProChoix les articles suivants : C. Fourest, « Affaire des Vosges : un jugement sévère qu'il faut accepter », 13 octobre 2007 ; M. Sifaoui, « Merci Riposte laïque ! Merci Facebook ! », juin 2010.

3. On citera en vrac : Paul Le Poulpe, « Le vrai péril fasciste, est-ce la progression de Marine Le Pen, ou l'islamisation de la France ? », 26 mars 2011 ; Roger Heurtebise, « Sur France-Inter, Sophia Aram traite de "gros cons" les électeurs FN », 25 mars 2011 ; Empédoclatès, « Marseille : la vague "bleu marine" contre les cités de non-droit et les gestions frauduleuses », 25 mars

qui reprenne le discours sur la laïcité à son compte, c'est Marine Le Pen[1] ». Sur ces ultras, au moins, l'OPA lancée par Marine Le Pen a marché... En attendant un signe d'elle, Riposte laïque milite surtout avec le Bloc Identitaire, dont Pierre Cassen minimise la radicalité : « Le Bloc Identitaire a mené quelques actions qui nous ont interpellé, par exemple sur l'histoire des Quick halal. On ne se reconnaît certes pas dans leur régionalisme et leur conception ethnique. Mais on a senti chez eux une volonté de se défaire de leur côté sulfureux et de se rapprocher d'une droite populiste à l'image de l'UDC suisse[2]. » Relancé par le journaliste de *Marianne* qui l'interroge, il s'enfonce dans le déni : « Je ne considère pas que le Bloc Identitaire soit raciste. C'est un mouvement de droite populiste. Mais pas raciste. Et notre appel à l'apéro géant, contrairement à ce qui nous a été reproché, ne comporte rien de raciste. » Il est vrai que le même Pierre Cassen ne voit aucun problème à intervenir au Local de Serge Ayoub, dit Batskin, l'ancien chef des skinheads de Paris... Pierre Cassen et ses sympathisants n'auront d'ailleurs aucun scrupule à défendre « l'apéro saucisson », comme co-organisateurs, sur les ondes de Radio Courtoisie et dans les médias d'extrême droite comme Novopress. Quitte à devenir les idiots utiles d'un extrémisme haïssant le féminisme et la modernité liée à la sécularisation.

Les fiançailles entre Riposte laïque et le Bloc Identitaire se concrétisent six mois plus tard, le 18 décembre 2010 à l'occasion d'« Assises contre l'islamisation », organisées ensemble à Paris. Avec pour invité vedette, Oskar Freysinger,

---

2011 ; Roger Heurtebise, « Fdesouche.com fait sauter le black-out médiatique sur la situation alarmante à Lampedusa », 21 mars 2011 ; Jacques Philarcheïn, « Indépendance syndicale, gauchistes et FN : deux poids, deux mesures », 14 mars 2011 ; Jacques Lucent, « Tranche de vie : pourquoi Marine Le Pen apparaît de plus en plus comme l'alternative », 25 avril 2011.

1. *Marianne* 2, 17 juin 2010.
2. *Ibid.*

l'homme de la votation suisse interdisant les minarets[1]. Ses nouveaux alliés revendiquent le féminisme et la laïcité face à l'islamisme, pourtant les islamistes ne renieraient pas les envolées antiféministes de Freysinger. Comme le 7 mars 2007, à la veille de la journée de la femme. Le député profite de son temps de parole au parlement fédéral suisse pour réciter un poème douteux sur la femme « prêtresse des passions » qui « règne sur l'empire des passions depuis la nuit des temps », avant d'enchaîner par une critique en règle du « concept philosophique d'égalité ». Son intervention mérite d'être citée : « Depuis trop longtemps notre civilisation s'emploie à féminiser les hommes et à rendre les femmes masculines. Le résultat, c'est une génération d'androgynes, d'êtres schizophrènes, totalement désorientés, qui n'osent plus être eux-mêmes car le moi est devenu un ou une autre dans l'aliénation le plus totale. L'homme affirmant sa virilité est qualifié de macho. Et la femme revendiquant sa féminité est considérée comme une souillon, une esclave du patriarcat ou alors comme une traînée. A une époque qui a érigé l'égalitarisme en dogme absolu, nul n'ose plus être lui-même, de peur de ne pas entrer dans le moule politiquement correct que la pensée unique lui a façonné. » Conclusion : « Je dis aux femmes, osez redevenir des femmes et aux hommes, osez redevenir des hommes, vrais, qui en ont, et qui s'assument[2]. »

---

1. Contrairement à ce qu'ont écrit certains journalistes et le site de Riposte laïque, il n'y avait pas un mais deux contre-rassemblements face à ces Assises. D'un côté, une poignée de militants des Indigènes de la République et du Collectif contre l'islamophobie, plus complaisants envers l'islamisme que laïques et antiracistes. Et de l'autre, un rassemblement de 200 personnes à l'initiative d'organisations progressistes. A l'origine, l'alerte est partie d'un élu du XIIe arrondissement, Alexis Corbière, du Parti de Gauche, avant de s'élargir à d'autres organisation comme SOS Racisme, ATTAC, la Ligue des droits de l'homme, le NPA ou l'Union des familles laïques. Dans cette foule disparate, on trouvait des militants véritablement laïques, et d'autres surtout venus combattre l'extrême droite. Mais tous ou presque ont accepté de s'unir contre le racisme sans se mélanger aux islamistes ou à leurs amis. « Des Assises de trop », *ProChoix*, n° 54, décembre 2010.

2. http://www.dailymotion.com/video/x4m6sd_la-femme-d-oskar-freysinger_news

C'est cet homme que la droite populiste suisse et l'extrême droite française ont choisi comme porte-parole pour ferrailler contre le sexisme venant de l'islam. Lui que Riposte laïque et le Bloc Identitaire ont souhaité accueillir en vedette à Paris pour leurs « Assises contre l'islamisation ». L'événement ne pouvait laisser indifférente la présidente du Front national. Elle avait déjà comparé les prières en pleine rue à une occupation à la veille de l'« apéro saucisson pinard ». Elle réitère sa comparaison à la veille de ces Assises... Le clin d'œil est évident. Mais elle ne sera pas invitée pour autant. Entre l'UDC et le FN, c'est une histoire d'image. Entre le Front et les Bloc, c'est une histoire de territoires. Donc une histoire compliquée. Louis Aliot estime que Marine Le Pen est « un danger » pour les Identitaires : « Avec elle, une partie de leur fonds de commerce est vidé[1]. » Il coupe court à toute rumeur d'alliances : « C'est quoi leur spécificité ? Etre régionalistes ? On sait que ça ne marche pas en France. Ils ne veulent pas de nous et nous ne voulons pas d'eux. »

Cela dépend toutefois des circonstances. A Nice, par exemple, le candidat « soutenu par le FN », Jacques Peyrat, souhaite aussi passer un accord avec la branche niçoise du Bloc Identitaire : Nissa Rebela (Nice rebelle). Fabrice Robert, président du Bloc Identitaire, veut croire que sa proximité avec le FN ne sera pas un problème : « Le soutien du FN à Jacques Peyrat ne remet pas en cause notre accord. » De fait, ça n'en sera pas un... Le parti de Marine Le Pen est trop heureux de pouvoir se rapprocher à nouveau de l'ancien maire de Nice, qui a milité plus de vingt ans au FN avant d'en démissionner. Mais Marine Le Pen précise que ce rapprochement « n'est pas un soutien aux Identitaires ». Visiblement, le Bloc et le Front se tiennent toujours à distance. Pour combien de temps ? Le Bloc surveille la ligne de Marine Le Pen avec bienveillance. « On voit comme

1. Droite(s) extrême(s), 9 février 2011.

une évolution du discours de Marine Le Pen sur l'islam, l'immigration clandestine. On se sent beaucoup plus proche d'elle que d'un Bruno Gollnisch », explique Fabrice Robert. « Je pense qu'elle est en train de faire évoluer sa ligne. On analyse avec intérêt ce qu'elle propose, on ne veut pas insulter l'avenir. Il est possible que dans quelques mois, quelques années, on puisse travailler ensemble[1]. » En position de force, Marine Le Pen n'a rien à gagner à une alliance officielle, qui pourrait compromettre son opération « dédiabolisation ». La technique envisagée est plus simple : aspirer les bons éléments au cas par cas. Comme Laurent Ozon. Ainsi, le Bloc Identitaire sert de laboratoires d'idées, voire de foyer de recrutement, tout en permettant au FN d'avoir l'air d'incarner un juste milieu... Entre les Verts-bruns et les Identitaires.

Une conversion laïque bien tardive

On comprend l'intérêt pour Marine Le Pen de récupérer le combat laïque pour redorer son blason nationaliste et élargir son électorat. Encore faut-il être crédible. En communication politique, il existe un théorème dit de « l'élastique » : un candidat qui voudrait se donner une image trop lointaine de ce qu'il est vraiment prend le risque de tirer trop fort sur l'élastique... et de se le prendre dans les gencives. C'est ce risque que prend le Front national en s'affichant comme un parti laïque, voire comme ayant dénoncé le premier les atteintes à la laïcité, alors qu'il est arrivé bien tard sur ce champ de bataille.

Lors de notre confrontation sur ce point à l'émission *Semaine critique*, en septembre 2010, Marine Le Pen m'a soutenu que le mot « laïcité » figurait dans les programmes

1. Droite(s) extrême(s), 7 décembre 2009.

du Front national depuis ses débuts. C'est faux. Même Jean-Pierre Reveau, élu au comité central du FN, se dit dérouté : « Elle parle sans arrêt de laïcité, mais son père n'en parlait jamais[1] ! » Et pour cause, le Front national a été créé pour servir de maison commune à tous les nostalgiques de la monarchie de droit divin ou encore du maréchal Pétain, qui ont en commun de ne pas porter la loi de 1905 dans leur cœur, ni la République. « La Gueuse », comme ils l'appellent. Jean-Marie Le Pen lui-même a découvert Maurras dans les cercles royalistes de l'Action française, dédiés à combattre la République. Sans aller jusqu'à vouloir rétablir la monarchie, la plupart des tendances du Front national partagent la nostalgie d'avant la Révolution française. Entre 1981 et 2001, l'activité la plus fréquente des mouvements d'extrême droite – Front national compris – relève de la commémoration[2]. Le souvenir du maréchal Pétain a été célébré 115 fois, juste devant les grandes célébrations du baptême de Clovis. Une série d'événements destinés à saluer l'arrivée du pape Jean-Paul II en France en 1996, et la France comme « fille aînée de l'Eglise ». Le Front national en fut l'un des acteurs majeurs, que ce soit en tant que parti ou *via* ses réseaux traditionalistes.

Saint-Nicolas-du-Chardonnet, cette église occupée par les intégristes de la Fraternité Saint Pie X dans le Ve arrondissement de Paris, reste la paroisse favorite du parti et de la famille Le Pen. Celle où ses cadres assistent à des messes pour l'âme de Brasillach, de Touvier ou de Pétain. Mais aussi celle où ils se marient. Marine Le Pen, elle-même, y a fait baptiser ses enfants.

Comme son père, elle se définit aujourd'hui comme « catholique non pratiquante ». Contrairement aux premiers soupçons qui ont circulé sur elle, elle n'est pas de la tendance « païenne », comme certains mégrétistes. A l'entendre,

1. Entretien avec Jean-Pierre Reveau, 10 mai 2011.
2. Fiammetta Venner, *Extrême France*, Grasset, 2006.

elle n'aurait assisté qu'à un seul « solstice », pour « voir » : « le seul solstice où je suis allée, c'était chez mon beau-frère [Philippe Olivier, NDA], l'année dernière. Il m'a dit : tiens, ils organisent un solstice dans la forêt à côté. Je lui ai dit : écoute, emmène-moi parce que je veux voir ça quand même. Donc, je suis allée voir ». Avec un peu d'ironie dans la voix, Marine Le Pen décrit le rituel comme plutôt « folklorique », surtout qu'elle croise un vieil ennemi, Jean-Yves Le Gallou, ancien lieutenant de Mégret : « Je viens du sud apporter le grand feu, machin, et à un moment donné, je me penche et à mes pieds était… assis Le Gallou. C'était quand même assez drôle ! Il ne m'a pas saluée. Je suis repartie en rigolant. » Elle ne semble pas emballée mais amusée : « Je ne leur dénie pas le droit de le faire, chacun a le droit après tout, il y a des choses qui sont bien plus dangereuses que celles-là. Le côté païen ne me choque pas, je trouve qu'ils ont le droit, il n'y a pas de raison, on est dans un pays dont les valeurs, c'est justement la liberté de conscience. On a le droit de croire, on a le droit de croire en ce qu'on veut et on a le droit de ne pas croire. Je tiens à ça d'ailleurs[1]. » De fait, personne ne demande à Marine Le Pen de persécuter les « païens » du FN ! Ce sont plutôt les catholiques traditionalistes qui se sentent martyrisés par la nouvelle présidente…

Sans doute pour les apaiser, elle n'oublie jamais de se décrire comme une enfant pieuse ; qui faisait le carême et allait à l'église avec sa meilleure amie : « J'ai été une petite fille très pieuse, essentiellement grâce à ma meilleure amie Dominique que j'ai rencontrée en arrivant à Saint-Cloud. C'est avec elle que je me suis inscrite au catéchisme, et ce sont ses parents, et non les miens, qui m'emmenaient à la messe. Car contrairement à une image répandue, si mon père a la foi, il n'est pas pratiquant assidu. J'ai certes reçu une éducation religieuse traditionnelle, la référence à Dieu étant vécue comme quelque chose de tout à fait naturel. Mais dans

1. Entretien avec Marine Le Pen, 20 septembre 2010.

ce domaine comme dans d'autres, l'éducation de mes parents ne passait ni par de longs discours, ni par une instruction particulière. La foi était perçue comme un itinéraire personnel, le cercle le plus intime des êtres qui requiert par conséquent la plus grande pudeur[1]. »

Bien qu'allié aux catholiques les plus radicaux, Jean-Marie Le Pen garde un très mauvais souvenir de son passage dans un collège jésuite. Il était si chahuteur et si perturbateur que les Pères ont imaginé un moyen particulièrement odieux pour s'en débarrasser sans avoir à l'affronter. Ils prétendent qu'il est arrivé quelque chose à sa mère... Ce qui pousse le pupille à enfourcher son vélo pour pédaler sans relâche jusqu'à la maison familiale de La Trinité-sur-mer. En arrivant, à bout de souffle, il découvre qu'on lui a menti. Sa mère va très bien. Mais il ne retournera pas au pensionnat. « Il lui faudra des années, dit Marine Le Pen, pour revenir non pas à la religion, mais à Dieu[2]. » Le fait de rappeler que son père entretenait lui aussi une relation très libre avec la religion, tout en ayant la foi, est un moyen d'indiquer que Marine Le Pen s'inscrit dans cette continuité. Cet entre-deux n'a jamais empêché le président du Front national de collaborer avec des intégristes catholiques. Au nom d'une foi identitaire, où le catholicisme représente l'identité de la France, sa tradition et ses valeurs ancestrales. Une vision politique qu'il se garde d'appliquer à sa vie personnelle mais qui l'amène à se rapprocher des catholiques intolérants plutôt que des catholiques d'ouverture. Ces derniers auraient sans doute été plus compréhensifs au sujet de sa vie privée, mais n'apprécient guère son message politique, notamment son manque de charité concernant l'immigration ou la peine de mort. Comme l'archevêque de Reims qui préfère fermer sa cathédrale plutôt que de la voir investie par les militants du

1. Marine Le Pen, *A contre flots, op. cit.*, p. 67.
2. *Ibid.*, p. 69.

FN souhaitant y commémorer les 1 500 ans de Clovis. Marine Le Pen se dit aussi choquée par de ce genre d'attitude. Comme elle se dit choquée par le fait qu'un prêtre traditionaliste puisse refuser la communion à un divorcé. Comme si les deux attitudes pouvaient se comparer. Dans un cas, il s'agit de refuser une manifestation politique au service d'un message peu charitable. Dans l'autre, de punir un « pécheur » sans la moindre charité. Marine Le Pen se sent visée dans les deux cas (en tant que divorcée et en tant que frontiste). Du coup, elle ne fait pas la différence et parle d'attitudes qui ont failli lui « faire perdre l'envie de croire ». Mais elle s'accroche ! « Par miracle, cela n'a jamais atteint ma foi et ma relation personnelle à Dieu[1]. » Comme son père.

Voilà pour la foi « personnelle ». Qu'en est-il du catholicisme politique ? Qui des catholiques « d'ouverture » ou des catholiques intégristes a sa préférence ? Celle qui est alors vice-présidente du Front national refuse de prendre parti. Elle renvoie dos à dos les modernistes et les traditionnalistes : « Divorcé ? Tu n'as rien à faire dans l'Eglise ! Tu n'aimes pas la messe en latin ? Tu n'as rien à faire dans l'Eglise non plus, etc. Voilà des gens qui se définissent non dans l'amour, la première des vertus parce que c'est le premier commandement du Décalogue, mais dans l'exclusion, le rejet[2]. » Une fois encore, Marine Le Pen feint de confondre la critique des idées (la messe en latin étant l'étendard des intégristes) et la critique des personnes (être divorcé). C'est un peu comme si le président d'un parti souhaitant réaffirmer l'identité musulmane d'un pays renvoyait dos à dos les musulmans laïques et le FIS...

La foi entre deux chaises, sa vie privée et sa vie politique, Marine Le Pen devra surtout composer avec son public. Celui du Front national. Au vu de son nouveau discours sur la laïcité, le grand écart risque d'être périlleux. Heureuse-

1. Marine Le Pen, *A contre flots, op. cit.*, p. 72.
2. *Ibid.*, p. 75.

ment pour elle, les deux chaises se sont rapprochées. Contrairement aux années où son père devait faire des contorsions entre les traditionalistes hors de l'Eglise et les radicaux de l'intérieur, les catholiques les plus intégristes sont désormais presque tous ralliés à Rome, où ils ont même le vent en poupe[1]. Benoît XVI court après eux pour refaire l'unité de l'Eglise. Quitte à réintégrer des évêques de la Fraternité Saint Pie X fort peu fréquentables, comme Monseigneur Richard Williamson, qui a déclaré sur la Shoah : « Je crois qu'il n'y a pas eu de chambres à gaz. (...) Je pense que 200 000 à 300 000 juifs ont péri dans les camps de concentration, mais pas un seul dans les chambres à gaz[2] ». Ce qui n'a pas empêché la réconciliation de se poursuivre... Avant lui, les militants les plus radicaux ont déjà négocié leur retour au bercail. Comme l'abbé Laguérie, ancien curé de Saint-Nicolas-du-Chardonnet, à qui on a proposé un institut du Bon Pasteur sur mesure à Bordeaux en 2006. L'Eglise compte aussi en son sein le monastère du Barroux et les réseaux de Bernard Antony, qui a longtemps représenté le courant catholique intégriste au sein du Front national.

A chacun sa croix, et ses intégristes

Aussi connu sous le pseudonyme de Romain Marie, Bernard Antony anime une kyrielle d'associations composant à elles seules le noyau dur des catholiques intégristes français. L'homme – qui se réclame de José Antonio Primo de Rivera (fondateur de la Phalange espagnole) – a toujours voulu militer là où ça bouge. En 1966, il entre au mouvement

1. Caroline Fourest, Fiammetta Venner, *Les nouveaux soldats du Vatican*, Livre de Poche, 2011. Première édition, sous le titre *Les nouveaux soldats du pape*, Panama, 2008.
2. SVT, 21 janvier 2009, télévision suédoise.

Jeune Révolution, de tendance nationale-radicale, mais choisit finalement le camp de la tradition. Il lance le mensuel *Présent* en 1975, et le Centre Charlier en 1979, le Comité Chrétienté-Solidarité en 1980, année où il anime également avec Jean Madiran et François Brigneau un comité de boycott des Jeux olympiques de Moscou. En 1982, *Présent* devient quotidien, tandis que Bernard Antony s'en retire progressivement et lance un nouveau mensuel : *Reconquête*. En 1984, il fonde l'Agrif : l'Alliance générale contre le racisme et pour le respect de l'identité française et chrétienne, présentée comme l'anti-Mrap et l'anti-Licra, puisqu'il s'agit surtout de porter plainte contre tout dessin caricaturant le nationalisme, le pape ou les symboles du christianisme. En 1995, il crée le Comité Clovis, dans le but d'organiser les cérémonies commémorant le « baptême de la France » sous la protection de l'Eglise. Ces différentes structures font de lui un interlocuteur incontournable de la droite nationaliste. Engagé initialement au Centre national des indépendants et paysans, il rejoint le FN en 1983, et se trouve immédiatement propulsé sur la liste de Jean-Marie Le Pen aux élections européennes. Il est élu en sixième position en 1984, réélu en 1989 et 1994. A partir de 1986, il est également membre (secrétaire puis président) du groupe FN au conseil régional de Midi-Pyrénées. Au sein du parti, il a pris en charge le secteur de l'action et celui de la formation culturelle comme président de l'Ifac (Institut de formation et d'action culturelle), devenu Iac. Il va d'ailleurs faire beaucoup de bruit en menant plusieurs campagnes contre des films ou des affiches jugés blasphématoires.

Bien que traditionaliste et opposé à Vatican II, il a vite compris que ses combats seraient plus efficaces s'il les menait de l'intérieur de l'Eglise. Notamment la campagne contre *La dernière tentation du Christ* de Scorsese. En 1988, depuis le parlement européen, où il siège pour le Front national, Bernard Antony profère des menaces explicites contre les salles de cinéma qui envisageraient de projeter *La dernière tentation du Christ.* Cette fois, prévient-il, les catholiques « ne s'en tiendront pas aux paroles ». Lui et ses militants se considèrent « comme des résistants authentiques ». Ils « n'excluent pas d'enfreindre la loi » pour marquer leur opposition au film : « Nous irons en prison s'il le faut. » Le terrorisme chrétien va même frapper. Le 22 octobre, trois militants traditionalistes incendient un cinéma à Saint-Michel. L'enquête montrera qu'ils sont proches du Centre Charlier, mais ce dernier dément être à l'origine de l'attentat, qui fait treize blessés. L'une des victimes passe près de la mort et sera handicapée à vie. A notre connaissance, le FN n'a pas condamné ce terrorisme-là. Lorsque nous l'interrogeons sur cette affaire, Jean-Marie Le Pen s'en souvient à peine. En revanche, il a en tête une œuvre d'Andres Serrano, *Piss Christ*, qui vient d'être vandalisée par des ultra-catholiques dans une galerie d'Avignon… Ce qui ne le choque pas outre mesure : « Quand une œuvre se veut provocante, il faut pas être étonné qu'elle provoque des réactions qui peuvent être violentes[1] ! » On comprend mieux pourquoi Jean-Marie Le Pen n'a jamais désavoué Bernard Antony.

C'est en sa compagnie qu'il a rencontré le pape, place Saint-Pierre, le 10 avril 1985. Ensemble, ils évoquent la lutte contre l'avortement, puis Jean-Paul II se penche vers eux et leur demande de « s'opposer avec vigueur à la décadence de l'Europe[2] ». Le moins qu'on puisse dire, c'est que la consigne n'est pas tombée dans l'oreille d'un sourd. Faisant la liaison entre les catholiques radicaux et le FN, Bernard Antony est sur tous les fronts. Avec Jean-Marie Le Pen, ils vont non seulement militer contre le droit à l'avortement, mais défendre l'école privée catholique. Au nom de ce que Bernard Antony

1. Entretien avec Jean-Marie Le Pen, 6 mai 2011.
2. Bernard Antony, *Devoir de réponse*, entretien avec Cécile Montmirail, Godefroy de Bouillon, 2006, p. 26.

appelle la « vraie laïcité » : « celle qui consiste à séparer l'Etat de la franc-maçonnerie et aussi à séparer l'école de l'Etat[1] ». Marine Le Pen, toute petite, accompagnait son père dans ces manifestations où le FN défilait au côté des courants les plus intransigeants du catholicisme. En grandissant, incontestablement, elle a fait bouger les lignes et elle en est fière : « Je suis amenée parfois à résister à un certain nombre de groupements qui sont sévères dans leur jugement, notamment catholiques, qui jugent tout au travers d'eux. Je dis non[2]. » Mais cette fermeté, voire cette méfiance, n'est pas une rupture. Son père, une fois encore, l'a initiée.

Depuis la scission, il est devenu particulièrement méfiant vis-à-vis de tous ceux qui pensent pouvoir l'influencer ou convoiter sa place. Il a dû s'appuyer sur les réseaux catholiques pour gérer la fronde néo-païenne des mégrétistes, ceux qu'il appelle les « gens de la lune », mais il commence à trouver que cette aile prend trop ses quartiers. Et s'en ouvre à *Libération* dès 2003 : « Après le départ des gens de la lune, les catholiques traditionalistes se sont dit : à nous la bonne place[3] ! » La phrase blesse profondément Bernard Antony, qui souhaite s'expliquer et rejeter l'idée du moindre « complot catho[4] ». Jean-Marie Le Pen n'écoute pas et reste sur ses gardes. Sa fille, Marine, poursuit dans le même état d'esprit : « Quand Mégret part, un certain nombre de gens comme Bernard Antony poussent leur avantage. Et comme brutalement, il y a une partie du Front national qui se retire, ils se retrouvent de manière quasi automatique avec une représentation qui n'est pas égale à ce qu'ils représentent au sein de l'électorat. Ils en ont usé et parfois même abusé. Et c'est peut-être aussi là qu'on trouve la genèse de leur prochain… de leur futur départ[5]. » Sont-ils vraiment partis ?

1. *Ibid.*, p. 18.
2. Entretien avec Marine Le Pen, 20 septembre 2010.
3. *Libération*, 11 septembre 2003.
4. Bernard Antony, *Devoir de réponse*, *op. cit.*, p. 55.
5. Entretien avec Marine Le Pen, 20 septembre 2010.

Concernant Bernard Antony, personne ne semble assumer la responsabilité du divorce. Louis Aliot prétexte une cotisation qui ne serait plus « à jour ». Bernard Antony, lui, estime avoir été exclu : « On m'aurait exclu le 21 janvier 2006 sans m'en prévenir. Mon adhésion était parfaitement à jour, n'expirant qu'à la fin du mois d'avril[1]. » En revanche, il a bien démissionné du bureau politique trois ans plus tôt, en juillet 2003. Moins pour des divergences de fond que pour des raisons de poste. Comme souvent au FN. Il attendait de savoir s'il dirigerait la liste FN du Sud-Ouest aux élections européennes de 2004... Il apprendra que non, par *La Dépêche du Midi*. A cette époque, le Front lui préfère Jean-Claude Martinez, plus « archéo-gauchiste » écrit Antony. L'homme comprend que Le Pen veut remettre les « cathos » à leur place. Histoire de garder la main sur les équilibres. La montée en puissance de la benjamine, sa stratégie de « dédiabolisation » et son ton post-soixante-huitard, ne le réjouissent pas. Il émet des critiques, qu'elle n'apprécie pas. Elle renvoie l'ascenseur, à mots couverts, en critiquant le « dogmatisme » de certains catholiques dans sa biographie, parue en avril 2006. Antony se sent visé et réagit. Dans un livre d'entretiens intitulé *Devoir de réponse*, il revient sur cette rupture en commentant le livre de Marine Le Pen, d'une façon à la fois tendre et sévère : « Sur trop de choses, je ne puis hélas qu'observer combien Marine parle d'une manière très républicainement conformiste, avec, sans en être consciente peut-être, les mots du politiquement correct maçonnique[2]. » Quand aux « positions dogmatiques » qu'elle dénonce chez certains catholiques, il se permet de la corriger : « je pense qu'elle veut plutôt parler de leurs positions morales », avant d'ajouter, avec une pointe d'ironie, « est-elle bien sûre elle-même de ne pas être injuste, de ne pas trop donner de leçons aux autres, de ne pas tomber un peu

1. Bernard Antony, *Devoir de réponse*, *op. cit.*, p. 63.
2. *Ibid.*, pp. 82-83.

dans l'exclusion facile[1] ? » Il se défend d'être le principal pourvoyeur de rumeurs l'accusant de vouloir troquer la diabolisation contre une « maroquin ministériel », à la Fini, dont il rappelle avoir été un ami... Avant de lui reprocher, à lui aussi, des positions « maçoniquement correctes ». Il espère que Marine Le Pen saura s'en détourner à temps : « Le cas de Fini est plus grave que celui de Marine car il est homme d'envergure et de pouvoir, tandis que les positions de Marine peuvent évoluer, je l'espère, et ne me semblent toujours pas partagées par la majorité des militants du Front national qui n'est pas encore au pouvoir[2]. » En d'autres termes, la porte reste ouverte à une réconciliation. Surtout si Marine Le Pen apprend à réciter Maurras.

Cela ne signifie pas, loin de là, que le FN en a fini avec son aile catholique intégriste. On ne croise plus Bernard Antony dans les couloirs clairsemés du parti, mais on croise toujours d'autres militants du Centre Charlier. Comme Thibaut de La Tocnaye. Plutôt proche de Gollnisch, il a été élu numéro trois au Comité central du Front national au Congrès de Tours. Autant dire qu'il incarne désormais le nouveau Bernard Antony, celui avec qui il faudra compter. Est-il plus modéré ? Absolument pas. Il est d'ailleurs vice-président de Chrétienté-Solidarité, l'association la plus radicale d'Antony, celle chargée de mener les « croisades » à l'étranger. Ensemble, ils ont monté plus de quarante missions pour soutenir les « résistances nationales et chrétiennes » au Liban, en Pologne, en Lituanie, au Nicaragua, et en Croatie. Souvent les armes à la main, comme en témoignent certaines photos souvenir. Fils d'Alain de La Tocnaye, l'un des partisans de l'Algérie française impliqué dans l'attentat du Petit-Clamart contre le général de Gaulle, son fils a gardé le goût de l'action. Au Liban, où il fut coopérant, il tournait le dos au prêtre dans les églises pour lire,

1. *Ibid.*, p. 28.
2. *Ibid.*, pp. 60-61.

seul, la messe en latin. Quand nous l'interrogeons à son sujet, Marine Le Pen semble surprise que nous puissions le classer parmi les traditionalistes : « Il est catholique traditionaliste, Thibaut de La Tocnaye ? » Elle préfère relativiser : « Oui, enfin, il fait partie de ceux qui sont quand même plus ouverts que certains. Je n'ai jamais entendu Thibaut venir me tenir un discours consistant à dire : il est scandaleux d'avoir telle ou telle position parce que l'Eglise demande que. Ce n'est pas une personnalité qui porte ces exigences-là[1]. » De fait, Thibaut de La Tocnaye est certainement moins passionné par le combat contre l'avortement que par une croisade internationale contre l'islam. Ce qui n'est pas incompatible avec la nouvelle ligne du FN.

Sans parler du numéro trois du Comité central, il reste aussi Wallerand de Saint-Just, l'avocat du FN et l'homme de confiance de Marine Le Pen… C'est lui qui s'assure de la dédiabolisation à coups de procès. Or il est sur la même ligne idéologique que Bernard Antony, au côté de qui il a milité au Centre Charlier. Il est même toujours vice-président de l'Agrif. Mais Saint-Just est resté au Front. Ce qui suffit à Marine Le Pen pour estimer qu'il n'est pas « intégriste ». A l'en croire, il ne veut pas abroger la loi Veil : « C'est quelqu'un qui est tout à fait dans ma ligne de pensée, qui consiste à dire qu'on ne va pas supprimer la loi Veil. On peut éventuellement proposer d'en limiter les excès[2]. » Cette fois, on croit rêver. Wallerand de Saint-Just est l'auteur, pour le Centre Charlier, d'un projet de loi pour la vie visant à repénaliser l'IVG. Il est bien prévu de ne pas condamner celles qui auraient avorté, mais cela paraît difficilement compatible et ce n'est qu'un alibi, faussement charitable ! D'ailleurs, l'avortement n'est pas l'unique critère pour juger de l'intégrisme chrétien. Que penser de la croisade de l'Agrif, qui porte plainte pour « racisme antichrétien » ou

1. Entretien avec Marine Le Pen, 20 septembre 2010.
2. *Ibid.*

« antifrançais » contre tout dessin ou propos offensant les catholiques, notamment contre *Charlie Hebdo*[1] ? Tout en se proclamant champion de la liberté d'expression, le FN a toujours soutenu cette démarche, consistant à détourner les lois antiracistes au service de la lutte antiblasphème. Les islamistes n'ont fait qu'imiter l'extrême droite catholique en portant plainte contre *Charlie Hebdo* pour incitation à la haine « islamophobe » lorsque de l'affaire des caricatures de Mahomet... Au moment du procès, en 2007, Jean-Marie Le Pen s'est d'ailleurs rangé du côté des intégristes musulmans, et non dans le camp de la liberté d'expression. Sa fille, elle, n'a rien dit contre la critique de Mahomet, mais n'aime pas beaucoup que l'on critique le Saint-Père[2]. Elle se dit même « scandalisée de la haine exprimée à l'égard du pape » lorsque des militants d'Act Up s'allongent devant Notre-Dame pour protester contre ses propos sur le préservatif. Quelques jours plus tôt, dans un avion qui le mène en Afrique, Benoît XVI estime que, loin de régler le problème du sida, le fait de prôner le préservatif l'aggrave[3]. Ce qui a profondément choqué les militants dont le combat est d'encourager le port du préservatif pour ne pas contaminer autrui, surtout dans un contexte où la vigilance se relâche. Marine Le Pen, elle, estime que le pape est dans son rôle : « Le pape c'est le pape. L'Eglise catholique exprime l'idéal de l'abstinence, l'idéal de la fidélité. Elle est là pour fixer la règle[4]. » Le pape, c'est le pape. Ce n'est pas Mahomet...

---

1. Caroline Fourest, Fiammetta Venner, *Charlie Blasphème*, hors-série *Charlie Hebdo*, 2006. Dessins de Charb.
2. Propos sur LCI, rapportés par l'AFP le 24 mars 2009.
3. « On ne peut pas résoudre ce fléau par la distribution de préservatifs : au contraire, ils augmentent le problème. » Le pape répondait à une question de Philippe Visseyrias de France 2.
4. Propos sur LCI, rapportés par l'AFP le 24 mars 2009.

Quand le FN refusait de légiférer sur le voile à l'école

Le FN d'aujourd'hui voudrait sans doute l'oublier, mais ce sont ses réseaux catholiques qui ont organisé la première manifestation contre le projet de loi sur les signes religieux à l'école publique... Bien avant les manifestations pour le voile organisées par des intégristes musulmans et quelques militants antiracistes leur servant d'« idiots utiles ».

Le 22 novembre 2003, devant l'Assemblée nationale, Bernard Antony réunit ses troupes pour protester aux cris de « Non à l'exclusion laïciste de l'âme chrétienne de la France ». Dans un communiqué, il explique : « Sous le prétexte d'interdire le voile à l'école aux jeunes musulmanes, ce sont en fait les signes de la présence chrétienne que l'on veut effacer. La manœuvre est grossière. Nous disons non à une loi de "laïcité" agressivement anti-chrétienne. » Ce n'est pas seulement la position de l'aile traditionaliste du Front. On la retrouve dans les bulletins du parti. Depuis quelques années déjà. A l'image des déclarations de l'un des élus musulmans du parti, Sid Ahmed Yahiaoui : « Refuser le foulard, un simple fichu sur les cheveux, recèle les germes totalitaires d'une possibilité d'interdire tout signe religieux à l'école. Sous le prétexte de laïcité, renverra-t-on en France, pays majoritairement catholique, les élèves qui portent la croix ou des médailles religieuses, fort heureusement acceptées à l'école, ou ceux qui portent la kippa[1] ? » Cette prise de position remonte à 1999, à propos de l'affaire de Flers, où deux collégiennes voilées ont été exclues du collège Jean-Monnet. Elle sera vivement reprochée au clan Le Pen par le clan Mégret, y compris par Marie-Caroline Le Pen. D'autant que Sid Ahmed Yahiaoui fait partie des personnes imposées au Comité national par

1. *Français d'abord*, n° 296, avril 1999.

le président au Congrès de 1997, dans la même liste des « 20 sauvés » que Marine Le Pen…

Alors que les féministes laïques se désespèrent de voir le voile fleurir, le Front a plutôt eu tendance à s'en réjouir. En 2002, dans une formule aussi sexiste que raciste dont il a le secret, Jean-Marie Le Pen dira du voile : « Il nous protège des femmes laides[1]. » Ce qui revient à dire qu'il nous évite de voir certaines femmes musulmanes, jugées laides dans l'absolu. Sa fille peut difficilement égaler un tel sexisme. En revanche, elle se félicite de l'éclosion de voiles dans les pages du journal catholique intégriste *Présent* : « Jean-Marie Le Pen souhaite que les Français prennent conscience de la situation, et la question du voile est un moyen de s'apercevoir de l'importance de l'immigration (…) Nous disons donc que si cela peut dessiller les yeux des Français de voir se multiplier les voiles, il peut être bon d'en passer par là[2]. » Cette phrase montre combien le Front national se régale toujours du pire. En l'occurrence, ce n'est pas l'explosion du nombre de voiles, mais la commission Stasi mise en place par Jacques Chirac, qui a ouvert les yeux des Français.

Formé de vingt experts, le groupe de sages multiplie les auditions et permet de lever le voile sur toutes sortes de situations entravant « l'application du principe de laïcité dans la République » : des femmes refusant d'être soignées en urgence par un homme, de passer leurs examens avec un professeur masculin, de répondre en classe à voix haute car la « voix des femmes est impure ». Des élèves refusant de se rendre à la piscine parce que c'est « impudique », d'autres ne mangeant plus à la cantine si ce n'est pas halal ou casher, ou manquant systématiquement l'école le samedi. Des Témoins de Jéhovah refusant que leurs enfants soient transfusés… Le problème paraît bien plus sérieux qu'une simple

1. Entretien de Jean-Marie Le Pen à *Haaretz*, mars 2002.
2. *Présent*, 22 novembre 2003.

affaire de voile. La montée de l'intolérance au nom de la religion est alarmante. La commission Stasi va rendre un rapport subtil, qui contient un ensemble de propositions visant à « affirmer une laïcité ferme », mais « qui rassemble[1] ». Elle n'est pas hostile à certains assouplissements permettant l'édification de nouveaux lieux de culte, l'aménagement des menus de la restauration collective, l'enseignement du fait religieux, ou le respect de certaines fêtes religieuses. Elle propose même de proclamer Kippour et l'Aïd el-Kebir « jours fériés dans toutes les écoles de la République ». Mais elle tient à rappeler certaines règles communes dans des lieux comme l'école publique, les services publics et l'hôpital. Enfin, concernant l'école publique, lieu par excellence de l'apprentissage citoyen, elle suggère de « légiférer pour que l'espace scolaire reste un lieu de liberté et d'émancipation, en interdisant les tenues et signes manifestant une appartenance religieuse ou politique ». Ce qui va inspirer la loi du 15 mars 2004 sur les signes religieux ostensibles.

Cela ne sera pas sans difficultés. Au plus fort du débat, les féministes et les laïques ayant choisi de soutenir cette loi ont été traités de tous les noms : racistes, islamophobes, nouveaux colons... Loin de partager cet effort pour lutter contre le communautarisme religieux et rassembler les Français autour du principe de laïcité, le Front national n'a songé qu'à dénigrer le travail entrepris. Il n'apprécie guère le médiateur de la République choisi par Chirac pour présider la Commission : Bernard Stasi. Un grand républicain, décédé depuis. Devenu français à sa majorité, l'homme s'est toujours battu pour une vision à la fois exigeante et généreuse de l'intégration à la française. Elu centriste, auteur d'un ouvrage intitulé *L'immigration, une chance pour la France,* il n'a jamais cessé de dénoncer les atermoiements

1. Commission Stasi, « Commission de réflexion sur l'application du principe de laïcité dans la République : rapport au Président de la République, 11 décembre 2003.

de la droite vis-à-vis de l'extrême droite. Ce qui lui a valu d'être l'une des bêtes noires du FN.

Le 6 février 1986, à l'occasion d'un débat sur France Inter, Bernard Stasi et Jean-Marie Le Pen ont cet échange :

« Bernard Stasi : Je n'ai pas les mêmes convictions que vous.

Jean-Marie Le Pen : C'est un peu normal, puisque vous êtes fils d'immigré et vous n'avez été français qu'à l'âge de dix-huit ans.

Bernard Stasi : Vous avez le culot de me dire qu'en tant que fils d'étranger je n'aurais pas le droit de faire de la politique ?

Jean-Marie Le Pen : Je crois que c'est une question de bon goût. »

Moins de vingt ans plus tard, le fils d'immigrés en question a derrière lui une carrière au service de la République et doit faire face à la vindicte intégriste pour avoir proposé d'interdire le voile à l'école publique… Il va même jusqu'à donner une grande leçon de républicanisme aux frontistes. En 1990, l'homme politique estimait à juste titre qu'il « fallait culpabiliser les électeurs du FN » car « voter Le Pen n'est ni innocent ni normal ». En 2004, le médiateur qu'il est devenu estime à juste titre qu'il doit entendre tous les partis reconnus. Il envoie donc une invitation au Front national pour l'auditionner : « J'ai pris ce risque. Il y a eu débat au sein de la commission. J'ai tranché », confie-t-il à *Libération*. Notamment pour ne pas « ostraciser cette formation » et « conforter ainsi les 22 % de Français qui ont voté pour le FN[1] ».

Ravi de cette reconnaissance, le FN ne choisit pas de se faire représenter par Marine Le Pen mais par le représentant de son aile catholique : Bruno Gollnisch. L'audition se déroule dans un climat très républicain. Loin de prôner une

1. Christophe Forcari, « Le FN sans voile devant la commission Stasi », *Libération*, 29 octobre 2003.

loi, le représentant du FN estime qu'il faut régler la question du voile islamique à l'école par un simple « arrêté » ministériel interdisant le port de tout couvre-chef, « par mesure d'hygiène et par respect vis-à-vis des professeurs ». Le but étant de viser le voile, sans toucher aux croix... Ce dont Bruno Gollnisch ne se cache pas : « La France a le droit de conserver ses coutumes et ses traditions dans la sphère publique, et les nouveaux arrivants doivent s'y conformer. Cela constitue la civilisation française. Une grande partie de cet héritage est chrétien[1]. » Son intervention s'attache ensuite à réduire la laïcité à une notion de « neutralité », au nom de laquelle l'Etat devrait obliger tous les fonctionnaires à faire état de leurs options philosophiques. Le représentant du FN demande que « tous les fonctionnaires membres de sociétés discrètes ou secrètes se déclarent pour que le citoyen, le justiciable ou le contribuable sachent à qui ils ont affaire ». L'ennemi visé est aisément reconnaissable : il s'agit des franc-maçons, l'obsession des catholiques intégristes, qui leur reprochent notamment d'avoir milité pour la loi de 1905 et la loi Veil. Gollnisch veut les obliger à confesser leur appartenance. Quitte à faire établir un fichier de fonctionnaires, classés selon leurs options spirituelles. Glaçant. Mais pas surprenant. Gollnisch s'insurge contre l'intervention d'associations antiracistes dans les lycées : « Sous le louable prétexte de faire de l'antiracisme, elles défendent en fait les positions du lobby immigrationniste. » Le philosophe Henri Peña-Ruiz, qui siège parmi les membres de la commission, s'étonne « d'une conception de la laïcité qui est celle d'une coquille vide et qui revient à mettre sur le même plan le racisme et l'antiracisme ». Bernard Stasi s'amuse : « Le culte ostentatoire de Jeanne d'Arc est-il conforme à la laïcité ? »

Marine Le Pen partage-t-elle cette vision étonnante de l'école républicaine ? Largement. Le 18 novembre 2003,

1. *Ibid.*

alors que des laïques se battent pour la loi interdisant le port de signes religieux ostensibles au sein de l'école publique, Marine Le Pen parle d'un « aveu d'impuissance ». Avec un argument tortueux : « La France dans sa constitution dit très clairement que nous sommes un pays laïc. Par conséquent, ce principe constitutionnel devrait pouvoir être appliqué par le gouvernement sans légiférer. » Mais le fond de la pensée est ailleurs : « Je crains de tomber aussi entre les mains des laïcistes extrémistes qui empêcheraient demain, sous prétexte de laïcité, nos enfants d'aller à l'école avec leur médaille de baptême[1]. » Cette déclaration n'est pas sans rappeler combien elle a mal vécu le jour où une responsable de l'école publique de Saint-Cloud lui a demandé de cacher sa médaille de la Vierge sous son pull… Mais elle est aussi politique : la laïcité est vécu comme un extrémisme dès qu'elle menace de toucher au catholicisme.

Une vision très catholique de l'école

Marine Le Pen ne perçoit pas l'école publique comme un lieu d'apprentissage de la citoyenneté et de l'égalité. Or c'est au nom de cette vocation émancipatrice que se justifie l'interdiction du voile, ou le fait d'organiser l'intervention d'associations sensibilisant les élèves à l'égalité, l'antiracisme, aux droits des femmes, ou à la planification familiale dans les lycées. La présidente du FN n'est pas du tout sur cette ligne. Elle préfère réduire la laïcité de l'école à une étrange « neutralité » : « La laïcité c'est aussi, et peut-être avant tout, la neutralité tout court. Mais cet aspect de la laïcité, qui devrait être prioritaire dans l'esprit du corps enseignant, a été largement laissé de côté », écrit-elle dans son livre[2]. A quoi fait-elle allusion ? Pour le comprendre,

1. France Info, 18 novembre 2003, repris par l'AFP et Reuters.
2. Marine Le Pen, *A contre flots*, *op. cit.*, p. 55.

il faut se remémorer un autre épisode de sa scolarité. Son émoi quand elle entend ses professeurs contrarier ce qu'elle entend chez elle, et réfuter ses arguments, visiblement très revendicatifs, en faveur de la colonisation ou de la peine de mort : « Aucun avis divergent n'était toléré sur le sujet et tous ceux qui osaient argumenter en faveur du maintien de la peine capitale étaient considérés par un certaine nombre d'enseignants comme des fascistes[1]. »

Au nom de cet attachement à la « neutralité » des enseignants, Marine Le Pen aurait pu réagir au prosélytisme agressif d'un enseignant catholique intégriste : Philippe Isnard. En octobre 2010, il profite du cours d'éducation civique – censé ouvrir l'esprit des élèves – pour leur projeter un film d'une violence inouïe contre l'avortement. Six minutes de fœtus en sang découpés en morceaux sur fond de musique dramatisante. Le tout présenté comme un film sur l'IVG. Alors qu'il montre en réalité des enfants morts nés ou des fœtus formés, pris en photo après des avortements médicaux très tardifs. Il leur distribue également un tract de SOS Tout-Petits, dans lequel l'avortement est décrit comme un « meurtre », même en cas de viol. L'enseignant explique même à ses élèves qu'un viol n'est pas fécond si la femme violée n'a pas pris de plaisir... Si le nouveau Front national était sincèrement attaché à la « neutralité » religieuse et politique, il se serait manifesté lors de cette affaire, fortement médiatisée. Il ne l'a pas fait. C'est au côté de ce professeur intégriste, sympathisant de Bruno Gollnisch, qu'il est apparu. Notamment à la Marche pour la vie, la manifestation annuelle des anti-IVG. Elle porte le professeur de Manosque en triomphe. Le FN est représenté par Bruno Gollnisch, qui défile en tête de cortège[2]. A croire que la « neutralité » des professeurs ne s'impose que lorsqu'il

1. *Ibid.*, p. 56.

2. La Marche pour la vie du 23 janvier 2011 a réuni, selon les organisateurs, près de 40 000 personnes. Voir Caroline Fourest, Fiammetta Venner, « Des petits soldats contre l'avortement », Eclectic/Canal +, 13 avril 2011.

s'agit de protester contre l'enseignement de l'histoire de la décolonisation ou de l'antiracisme au sein de l'école… Le FN de Marine Le Pen veut bien lutter contre le prosélytisme au nom de l'islam, mais ne fait jamais entendre sa vigilance face au prosélytisme de l'intégrisme chrétien.

Autant dire qu'elle refuse de lutter contre la principale menace qui plane sur la laïcité : l'explosion d'écoles privées confessionnelles favorisant le communautarisme et le repli sectaire au détriment de la citoyenneté. C'est pourtant le principal danger, loin devant quelques centaines de voiles. Des centaines d'écoles tenues par des mouvances intégristes (Opus Dei, Loubavitch, Frères musulmans ou traditionalistes…) se sont ouvertes en France ces dix dernières années, souvent hors contrat, mais parfois sous contrat. Comme le lycée d'Hautefeuille, sous contrat, bien que l'aumônerie soit tenue par l'Opus Dei, le lycée Averroès de Lille tenu par l'UOIF, ou l'école Saint Projet de Bordeaux. Proche de la Fraternité Saint Pie X, cette dernière enseigne une vision tout à fait particulière de l'histoire de France à ses élèves. De Gaulle y est présenté comme un traître et Pétain comme un héros[1]. Ce qui n'est pas vraiment conforme aux programmes, sauf peut-être ceux du Front national. Le Parti socialiste s'inquiète, et dépose une proposition de loi visant à créer mission parlementaire sur les « dérives sectaires et intégristes ». Le Parti de Gauche va plus loin. En avril 2011, il rédige une proposition de loi qui suggère de durcir les conditions nécessaires pour ouvrir une école, de multiplier les contrôles en cas de dérive, tout en réservant le financement public aux seules écoles publiques. Le Front national est à mille lieues de telles propositions. Lorsqu'une internaute lui demande s'il faut « abandonner ses traditions ou sa religion (ne pas manger de porc dans les cantines scolaires justement) pour être considéré comme français ? », Marine Le Pen répond par la liberté de choisir son école :

1. *Les infiltrés*, France 2, 27 avril 2010.

« Pas du tout. Ce n'est pas du tout le sens de mon propos. Mais si l'exercice de la religion se heurte à la neutralité religieuse de l'espace public, il faut dans ces conditions se tourner vers le privé. C'est d'ailleurs si vrai que beaucoup de Français catholiques, qui considèrent que l'école publique laïque ne correspond pas à la vision qu'ils ont de l'éducation et qui doit être donnée à leurs enfants, ont le choix, et l'exercent, de mettre leurs enfants dans des structures privées qui ne sont pas soumises à la loi sur la laïcité[1]. »

Dans la mesure où la plupart des écoles privées intégristes sont catholiques, le FN ne prendra jamais le risque de durcir le caractère laïque de l'Éducation nationale, ni celui de remettre en cause son attachement à la liberté de choix en matière d'enseignement. Au contraire. Marine Le Pen va dans le sens du « chèque scolaire, qui favorise le développement des établissements privés catholiques ». Ce qui est l'exacte position des ultra-libéraux et des intégristes. C'est-à-dire celle d'une dérégulation à l'américaine, où les familles reçoivent un « chèque éducation » qui leur permet de scolariser leurs enfants indifféremment dans le public où dans le privé, voire chez eux. Ce que font la plupart des familles intégristes américaines souhaitant empêcher leurs enfants d'apprendre l'évolutionnisme ou de recevoir des cours de prévention sexuelle. Cela devrait ravir l'ancienne commission femmes du FN, qui a toujours milité contre ces cours, tout en souhaitant censurer les manuels scolaires[2]. Les positions de Marine Le Pen rejoignent cette ligne.

Sa montée au créneau pour défendre la laïcité des services publics est bien tardive, et surtout elle n'est valable que pour l'islam. Sans doute consciente d'avoir raté la bataille de

---

1. *Chat* sur le Monde.fr, 26 mars 2008.

2. Les livres de biologie serviraient à « remettre en cause les valeurs familiales » par le biais de l'éducation sexuelle « imposée aux enfants ». Françoise Laroche, « Maréchale, nous voilà ! Le Cercle national des femmes d'Europe », *L'extrême droite et les femmes*, sous la direction de Claudie Lesselier et Fiammetta Venner, 1997, Golias.

2004, Marine Le Pen estime qu'on n'en fait jamais trop depuis 2010. Comme lorsqu'une fonctionnaire est suspendue de ses fonctions pour avoir porté le voile dans un service de police. Marine Le Pen estime qu'elle « aurait dû être purement et simplement radiée de la fonction publique ». Elle y voit le signe d'une « lâcheté du gouvernement face aux pressions de groupes politico-religieux[1] ». Toutes proportions gardées, ce jusqu'au-boutisme de dernière minute rappelle un peu les combats ratés de son père, trop jeune pour faire la guerre aux Allemands, mais jamais à court de zèle pour donner des leçons de « résistance ».

L'UMP a pourtant tout fait pour ne lui laisser aucun espace au FN en matière de lutte contre le voile. Alerté par des maires de gauche et de droite, un groupe de députés décide de plancher sur l'interdiction du voile intégral dans la rue. Votée en 2010, la loi prévoit que « nul ne peut dans l'espace public porter une tenue destinée à dissimuler son visage », sous peine d'encourir une amende de 150 euros ou « un stage de citoyenneté ». Le FN pourrait s'en féliciter, mais ce serait ne pas « se différencier » et donc prendre le risque de reconnaître qu'il n'existe pas de ligne UMPS. Alors Marine Le Pen trouve à redire et verse dans le maximalisme : « Le vote par les députés d'une résolution sur l'interdiction de la burqa est un nouvel épisode, le plus grotesque peut-être, du feuilleton électoraliste autour du voile intégral. » A l'entendre, « la burqa n'est que l'arbre électoraliste qui cache la forêt du renoncement ». Une fois encore, elle se prononce contre le fait de légiférer : « Ce n'est pas une résolution, ni même une loi publicitaire sans cesse remise à demain, qui permettra de redresser la barre[2]. » Elle demande aux pouvoirs publics une « application complète de l'interdiction dans l'espace public de cet épouvantable vêtement ». Entendez que « les étrangers qui se croient autorisés à nous imposer

1. AFP, 5 février 2010.
2. AFP, 11 mai 2010.

leurs provocations communautaristes se voient immédiatement retirer leur titre de séjour et que les naturalisés qui sont dans ce cas se voient déchus de leur nationalité[1]. » Elle feint d'ignorer que certaines porteuses de burqa sont parfois, souvent même, des « converties », qui font justement du zèle en se couvrant totalement, pour faire oublier leurs origines, bien françaises. Quant aux étrangères qui le portent, elles sont souvent originaires du Golfe, et viennent moins imposer « leurs provocations communautaristes » que faire leurs courses sur les Champs-Elysées...

Guillotinée par Jean-Luc Mélenchon

La mauvaise foi laïque de Marine Le Pen est clairement apparue lors de son duel avec Jean-Luc Mélenchon, organisé par Jean-Jacques Bourdin le 14 février 2011, pour RMC et BFM TV. Le jour de la Saint-Valentin sera celui de toutes les mises au point. Le président du Parti de Gauche peut se montrer volontiers provocateur et populiste, mais il n'a rien de commun avec les valeurs du Front national. Surtout quand il s'agit de République ou de laïcité, qu'il défend contre tous les intégrismes. « C'est la différence », lance-t-il. Marine Le Pen assume sa posture essentiellement anti-« islamisation » de la laïcité : « Je lie laïcité et islamisation de la France (....) évidemment, il faut être sourd et aveugle pour ne pas s'apercevoir que c'est la montée de l'intégrisme musulman qui met en cause la laïcité. » Jean-Luc Mélenchon n'a jamais nié que l'intégrisme musulman mettait en péril la laïcité. Contrairement à Marine Le Pen, il s'est clairement prononcé contre le voile à l'école et le voile intégral dans la rue. Marine Le Pen, elle, nie qu'il existe aussi des problèmes liés à l'intégrisme catholique : « La vérité c'est

1. AFP, 30 mars 2010.

que ce ne sont pas les intégristes catholiques qui violent la laïcité en France. » Jean-Luc Mélenchon la place alors devant un cas concret : l'« occupation », parfaitement illégale, de l'église Saint-Nicolas-du-Chardonnet par les catholiques traditionalistes… En effet, c'est par la force que les troupes intégristes de la Fraternité Saint Pie X l'ont investie en 1977, sans que le préfet ne décide de les déloger, et bien que des élus aient protesté. Un « accommodement raisonnable » qui dure depuis trente-quatre ans ! Et ne pose aucun problème à Marine Le Pen.

Jean-Luc Mélenchon enchaîne sur l'exception concordataire : « J'ai une annonce à faire, mon parti va proposer une extension du principe de laïcité par l'abrogation du concordat en Alsace Moselle. » Là encore, Marine Le Pen ne se sent plus si laïque. Il aborde alors la question scolaire : « Lorsque vous étiez conseillère régionale de la région parisienne, mes amis avaient déposé une série d'amendements qui visaient à donner les moyens à l'école publique, et ces moyens qu'il fallait donner à l'école publique ils les prenaient sur la part de l'argent qu'ils donnaient en plus de la loi aux écoles privées. Et vous Madame Le Pen (…) vous avez dit je ne le voterai pas. » Marine Le Pen confirme être moins laïque que lui sur ce sujet : « Les écoles sous contrat avec l'Etat, il est normal qu'elles soient financées. »

La messe est dite. Jean-Luc Mélenchon a fait sa démonstration de la laïcité à géométrie variable du Front national. Son jugement est sans appel : « Cela fait quarante ans que vous existez, vous ne servez strictement à rien. (…) Vous n'avez jamais servi à rien, à part ramener de la haine. » Passablement bousculée, Marine Le Pen interrompt Jean-Jacques Bourdin pour tenter une drôle de pique : « Ça me fait rire. Monsieur Bourdin… » Elle pointe son doigt vers Mélenchon : « Il est contre la peine de mort, sauf pour Louis XVI, hein ! Vous êtes contre la peine de mort sauf pour Louis XVI. Vous en appelez à Robespierre, etc. On ne peut pas célébrer le culte de la guillotine et venir donner des leçons sur la peine de mort. Ça m'amuse beaucoup moi. » La réplique de Jean-Luc Mélenchon tombe comme un couperet : « La seule personne autour de cette table qui est pour la guillotine, c'est vous. Parce que vous êtes pour la peine de mort, et moi je suis contre. Aujourd'hui, la peine de mort c'est vous, pas moi. »

Le score final est vite vu. En vingt minutes, le président du Parti de Gauche a réussi à démontrer que Marine Le Pen n'était laïque que contre l'islam, pas du tout quand il s'agissait de défendre Saint-Nicolas-du-Chardonnet, ni chrétienne pour un sou lorsqu'il s'agit de la peine de mort. Mais surtout plus royaliste que républicaine dans ses références historiques. Alors que Jean-Luc Mélenchon maîtrise parfaitement l'histoire de la République et de la Révolution française, Marine Le Pen vole au secours de Louis XVI et semble réduire la Révolution française à la Terreur. Pour cette fois au moins, l'OPA sur la République et la laïcité a tourné au fiasco.

Non pas universaliste, mais monoculturaliste

Le virage républicain de Marine Le Pen surfe sur une véritable crise : celle du multiculturalisme. En jouant d'un malentendu fréquent. Beaucoup de gens confondent le mot « multiculturel » (la diversité des influences culturelles) avec celui de « multiculturalisme » : une philosophie politique qui consacre le droit à la différence plutôt que le droit à l'indifférence, et la liberté religieuse par-dessus tout. Quitte à défaire la sécularisation et l'égalité[1].

La crise du multiculturalisme ne vient pas du pluralisme culturel, appelé à s'accélérer avec la mondialisation, mais des « accommodements religieux », dits « raisonnables », que des citoyens jugent de plus en plus « déraisonnables ». Il

1. Caroline Fourest, « Multiculturalisme et malentendus », *Le Monde*, 19 février 2011.

ne s'agit plus d'accommoder des groupes dominés aspirant à l'égalité – comme les femmes enceintes sur leur lieu de travail – mais de céder aux demandes de groupes dominants, parfois intégristes, refusant la mixité ou aspirant à l'inégalité (notamment hommes-femmes). Autrement dit, de tolérer l'intolérance, en multipliant les concessions à l'intégrisme et au communautarisme. Des républicains sincères ont largement dénoncé cette dérive, au nom d'une vision égalitaire et universaliste de la citoyenneté. Par crainte de voir l'intégration et le mélange reculer. Marine Le Pen, elle, dénonce le communautarisme et le multiculturalisme par crainte du métissage : « Le métissage des cultures appelé aussi multiculturalisme, a abouti partout dans le monde à des conflits parfois sanglants[1]. » Et d'en revenir, encore et toujours, à l'immigration : « Doit-on continuer à subir une immigration massive qui bouscule nos valeurs, nos traditions, nos rites, nos codes, nos relations sociales, notre culture, notre mode de vie ? La République n'est-elle pas en train d'abandonner ses valeurs de liberté, d'égalité, de fraternité, de laïcité en se soumettant à une cascade de revendications de plus en plus provocatrices ? Où en est notre langue française, essentielle à notre identité ? Doit-on négocier pour pouvoir vivre comme un Français en France ? Evoquer ces grandes questions avec nos compatriotes c'est s'autoriser à faire un constat de la crise identitaire qui les frappe et commencer à faire émerger dans leurs esprits des solutions de bon sens pour pouvoir préserver ce que nous sommes. »

« Identitaire », le mot est prononcé… Il ne s'agit pas de réaffirmer la citoyenneté et le modèle français en matière de laïcité (position universaliste). Mais d'insister sur les « traditions » que le « métissage culturel » met en danger (position monoculturaliste[2]). Nicolas Sarkozy – pourtant plutôt rigide

1. *Nations presse magazine*, numéro 10, décembre 2010.

2. Ce terme, également utilisé par Eric Fassin et d'autres, était déjà au cœur de *La Dernière utopie*, Grasset, 2009. Il s'agit de défendre l'uniformité culturelle, et non l'universalisme.

en matière d'identité nationale – se voit quasiment traité de « totalitaire » et de raciste antifrançais parce qu'il ose plaider pour le métissage : « Avec un aplomb insensé empreint d'un racisme antifrançais quasiment assumé qui supposerait la consanguinité des Français, le chef de l'Etat appelle au "métissage d'Etat" qu'il opposerait au communautarisme », écrit Marine Le Pen. Avant de préciser : « Si le métissage peut être un choix affectif personnel, il ne peut devenir comme le veut Nicolas Sarkozy une doctrine d'Etat, sauf à apparaître comme un "négatif" des pires politiques raciales totalitaires du XXe siècle[1]. » Elle dénonce un risque de « dilution de l'identité nationale ».

Dans ce débat il existe donc, au minimum, trois positions :

A) La position universaliste, qui souhaite préserver le pluralisme culturel et la laïcité, par l'intégration et le mélange.

B) La position multiculturaliste, qui favorise le respect de la diversité culturelle, mais parfois aussi le triomphe de la liberté religieuse et du droit à la différence sur l'égalité et la laïcité.

C) La position monoculturaliste, qui perçoit le métissage culturel comme un danger pour l'identité « traditionnelle ».

Il arrive que deux postures, la première et la troisième (A et C), se liguent pour résister à la seconde (B). Notamment lorsqu'il s'agit de dire non à Nicolas Sarkozy et à sa tentation de puiser certaines recettes dans l'exemple américain : la laïcité « positive », les statistiques ethniques ou la discrimination positive. Sur ces trois chantiers, les partisans de l'universalisme l'ont fait reculer. Ce n'est que bien plus tard que Marine Le Pen et les monoculturalistes se sont emparés du terme « laïcité ». Quitte à le faire dériver, et non sans accuser les « élites » d'avoir trahi ! Alors que

1. Communiqué du 8 décembre 2009.

sans la résistance des « élites » – des énarques, des intellectuels, des grands commis de l'Etat, des franc-maçons, des féministes, des antiracistes universalistes ou des laïques – Nicolas Sarkozy aurait largement retouché le « modèle français ». Ce qui, contrairement à ce qu'affirme Marine Le Pen, n'est pas arrivé. La « laïcité positive » a été raillée. La discrimination positive refusée. Et les statistiques ethniques retoquées… Mais à quoi sert le FN si ces combats sont gagnés ? A rien. D'où l'intérêt de hurler au loup quand même.

Ce positionnement outrancier, parfaitement décalé, est apparu de façon éclatante lors du face-à-face entre Marine Le Pen et Eric Besson dans *A vous de juger*[1]. Plutôt en forme, le ministre de l'Immigration et de l'Identité nationale (un nom de ministère qui devrait plaire au Front national) a eu d'autant moins de mal à renvoyer Marine Le Pen dans les cordes que tous ses reproches, ou presque, sont infondés.

Une étrange vision de la discrimination positive

A propos de la « discrimination positive », la vice-présidente du FN ne s'encombre d'aucune nuance : « Voilà qui ressemble fort à une politique totalitaire de substitution du peuple de France. » Pourtant, il n'existe à ce jour (on peut s'en réjouir) aucune loi, aucun quota qui oblige la moindre entreprise à embaucher un salarié sur la base de sa couleur de peau, sa religion, son origine ou sa sexualité. Seulement des encouragements, un peu anecdotiques, comme des « prix de la diversité », remis par des ministères ou des entreprises, souvent pour récompenser les entreprises de télémarketing ou de nettoyage (car les minorités y sont

1. *A vous de juger*, 14 janvier 2010.

effectivement très représentées !). Mais pour Marine Le Pen, la « discrimination positive » commence dès que l'on combat la discrimination négative.

C'est ce que l'on comprend en se penchant sur une association qui lui est proche : SOS Egalité. Le titre est trompeur. Il ne s'agit pas de défendre l'égalité réelle mais de prendre le contre-pied de SOS Racisme. Exactement comme l'Agrif, qui porte plainte pour racisme « antifrançais » ou « antichrétien », le but n'est pas de lutter contre les discriminations pouvant toucher les Noirs, les Arabes ou les femmes, mais de freiner « la discrimination positive » pouvant défavoriser les Français dans la norme. En accréditant l'idée qu'ils sont moins bien traités, donc discriminés, que les immigrés ou leurs descendants.

SOS Egalité n'est pas officiellement liée au Front national, mais elle est présidé par Jean-Richard Sulzer, secrétaire général du groupe FN au conseil régional d'Ile-de-France. A l'écouter, « tout est parti du buzz internet suite aux propos d'Anne Lauvergeon[1] ». Le 16 octobre 2009, alors qu'elle participe au Women's Forum et réfléchit au moyen d'encourager un recrutement plus diversifié, la présidente d'Areva se prononce pour un coup de pouce informel : « A compétences égales, on choisira la femme, on choisira la personne venant d'autre chose que le mâle blanc, pour être clair. » Une phrase qui, sortie de son contexte, fait hurler. Pourtant, il s'agit bien de préférer de nouveaux profils à « compétences égales », sans quotas ni obligation. Il existe des féministes universalistes opposées à la parité formelle, qui font le pari exigeant de déconstruire les préjugés sans avoir recourt à des « marchepieds » pouvant se retourner contre les discriminés. SOS Egalité ne se situe pas dans cette optique universaliste (B) mais dans l'optique monoculturaliste (C).

1. Marwan Chahine, « Le FN tisse sa toile contre la discrimination positive », *Libération*, 30 décembre 2009.

Le site, plutôt sommaire, affiche la citation de Lauvergeon en guise de repoussoir, et une photo très « diversité » en guise de bande annonce. Le propos se veut républicain. L'article Ier de la Constitution de 1958 est cité : « La République assure l'égalité devant la loi de tous les citoyens sans distinction d'origine, de race ou de religion. » Ses cinq « missions principales » sont également irréprochables sans les sous-titres. Il s'agit de : « Promouvoir l'égalité en droits des citoyens français ; lutter contre le communautarisme et les politiques explicites ou implicites de promotion de la discrimination positive en France ; faire connaître au plus grand nombre ces politiques et saisir la justice pour obtenir leur annulation ; recueillir les témoignages des victimes de ces politiques : victimes directes (celles qui n'ont pas vu leur mérite reconnu en raison de leur appartenance à une catégorie de la population non privilégiée par ces programmes), et victimes indirectes (celles qui appartiennent à l'une de ces catégories privilégiées, qui ont pourtant utilisé les voies conventionnelles, mais qui souffrent de l'amalgame car présumées favorisées) ; porter assistance par tous moyens à ces victimes et œuvrer au rétablissement de leurs droits de citoyens français. »

Tout prend son sens si l'on comprend ce que désigne le concept de « victimes indirectes » et non « privilégiées », qui souffrent car « présumées favorisées »... Autrement dit, les Français dans la norme : hommes, blancs, hétérosexuels, catholiques. Combien sont-ils à souffrir en silence ? Le site affiche 12 000 visiteurs quotidiens mais n'a reçu qu'une cinquantaine de plaintes pour discrimination, dont deux sont *a priori* recevables. Un bilan bien maigre, qui pourrait laisser penser que les Français dans la norme ne souffrent pas tant que ça du racisme. Mais qui a le mérite de proposer un discours ayant l'apparence de l'égalité républicaine, tout en continuant à défendre la préférence culturelle.

Communautarisme ou antiracisme ?

Que propose Marine Le Pen pour lutter contre le communautarisme ? D'inscrire dans la Constitution, un article stipulant la « non-reconnaissance des communautés[1] ». Un peu novice en républicanisme, elle feint d'ignorer que cette relation directe entre l'Etat et le citoyen est déjà garantie par notre Constitution : « La République est une et indivisible. » Marine Le Pen ne s'en satisfait pas. En politique, il faut toujours avoir quelque chose à vendre. Elle propose donc d'aller jusqu'à interdire de subventionner, de soutenir ou même de reconnaître la moindre association de femmes, de berbères, de gays et de lesbiennes, de juifs ou de Basques. Comme si le mode associatif communautaire était en soi antirépublicain. C'est absurde. Tant qu'il crée un lien en plus de la citoyenneté, le lien communautaire enrichit le lien citoyen et le tissu social et culturel. Il ne devient problématique, « communautariste », que lorsqu'il vise à fonder une appartenance submergeant l'appartenance citoyenne. Par exemple, lorsque la Tribu Ka forme une contre-société noire appelant à la haine des Blancs. Lorsque des satellites des Frères musulmans revendiquent la suprématie de la charia sur la loi républicaine. Ou lorsque l'extrême droite prône une « préférence nationale », fondée sur une lecture ethnique et culturelle de la citoyenneté française.

Dans ce cas, le refus affiché du « communautarisme » ne vise pas réellement à restaurer l'égalité entre les citoyens, mais à imposer la domination d'une culture, majoritaire et traditionnelle, sur toutes les autres. Une vision « suprémaciste » de l'identité française, où le modèle culturel dominant reste la norme, et toute contestation minoritaire aspirant à l'égalité aussitôt taxée de « communautarisme ». Comme lorsque des associations contre l'homophobie

1. Notamment sur la plateau de *Semaine critique*, *op. cit.*

exigent le droit, quelle que soit sa sexualité, de pouvoir se marier. Ou lorsque SOS Racisme dénonce le racisme... Cette intention sous-jacente devient flagrante lorsque Marine Le Pen s'insurge contre les subventions accordées à des associations antiracistes : « La mairie de Paris qui est aussi le conseil général, accorde une subvention de 40 000 euros par an à SOS Racisme ! C'est cela, mes chers amis, la justice sociale selon la caste au pouvoir, et selon la gauche qui donne en permanence des leçons de morale ! S'attaquer aux plus faibles et aux plus fragiles de nos compatriotes, à ceux dont on est sûr qu'ils accepteront leur sort sans broncher parce qu'ils n'appartiennent pas à ces minorités visibles, communautarisées et organisées, à qui tout est dû et auxquelles on donne tout[1]. »

Cette phrase mérite d'être disséquée. En quoi est-ce « attaquer les plus fragiles de nos compatriotes » que de soutenir la lutte contre le racisme ? En quoi SOS Racisme, qui réunit des militants de toutes les origines et de toutes les confessions, peut-il être amalgamé avec une « minorité visible communautarisée » ? L'association – qui a renoncé au droit à la différence – soutient tous les grands principes républicains, comme la laïcité, la loi de mars 2004 sur les signes religieux, et se bat pour l'égalité. L'anticommunautarisme de Marine Le Pen sert donc clairement à ébranler l'antiracisme et le principe d'égalité.

C'est encore plus clair lorsqu'elle s'en prend à la Halde (Haute autorité de lutte contre les discriminations), qu'elle qualifie de « structure politique et totalitaire » dans un *chat* diffusé sur le site internet du FN. Dans une question, adressée à la fois à Marine Le Pen et Bruno Gollnisch, un sympathisant FN se demande ce que tous deux feront contre les « parasites, comme la Halde, la Licra ou le Cran ». Marine Le Pen trouve la question légitime et lui répond : « Je suis

1. Conseil national du FN, discours de clôture de Marine Le Pen, 12 février 2011.

contre les associations communautaristes. » « Il ne faut pas verser de subventions » à ces associations… Elle affirme avoir reçu le « témoignage d'un chef d'entreprise qui, malgré que la plainte contre lui pour discrimination ait été classée sans suite par le parquet, a été entendu sept heures par la Halde, sans boire ni manger. » Elle conclut : « C'est pas la peine de donner des grandes leçons sur la Chine, sur la Corée du Nord ou sur feu l'Union soviétique pour voir ce genre de choses se dérouler dans notre pays : c'est un véritable scandale. » Toujours avec le même sens de la mesure.

La République, décidément, a bon dos. Tout comme la laïcité, il s'agit surtout d'en faire un bouclier contre l'antiracisme tout en continuant à viser des boucs émissaires. Le 1er avril 2011, le Grand rabbin de France a estimé que le Front national était « une menace pour les valeurs de la République ». Voici ce que Louis Aliot a trouvé à répliquer : « En tant que citoyen et élu de la République j'avais cru comprendre qu'un rabbin, aussi grand soit-il, avait comme mission exclusive de s'occuper de son culte et de ses fidèles. L'intrusion dans le débat laïc et républicain de cette autorité religieuse est une démonstration supplémentaire des atteintes qui sont aujourd'hui portées au principe de laïcité et à la République[1]. » Pour le moins hors sujet…

Les Juifs ou les Arabes ?

Voilà deux « clientèles » que le Front national a toujours hésité à séduire ou à diaboliser. Derrière des postures savantes – Nouvelle droite, Solidariste, nationaux-révolutionnaires, Identitaires, Troisième voie, etc. – se cache un clivage bien moins sophistiqué qu'il n'y paraît. Celui d'une extrême droite tiraillée entre deux boucs émissaires : les juifs ou les

1. Communiqué de Louis Aliot, 1er avril 2011.

Arabes. Dans une version plus élaborée, il y a ceux qui veulent en priorité militer contre le sionisme, le « lobby » ou le « Système ». Et ceux qui s'engagent pour militer en priorité contre « l'islamisation ». Ce qui n'interdit pas de vouloir combattre les deux à la fois. C'est même un trait caractérisant souvent le militantisme d'extrême droite. Mais c'est aussi un engagement guidé par la quête d'absolu, de pureté et de radicalité. Si bien qu'on s'y déchire facilement selon son tropisme et son bouc émissaire préféré. Pris entre ces tentations, le FN tente de faire la synthèse. Tout en courtisant à la fois le vote juif et le vote arabe. Pas simple.

On l'a oublié, mais juste avant sa tirade sur les chambres à gaz comme « détail » de l'histoire de la Seconde Guerre mondiale, Jean-Marie Le Pen faisait des pieds et des mains pour être reçu par le Congrès juif mondial et préparait un voyage à Jérusalem[1]. Sa sortie à *L'Heure de vérité* va durablement lui fermer les portes des associations juives. Il faudra que le 11 septembre passe par là pour entendre certaines déclarations étonnantes au lendemain du 21 avril 2002. Dans le quotidien *Haaretz*, Roger Cukierman, alors président du Crif, analyse ce score comme un « message aux musulmans leur indiquant de se tenir tranquilles », avant de s'excuser. D'autres confient avoir voté pour Le Pen, comme Jo Goldenberg, célèbre traiteur de la rue des Rosiers, qui déclare : « Le Pen, c'est la défense de la France avant tout, c'est le sens patriotique, et moi c'est ce qui m'intéresse[2]. » Ce « coming out » a marqué. Monsieur Goldenberg fait partie des victimes du plus célèbre attentat antisémite de l'après-guerre. Le 9 août 1982, vers 13 h 10, deux hommes ouvrent le feu dans le quartier juif de Paris. Un acte longtemps attribué à un groupe pro-palestinien proche du FPLP, bien que les portraits robots des auteurs

1. *Dans l'ombre de Le Pen*, *op. cit.*, pp. 114 à 117.

2. Interviewé par France 2, le 21 avril 2002. Voir aussi : *Les 4 vérités*, n° 347, 27 avril 2002.

du coup de feu ressemblent étrangement à deux néo-nazis allemands, justement de passage à Paris[1]... Cette piste n'ayant jamais été explorée publiquement avant 2008, monsieur Goldenberg doit penser avoir certains points communs avec le leader du Front national (lui aussi victime d'un attentat non élucidé). Quelques sympathisants de la cause israélienne ont aussi fini par croire que le FN partageait leur méfiance envers la cause arabe et palestinienne. C'est pourtant bien plus compliqué.

Le discours du Front national ne peut pas être caricaturé en simple racisme antiarabes. Sa défiance envers l'immigration maghrébine porte la marque de la guerre d'Algérie, où il y avait – vu de l'armée française – les bons et les mauvais Arabes : les fellagas et les harkis. Jean-Marie Le Pen s'inscrit dans ce regard et ne rate jamais une occasion de rendre un hommage ému aux harkis. Tout comme son ami Ahmed Djebbour, député de confession musulmane élu sous l'Algérie française. Le Pen a longtemps prétendu avoir perdu son œil en le défendant lors d'une bagarre contre des communistes, alors que ce n'était qu'un cocard et qu'il a perdu l'autre œil à cause d'une maladie dégénérative... La fille de son ami, Soraya Djebbour, sera conseillère régionale sous les couleurs du FN. Mais le président du Front a bien d'autres gages à mettre en avant. A Suez, où il est arrivé après la bataille avec le contingent français, Jean-Marie Le Pen a souvent rappelé qu'il avait pris soin d'enterrer les cadavres des Egyptiens le corps tourné vers La Mecque : « Je les ai bien traités mes morts égyptiens, sans doute parce que je les ai bien aimés et les eusse préférés vivants. Ils ont eu droit à une toilette sommaire, ils sont allés au trou bien propre et tous pieds nus dans leur linceul et la tête tournée vers La Mecque. Je suis tout à fait certain qu'ils sont au paradis des croyants[2]. »

1. Cette piste, très sérieuse, a été révélée par le documentaire de Thierry Vincent, « La piste oubliée », diffusé sur Canal +, le 3 octobre 2008. Il s'agissait de Walther Kexel et de Odfried Hepp.

2. Jean Marcilly, *Le Pen sans bandeau*, Jacques Grancher, p. 136.

L'histoire ne dit pas comment il a réussi à différencier les coptes des musulmans parmi les morts égyptiens… Marine Le Pen y voit, en tout cas, un signe de plus qu'on a caricaturé son père : « On le disait raciste, antisémite ? Je lisais, racontée par d'autres, l'expédition de Suez où il se battit au côté de l'armée israélienne et enterra consciencieusement les cadavres musulmans la tête tournée vers La Mecque, s'attirant ainsi les félicitations de son état-major[1]. »

Sa culture politique est moins forgée par la guerre d'Algérie que par le 11 septembre. Le fellaga n'est plus indépendantiste mais islamiste. Et comme les ennemis de mes ennemis font parfois des amis, Marine Le Pen ne regarde pas forcément d'un mauvais œil le nationalisme israélien. Surtout si cela permet de séduire les juifs exaspérés par les islamistes. Sans renoncer à tenter les Arabes exaspérés par les sionistes. Malgré son intention affichée de vouloir interdire la « reconnaissance » des communautés, elle se rend volontiers dans les organes « communautaires ». Comme à Beur FM le 6 juin 2006. Ce jour-là, elle est reçue par le journaliste Ahmed El Keiy, qui donne la parole aux auditeurs. L'ambiance est détendue. Marine Le Pen joue la complicité, comme elle sait si bien le faire quand on attend d'elle le diable. Un certain « Louis de Toulouse » appelle pour réclamer qu'on stoppe « les flux migratoires ». Il parle bizarrement. « Il a un peu de mal, Louis », commente Ahmed El Keiy. « Oui, il est très timide », réplique Marine Le Pen, au bord du fou rire. Elle a reconnu Louis Aliot. A deux autres reprises, l'animateur va démasquer de faux auditeurs. « J'aime bien votre accent mais il faudra le travailler », lance-t-il à un certain Mustapha, qui appelle pour dire qu'il votera pour « Madame Li Pen ». Ou un certain Mourad qui dit en avoir « assez d'être agressé par des cousins dans le métro ». Des « faux » qui n'empêchent pas de vrais électeurs d'origine maghrébine de voter FN, pour secouer le « système »…

1. Marine Le Pen, *A contre flots, op. cit.,* p. 90.

Le FN gagne décidément sur tous les tableaux. Contrairement à son père, Marine Le Pen a aussi quelques contacts dans la frange la plus extrémiste de la communauté juive. A l'image d'une rencontre, discrète, organisée en 2004 avec William Goldnadel. « C'est elle qui l'a sollicitée, et je n'ai jamais refusé un rendez-vous », se justifie l'avocat dans *L'Express*[1]. Visiblement pour trouver un moyen d'être reçue en Israël... Il dit avoir insisté pour pousser le FN à faire son *aggiornamento* sur la Shoah. Marine Le Pen ne dément pas : « Il voulait que je condamne mon père », mais ajoute : « Je n'ai rien à me reprocher. Je n'ai aucune responsabilité dans le malheur des juifs et ne me sens aucune filiation avec l'antisémitisme d'un certain nombre de nationalistes. » Quelques années plus tard, néanmoins, la clarification est faite. Et William Goldnadel semble avoir apprécié. Lors d'un débat organisé par *VSD*, il est invité à comparer Marine Le Pen et Sarah Palin. Il reconnaît qu'elles ont des points communs mais précise : « Marine est plus intelligente, plus structurée[2]. »

Ces « clarifications » rendent incontestablement plus difficile la diabolisation. Un dilemme que résume Alain Minc : « Peut-on traiter de la même façon quelqu'un qui considère les camps de concentration comme un détail de l'Histoire et quelqu'un pour lequel, c'est le summum de la barbarie[3] » ? Même relative, la « détente » de certains partisans du nationalisme israélien contraste avec la défiance des juifs de gauche, à la pointe du combat antiraciste, et viscéralement hostiles au FN – qu'il soit présidé par le père ou la fille. L'annonce de la venue de Marine Le Pen à Radio J va créer un véritable psychodrame. Prévue pour le 13 mars 2011, l'invitation a été lancée par Frédéric Haziza, chef du service

1. Romain Rosso, « Quand elle "approchait" les juifs », *L'Express*, 15 décembre 2010.

2. *VSD*, 9 février 2011.

3. Alain Minc, France Inter, 5 mars 2011. Lire aussi l'article de Richard Michel, « Le Pen au pouvoir ? », *Afrique Magazine*, n° 307, avril 2011.

politique de la station. Sans doute par volonté d'afficher un certain pluralisme[1]. Il évoque même un impératif imposé par le CSA, qui sera finalement démenti. Le directeur de la radio, Serge Hajdenberg, soutient cette démarche en rappelant que Marine Le Pen a déjà été interviewée dans un journal de gauche israélien, *Haaretz*[2]. Est-ce une raison pour la banaliser dans un média juif français ? Beaucoup ne le pensent pas. A commencer par le rédacteur en chef, Michel Zerbib, et l'un des animateurs de la station, Guy Rozanowicz, qui s'y opposent. Le Crif juge également cette invitation « irresponsable ». L'Union des étudiants juifs de France (UEJF), ancrée à gauche et proche de SOS Racisme, estime que cette invitation pourrait « faire croire à une forme de complaisance de la communauté juive et de ses institutions à l'égard de Marine Le Pen » alors que « son parti reste structurellement antisémite, raciste et hors du champ républicain[3] ». Une page Facebook est créée pour protester. La station reçoit des dizaines d'appels d'auditeurs en colère. Après 48 heures de polémique, les partisans de l'annulation obtiennent gain de cause. Jean Corcos, qui anime une émission « à la rencontre du monde musulman » sur Judaïques FM s'en félicite, mais veut rester en alerte[4]. C'est aussi le sens d'une tribune signée par le nouveau président du Crif, Richard Prasquier, et Alain Jakubowicz, président de la Licra. Sous le titre « le discours de Madame Le Pen menace juifs et musulmans », ils invitent à ne pas se laisser leurrer par le nouveau visage du FN : « Ne nous y trompons pas : ceux qui parlent de l'islamisation de la France sont guidés par la même obsession xénophobe que ceux qui dénonçaient la judaïsation de notre pays en 1930[5] ».

1. « Marine Le Pen, psychodrame sur Radio J », groupe Facebook.
2. AFP, 7 janvier 2011.
3. Communiqué de l'UEJF.
4. « Marine Le Pen, psychodrame sur Radio J », groupe Facebook.
5. *Le Monde*, 15 mars 2011.

Marine Le Pen est furieuse. Le communiqué du FN menace « de poursuivre les organisations juives qui profèrent des accusations graves, antidémocratiques, injurieuses et diffamatoires à l'encontre du FN et de Marine Le Pen ». Il regrette que « ces organisations politico-communautaristes interviennent aujourd'hui dans le débat électoral alors qu'elles n'ont aucune légitimité démocratique » et s'insurge contre cette « censure », qu'il qualifie de « nature totalitaire et dangereusement antirépublicaine[1] ». Marine Le Pen confond décidément « communautarisme » et antiracisme... Elle pourra se défendre quelques jours plus tard sur une radio privée israélienne, 90 FM, où elle martèle que le Front national n'est « pas un parti antisémite, raciste ou xénophobe[2] ». Elle se positionne également contre le boycott des produits israéliens. Cela semble suffire à certains dirigeants de la droite israélienne. Ils font savoir qu'ils seraient heureux d'accueillir Marine Le Pen en Israël. Décidément aveuglé, le nationalisme israélien serait donc prêt à tendre la main à la présidente d'un parti qui compte toujours dans ses rangs des révisionnistes voire des négationnistes...

Si Marine Le Pen s'est démarquée des positions de son père concernant la Shoah, Jean-Marie Le Pen est toujours président d'honneur du FN. Quant à Bruno Gollnisch, l'une de ses figures clefs, il a toujours soutenu les thèses négationnistes dans son université de Lyon III. En 2011, il a même signé une pétition pour qu'on abroge la loi Gayssot et qu'on libère le négationniste Vincent Reynouard, condamné à un an de prison ferme pour contestation de crime contre l'humanité. Ancien professeur de mathématiques, il a été révoqué de l'Education nationale. Il a surtout envoyé à des syndicats d'initiative, des musées et des mairies, un fascicule de 16 pages intitulé *Holocauste ? Ce que l'on vous cache*. Le texte qualifie de « vieux thème de propagande » le « gazage

1. Communiqué de presse du Front national, 9 mars 2011.
2. 90 FM, 30 mars 2011.

des êtres humains » et juge « impossible » l'extermination de « six millions de juifs entre 1940 et 1945 ». Une photo de chambre à gaz figure sur la brochure, avec la légende suivante : « La prétendue chambre à gaz d'Auschwitz. (...) En réalité cette pièce servit d'abord de chambre froide, puis d'abri antiaérien. » Vincent Reynouard ne dit pas que les chambres à gaz n'ont jamais existé. Il en a trouvé aux Etats-Unis. Mais en Pologne aucune. A l'écouter, dans les camps, il y avait des « jardins d'enfants », « les couvertures sont bonnes », « la soupe est abondante ». Bref, « rien ne manque à Birkenau ».

Comparé à lui, c'est vrai, Marine Le Pen est loin d'être aussi caricaturale. Mais son entourage compte tout de même de drôles de personnages. A commencer par Frédéric Chatillon, l'ami et l'ex-mari de Marie d'Herbais, l'une des attachées de presse du FN. Lorsqu'il présidait le GUD, son slogan préféré était : « Que crèvent les marxistes, les juifs capitalistes, au son des hauts tambours des lansquenets[1] ». Avec Marine Le Pen, ils peuvent se disputer, mais ils travaillent ensemble à la mise en forme de la propagande du FN. Comme l'affiche de la « beurette » de 2007 ou les plaquettes de sa campagne pour les primaires. Revenons un instant sur cette agence de communication, Riwal, qui sert de prestataire de service au FN, dont Chatillon et sa femme sont fondateurs et actionnaires. L'entourage de Madame Le Pen vante son « professionnalisme ». Elle est sans doute appelée à remplacer l'imprimerie de Fernand Le Rachinel. Qui est-elle ?

Riwal a été fondée en 1995 avec Jildaz Mahé O'Chinal et Thomas Lagane. D'abord pour imprimer les faits d'armes du GUD, comme *Les Rats maudits*, avant de vendre ses services à toutes sortes de groupes, principalement d'extrême droite[2].

1. Chanté le 21 février 1992, dans une manifestation contre l'ouverture d'Eurodisney.

2. Riwal a remplacé les Editions des Monts d'Arrée, une maison d'édition qui a édité *Les Rats maudits, l'histoire des étudiants nationalistes de 1965*

Elle est proche de la librairie révisionniste Ogmios (son bureau est situé à l'étage), qui diffuse des textes antisémites avec la bénédiction des régimes syrien et iranien depuis la fin des années 1980[1]. En 1987, notamment, la librairie Ogmios reçoit un chèque de 120 000 francs de Wahid Gordji, diplomate iranien chargé de créer des réseaux islamistes en France… Mais Chatillon est surtout proche de la Syrie. Qui l'encourage à rééditer et diffuser des ouvrages en français, puis en arabe, tels que *L'Holocauste au scanner* de Jürgen Graf, *Les Mythes fondateurs de la politique israélienne* de Roger Garaudy, *Critique de la Raison juive occidentale* de David Warlet. Cette proximité n'a rien d'étonnant. Le Parti nationaliste socialiste syrien n'a jamais caché avoir pris modèle sur le parti nazi. Son emblème est aux mêmes couleurs : rouge, blanc et noir. Plusieurs de ses cadres ont tissé des liens avec d'anciens nostalgiques du Reich. Dans les années 1970, les Syriens correspondaient avec François Duprat. Dans les années 1990, leurs contacts s'appellent Christian Bouchet et Frédéric Chatillon.

Ce dernier sera inquiété dans le cadre d'une enquête sur une vidéo accompagnant un colis piégé envoyé à Yves Derai de *Tribune juive,* le 3 décembre 1996. Une tentative d'attentat revendiquée par des personnes faisant « partie de la grande nation arabe comme certains font partie de la grande nation juive », et se disant solidaires « du sort qui est fait à [leurs] frères palestiniens ». La piste islamiste est très vite écartée, les policiers soupçonnent plutôt le milieu néo-nazi. A l'époque, le GUD diffuse des affiches non signées à la gloire de l'artificier du Hamas, Yehia Ayache, avec pour slogan :

à 1995. Outre *Les Rats maudits*, et quelques bréviaires antisémites, Riwal a publié *La république fasciste de Salo* préfacé par l'ex-Waffen SS Christian de La Mazière. Depuis 1994, le général Tlass aide la petite société qui fabrique aussi des dépliants publicitaires pour la Syrie.

1. « Quand le GUD prend le parti de l'étranger », 21 janvier 2003, mise à jour le 11 octobre 2007, Reflexes ; « Comment un ancien du GUD fait la promo de la Syrie », Droite(s) extrême(s), 18 décembre 2009.

« Israël tue, ONU complice ». Dans le doute, les policiers perquisitionnent le domicile de Frédéric Chatillon, les locaux de Riwal et une dizaine d'autres lieux, sans trouver de quoi remonter au fameux colis piégé. Ils trouvent en revanche, des armes à feu, des armes blanches, de la littérature raciste et antisémite, des manuels de fabrication d'explosifs[1]. Pour les observateurs de l'époque, « il ne s'agit pas d'une surprise pour les enquêteurs qui établissent maintenant des liens précis (financiers, idéologiques et matériels) entre cette extrême droite française et des pays arabes (la Syrie et l'Irak) ».

Quinze ans plus tard, l'ancien gudard s'est assagi mais garde un tropisme évident. Sa page Facebook collectionne les dessins pro-palestiniens douteux. Avec des soldats israéliens systématiquement représentés comme ayant un nez crochu et les mains dégoulinant de sang. La Syrie figure parmi ses clients. En décembre 2009, Riwal édite les affiches françaises de son office du tourisme : « Traversez la Méditerranée, vous y êtes ». Mais il n'est pas seulement question de mettre en valeur le patrimoine archéologique de la Syrie… A l'été 2006, il organise un voyage hautement politique dans la région. Israël bombarde alors sans relâche les positions du Hezbollah au Liban sud, afin de préparer son retrait. La Syrie, qui occupe le Liban depuis 1976 sous prétexte de résister à Israël, cherche des ambassadeurs prêts à relayer sa version en Europe. Elle se tourne naturellement vers Chatillon, qui organise un voyage médiatique, avec à bord : Dieudonné, Alain Soral, Marc Robert, Ahmed Moualek (du site La banlieue s'exprime) et bien sûr Thierry Meyssan… L'homme qui s'est fait connaître des antifascistes grâce au Réseau Voltaire et à ses enquêtes – souvent délirantes – sur l'extrême droite, avant de devenir la star des islamistes avec son livre *L'Effroyable Imposture*, selon lequel « aucun avion ne s'est écrasé sur le Pentagone » le

1. Annette Levy-Willard, « Attentat contre *Tribune juive* : douze néo-nazis arrêtés », *Libération*, 23 janvier 1997.

11 septembre[1]. Depuis, il s'occupe de la communication du Hezbollah à Beyrouth. Des liens renforcés par le voyage au Liban organisé par Chatillon, à la rencontre du Président Lahoud, du général Aoun, du président du CNA (l'équivalent du CSA), d'un membre de la chaîne Al Manar, du président du groupe « Soutien à la résistance » (Hezbollah), du président du Parti national social syrien (PNSS), du vice-ministre des Affaires étrangères de Syrie... Le tout aux frais des Syriens.

Chatillon n'est pas le seul proche de Marine Le Pen à nager en eaux troubles. L'un de ses tout proches conseillers, celui avec qui Marine Le Pen a contribué au discours de Valmy et mené la guerre contre Fernand Le Rachinel, Philippe Peninque, vient de la même mouvance. Quand il était au GUD, il rédigé un mémoire pour rendre hommage à ceux qui font de *La politique à coups de poing*[2]. Il fait partie des membres fondateurs d'Egalité et Réconciliation, l'organisation pro-islamiste d'Alain Soral. Ce qui se marie fort mal avec les positions actuelles de la présidente. Il fait d'ailleurs son possible pour rester discret... Mais Marine Le Pen compte dans ses rangs une autre figure d'Egalité et réconciliation, moins important auprès d'elle, mais plus visiblement proche de l'Iran : Christian Bouchet. C'est l'un des poids lourds du courant nationaliste révolutionnaire, dont il anime le site de ralliement : VoxNR. Tout en soutenant la candidature de Marine Le Pen à la primaire du Front, il entretient des liens avec de nombreuses formations néo-fascistes à l'étranger et vomit dès qu'il peut la tendance pro-sioniste du mouvement identitaire, qu'il qualifie de « sionardo-identitaire[3] ». Il vient de la branche des nationaux-révolutionnaires qui a plutôt choisi les Arabes et les

1. Fiammetta Venner, *L'effroyable imposteur*, Grasset, 2005.
2. Mémoire IEP, Paris, 1975.
3. Christian Bouchet, « Référendum antiminarets, quelle victoire ? », VoxNR, 1er décembre 2009. Republié sur le site Egalité et Reconciliation. Voir aussi Christian Bouchet, *Les nouveaux nationalistes*, Deterna, 2011.

musulmans contre les juifs. Pour lui, « il n'y a pas de péril musulman, c'est une idée des Américains ». En revanche, l'élection d'Ahmadinejad résonne comme la victoire « des mal-pensants et celle des résistants[1] ». Autant dire qu'il milite activement pour le boycott des produits israéliens. Une fréquentation embarrassante.

Marine Le Pen sera interpellée à son sujet lors de son passage sur la radio israélienne 90 FM, mais dit à peine le connaître : « Bouchet n'est en aucun cas un de mes plus proches collaborateurs. C'est un secrétaire départemental adjoint d'un des cent départements français, que j'ai rencontré deux fois dans ma vie, lors d'une conférence de presse. Je sais très bien qu'il existe une tendance au FN à se coaliser avec tous les réprouvés de la planète. Il suffit que quelqu'un soit réprouvé pour qu'on lui trouve des qualités. Je ne fonctionne pas comme ça. » La prise de distance ne va pas jusqu'à vouloir exclure Christian Bouchet du FN, même quand on lui rappelle que Bouchet est fan d'Ahmadinejad. « Je sais pas dans quel cadre il a fait cette déclaration, en tout cas pas dans le cadre du FN. Et s'il le faisait dans le cadre du FN, il dépasserait largement le mandat, qui n'est pas non plus extraordinaire, mais qui lui été confié. J'en ai soupé que le FN soit victime d'une caricature[2]. » Visiblement, l'argumentaire a été préparé. Sans aucun doute, Marine Le Pen souffre de traîner certaines « caricatures ». Difficile pourtant de croire qu'elle connaît à peine Christian Bouchet… Il est non seulement secrétaire départemental, mais candidat aux cantonales, tout comme son fils et sa compagne, Oriane Borja, élue au Comité central du FN. Son fils, Gauthier Bouchet, gère la page Facebook officielle de Marine Le Pen. Membre du FNJ depuis 2007, il est chargé de la communication sur internet et des réseaux sociaux au niveau national.

1. Christian Bouchet, « Arrogance occidentale », VoxNR, 16 juin 2009. Voir aussi Christian Bouchet sur Evrazia TV, 2008. http://www.dailymotion.com/video/x7e3s9_christian-bouchet-sur-evrazia-tv-co_news

2. Entretien avec une radio israélienne, 90 FM, 30 mars 2011.

Sur Facebook, il encourage volontiers son ami David Rachline, le chef de file des jeunes marinistes, lui aussi ancien nationaliste-révolutionnaire[1]. Avec son père, il se rend souvent en Iran, pour de longs séjours à la recherche des racines de l'aryanisme. Comme en août 2009 où Bouchet, père et fils, ont été reçus en tant que membres du FN par des officiels du régime. Admirateur de Khomeini, Christian Bouchet s'est fait photographier devant la maison de l'imam. Dernière précision, c'est un intime de Louis Aliot, le compagnon actuel de Marine Le Pen... qui pencherait plutôt pour Israël et la priorité au combat contre l'« islamisation ».

Aliot est un homme du sud, né à Toulouse et implanté électoralement à Perpignan, où le racisme antiarabes peut tourner à l'obsession. Notamment en raison de la forte présence d'une communauté pied-noir, qui n'a toujours pas digéré la guerre d'Algérie et voudrait la rejouer face à l'immigration maghrébine. Son histoire personnelle compte aussi. Son père vient de l'Ariège mais sa mère est rapatriée d'Algérie. Louis Aliot aurait des origine juives, par son père, tient-il à préciser. Il aime aussi à rappeler que sa mère a « le sang chaud » quand il s'agit de défendre son fils. En 2009, elle s'est battue avec M. Serrano, candidat du MPF en campagne contre son fils. Il portera plainte pour agression. A en croire Louis Aliot, c'est sa mère qui aurait été bousculée... En vertu de quoi, le compagnon de Marine Le Pen se permet de diffuser les coordonnées personnelles du candidat MPF, qui reçoit des courriers d'injures à son domicile, et doit de nouveau porter plainte pour « dénonciation calomnieuse[2] ». Une anecdote qui n'empêchera pas

1. Suite aux résultats du second tour des cantonales en 2011, Gauthier Bouchet laisse se message public sur le profil Facebook de David Rachline : « Je suis triste pour toi David mais avec ton score de premier tour et dans ta "défaite" sur le fil du rasoir tu prouves quand même que tu es le "meilleur d'entre nous" (et pas dans le sens juppéien-cynique du terme bien sûr). » Réponse de David Rachline : « Merci camarade. »

2. « Le MPF déplore que, sans vérification préalable des faits, le nom et les coordonnées personnelles de M. Serrano aient été jetés en pâture à la presse et

Louis Aliot de mettre le nom de sa mère sur l'une de ses affiches de campagne, histoire de bien signaler son ascendance juive *et* pied-noir. Jean-Claude Martinez, également pied-noir mais plutôt tourné vers le monde arabe (il a vécu quatre ans au Maroc et travaillé pour le régime de Hassan II), garde un souvenir glacé de leurs conversations privées : « Il ne sait pas dire une phrase sans "melons". Un jour, il a piqué une colère terrible contre Bompard parce qu'on le voyait en photo avec des Arabes, "au milieu des melons" comme il dit. C'est rupestre chez lui. Pariétal[1] ! »

C'est peu dire que le clivage entre partisans d'un Front contre « l'islamisation » et partisans d'un Front contre « la sionisation » secoue le parti, surtout en vue de l'affrontement entre Marine Le Pen et Bruno Gollnisch. Un dilemme résumé avec hauteur par le fondateur de la Nouvelle droite, Alain de Benoist, dans les pages du journal *Flash*[2]. Il exprime un « soutien » très critique à la ligne de Marine Le Pen et redoute que la posture « anti-islamisation » n'ouvre « la porte aux alliances contre-nature que l'on voit se multiplier actuellement, avec pour conséquence que la droite et l'extrême droite islamophobes sont en train de devenir en Europe une pièce du dispositif israélien ». Pour lui, « toute la question est de savoir si Marine Le Pen se situe dans l'optique du "choc des civilisations" ou si elle entend contester frontalement un nouvel ordre mondial qui utilise (et encourage) l'éventualité de ce

---

aux militants frontistes, dont les plus excités s'en sont déjà pris à son épouse de façon particulièrement injurieuse. M. Serrano et son adjoint, M. Fournier, également mis en cause, ont décidé d'engager des poursuites judiciaires pour dénonciation calomnieuse, diffamation et injures publiques, et se réservent le droit de saisir la justice en référé afin de faire cesser les attaques personnelles d'une violence rarement atteinte dont ils font l'objet de la part d'un site internet placé sous la responsabilité directe de M. Aliot. Ils se réservent également le droit de détailler devant le tribunal les injures dont Mme Aliot les a agonis, lesquelles, adressées à d'autres, seraient qualifiées d'homophobes », communiqué de presse.

1. Entretien avec Jean-Claude Martinez, 14 mars 2011.
2. *Flash*, 27 janvier 2011.

“choc” pour renforcer la puissance dominante des Etats-Unis et de ses alliés. Le vrai clivage est là. »

« Marine roule pour le lobby »

Marine Le Pen serait-elle en train de devenir une « pièce du dispositif israélien » ? Alain Soral croit tenir la réponse. Il faut lire en détail sa lettre de démission, envoyée au moment des européennes, pour mesurer la force de cette paranoïa à l’intérieur du Front. Bien qu’il s’en défende, sa réaction est avant tout guidée par « l’orgueil », mais il invoque aussi « des raisons de sérieux politique. » Quel est donc ce sérieux motif politique ? L’atlantisme de certains militants : « Je n’ai rien à faire sur la liste Dubois, pas seulement parce qu’il est débile et bègue, mais parce que ce libéral atlanto-sioniste – qui m’insultait encore récemment dans *Minute* – est sur une ligne diamétralement opposée à la mienne. » On apprend à cette occasion que Marine Le Pen a tout fait pour s’opposer à la présence de Soral sur la liste : « C’est Marine, soi-disant sur ma ligne – Marine la soralienne entendais-je dire parfois ! – qui s’est le plus violemment opposée à mon investiture, puis à ma deuxième place, allant jusqu’à déclarer, en pleine ratonnade à Gaza, qu’elle me préférait Sulzer… » Autant dire qu’il n’en faut pas plus pour la décrire comme vendue au « Système » : « Marine a compris que cette ligne économique et sociale était la bonne sur le plan marketing, mais comme elle souhaite réintégrer demain “l’arc républicain” – entendez : la gouvernance globale – en s’appuyant exclusivement sur les médias (ce qui exige au passage de liquider une base militante profondément antiSystème, notamment chez les jeunes), elle ne s’oppose jamais qu’en surface aux intérêts et à la logique de l’Empire. Ainsi peut-elle déclarer haut et fort son hostilité au Nouvel ordre mondial, tout en promouvant, en douce, le “Conflit de civilisations" qui en est le fer de lance. Ses vociférations d'avocate sur le pouvoir exorbitant des grandes surfaces lui permettant de couvrir son silence exorbitant sur le pouvoir d'autres puissances bien plus déterminantes pour l'avenir de la France et des Français, pouvoir d'achat compris ! Haro donc sur Leclerc, mais silence sur Tskhinvali[1] et Gaza… »

Sans fermer la porte à une nouvelle collaboration avec le FN, et non sans redire toute l'estime qu'il porte à Jean-Marie Le Pen, Alain Soral milite donc désormais à Egalité et Réconciliation. Un groupe qui compte deux lieutenants de Marine, au côté de militants du Hezbollah, et qui tisse des liens avec la nébuleuse des Frères musulmans. Comme Kamel Bechikh, responsable des relations publiques du Comité de bienfaisance et de secours aux Palestiniens. Une organisation caritative proche du Hamas. Au fond, la trajectoire d'Alain Soral est assez prévisible : aller toujours plus loin dans la radicalité contre le Système, incarné par « le lobby », et tisser des liens avec ceux qui partagent la même obsession. Ce qui ne l'empêche pas d'hésiter à soutenir ouvertement Gollnisch contre Marine Le Pen, par peur de soutenir le camp des vaincus d'avance… Ce que lui reproche son ancien bras droit à Egalité et Réconciliation, Marc George. Aujourd'hui conseiller du GUD, il a été candidat FN aux municipales de 1995, à Eragny, avant de mener la campagne du Parti antisioniste aux élections européennes de 2009. Il a aussi écrit dans plusieurs sites radicaux comme Altermedia et Novopress, avant de fonder Medialibre. Au moment de la primaire, il soutient ouvertement Gollnisch comme le véritable « fils politique de Jean-Marie Le Pen ». Le 14 mai 2010, il accorde un grand entretien à *Rivarol,* dans lequel il prône la « ligne pure et dure » et règle ses comptes avec Alain Soral et Marine Le Pen[2].

1. Bataille entre Géorgiens, Sud-Ossètes et Fédération russe du 8 au 10 août 2008. La quasi-totalité des forces géorgiennes y est détruite.

2. *Rivarol,* mai 2010.

L'extrême droite est un univers particulièrement cruel, où la paranoïa finit toujours par une scission. Même à Egalité et Réconciliation, dont les réunions de cadres pourraient se tenir dans une cabine téléphonique, on assiste à des démissions spectaculaires. Comme celle de Marc George. Alain Soral l'aurait poussé vers la porte de la cabine... Dépité, son ancien compagnon de route lui reproche d'avoir voulu faire d'Egalité et Réconciliation « une association essentiellement consacrée à la promotion de sa personne ». Mais surtout – insulte suprême – il l'accuse de servir le « Système » : « Egalité et Réconciliation avait atteint un niveau de développement qui commençait à nous rendre gênants et dérangeants aux yeux du Système qui déteste notre ligne de réconciliation nationale entre tous les Français sur une base patriotique. Qui dit menace pour les autres dit risque pour soi-même. Il s'est trouvé qu'Alain Soral n'était pas prêt à assumer ces risques et ces menaces (...) Il veut continuer à mener sa vie de marginal dissident, ce qui implique de ne pas être trop incommodant pour le Système. » Vous avez bien compris, Marine Le Pen est accusée d'être vendue au Système par Alain Soral, que Marc George accuse lui aussi d'être vendu au Système... On ne peut s'empêcher de sourire en lisant ces lignes, où la paranoïa confine au grotesque. Alain Soral, qui a une haute idée de lui-même, passe régulièrement par des phases grandiloquentes où il annonce son retrait de l'engagement politique, à cause des pressions et des menaces qu'il croit ressentir, puis se remet à écrire des insultes sur internet. Tel de Gaulle ou Napoléon revenant d'exil. Les chiens n'attirant pas les chats, ce petit milieu regorge d'egos de même dimension, où il existe toujours plus paranoïaque et plus vachard que soi. En l'occurrence, dans son entretien à *Rivarol*, Marc George accuse Alain Soral d'avoir renoncé à soutenir Gollnisch en échange d'une gamelle : « Alain Soral qui avait pris position pour Gollnisch en septembre 2009 dans une interview que l'on a tournée et que l'on a finalement coupée au montage parce qu'on pensait qu'il serait préférable qu'il le fasse plus tard, début 2010, a subitement changé d'avis. Pourquoi ? Tout simplement parce que son "ami", au sens bourgeois du terme, Philippe Peninque, proche conseiller de Marine Le Pen, lui a laissé entendre que s'il ne gênait pas la vice-présidente du FN, que s'il se contentait d'être un simple trublion, il n'aurait pas trop de souci à se faire pour son avenir ! »

De fait, Alain Soral s'est montré étrangement discret pendant la dernière ligne droite de la guerre de succession opposant Bruno Gollnisch à Marine Le Pen. Ce qui n'est pas dans ses habitudes. C'est même à cette époque qu'il a annoncé se retirer dans son jardin... pour mieux réapparaître en bonne place sur une liste FN un jour ? Cela expliquerait pourquoi, malgré sa lettre de démission si violente et un embarras évident, Marine Le Pen ne souhaite pas l'accabler. Quant à Soral, sitôt l'élection passée, il a commencé à rouvrir la porte sur sa page Facebook : « Comme je le répète depuis des mois avec de plus en plus de crédibilité, le Système oligarchique va essayer de nous coller DSK, président du FMI, comme prochain Président de la République française. Et pour être sûr que les Français voteront pour lui, malgré une crise économico-financière qui va encore s'aggraver, le Système veut lui opposer Marine Le Pen au second tour. L'expertise mondialiste face à la menace fasciste ! Je pense donc qu'aider à faire gagner Marine Le Pen est notre seul espoir d'échapper à la dictature mondialiste. Et je pense aussi que Marine Le Pen ne pourra pas gagner sans les voix des musulmans de France. Le Système le sait aussi, c'est pourquoi il pense que c'est joué d'avance. A Marine Le Pen et aux musulmans de nous surprendre ! Il reste 14 mois pour travailler de part et d'autre à la réconciliation nationale. »

Ce Système, décidément, est très fort. Jusqu'à réussir à présenter une candidate du Système contre le Système avec le soutien du plus antiSystème des antiSystème. Heureusement, Marc George, lui, n'est pas dupe. Dans *Rivarol*, il dénonce les « accointances judéomanes » de la candidate Marine Le Pen : « Elle croit à l'histoire officielle de la Seconde Guerre mondiale, elle pense que le peuple juif est un peuple victime et elle sait qui a le pouvoir. Si elle gagne, elle ira en Israël comme elle a déjà tenté de le faire, elle ira à Yad Vashem rallumer la flamme, au Vel-d'Hiv'demander pardon non pour elle-même mais pour son père et pour la France, ce qui est particulièrement abject. Lorsqu'il s'agit de la Seconde Guerre mondiale, Marine Le Pen trouve parfaitement normal que la France soit présentée comme étant complice d'un génocide, comme étant une nation raciste, collaborationniste, délatrice. Ce qui est une ignominie, une infamie. C'est totalement insupportable. Marine Le Pen ne fait pas que se soumettre à cette idéologie antifrançaise. Pire, elle y croit. Elle est donc totalement incurable. » Le moins qu'on puisse dire, c'est que l'ancien directeur de campagne de Dieudonné ne peut être accusé de demi-mesure quand il s'agit de dénoncer le « Système ». Le journal qui lui ouvre ses pages non plus. *Rivarol* a été créé en 1951, en partie par d'anciens collaborateurs. Il a toujours défendu Pétain, annonce avec tristesse le décès des anciens de la division SS Charlemagne, et bien sûr relaye la propagande des négationnistes. Le numéro où s'exprime Marc George titre en Une : « L'ère de la judéocentrie ». Tout un programme. C'est *Rivarol* qui va conduire la campagne contre Marine Le Pen et contribuer au climat empoisonné qui entoure sa succession.

Au congrès de Tours, les militants et les journalistes sont pris à témoin par un homme en train de hurler : Farid Smahi, l'un des hommes qui a souhaité la venue de Dieudonné aux BBR avec Chatillon, et qui soutient Bruno Gollnisch. Il n'a pas été repêché au bureau politique. « Je paie le fait d'être pro-palestinien et musulman. On me traite comme le bougnoule de service ! » Louis Aliot, le nouveau-vice président, tente de le calmer : « Tu peux pas dire ça… » La scène fait tout de même son effet. Farid Smahi est un protégé de Jean-Marie Le Pen, qui l'a nommé au bureau politique à la place de Guillaume Luyt en 2000. Ce dernier l'a vécu comme un affront, et anime aujourd'hui un Bloc Identitaire obsédé par l'islam. Smahi, lui, abat un boulot considérable pour se rendre indispensable au sein du parti considéré comme le plus antiarabes de France. Né dans le sud de la France, c'est un enfant d'immigrés, même pas de harkis. Entraîneur sportif, admirateur de la monarchie française, il se plaint des églises vides et de Vatican II. Ravi de cette trouvaille, Bernard Antony l'a traîné dans tous ses cénacles, où il émeut les traditionalistes par son amour pour la liturgie latine et sa détestation du « lobby ». Il ne s'est pas pour autant converti au catholicisme, fait le Ramadan, tout en fêtant Noël. Il est passé par l'association France plus, par le RPR, mais c'est au FN qu'il a trouvé sa famille politique et un *job* : conseiller régional d'Ile-de-France (1998-2004). Discrimination positive ? Parce qu'il est arabe ? Ou parce qu'il ose un antisémitisme que certains frontistes ne peuvent plus se permettre ? En 1996, il n'hésite pas à prédire le ralliement des Français d'origine arabe au FN sur ce mode : « Quand ils verront qu'ils sont utilisés, qu'on les envoie au premier rang des manifs et que derrière eux, bien à l'abri, on trouve les Patrick Bruel et les Bernard-Henri Lévy – alors tout changera[1]. » Il conseille également aux jeunes Arabes de mettre une kippa pour ne pas se faire arrêter lors de contrôles au faciès. Alors qu'il anime une réunion en banlieue en 2001, de jeunes beurs viennent le bousculer. Il passe plusieurs minutes à tenter de les convaincre que l'ennemi, ce n'est pas le FN, mais le sionisme. Lui-même est fan de Saddam Hussein et proche de la Syrie. En 2010, au Festival du Film Uninvited, il prend la parole pour dénoncer la double nationalité : « Je ne supporte pas qu'il y ait en France 3 000 réservistes israéliens. Franco-israéliens. Le Cheval de Troie est dans nos murs. Je répète le Cheval de Troie est dans nos murs. Mais le jour où il y a

1. Claude Askolovitch, *Voyage au bout de la France*, Grasset, 1999. Farid Smahi expliquera aussi au journaliste en 1997, qu'« Anne Sinclair fait partie

un conflit, tous ces Algériens qui ont une carte consulaire. Qui sont inscrit au consulat. Ils auront une mission. De faire sauter votre maison. De faire sauter la tour Eiffel. Ils auront une mission bien particulière. Je ne vise pas que les Maghrébins. Les Israéliens sont concernés. En nombre[1]. »

Cette rhétorique n'a jamais dérangé au FN. En revanche, les partisans de Gollnisch ne sont pas vraiment dans les petits papiers de la nouvelle direction. A Tours, comme la plupart d'entre eux, il n'obtient pas le poste qu'il convoitait, et l'interprète immédiatement comme une discrimination… politique : « Marine roule pour le lobby. C'est comme toutes ces droites nationales financées par l'Etat d'Israël pour faire de l'anti-islamisme ! » Raccompagné fermement vers la sortie par le service d'ordre, il lance un dernier : « Je me barre comme un bougnoule avec mes valises. »

Le Front national est obligé de faire un communiqué, « Farid Smahi ment ! », pour éviter tout malaise interne[2]. Il dénonce « les propos outrageants et mensongers de Farid Smahi à l'encontre de Marine Le Pen, qui camouflent mal des obsessions récurrentes » et « rappelle que celui-ci a démissionné publiquement de ses responsabilités en prenant à témoin des dizaines de journalistes en tenant des propos inqualifiables. La direction a pris acte de sa décision sans pour autant l'exclure. » Suit une mise au point, plus « externe », sur le procès en « islamophobie » : « De Smahi à Fabius, le FN rejette le procès d'intention et l'amalgame consistant à faire croire qu'il serait contre "les musulmans" alors que notre combat s'inscrit dans le cadre du refus de l'islamisme, de la défense de la laïcité et de l'impérieuse nécessité du respect de nos lois et de nos traditions françaises. »

---

d'une conspiration mondiale pour provoquer de l'antisémitisme en France, afin de provoquer un départ de juifs pour Israël, afin de rétablir sa balance démographique face aux Palestiniens ».

1. Vidéo de l'intervention du 7 mai 2010. Streetpress, 13 mai 2010.

2. Nanterre, le 31 janvier 2011, communiqué de presse du Front national, « Farid Smahi ment ! ».

Une nouvelle caution musulmane postule d'ailleurs pour prendre le relais de Smahi... Telle une bouteille à la mer lancée par Alain Soral. En avril 2011, à Marseille, Egalité et Réconciliation organise une grande rencontre symbolique et « patriotique », entre un élu du Front national et une figure de la mouvance islamiste marseillaise. Il annonce qu'Omar Djellil, accompagné d'un groupe de commerçants et de responsables associatifs musulmans, va rencontrer Stéphane Durbec, conseiller régional en Provence-Côte-d'Azur pour le FN. Stéphane Durbec a longtemps été « le candidat noir » du Front. Orphelin, il a été adopté et élevé en Bretagne. Son rapprochement avec Djellil n'a rien d'une évidence. Ce dernier a multiplié les déclarations hostiles au FN avant la rencontre. Il explique à qui veut l'entendre que le FN, c'est l'ennemi, mais qu'il faut savoir discuter avec ses ennemis. Les sites islamistes qui lui sont proches, comme Présence citoyenne et l'UAM-93 (qui a organisé plusieurs manifestations contre la loi sur les signes religieux à l'école publique) disent suivent les préparatifs avec anxiété. Qui va gagner dans ce duel ? En réalité, il s'agit d'une opération de communication. Djellil s'est rapproché du FN depuis plusieurs mois. Il a même rencontré Jean-Marie Le Pen, avec qui ils ont passé une sorte d'accord « donnant-donnant » : le FN retire ses plaintes contre le projet de la grande mosquée de Marseille et lui veille « à pousser les responsables musulmans à effectuer les remises aux normes des lieux de culte » et « à fermer définitivement celles qui ne respectent plus les règles d'urbanisme et de sécurité en vigueur ». On le sait car quelques jours après sa rencontre avec Durbec, le 2 mai 2011, Omar Djellil a publié une lettre ouverte à l'intention de Marine Le Pen, qui ressemble fort à un coup de pub[1].

1. http://www.egaliteetreconciliation.fr/Lettre-Ouverte-d-Omar-Djellil-a-Marine-Le-Pen-6421.html

La lettre commence ainsi : « Omar DJELLIL, né à ANTONY (92), enfant de la Banlieue française, membre de la communauté nationale et patriote musulman, j'ai l'honneur de porter à votre attention cette lettre ouverte. » Après avoir insisté sur le fait qu'il est autodidacte mais armé de « convictions patriotiques bien ancrées dans le cœur et trempées dans du titane », il se pose en vieil adversaire du Front (ce qui rendra son retournement de veste plus spectaculaire) : « Depuis 40 ans, je voue, à l'égard du FN, une haine viscérale, sûrement le fruit d'un conditionnement et d'un endoctrinement des partis politiques français de droite comme de gauche ou de la conséquence d'une relation haineuse basée sur l'expérience douloureuse d'amis tués par des militants du FN. Il y a encore un mois, je considérais votre parti comme une véritable tumeur dans la vie politique française, cancer idéologique qui rongeait la vie démocratique de notre pays et qui faisait de moi un fervent partisan de la dissolution de votre parti fasciste. » Arrive le moment du mea culpa, qu'il dit avoir fait après quatre rencontres entre Stéphane Durbec et les habitants de son quartier, dont une visite en sa compagnie à la mosquée de la Porte d'Aix : « Historique dans l'histoire de notre ville, un élu FN qui déambule dans nos rues, qui parle, écoute, comprend nos aspirations et nos souffrances… Sans se faire lyncher par une populace musulmane déchaînée. Rien, pas d'hostilité, pas de haine, les Socialo-Umpistes l'ont rêvé, le cauchemar ne s'est pas réalisé. » Le sermon se poursuit sur le mode du dialogue « patriotique » : « J'ai tendu la main du dialogue avec le FN parce que je crois aux vertus des rencontres et des mots pour construire une France solidaire et unie dans les valeurs patriotiques. » Mais sa vraie conversion, Omar Djellil la doit à sa rencontre de quatre heures trente avec Jean-Marie Le Pen, dont il est ressorti totalement charmé : « La rencontre avec votre père, certes inimaginable mais surtout inoubliable. Un charisme hors norme, un raffinement et une culture générale, bien loin des réalités médiatiques qui ont martelé mon esprit pendant tant d'années de conditionnement... » Un peu comme si nous étions au temps de la colonisation, Omar Djellil semble alors s'improviser chef des indigènes. Il détaille le pacte « donnant-donnant » qu'il a passé avec Jean-Marie Le Pen, promu gouverneur, et termine par un sorte de serment d'allégeance où chacun devra « tendre la main à tous les patriotes et construire une nation forte face à une mondialisation effrénée et à une déliquescence de notre unité nationale[1] ». Une drôle de mise en scène, mais qui buzze sur bien des sites islamistes à partir du site d'Egalité et Réconciliation. Au point, sans doute, de contrebalançer l'effert désastreux du départ de Farid Smahi.

Le FN, décidément, maîtrise bien l'art du double signal. Il faut bien ça pour tenir tous les bouts de la chandelle en forme d'oriflamme. Jean-Marie Le Pen a toujours excellé dans cet exercice. Après la mort de François Duprat, en 1978, il a lui aussi tenté d'éviter la marginalisation en s'éloignant de militants trop visiblement antisémites ou révisionnistes. Tout en facilitant le ralliement de groupes plus favorables au discours contre l'immigration et l'insécurité, comme l'Union solidariste de Jean-Pierre Stirbois et Michel Collinot. Cela ne l'a pas empêché de renouer avec ses démons lorsque l'occasion s'est présentée. Ni de continuer à faire la synthèse entre les tentations les plus improbables. Dans les jardins du parc de Montretout, tout ce petit monde se retrouvait par clans et s'adressait rarement la parole. Seul le leader du Front faisait le lien, en butinant d'un groupe à l'autre. Avec Marine Le Pen, la version moderne de ce genre de soirée se passe plutôt dans un bar.

1. http://www.egaliteetreconciliation.fr/Lettre-Ouverte-d-Omar-Djellil-a-Marine-Le-Pen-6421.html

Le fantasme de Batskin

Le 30 juin 2008, alors que la Lesbian and gay pride vient de se terminer, le site Fdesouche a décidé d'organiser une « French Pride » dans un bar du XVe arrondissement tenu par Batskin, l'ancien chef des skins de Paris qui fête son ouverture. Il est enfumé, car le propriétaire résiste à la loi Evin. Pour le reste, la « soirée est ouverte à toutes et à tous », sans discrimination… C'est-à-dire, dans ce milieu, « sans distinction de partis, de chapelles ». « Païens, cathos, soraliens ou antisoraliens », tout le monde est le bienvenu. Ce qui réunit cent à cent cinquante personnes. Quelques seniors, mais surtout de jeunes hommes en polo bleu marine Fred Perry. Quitte à donner une étrange atmosphère de bar gay. En fait, la plupart sont plutôt des adeptes du RIF (Rock identitaire français). Parmi eux, une femme blonde attire tous les regards : Marine Le Pen, qui est venue saluer l'un de ses sites internet préférés. Officiellement, il n'a rien à voir avec le FN, mais Marine Le Pen ne cache pas être une fervente lectrice du site, tout comme 80 000 personnes par jour. C'est beaucoup. Le 8 mai 2011, le site Fdesouche comptait 50 millions de pages vues. Beaucoup plus que les sites de l'UMP et du PS réunis. Il ne produit pourtant aucun article, mais se contente de reproduire ceux parus dans de grands médias, ou de partager des vidéos, selon ses tropismes : islam, catholicisme, immigration, nation, multiculturalisme, insécurité… Les concepteurs se gardent de prendre position. Ce sont les commentaires des internautes, d'une violence rare, qui s'en chargent. Parfois, le site publie le « témoignage » de « victimes d'agression », qui disent en avoir marre et se rallient à la pensée identitaire et nationaliste. Des repentis archivés à la rubrique « virage d'opinion ». Le site étant hébergé en Suède, son créateur peut difficilement être poursuivi. Il s'appelle Joris Sautarel et il a été webmestre du site internet du Front national, mais aussi suppléant de Marie d'Herbais-Chatillon lorsqu'elle était candidate aux élections législatives de 2007. Une connexion de plus entre le parti de Marine Le Pen et la planète des nationaux-radicaux. Quand il est interrogé par la presse, comme ce soir-là par Rue89, il se fait appeler François de Souche : « On voudrait faire un Rue89 de droite », confie-t-il à la journaliste, avant de plaisanter : « mais il ne s'appellera pas Rue88[1] » ! 88 évoque deux fois la huitième lettre de l'alphabet : « H ». C'est un code bien connu de l'extrême droite pour dire « Heil Hitler ». Marine Le Pen s'amuse : « Ils appelleront leur site Rue90, comme ça ils seront au-dessus de vous ! »

Derrière elle, le mur du bar est décoré d'une immense fresque en forme de triptyque, qui résume bien la complexité du petit monde qu'elle doit concilier. Signée par l'un des artistes les plus doués de la « fachosphère », Baptiste Folliot, elle dépeint un fantasme d'une violence inouïe. Le tableau s'appelle « le réveil ». Dans les flammes rugissantes de cet enfer rêvé par l'artiste, quelques figures bien connues de l'extrême droite, revêtues de leurs plus beaux atours, tourmentent de leurs fourches et de leurs sabres des célébrités haïes, nues et saignées. Emmanuelle Béart – la défenseuse des sans-papiers – s'apprête à se faire violer. Djamel Debouzze a le bras arraché. Delanoë la tête transpercée. Celle de Besancenot est plantée en haut d'une pique. Mimi Mathy est enchaînée comme un animal de cirque. Noah se prend un coup de hache dans le crâne. Jacques Attali un coup de genou dans le dos. Ernest-Antoine Seillière est dépecé. Tandis que Marc-Olivier Fogiel, Dominique Sopo (de SOS Racisme), Line Renaud, David Douillet ou Ingrid Betancourt brûlent dans les flammes. Tout en se consumant, Simone Veil fait bouillir des bébés dans un chaudron. A gauche du triptyque, en plus grand et l'air de ne pas y toucher, deux hommes habillés de soutanes contemplent : Alain Soral prend des

1. Peggy Corlin et Augustin Scalbert, « Un verre avec les extrémistes de la réacosphère », Rue89, 5 juillet 2008.

notes et Marc George transperce Kouchner d'un tison. Au-dessus d'eux, le même clan, on reconnaît Frédéric Chatillon. A droite, en tenue d'ange auréolée, c'est Batskin, le pied posé sur un dragon qu'il vient de terrasser : Bernard-Henri Lévy. Un fantasme qui plaît beaucoup aux habitués du Local. Bien sûr, depuis l'époque où a été peinte cette toile, bien des « héros » de cette vaillante épopée se sont surtout entretués... Mais si l'on en croit Batskin, le propriétaire des lieux, Marine Le Pen représente plus que jamais l'espoir de voir ce « réveil » se réaliser : « C'est une bonne nouvelle pour la France. (...) Je suis particulièrement content que la locomotive qu'est le FN marche parce que les wagons suivront, d'autant plus qu'elle développe des thèses sociales, syndicales qui sont extrêmement proches des nôtres. Cela prouve que la Troisième voie est dans le sens du combat politique, dans le sens de la France[1]. »

Le compliment est un peu lourd à porter venant d'un homme chez qui la Troisième voie veut dire tant de choses... Batskin, de son vrai nom Serge Ayoub, a découvert la mouvance skin nationaliste à quatorze ans, lors d'un séjour linguistique en Grande-Bretagne. D'origine libanaise, il grandit à Bagnolet, où il se bat fréquemment, de préférence avec des battes de base-ball. En 1987, il fonde les Jeunesses nationalistes révolutionnaires (JNR), le principal voire le seul groupe skin organisé en France. Ses troupes seront parties prenantes du *happening* mené en 1996 contre Fun radio. Plus proche du Parti nationaliste français que du FN, la bande de Batskin est alors surnommée le « Klan ». Elle est très active au sein des groupes de supporters du PSG, comme les Boulogne Boys. Dans l'une des publications de JNR, *Pour le prix d'une bière*, on peut lire : « un stade sans supporters c'est comme un camp sans juif. Tout se perd ». Le fanzine entraîne également ses troupes par des quizz éducatifs : « "Four" cela

1. Vidéo annonçant la commémoration 2011 de la mort de Sébastien Deyzieu, 6 avril 2011.

vous fait penser à : A) votre boulanger, B) un juif », « Le lieu de villégiature de vos rêves : A) Sarcelles, B) Auschwitz ». Vingt-cinq ans plus tard, Serge Ayoub n'a pas vraiment changé. Il s'est juste empâté. Après une longue tournée avec des bikers en Lituanie et en Russie, il a décidé d'ouvrir un bar à Paris. Dans le XIe puis dans le XVe, avec l'aide de Frédéric Chatillon et d'Alain Soral. L'idée est d'accueillir tous ses amis et toutes les tendances de l'extrême droite. En tout cas lorsqu'elle est compatible avec son humour. Il n'est pas rare que les soirées soient annoncées par des flyers mettant en scène Hitler et Mussolini. Comme cette photo du Führer lui faisant dire : « Tu fais quoi vendredi ? »

Pas sûre que Marine Le Pen puisse se féliciter ouvertement de traîner de tels « wagons » dans son sillage. Saura-t-elle résister aux fantasmes d'une partie de son entourage et de son public ? En attendant de savoir si la synthèse peut tenir, elle essaie de concilier tous ceux qui font allégeance à sa ligne et d'incarner une forme de juste milieu… Quelque part entre la mouvance Verts-bruns et le Bloc Identitaire. Une démarche unitaire que partage Louis Aliot : « En 1972, à la création du Front, il y avait d'anciens collabos et des résistants autour de la même table : on acceptait que les gens se soient trompés parce qu'il s'agissait de construire l'avenir[1]. » Bel avenir, en effet, que celui qui propose de réconcilier les racistes de tous poils.

1. *Le Point*, 14 décembre 2006.

Passage de flambeau

15 janvier 2011. Le Pen monte à la tribune pour l'un de ses derniers discours en tant que président du Front national : « Le congrès de Tours fut célèbre parce qu'il fut celui de la scission du Parti socialiste en Parti socialiste et Parti communiste. Le congrès de Tours de 2011 sera pour le Front national sera celui de l'unité des nationaux ! » L'événement est retransmis en direct sur LCI. Près de 2 000 personnes ont fait le déplacement. Des militants et une foule de journalistes, conscients de vivre un moment historique. Voir le « diable » tirer sa révérence. Après avoir hanté la vie politique pendant quatre décennies. Toute la France bruisse du potentiel, plus séduisant et donc plus dangereux, de sa fille. Personne ne doute qu'elle va l'emporter face à son rival. Le suspens est d'ailleurs de courte durée, le vote bien vite dépouillé. Ce qui rend soupçonneux certains militants. D'autant que la presse apprend le résultat avant la salle : c'est Marine Le Pen, évidemment. Sur 22 403 inscrits, elle obtient 67,65 % des suffrages. Contre 32,35 % pour Bruno Gollnisch.

Juste avant d'annoncer plus officiellement les résultats, Jean-Marie Le Pen salue une compétition « loyale », qui devrait selon lui servir de leçon aux autres partis : « Elle a été très digne, confrontant projet contre projet, sensibilité contre sensibilité, et se refusant à se livrer à des anathèmes ou à des attaques personnelles. » En réalité, des attaques terribles ont eu lieu, mais le père-fondateur les attribue surtout à l'extérieur du parti : « Certes, quelques soutiens parfois autoproclamés ont pu se laisser emporter par la fièvre de l'élection interne, encouragés en cela par certains provocateurs, le plus souvent extérieurs au Front. Mais les perturbations ont eu en réalité une importance marginale dans l'ensemble de la campagne, dont je me félicite de la tenue et de la qualité. » Les deux rivaux ne ratent d'ailleurs pas une occasion de se faire la bise à la tribune. Comme pour afficher leur solidarité retrouvée. Marine Le Pen, visiblement émue, ne cesse de regarder son père. Comme pour s'excuser de saisir le flambeau qui le tient en vie.

Le double discours de Tours

A l'heure de la semi-retraite, Le Pen apparaît vieilli et défait. On doit parfois le guider pendant la cérémonie, mais dès qu'il retrouve ses marques, il donne du coffre : « Chers amis, chers camarades, c'est la dernière fois que je m'adresse en qualité de président, à vous ! » Son discours, écrit et travaillé, n'a rien d'un one-man-show improvisé. C'est un discours historique où il revisite son histoire, donc celle de la Quatrième et de la Cinquième République : « Mes chers compagnons, que de chemin parcouru depuis mes débuts dans la vie politique ! J'en ai vu défiler des gouvernements et j'en ai déploré des reniements sans cesse plus dangereux que les précédents et enrobés de bons prétextes prétendument progressistes ! Que de promesses bafouées, qui ont détruit chez le Peuple de France le sens de la parole donnée et la valeur sacrée du serment prêté. En un demi-siècle, à quelle déchéance a été réduit notre pays ! »

A chaque ligne, il insiste sur les traquenards, les mensonges, les manœuvres et les injustices dont lui et le Front national s'estiment victimes : « La seule force de résistance à cet effondrement a été incarnée depuis plus de trente ans par le Front national. Et c'est pour cette raison que rien ne nous a été épargné, nous avons été les cibles de toutes les provocations, de toutes les manipulations ! » Il revient sur la mort de Brahim Bouarram, qu'il ne nomme pas, mais raconte ainsi : « Le 1er mai 1995, entre les deux tours, un Marocain est poussé dans la Seine par des skinheads. Une nouvelle campagne de presse a eu lieu. Aujourd'hui une plaque commémore cet événement. Nous aimerions qu'il en soit ainsi pour chaque Français assassiné ! » Bien sûr, le fait d'insister sur le fait que le jeune homme a été jeté à la Seine « entre les deux tours » est une manière de sous-entendre que ce crime est une manœuvre électorale. Tandis que préciser qu'il est mort « en marge d'un défilé du FN » l'obligerait à reconnaître une part de responsabilité... Tout est réécrit avec le même procédé : le roman d'une France où le FN a été persécuté parce que visionnaire. Ce qui n'empêche pas la rétrospective d'être passionnante. Mais en noir et blanc. Avec un procédé d'écriture très simple. La France que Jean-Marie Le Pen a connue quand il s'est engagé en politique était belle, forte, puissante et sûre. Aujourd'hui, elle est défigurée, faible et en crise. Et il l'avait bien dit... Il oublie de préciser que pendant toutes ces années, il a dit tout et son contraire.

A l'entendre, l'une des causes de la décadence actuelle est liée à Vatican II : « Le culte réformé et édulcoré, l'Eglise soumise au dogme de la tolérance masochiste et concurrencée par la religion de l'hédonisme a vu ses lieux de culte se vider, sa substance s'affadir et a laissé les Français dans un état de vide spirituel jamais atteint depuis des siècles. » C'est l'exacte propagande des catholiques intégristes. Pas vraiment approprié pour passer le relais à sa fille, qui a choisi de jouer la carte de la laïcité. Mais idéal pour redouter que ce « vide spirituel » ne soit rempli par une autre religion, « importée principalement par les immigrés venus d'Afrique du Nord et d'Afrique noire ». Il insiste pour dénoncer la « conception archaïque de la femme » attribuée à l'islam... Et jamais à son parti. Quelques lignes plus loin, pourtant, le menhir verse une larme sur la France virile. Celle du service militaire et de la peine de mort.

Toujours au chapitre des causes de la décadence, le fameux « je vous l'avais bien dit », il nous entame un long couplet nostalgique sur la fin de l'empire colonial. Sans jamais expliquer à ses partisans qu'on ne peut pas avoir fait fortune sur le dos des colonies et ne pas vouloir l'immigration issue de ces colonies. Il se garde également de rappeler que sans cette immigration, les Français devraient travailler jusqu'à soixante-dix ans. Ce qui était au programme du FN... Jusqu'à ce que Marine Le Pen décide de faire dans le social et promette la retraite à soixante. Sans nous expliquer comment la financer sans immigration. La salle n'est pas venue pour comprendre mais pour vibrer. Ces raccourcis la comblent. Elle est émue, et applaudit.

Le discours de Marine Le Pen, qui clôt le congrès, est très attendu. Elle-même attend cette délivrance. Avoir enfin les manettes. A la tribune, elle tente de trouver le coffre qui sied à sa nouvelle fonction. Mais sa voix est inégale, le ton encore incertain, sa légitimité de présidente trop récente. Les applaudissements sont rares, un peu forcés. Dans la salle beaucoup s'ennuient en l'écoutant tenir un discours argumenté et raisonné. Des mots choisis pour envoyer un signal à l'extérieur, mais moins enthousiasmants pour son public. Loin des petites phrases et des sous-entendus des discours de son père, la nouvelle présidente du Front prône un « Etat fort », républicain, démocratique et laïque : « A l'heure où la crise et la mondialisation font rage, quand tout s'effondre, il y a encore l'Etat », se justifie Marine Le Pen. Elle convoque Jaurès, décidément à la mode, et poursuit : « Quand il faut réguler, protéger, innover, c'est vers l'Etat que l'on se tourne naturellement, parce que c'est l'Etat qui a la taille suffisante pour agir, la légitimité démocratique indispensable, et qu'il est inscrit dans notre ADN national. » Enfin, les boucs émissaires défilent : « la gauche du FMI et des beaux quartiers » et bien sûr « l'Europe de Bruxelles », qu'elle accuse d'être à l'origine de la « suppression d'administrations d'Etat ». Un vrai plaidoyer pour les services publics et le rêve d'une société moins capitaliste : « Non, nous ne voulons pas d'une société où l'avoir est plus important que l'être, où l'argent érigé en absolu est devenu une fin en soi ».

Bien des passages font mouche à l'extérieur. Peu soulèvent les cœurs à l'intérieur. Les passages chaudement applaudis sont ceux où il est question de résister face à l'« islamisation », plus citée que l'insécurité ou l'immigration. Surtout lorsque Marine Le Pen rappelle que l'Etat doit « interdire l'aménagement d'horaires particuliers dans les piscines pour les femmes musulmanes ou l'introduction d'interdits religieux alimentaires » dans les cantines, affirmant que « personne ne devait être conduit contre son gré ou à son insu à manger halal ». Une phrase très applaudie. Tout comme celles qui suivent : « Nous voulons pouvoir décider chez nous ce qui est bon pour nous », « L'Europe n'est pas un califat, la France n'est pas un califat, elle ne l'a jamais été, elle ne le sera jamais ».

Malgré une tonalité clairement différente, notamment concernant l'Etat et les services publics, elle rend hommage à son père et ne réclame pas le moindre droit d'inventaire. Bien au contraire. Elle salue « la droiture, la noblesse d'âme, la persévérance, la vision et parfois la bravoure », avant d'ajouter : « Nous mesurons désormais à quel point Jean-Marie Le Pen a eu raison. » Sur quoi au juste ? A chacun de deviner. La salle, de toute façon, se lève pour lui rendre hommage. Fidèle à la synthèse improbable de son père, en quelques pages, elle aura cité Jaurès et Péguy, les « bâtisseurs de cathédrales » et « les hussards noirs de la République ». Sans nous dire lesquels auraient sa préférence si elle était élue. Tous les moyens sont bons pour marcher vers la victoire. Surtout le grand écart. Pas de doute, le flambeau est bien passé.

« Le président, c'est toujours lui »

La cérémonie est un succès. Quelques anicroches révèlent tout de même ce qui attend la nouvelle présidente pour l'« après ». D'abord son père, qui reste « président d'honneur », n'a pas tout à fait décidé de passer la main, ni de s'ennuyer. Il va lui faire un croc-en-jambe caractéristique du nouveau rôle qu'il entend désormais jouer. La veille au soir, à la fête du Front, un journaliste de France 24 dit avoir été sévèrement bousculé par le service d'ordre. Des vigiles l'auraient attrapé, tiré par la capuche de son manteau, molesté, lui auraient donné des coups dans le ventre, des coups dans le dos, tenu le bras derrière le dos, et cassé la montre... tout en le bombardant d'insultes à caractère raciste et en le traitant de « journaliste de merde ». Le FN démentira formellement : « Monsieur Michaël Szames a simplement été prié de sortir des locaux du Palais des Congrès de Tours dans lequel il ne devait pas être présent. Le Front national affirme par ailleurs que personne de son service d'ordre n'a cassé la montre de Monsieur Szames et n'a proféré à son encontre des insultes à caractère raciste. Jamais enfin il ne lui a été dit qu'il était un journaliste de merde et que le service d'ordre du Front national était prêt à lui casser les dents. » Conformément à sa nouvelle politique, le parti menace de porter plainte en diffamation : « Le Front national adressera des demandes de rectification identiques à chaque fois qu'il sera mis en cause dans de telles conditions mensongères sans préjudice des procédures au fond qu'il engage par ailleurs[1]. »

Sur place, les journalistes ne savent pas quoi penser. Ils relaient logiquement la version de leur confrère, dont ils n'ont pas raison de douter, mais aussi la version du FN, culpabilisés par deux jours de meeting ayant rappelé toutes

1. Communiqué de presse, 18 janvier 2011.

les exagérations journalistiques dont se sent victime le Front national. L'incident aurait pu être clos si le « président d'honneur » n'avait pas résisté à un commentaire douteux lors du point presse organisé au Congrès. Il tient à ironiser sur le fait que le service d'ordre ne pouvait pas savoir que ce journaliste était juif : « Ça ne se voyait ni sur sa carte... ni sur son nez, si j'ose dire ! » Cette allusion l'amuse beaucoup. Alors qu'il semblait éteint quelques minutes avant, il regagne la tribune comme ragaillardi. Ce qui contraste avec le visage de sa fille, soudainement fermé. La plaisanterie vient de gâcher la fête. Au lieu d'évoquer son programme, la nouvelle présidente va devoir passer ses premières interviews à relativiser. En expliquant, sans convaincre, que Jean-Marie Le Pen emploie souvent cette expression – « sur son nez » – sans penser à mal. Et visiblement sans penser à elle...

Sa sœur Yann résume leur nouvelle répartition des rôles : « Le président, c'est toujours lui. Et le chef, c'est Marine[1]. » A ses yeux, ils forment l'attelage idéal : « Il a la culture, elle, l'ambition. Elle est couillue, ma sœur, c'est un lion ! » Jean-Marie Le Pen la compare plus volontiers à « une chèvre ». Quand on lui demande si la période qui s'ouvre va mettre fin à « diabolisation » du FN, il sourit : « Oui, car le méchant bouc émissaire se retire et il est remplacé par une gentille chèvre[2]. » Une façon de faire comprendre que la presse est bien bête de croire que la forme du message va tout changer. Sûr qu'il viendra donner des coups de « papattes » de temps en temps pour qu'on ne l'oublie pas.

Sa fille ne s'aventure jamais à le provoquer. La transmission a beau respecter les codes républicains, il s'agit bien d'une passation de pouvoir dynastique. Si le père-fondateur est discrédité, tous ses descendants perdent leur légitimité à régner, fussent-ils élus. Marine Le Pen reste sous l'ombre

1. Pascale Nivelle, « Elle n'a rien d'une blonde », *Libération*, 15 janvier 2011.
2. *Marianne*, 31 juillet 2010.

tutélaire de son père. Jusqu'à son dernier souffle, il peut décider de défaire sa « reine » au profit d'un autre. Même s'il n'y a pas intérêt. En revanche, il peut et fera tout pour l'obliger à ménager certains courants se sentant malmenés par son virage.

La plus sérieuse mise en garde vient du tabac qu'a fait son concurrent, Bruno Gollnisch, au Congrès de Tours. Beau joueur, il commence par saluer la victoire de Marine Le Pen : « Lorsque l'on participe à une compétition, on en admet le résultat. » A-t-il seulement été question que la compétition se termine autrement ? Certains détracteurs du népotisme lepéniste se souviennent que Bruno Gollnisch avait déjà été mis en lice pour faire semblant de concurrencer Bruno Mégret... au profit de Le Pen. En bon dauphin, il n'aurait pu se lancer dans cette compétition si Marine Le Pen ou son père avaient pensé qu'il leur ferait de l'ombre. Reste qu'il incarne un Front catholique et maurrassien, à l'ancienne, que beaucoup de militants ne veulent pas voir partir. A Tours, chaque touche de son discours allant dans ce sens est largement applaudie : « J'ai moi aussi d'autres exigences que la morale du superficiel et du clinquant qui règne en maîtresse dans la classe politico-médiatique. » Plus loin, il ajoute : « Je continuerai naturellement à servir la cause que j'ai toujours servie, depuis les bancs d'une université livrée aux marxistes et saccagée par les amis de Monsieur Cohn-Bendit et de Monsieur Mélenchon, passé des nervis trotskystes au Grand Orient de France, mais toujours aussi sectaire ! La France que j'ai servie à bord des navires de la Marine nationale, sur lesquels sont inscrites les devises "Honneur & Patrie". » Il encourage la nouvelle présidente à tendre les bras aux mégrétistes et fait des propositions pour « améliorer » le parti. Autant dire qu'il faudra compter avec lui. Au moment de son discours, Marine Le Pen doit d'ailleurs longuement s'interrompre à cause des applaudissements lorsqu'elle rend hommage à « Bruno ». Même si la « claque » est largement portée par le mouvement des Jeunes avec Gollnisch (JAG), c'est un avertissement. L'entreprise de « dédiabolisation » de la nouvelle présidente reste sous haute surveillance.

Bras de fer musclé avec les partisans de Gollnisch

Jean-Marie Le Pen a beau saluer une compétition « loyale » entre sa fille et Bruno Gollnisch, elle fut brutale entre leurs sympathisants. Droite(s) extrême(s), le blog d'Abel Mestre et Caroline Monnot, journalistes au *Monde*, a très bien couvert cette guerre de tranchée. A tour de rôle, les deux candidats ont fait le tour des fédérations du parti. Le chassé-croisé du week-end des 13 et 14 novembre 2010 résume bien les deux tonalités de leurs campagnes auprès des militants.

Le samedi, Bruno Gollnisch réunit ses soutiens à Villepreux, dans les Yvelines, pour une « fête patriote ». Une sorte de « mini BBR », en moins écrémée. La presse n'est d'ailleurs autorisée à y assister qu'après le discours tenu par Bruno Gollnisch à ses partisans. On est loin de l'opération « portes ouvertes » du nouveau Front national. Flotte plutôt une atmosphère d'entre-soi, où l'on peut croiser des purs et durs : des militants du Renouveau français, de l'Œuvre française, des catholiques intégristes ou des skinheads, dont certains participent au Service d'ordre. Certains sont peu amènes avec les journalistes de la presse généraliste. Heureusement, la presse d'extrême droite est bien représentée. Jean-Marie Molitor, le patron de *Minute*, a fait le déplacement. Les équipes de *Présent* et *Rivarol* sont aussi à la fête. On aperçoit Dominique Joly, ancien du GUD, actuellement conseiller municipal FN à Villeneuve-Saint-Georges ou encore Farid Smahi. Un apéritif est servi aux 600 convives, juste avant de dîner. Un chant traditionnel est repris par la plupart des participants, qui se lèvent pour faire le signe de croix avant de passer à table. Un repas accompagné par le chant des Lansquenets du chœur Montjoie-Saint-Denis, incontournable chorale des rassemblements catholiques traditionalistes.

Vient le moment du discours. Sous prétexte de répondre à « 50 questions posées par des internautes », Bruno Gollnisch s'amuse à lancer des piques et régale son public. Comme lorsqu'il déclare qu'une fois au pouvoir, il menacera la CGT de la « ruiner » comme « elle veut ruiner la France ». Il demandera aussi aux immigrés « de respecter non seulement nos lois, nos mœurs, nos coutumes, et j'allais dire jusqu'à nos goûts ». Ce qui prouve que le saucisson n'est pas seulement l'obsession du Bloc Identitaire… Mais le clou du spectacle reste le moment où le candidat apporte un soutien solennel au négationniste Vincent Reynouard. En pleine opération dédiabolisation, l'autre dauphin remet une louche sur la Seconde Guerre mondiale : « Il y a eu des gens qui ont suivi Pétain qui étaient de bonne foi, et des gens de bonne foi ont suivi de Gaulle. Qu'on arrête de nous emmerder avec ces histoires ! » Il termine par une comparaison douteuse entre le « Maréchal » et les élites actuelles : « Les dirigeants actuels sont cent fois plus coupables, si tant est qu'il l'ait été, que le maréchal Pétain, qui avait au moins une excuse : celle d'une armée victorieuse et implacable qui campait sur le territoire national. Tandis que les traîtres qui sont aujourd'hui au pouvoir, c'est en toute connaissance de cause qu'ils bradent la France, qu'ils livrent son économie, qu'ils livrent son identité à l'étranger, portant atteinte à la sûreté intérieure et extérieure de l'Etat, pour le seul profit de leurs intérêts abjects[1]. » Les convives sont ravis.

Marine Le Pen anime de son côté une réunion dans le XVe arrondissement de Paris. La salle est comble, 700 personnes selon les organisateurs, un peu plus qu'à la « fête des patriotes ». Un chiffre peut-être surévalué. Reste que

1. Romain Rosso, « Gollnisch trouve des " excuses " à Pétain », *L'Express*, 15 novembre 2010.

c'est une grande fête pour Gollnisch, où sont réunis presque tous ses sympathisants, et une réunion de plus pour Marine Le Pen. Autre symbole, le meeting de la dauphine se tient dans une discothèque, pas vraiment habituée à vibrer aux sons du chœur Montjoie-Saint Denis… Il n'y a pas non plus de skinheads dans le service d'ordre. Plutôt des jeunes du FNJ, très propres sur eux, qui prennent soin de demander aux jeunes de laisser leurs places assises aux « seniors ». Les journalistes sont très bien accueillis et même questionnés, comme le raconte le blog Droite(s) extrême(s) : « Tous les cadres maristes demandent "comment était Villepreux". Et tous tentent de minimiser le succès de la manifestation pro-Gollnisch, contestant les chiffres ou les expliquant par "les cars de province" qui sont "montés" à Paris. D'ailleurs, beaucoup de militants vus à Villepreux sont venus écouter Marine Le Pen[1]. »

Alain Jamet, le président du comité de soutien, l'un des rares historiques du Front à être encore là, coordonne l'événement. La présentation de la candidate est assurée par Marie-Christine Arnautu : « Paris, c'est une blonde et quelle blonde ! » lance-t-elle pour l'annoncer, avant de décocher quelques flèches à l'intention de Bruno Gollnisch et de ses soutiens. Marine Le Pen prend la parole. Elle est déjà « au-delà » du Congrès, et se projette vers la présidentielle. Sans nommer Bruno Gollnisch, elle refuse que le FN « devienne le club de rencontre de la tendance nationale » qui « rassemble les bras cassés de notre milieu ». Piqué au vif, Gollnisch répliquera en s'adressant devant ses partisans à sa concurrente : « Chère Marine, que les choses soient claires. Il n'y a parmi mes soutiens, ni laïcards extrémistes, ni milices ethnico-religieuses, ni satanistes, ni quoi que ce soit[2]. » Une allusion à peine voilée aux ultra-laïques proches du Bloc Identitaire, mais surtout à la Ligne de défense juive… L'air

1. Droite(s) extrême(s), 15 novembre 2010.
2. Droite(s) extrême(s), 8 décembre 2010.

de ne pas y toucher, Gollnisch reprend aussi à son compte les accusations lancées dans *Rivarol* par Marc George au sujet de liens supposés entre Marine Le Pen et cette ligue juive extrémiste, interdite aux Etats-Unis et en Israël pour terrorisme. Autant dire que l'ambiance est tendue.

L'une des pommes de discorde porte sur la réintégration des dissidents récents. Comme Carl Lang, Jean-Claude Martinez, ou Bernard Antony. Le 8 octobre 2011, sur LCI, Bruno Gollnisch se prononce pour leur « retour », d'autant qu'il a « toujours déploré ces départs ». Une déclaration très mal vécue à la présidence, qui vit toujours dans le spectre de la grande scission. Jean-Marie Le Pen s'en mêle et prévient : « Faire campagne là-dessus, c'est entrer en guerre contre le bureau politique et la ligne du mouvement[1]. » Le président n'est pas censé prendre position mais distribue quand même ses consignes : « Si Bruno Gollnisch était élu, il y aurait un choc très grave. Surtout s'il fait rentrer les dissidents. Je ne siégerai pas avec Carl Lang. Mais je resterai au FN, et ça ne se passera pas comme ça. Les militants devront choisir entre la ligne Le Pen et la ligne Lang. » Au même moment, Carl Lang rencontre volontiers les journalistes pour leur confier ce qu'il pense de l'attitude de Le Pen face à Fernand Le Rachinel... Ce qui fédère tous ceux qui ont acquis la conviction que le clan Le Pen a un rapport particulièrement intéressé à la politique. Un point très sensible chez Jean-Marie Le Pen. Il prend ouvertement parti et tacle le concurrent de sa fille : « C'est certain que Bruno Gollnisch est le candidat de tous les dissidents. C'est d'ailleurs une des raisons pour lesquelles il ne sera pas élu. » Il en profite pour ironiser sur l'affluence à la réunion tenue par M. Gollnisch, à Bordeaux, le 3 octobre : « Il a réuni combien de personnes ? 300 ? Je n'ai jamais fait moins de 1 500, moi, en Aquitaine[2]. »

1. Droite(s) extrême(s), 12 octobre 2010.
2. Droite(s) extrême(s), 11 octobre 2010.

Cette question des dissidents cache mal des conflits de personnes ou d'intérêts. D'ailleurs, les dissidents en questions ne sont pas sur la même ligne et leurs sensibilités sont toujours représentées au FN. Marine Le Pen est même entourée par certains putchistes de l'époque Mégret : Steeve Briois, Nicolas Bay ou Bruno Bilde. On voit même réapparaître le plus félon d'entre tous : son beau-frère, Philippe Olivier. Le second mari de Marie-Caroline Le Pen a été exclu du Front national en 1998. Mais six ans plus tard, les deux sœurs se sont réconciliées, et Philippe Olivier, un temps conseiller de Philippe de Villiers, s'est rapproché de sa belle-sœur. Au point qu'on le décrit parfois comme « le » conseiller occulte. En 2008, sous le pseudonyme d'Olivier Carer, il appelle effectivement à serrer les rangs autour de sa belle-sœur : « Parmi les éminentes personnalités que comptent nos rangs et qui postulent pour cette exigeante mission, Marine Le Pen apparaît la seule à réunir ces exigeants critères : fille de Jean-Marie Le Pen, elle porte un nom prestigieux qui lui assure une légitimité incontestable aux yeux du grand public en lui garantissant un taux de notoriété – déterminant dans une société de communication – de 100 %. Les innombrables prestations médiatiques ont prouvé son attachement aux idées nationales. Grâce à sa personnalité propre, elle est parvenue à se faire un prénom et même à s'approprier le prénom de "Marine". Ses qualités médiatiques indiscutables en font la porte parole la plus valorisante pour nos idées ; son profil de jeune femme correspond à la demande de renouvellement et de modernité exigée par l'électorat ; son ouverture d'esprit et sa volonté de rassemblement permettent d'envisager enfin la nécessaire réconciliation de la famille nationale ; est-il besoin de préciser qu'elle est la seule qui puisse raisonnablement recueillir les 500 parrainages obligatoires[1]. »

1. Altermedia, 7 septembre 2008.

Cela ne veut pas dire qu'il soit totalement conquis par la ligne de sa belle-sœur. Fan de Vladimir Poutine et de Konk, un dessinateur antisémite, il écrit volontiers dans Altermedia au côté d'anciens mégrétistes, de plumes de la Nouvelle droite et de l'ancien skinhead Serge Ayoub. Son ralliement à Marine Le Pen est un choix de raison, qui connaît des hauts et des bas. En 2009, toujours sous pseudonyme, il va écrire un papier au vitriol sur les errements de la droite nationale façon Marine Le Pen : « Côté électoral, de navrantes campagnes de recyclage des déchets idéologiques de la IIIe République démontrent la vacuité d'un message politique désespérant de platitudes, que même le ressassement n'arrive plus à rendre crédible. Une "com" froufroutante, à destination des bobos qui peuplent les rédactions, tient lieu d'action ; l'usage inconsidéré de références incongrues ou approximatives sur fond rose fluo brouille le positionnement ; le "bon mot" remplace le concept ; la ligne politique oscille en fonction de l'humeur passagère ; les coups – parfois mauvais – font office de stratégie en interne comme en externe, avec pour but ultime et misérable de préserver quelques situations[1]. » C'est la dernière fois qu'il écrit sous ce pseudonyme. Depuis, il s'est réconcilié avec Marine Le Pen, et il est rentré dans le rang. Mais ce texte montre la fragilité de ce choix raisonné et non enthousiaste.

On aura noté l'expression « froufroutante », également présente dans le vocabulaire de Marine Le Pen lorsqu'il s'agit de railler Delanoë. C'est l'un des reproches qui revient en boucle dans la bouche de ses détracteurs, intarissables sur son « incompétence », sa « superficialité », son goût pour les night-clubs, les spotlights et les soirées bien arrosées. Marc George va jusqu'à déclarer : « Marine Le Pen n'est pas politiquement structurée, elle n'a pas les fondamentaux nationalistes (...) Il se trouve qu'elle est l'héritière de Le Pen, elle aurait sans doute aimé être l'héritière de Régine. » Juste

1. Altermedia, 13 mai 2009.

avant de taire et de partir jardiner, Alain Soral parle de la « bande à Marine » comme d'un « agglomérat de multi-transfuges, de marchands du Temple et de cage aux folles[1] ». Le fait qu'elle soit entourée de nombreux homosexuels lui est souvent reproché. Mais la suspicion vient surtout de ses bonnes relations avec les journalistes.

Son score médiatique bat à plat de couture celui de Bruno Gollnisch, peu « sexy », et qui ne réalise pas du tout les mêmes audiences. Ce qui achève de convaincre les plus paranoïaque que Marine Le Pen a été « choisie » par le Système. Surtout lorsqu'elle participe, pour la deuxième fois, à l'émission *A vous de juger*[2]. Nous sommes 24 heures avant la clôture des inscriptions au Congrès de Tours. Les partisans de Bruno Gollnisch ont bien essayé d'imposer leur poulain sur le plateau mais un membre de l'équipe de l'émission aurait lâché, excédé : « Vous ne comprenez pas, c'est elle qu'on a choisie. » Ce que les partisans de Gollnisch comprennent au sens large : « ils » l'ont choisie, le Système, le lobby[3].... Nathalie Saint-Cricq, la rédactrice en chef de l'émission, s'en amuse : « Je me souviens juste que les partisans de Gollnisch ont protesté. On nous a fait savoir qu'il n'était pas content. On a reçu quelques mails, dont certains pour nous dire qu'elle passait sa vie dans des bars... On leur a fait répondre que nous n'étions pas l'organe interne du FN. » Elle précise avoir choisi exprès d'inviter Marine Le Pen en amont du Congrès : « On ne voulait pas passer après, avec elle en superstar. On l'a fait deux mois avant, afin de ne pas polluer le vote. Et ne pas s'immiscer dans leurs affaires internes. Il y a avait déjà eu un sondage montrant qu'elle avait le vent en poupe. On l'a donc invitée. Mais on a fait une émission sérieuse, où l'on est allé la chercher sur son programme économique...[4] »

---

1. Alain Soral, « Marine m'a tuer », *op. cit.*
2. 9 décembre 2010.
3. Entretien avec Jérôme Bourbon, 2 mars 2011.
4. Entretien avec Nathalie Saint-Cricq, 6 avril 2011.

Ce genre de précisions journalistiques n'intéresse guère les sympathisants frontistes, obsédés à l'idée de percer un « complot » ourdi par la classe « politico-médiatique ». Que Marine Le Pen soit de loin la plus télégénique et la plus crédible, donc une « meilleure cliente » pour passer en télé, leur apparaît comme un choix politique. Alors qu'il est surtout médiatique. En revanche, certains journaux d'extrême droite – eux – ont bien « choisi » Bruno Gollnisch.

Une presse d'extrême droite déchaînée

A part *Le Nouveau NH (National hebdo)*, lié directement au FN, trois grands médias de la nébuleuse nationaliste vont contrarier la campagne de Marine Le Pen : *Minute*, *Présent* et surtout *Rivarol.*

Présent, le journal fondé par Bernard Antony, aurait le plus à s'en plaindre, mais garde un ton plutôt mesuré. Dans un article intitulé, « Les primaires au FN et l'avortement », Jeanne Smits, la directrice de la rédaction, se contente de comparer les propositions des deux candidats sur l'avortement. Le choix est vite vu. Bruno Gollnisch s'est prononcé pour l'abrogation de la loi Veil : « la législation actuelle doit évidemment être changée ». Tout en précisant : « Je ne suis pas favorable à un retour à une situation qui faisait que des femmes, souvent en situation de grande détresse, répondaient seules devant les tribunaux du fait d'avoir avorté. » Elle note, avec satisfaction, qu'il s'agit au mot près du « projet de loi pour la vie » élaboré par le Centre Charlier. Ce dernier souhaite « repénaliser l'avortement qui est un crime », mais ne prévoit pas « de peine pour la femme qui avorte, deuxième victime de l'avortement ». Ce qui est censé être charitable, mais concrètement intenable. A côté, la position de Marine Le Pen, consistant à supprimer le remboursement de l'IVG et à le prévenir par tous les moyens, fait pâle figure. Jeanne Smits rappelle qu'« en 2005, alors que nous la poussions à préciser sa pensée, Marine Le Pen avait dit que même en cas de climat favorable à la vie obtenu grâce à l'action future du FN, s'il était au pouvoir, elle ne demanderait pas l'abrogation de la loi Veil. » Un rappel suffisant pour faire son « choix » entre les deux candidats.

Plus généraliste, *Minute* s'intéresse également à la question de l'IVG, mais pas seulement. Longtemps bienveillant vis-à-vis de la benjamine, *Minute* lui joue un mauvais coup en publiant un organigramme de travail, où les partisans de Gollnisch sont visiblement écartés[1]. Un « scoop » vécu comme « une déclaration de guerre » par le camp mariniste. La couverture est spectaculaire. Le numéro de *Minute* du 13 octobre 2010 titre : « Ces marinistes qui veulent tous les pouvoirs ». Il annonce « un document explosif ». La double page, courageusement signée *Minute*, annonce la couleur : « Dans la bataille pour la présidence du FN, depuis la fin de la semaine dernière, Jean-Marie Le Pen et Marine Le Pen ont sorti les flingues. Pour tirer à vue sur Bruno Gollnisch, accusé de vouloir réintégrer au FN des traîtres et des félons. (...) Notre document indique que la tendance est grande chez certains marinistes de verrouiller l'appareil. Avec des hommes qui sont, pour beaucoup, d'anciens mégrétistes. » Le même numéro propose un entretien avec Bruno Gollnisch, et comporte d'autres articles décochant quelques flèches bien senties à l'intention de Marine Le Pen : « Dans la famille Le Pen, on ne lit pas qu'*Harry Potter*, mais aussi *Mickey* » ; ou encore : « Comme quoi, contrairement à ce qui est colporté, Marine Le Pen sait pratiquer le pardon des offenses[2] ».

Très remontée, Marine Le Pen va répliquer en attaquant une autre « fille de »... celle de Molitor, le patron de *Minute* : « Le fait que la fille de Molitor soit l'attachée de presse de Bruno Gollnisch explique ce changement de ton

1. *Minute,* 13 octobre 2010.
2. *Minute,* 13 octobre 2010.

radical de *Minute*. Quoi d'autre peut justifier qu'en trois mois ils aient changé comme ça ? » Elle souligne également que « Larebière [rédacteur en chef de l'hebdomadaire] est le patron des Identitaires qui ont été des concurrents du FN lors des régionales. Il n'y a pas que Woerth qui connaisse des conflits d'intérêts. *Minute* aussi. » Visiblement, Marine Le Pen a une vision très large du « conflit d'intérêts », qu'elle confond avec le fait de reprocher des engagements à un journalisme… engagé. Mais elle fait surtout un procès d'intention en génétique qu'elle n'aimerait pas forcément subir. De son côté, la fille du patron de *Minute* affirme « ne pas être au courant » de la dernière livraison de l'hebdomadaire : « Je n'ai rien à voir avec ça. J'ai vingt-neuf ans et le cordon avec mon père est coupé depuis longtemps[1]. » Dans le numéro suivant, Jean-Marie Molitor se dit horrifié par ces accusations : « C'est bas et vil. C'est de la bêtise incarnée. C'est absolument ne pas connaître ma fille. » Il assure « ne pas avoir de conflits avec Marine Le Pen ». Avant d'ajouter : « J'attends d'ailleurs toujours qu'elle me rappelle. » Il se défend également d'avoir pris parti : « *Minute* ne prend pas parti. Ce n'est pas notre rôle. On a eu des pièces. On a fait remonter l'info, on a fait notre boulot. On aurait fait la même chose avec Gollnisch. Si des choses bizarres se passent, on les dénoncera, sinon on serait aux ordres du FN. » Le ton monte encore lorsque Steeve Briois relaie à son tour l'accusation de « conflits d'intérêts » : « Il est certain que son lectorat [de *Minute*], attaché à l'unité du Front national, risque de ne pas apprécier ce choix partisan et outrancier lié à un évident et pitoyable conflit d'intérêts. » La réponse de Molitor tombe comme un couperet : « Puisque Steeve Briois, auquel nous avons souvent ouvert nos colonnes, s'intéresse maintenant aux "conflits d'intérêts", je lui conseille d'en parler à Jean-Marie Le Pen. Je doute que le

1. « Marine Le Pen et *Minute*, la guerre ouverte ? », Droite(s) extrême(s), 12 octobre 2010.

président du Front national trouve cet angle d'attaque judicieux. Surtout en ce moment. » Décidément, le soupçon de népotisme n'en finit plus de planer sur le clan Le Pen.

Le document qui a « fuité » alimente toutes les spéculations. L'organigramme de travail pressent « quatre ex-mégrétistes devenus marinistes » à « des postes clefs » : Briois, Bilde, Bay et... Philippe Olivier. Selon ce document, Briois serait secrétaire général, Bay intégrerait le secrétariat national en prenant en charge la propagande, Bilde serait chef de cabinet. Quant à Philippe Olivier, il deviendrait chargé des campagnes électorales, du média-planning et de l'internet. Autant dire que la garde mégrétiste serait de retour à tous les postes clefs. Marine Le Pen relativise la valeur de ce document, sans convaincre tout à fait : « J'en reçois 15 par jour de ce genre de trucs. Je ne l'ai même pas vu. C'est l'œuvre d'un militant de base de vingt-cinq ans. » Elle précise : « Je n'ai fait, à ce jour, aucun organigramme. Mais j'en ferai un et il n'aura pas la même tête. » Bruno Bilde vient à son secours en indiquant que Marine Le Pen ne l'a jamais reçu : « J'ai reçu ce document mais je ne l'ai pas transmis à Marine. » L'entourage de la candidate laisse entendre qu'un ordinateur a pu être « visité » et conseille à ce « jeune militant de porter plainte [contre *Minute*] pour recel de vol de correspondance ». La paranoïa est à son comble...

« Gourgandine sans foi ni loi »

La charge la plus violente vient de *Rivarol*. Après avoir ouvert ses pages à Marc George, qui accuse Marine Le Pen d'être vendue au « Système », c'est au tour de Jérôme Bourbon, le directeur de *Rivarol*, de monter au créneau. Catholique intégriste, sédévacantiste[1] et membre de l'Œuvre

1. Les sédévacantistes pensent que, depuis Vatican II, le siège de Pierre est vacant. C'est donc un imposteur qui occupe le Saint Siège. Certains sédé-

française, il vient de succéder à Camille Galic à la tête de l'un des plus anciens journaux de l'extrême droite. Alors que cette dernière s'était montrée plutôt neutre vis-à-vis du Front national, et que Bourbon lui-même ne tarissait pas d'éloges sur Jean-Marie Le Pen il y a peu, les attaques ciblent subitement le « clan Le Pen » et rebaptisent le Front national le « Front familial » : « Le Pen se comporte de plus en plus en satrape oriental, en grand mamamouchi » ; « Si Le Pen voulait absolument que ce fût sa fille qui lui succédât et personne d'autre, il aurait mieux valu le dire clairement, imposer à tous sa progéniture comme dans la communiste et tyrannique Corée du Nord », écrit Jérôme Bourbon dans l'édition du 15 octobre 2010. D'autres articles appellent à la « mobilisation générale » pour Bruno Gollnisch. On s'interroge sur certaines irrégularités et on parle de « centaines » d'adhésions « bloquées » pour s'inscrire et voter au Congrès. Non sans indiquer que « toute anomalie » peut être « signalée » sur le site internet officiel de Bruno Gollnisch[1].

Ce n'est pas dans *Rivarol*, où il pourrait faire prendre de gros risques juridiques à son journal, que Jérôme Bourbon va se montrer le plus violent. Il profite d'une interview accordée à un site internet catholique traditionaliste, E-deo, pour dire ce qu'il a vraiment sur l'estomac. L'entretien, publié sur la toile le 16 octobre 2010, affirme à voix haute ce que beaucoup de militants d'extrême droite pensent tout bas de Marine Le Pen. Le site s'inquiète d'abord des réactions suite au contentieux qui oppose *Rivarol* au clan Le Pen. Bourbon minimise : « Pour l'heure, le journal se porte bien, merci. Depuis que nous avons pris au printemps clairement position pour Bruno Gollnisch, nous avons enregistré tout au plus quatre ou cinq désabonnements. Je ne sais pas de quoi l'avenir sera fait. Mais pour nous il s'agit d'une

---

vacantistes estiment que la situation s'est arrangée depuis que Benoît XVI a réintégré les traditionalistes.

1. AFP, 13 janvier 2011.

question de principe. » Et de citer Henry Coston, auteur antisémite et créateur des Jeunesses antijuives en 1930, qui « aimait à répéter : “On crée un journal pour défendre des idées, on trahit les idées pour défendre le journal.” Je ne souhaite pas que l'on puisse un jour nous opposer cette maxime ».

La liste est longue des raisons qui ont poussé ce catholique intégriste à engager le fer avec la famille Le Pen : « Les positions de Marine Le Pen en faveur du maintien de la loi Veil et du Pacs, son refus de s'engager en faveur de l'abrogation des lois liberticides (Pleven, Gayssot, Lellouche, Perben) et de la dissolution de la Halde, son intégration en 2004 du groupe Europe-Israël au Parlement européen, ses odes répétées à la laïcité et aux “valeurs de la République” ». Jérôme Bourbon ne peut qu'être ulcéré : « Si nos lecteurs nous suivent, tant mieux. Mais s'ils ne le faisaient pas, je vous le dis franchement, je préférerais couler avec le navire plutôt que cautionner une crapulerie et participer à une imposture. » L'exposition médiatique de Marine Le Pen, surtout, signe son crime : « Marine Le Pen s'appuie sur les médias dont elle est la coqueluche. Ce qui est normal : ils se reconnaissent en elle puisqu'elle a, somme toute, le même mode de vie et de pensée que les actuels décideurs. Au fond Marine Le Pen se sentira toujours plus proche d'une Vénussia Myrtil [militante au FNJ], féministe favorable à toutes les déviances (drogue, homosexualité) que d'une famille chrétienne qui essaie de bien élever ses enfants et va à la messe le dimanche, que du militant nationaliste ou identitaire attaché à son peuple, à sa terre, à son sang, qui lit Bardèche et Maurras et qui n'a aucune sympathie pour la modernité décadente. » Vient le coup de grâce : « Marine Le Pen représente par excellence l'ère du vide. Les médias se l'arrachent parce qu'elle est deux fois divorcée, pour l'avortement et le Pacs, ce qui est pour eux un gage de modernité. De plus elle ne dérape pas sur les questions historiques interdites. Elle a parfaitement fait siennes les deux religions officielles de la Ve République, l'avortement et la Shoah. » Pour un peu, Bourbon comparerait sa croisade contre Marine Le Pen à une guerre sainte : « Lorsque je prononcerai mon Nunc Dimittis, je devrai rendre des comptes au Bon Dieu et je ne peux pas en conscience rester neutre entre une gourgandine sans foi ni loi, sans doctrine, sans idéal, sans colonne vertébrale, pur produit des médias, qui a multiplié les purges depuis des années et dont l'entourage n'est composé que d'arrivistes sans scrupules, (…) et d'invertis notoires. »

Une première version, plus explicite, parlait d'un entourage composé « d'arrivistes sans scrupules, de juifs patentés et d'invertis notoires ». Cette version a été expurgée, la mention "juifs patentés" retirée, sans doute par peur d'un procès. Ce qui n'a pas empêché Marine Le Pen de porter plainte. Jean-Marie Le Pen, quant à lui, parle d'« injures absolument scandaleuses » et qualifie Jérôme Bourbon de « taliban hystérique[1] ». Bruno Gollnisch est sommé de prendre ses distances, ce qu'il est censé faire à la fête des patriotes. L'invitation de *Rivarol* est officiellement annulée, mais le stand tout de même présent. Son entourage se charge toutefois d'indiquer qu'il n'est pour rien dans cette charge et pointe les regards vers l'Œuvre française. Marine Le Pen feint d'y croire : « Bien sûr, Bruno n'y est pour rien », mais l'invite tout de même à condamner ces propos pour en être bien sûr. Le 20 octobre, Bruno Gollnisch se fend donc d'un communiqué plus explicite : « Je condamne ces excès que je n'ai pas suscités, y compris lorsqu'ils émanent de personnes soutenant ma candidature. »

Une fois battu, Bruno Gollnisch est rentré dans le rang, non sans une pointe d'ironie trahissant un orgueil blessé. Quand un journaliste de France 2 lui demande s'il voit Marine Le Pen à l'Elysée, sa réponse n'est pas dénuée d'ambiguïté : « Mais ma foi, pourquoi pas, on a vu des choses bien plus

1. RFI, 18 novembre 2010.

surprenantes dans l'histoire de France...[1] » Mais ce sont surtout parmi ses sympathisants que la primaire a laissé des traces. *Rivarol* et *Minute* ne sont plus en odeur de sainteté au FN. Ils n'ont pas été accrédités pour suivre le Congrès de Tours. Jean-Marie Le Pen y a opposé une fin de non-recevoir : « Nous ne sommes tenus d'accréditer personne, nous accréditons qui nous voulons. » Le président du FN fait la distinction entre les journaux dont « l'hostilité est légitime », comme *Libération*, et les journaux d'extrême droite jugés traîtres à la cause : « Quand il y a volonté de nuire, comme l'ont démontré *Minute* et *Rivarol* au cours de leurs derniers numéros. Leur hostilité n'est pas légitime[2] ». Ce qui n'empêche pas *Rivarol* de suivre le Congrès à la télévision et de livrer son avis dépité sur le nouveau Front national. Le nouveau patron de *Rivarol* ne décolère pas, et parle lui aussi de trahison : « Il y a des gens qui se sont mis en danger dans leur travail. Ils se sont fâchés avec leur famille. Tout ça pour ça[3]. » Il persiste et signe : Marine Le Pen est « sans conviction », « Elle n'est pas des nôtres », contrairement à son père, qui « lui au moins était antisémite ».

Par-delà *Rivarol*, c'est une défiance durable qui s'installe entre la vieille extrême droite et Marine Le Pen. Quand on rappelle à Jérôme Bourbon que Jean-Marie Le Pen avait lui aussi quelques défauts, comme le fait d'être divorcé, il précise ses reproches : « Ça me gênait aussi, cette crispation laïcarde. Mais il avait connu la messe traditionnelle, il avait des références. Certains reflexes, une culture. Marine ne l'a pas[4]. » Le discours de Marine Le Pen à Tours aurait, selon lui, des « relents maçonniques, du jacobinisme pur jus ». Même son

1. « La tentation de l'extrême droite », *Complément d'enquête*, France 2, 9 mai 2011.
2. AFP, 7 janvier 2011.
3. Entretien avec Jerôme Bourbon, 2 mars 2011.
4. *Ibid.* En matière de références, Jean-Marie Le Pen a aussi de bonnes références paillardes. Le 3 avril 1951 au lendemain d'une nuit de bagarre avec des étudiants de l'Unef, Le Pen pénètre ivre dans une église d'Aix-les-Bains où il insulte le prêtre, les fidèles et les policiers qui l'embarquent (*Libération*, 27 avril 2002).

face-à-face avec Jean-Luc Mélenchon l'a terriblement agacé : « Il a des références, elle n'en a aucune ! » Un avis partagé par les lecteurs de *Rivarol* : « Quelle déception, quelle platitude, une heure d'ennui mortel ! Pas une saillie, pas un bon mot. Le plus pitoyable et irritant a été lorsque Marine Le Pen a dit que les racines chrétiennes commençaient au siècle des Lumières et plongeaient dans la trilogie Liberté-Egalité-Fraternité. Si j'avais été chez moi, j'aurais tourné le bouton illico. Et, cerise sur le gâteau, elle a reconnu avec un sourire béat avoir chanté *L'Internationale* avec son père[1]. »

Malgré tout, Marine Le Pen est passée. Grâce à son nom et à sa médiatisation, qui lui donnent une chance de regonfler les scores électoraux du Front national. Son adoubement au poste de présidente du FN signifie la fin d'un monde pour les courants les plus nostalgiques de l'extrême droite. Beaucoup se sentent orphelins. Vont-il désarmer pour autant ? S'accrocher à une autre formation, plus radicale, comme le Parti de la France de Carl Lang ? Ou revenir petit à petit à l'intérieur du Front en espérant que la dédiabolisation échoue et qu'ils soient de nouveau désirés une fois que la vague bleu marine aura heurté la digue ?

Hémorragies et vieilles dentelles

« 95 % des membres de ce parti sont partis, demandez-vous pourquoi ! » lance Jean-Claude Martinez. Il ne décolère pas contre le « nouveau » Front national. De fait, il ne reste plus grand monde... Le chiffre de ses adhérents est bien gardé. Mais d'après les fuites, il serait passé de 45 000 adhérents en 1998 à une dizaine de milliers en 2008. A en croire Marine Le Pen, ce serait remonté à 40 000 depuis. Elle compte sur sa médiatisation pour gagner de nouveaux

1. *Rivarol*, 25 février 2011.

militants. Ce qui semble marcher. En revanche, du côté des cadres, c'est l'hécatombe. La plupart des « historiques » ont passé l'arme à gauche ou sont partis. Alain Jamet, l'un des fondateurs du parti, est l'un des rares « vieux de la vieille » encore en vie à soutenir sans faiblir la fille de Jean-Marie Le Pen. Il s'en explique auprès des lecteurs de *Rivarol* : « Elle est, à mon sens, dynamique et toujours disponible. C'est une militante exemplaire, charismatique et efficace dans son action. Elle donne, du Front, une bonne image, tel qu'il fut et qu'il restera. (...) N'oublions pas qu'en politique, il faut "savoir faire" mais aussi "faire savoir"[1]. » Comme tous ceux ayant fait un choix de raison, il insiste sur ses talents de communicatrice, mais aussi sur ses capacités à faire tourner la machine en interne, malgré le peu de mains disponibles : « Il y a tout le travail que les électeurs et adhérents ne voient pas : faire tourner les services, améliorer leurs performances en période de restriction massive de personnel, rédiger les tracts, concevoir les affiches, organiser la formation des cadres... activités sans lesquelles un parti politique n'est qu'une coquille vide. »

Le mot est prononcé. Alors que le FN sort de l'une des plus graves crises financières de son existence, le nombre de salariés n'est plus le même qu'au temps de la prospérité électorale. Et les bras manquent. Marine Le Pen gouverne avec très peu de gens à bord. Jean-Pierre Gendron, son ancien beau-frère, le reconnaît volontiers : « Elle est seule. » Ce qui semble être le prix à payer pour sortir de la « gangue groupusculaire » et « bâtir quelque chose de neuf[2] ». En attendant la « vague bleu marine », qui permettra de renflouer les caisses et les troupes, le vaisseau amiral est surtout peuplé de fantômes.

Souvent guidés par des querelles de pouvoir ou de personnes, les départs du Front sont presque toujours

1. *Rivarol*, 4 juin 2011.
2. Entretien avec Jean-Pierre Gendron, 8 mars 2011.

spectaculaires. Il existe toutefois quelques personnalités parties sur la pointe des pieds, comme Pierre Ceyrac, au milieu des années 90. Parce qu'il ne supportait plus le racisme et l'antisémitisme. Sans doute aussi parce qu'il ne voyait plus l'intérêt du combat depuis la chute du mur de Berlin. Viscéralement anticommuniste, Ceyrac est un ambassadeur éminent de la secte Moon. Ce qui ne l'a pas empêché d'être élu député du Nord en 1986, député européen en 1989, puis conseiller régional du Nord-Pas-de-Calais à partir de 1992. A chaque fois sous les couleurs du FN. Une présence qui serait difficile à justifier au regard de la nouvelle ligne « laïque » de Marine Le Pen. Il y a aussi des départs plus personnels, comme Eric Ioro, son second mari.

Pour le reste, la première grande vague de départs spectaculaires date bien sûr de la scission : Bruno Mégret mais aussi Jean-Yves Le Gallou, Franck Timmermans, Damien Bariller, Serge Martinez, Pierre Vial, Bruno Courcelle... Dans le lot, le FN s'est débarrassé de quelques païens nazifiants encombrants, mais il a surtout perdu des cadres, formés par les grandes écoles et très organisés. De ceux dont le parti aurait besoin pour crédibiliser son image et conquérir un jour le pouvoir. Après leur départ, le Front s'est remis à fonctionner comme une petite entreprise familiale, au gré des humeurs et des crises de paranoïa – particulièrement aiguë – du patriarche et de sa benjamine.

Le Front a aussi perdu ses élus les plus implantés localement, comme Jacques Bompard ou Jean-Marie Le Chevallier. Le Chevallier, l'ami de toujours, celui qui a hébergé la famille Le Pen après l'attentat de la Villa Poirier, ne s'est jamais remis de la façon dont Jean-Marie Le Pen s'est comporté avec lui au moment où la scission couvait. Depuis, les « barons locaux » lui apparaissent tous comme des félons potentiels. Surtout Jacques Bompard, ancien soutien de l'OAS et d'Occident, maire d'Orange depuis 1995, qui rêve un temps de succéder au « président ». Jean-Marie Le Pen ne l'appellera même pas pour le féliciter lors de sa réélection aux élections municipales de 2001. Les piques, par contre, commencent à fuser dans la presse. Dans *La Provence,* Jean-Marie Le Pen explique que Bompard a « autant de chance de devenir un jour président du FN que lui-même archevêque[1] ». Marine Le Pen en rajoute : « Depuis trente ans, Jacques Bompard s'en tient à un engagement local. Souvenez-vous de son exposé sur les eaux usées à notre université d'été[2] ! » Bompard parle de propos « injustes et blessants ». Il dénonce le « mépris » de Marine Le Pen pour les élus locaux comme « une faute politique majeure » et se demande alors pourquoi elle-même ne reçoit pas de blâme pour ses positions sur la loi Veil[3]. La rupture est proche lorsque Bompard décide de lancer un club de réflexion, l'Esprit Public, en vue de structurer son courant et de réunir ses alliés à Orange. Il est exclu du bureau politique en septembre 2005. Officiellement pour absentéisme. Selon lui pour avoir dénoncé le népotisme. Marie-France Stirbois suivra avant de mourir, quelques mois plus tard, d'un cancer. Le Mouvement pour la France cherche alors à attirer les déçus du Front. Bompard le rejoint, mais claque bien vite la porte pour protester contre le ralliement de Philippe de Villiers à l'UMP. En 2009, lui et son épouse sont placés en garde à vue pour prise illégale d'intérêts[4]. Il crée alors la Ligue du sud pour les régionales 2010, qui parvient à faire élire deux candidats : sa femme et lui.

La seconde vague de départs, celle qui va considérablement alléger le pont du paquebot est due à Marine Le Pen et à son inflexion idéologique, entamée en 2002, mais surtout visible à partir de 2006. Depuis que le FN est arrivé au second tour, la benjamine a décidé de dépoussiérer l'image

1. Cité par Olivier Pognon, *Le Figaro*, 10 mars 2003.
2. Christophe Forcari, *Libération*, 31 mars 2003.
3. *Le Monde*, 11 avril 2006.
4. Le maire aurait acquis deux parcelles de terrain à Orange en 2005 pour y construire une villa et se serait accordé le permis de construire. Il est mis en examen le 14 décembre 2010 pour « prise illégale d'intérêts ». L'affaire est toujours en cours.

du parti. Certains comprennent d'eux-mêmes qu'ils font partie des poussières encombrantes. Comme Bernard Antony ou Christian Baeckeroot, poussés vers la sortie en 2006. Ce dernier est clairement sanctionné pour avoir mis en cause l'évolution de la ligne du FN. On n'en sait guère plus. Si ce n'est que, comme toujours au FN, tout finit par un procès. En octobre 2008, dans *Nations presse infos*, Louis Aliot l'accuse d'avoir injurié Roger Holeindre, qu'il aurait traité de « merde », d'« ordure » et de « salopard ». Christian Baeckeroot porte plainte pour diffamation. Marine Le Pen et Louis Aliot seront condamnés à lui verser un dédommagement et à payer les frais de justice[1].

En novembre 2008, un autre carré d'« historiques » met les voiles : Martial Bild s'en va avec quatre autres conseillers régionaux d'Ile-de-France. Martine Lehideux disparaît également, mais ce serait simplement une mise en « retrait », en raison de son âge. Puis vient la crise des « adoubements » en prévision des européennes de 2009. Alain Soral, pour les raisons que nous avons évoquées. Puis l'entrée en « dissidence » de Jean-Claude Martinez et Carl Lang, qui ébranle sérieusement les militants. Peut-on expliquer uniquement cette crise par la « réduction des mandats disponibles » et donc la concurrence interne ? Marine Le Pen a une autre version : « Pourquoi Carl Lang s'en va ? C'est une bonne question. Personne ne le purge. » Elle évoque ses contacts « avec de Villiers », qu'il voyait un peu comme « le successeur naturel de Le Pen », affirmant qu'il avait refusé « de s'occuper des parrainages » pour la campagne de 2007, dans l'espoir que Le Pen ne se représente pas et laisse la place au vicomte du Puy du Fou. D'après elle, lui et ses amis misent un temps sur Bruno Gollnisch, mais le trouvent trop peu combatif : « Ils reprochent à

1. La cour les a également condamnés à publier pendant un mois sur le site NPI et dans trois numéros de la déclinaison écrite du site, *NPImag*, les attendus du jugement. « Condamnation en appel de Marine Le Pen et Louis Aliot », communiqué du Parti de la France, 28 janvier 2011.

Bruno de ne pas se battre en interne. C'est presque plus à destination de lui, je pense, qu'à destination de nous, qu'ils quittent le parti. » Elle évoque aussi des difficultés financières : « Carl Lang a toujours dit : après Le Pen, le Front est mort. Ils pensent que le Front va mourir, financièrement. Ils l'aident un peu d'ailleurs en arrêtant de reverser et en faisant agir Le Rachinel. Avec la même analyse : on va monter une structure pour que lorsque le Front mourra, on récupère une partie des cadres et de l'électorat. »

La version de Carl Lang est plus simple à comprendre : il gêne. « Je suis une ligne nationale et traditionnelle. Nationale. Catholique et libérale. » Autant dire qu'il ne correspond pas au tournant républicain et laïque, ni à la volonté de se différencier du père : « Pour elle, Le Pen c'est un véritable boulet ! Elle n'a qu'un seul objectif : faire du chiffre électoral. » Il juge sa volonté de sortir de l'Union européenne « délirante », tout comme sa proposition de rétablir la retraite à soixante ans. Il est surtout stupéfait par la façon dont les Le Pen se comportent dans l'affaire Le Rachinel : « J'ai trouvé ça affreux. » Des deux, c'est encore à la fille qu'il en veut le plus : « Le père pouvait être autoritaire et cassant, mais tant qu'il n'était pas question d'argent, il avait le sens de la camaraderie. Elle, elle est méprisante[1]. » Pour lui, le FN n'est plus un Front national mais un « Front mariniste ». Il commence à rallier tous les déçus du marinisme autour de son Parti de la France. Dans l'idée de s'opposer à sa candidature, qu'il considère comme « n'appartenant plus à la droite nationale ». Ce qui en fait une alliance plutôt hétéroclite, allant de la Nouvelle droite populaire au MNR en passant par Jacques Bompard, des Identitaires, des anciens du MPF de Villiers, des nationalistes-révolutionnaires et des skinheads proches de Serge Ayoub ou encore des membres de l'Œuvre française. Sans oublier les catholiques traditionalistes et la mouvance *Rivarol*... Un attelage qui amuse

1. Entretien avec Carl Lang, 8 avril 2011.

plutôt Marine Le Pen : « Ils sont quand même spéciaux, excusez-moi. Quand je vois Carl Lang qui se présente aujourd'hui comme le candidat catholique machin, je veux bien, mais il n'était pas particulièrement connu pour ça. A l'époque, c'était plutôt "on saute au-dessus du feu"[1] ». Carl Lang, que l'on a dit païen et marié nu sous la lune, dément. Il explique avoir laissé dire pour se faire connaître, mais tient à rectifier en tant que président du Parti pour la France.

Il y aura décidément du monde à droite du FN à la présidentielle de 2012. Ce qui arrange peut-être la présidente du Front pour tenter d'apparaître comme un « juste milieu ». Décidé à se présenter contre elle, Patrick Bourson a claqué la porte en 2009. Non sans avoir mis fin à son association avec Jany Le Pen et Jean-Marie Le Pen au sein de sa société de champagne. Il ne tarit pas d'insultes sur la nouvelle présidente, qu'il décrit comme « dangereuse » et responsable du pire : « Pour moi, le Front national n'est plus le FN. C'est devenu un système UMPS-FN. Il n'y a pas de sincérité dans ce qu'ils font. Ils ne sont là que pour la gamelle[2]. » Autodidacte devenu prospère, il met tous ses moyens dans sa campagne et a déjà recueilli le soutien de près de 200 maires en vue de se présenter à l'élection suprême.

Le dernier à partir, au lendemain de l'élection de Marine Le Pen, n'est pas le moindre des poids lourds. Puisqu'il s'agit de Roger Holeindre, l'un des fondateurs du Front national. Il quitte le parti le 15 janvier 2011, bien que le Congrès de Tours l'ait élu à la deuxième place du Comité central. Il ne croit tout simplement pas en Marine Le Pen : « Je ne crois pas qu'elle pense ce qu'elle dit[3]. » Et l'ancien journaliste de s'en prendre, comme toujours, aux médias :

---

1. Entretien avec Marine Le Pen, 20 septembre 2010.
2. Entretien avec Patrick Bourson, 2 mai 2011.
3. Interview de Roger Holeindre, 2 février 2011, Radio Courtoisie. Voir aussi Roger Holeindre, *La guerre psychologique et les nouveaux collabos*, Les éditions d'Heligoland, 2005.

« Je ne comprends pas deux choses. Je ne comprends pas comment Jean-Marie Le Pen a pu être insulté et traîné dans la boue pendant quarante ans. Il n'y avait aucune raison. Mais je ne comprends pas non plus comment sa fille a pu être encensée comme elle l'a été. Il n'y avait aussi aucune raison. C'est deux choses totalement incompatibles. Ils n'avaient pas à attaquer Le Pen comme ça, comme ils l'ont fait parce que c'était faux. Et elle, pourquoi la promouvoir comme ça. Ce sont les télés, les radios et les médias qui étaient chargés de faire le tri à l'intérieur du Front national. Il y a quand même des raisons de douter même si on n'a pas la suspicion dans l'âme. » La suspicion et surtout le fossé des générations expliquent cette incompréhension. Ouvrier métallo de formation, Holeindre a résisté contre les Allemands, avant de s'engager en Indochine puis en Algérie. Membre de l'OAS, il a connu la prison. Gracié, il va devenir le père spirituel des jeunes d'extrême droite, notamment du groupe Occident. Des mouvements qui n'ont jamais plu à Marine Le Pen, tout en incarnant une génération qu'Holeindre ne comprend pas : « On ne peut pas faire de la politique française en oubliant vingt ou quarante ans de la politique française. Si pour ne pas être diabolisé, être déringardisé, il ne faut pas parler de la guerre de 14-18, de la guerre de 39-45, pas parler de la Libération, pas parler de l'épuration, pas parler de la guerre d'Indochine et de la guerre d'Algérie, je n'en suis pas. » Il laisse entendre qu'il pourrait revenir si elle n'était plus présidente. En attendant, le vieux baroudeur préfère reprendre sa liberté plutôt que d'être présidé par une femme comme Marine Le Pen : « Je suis rentré au Front national avec ma bite et mon couteau, je repars du Front national avec ma bite et mon couteau. »

Ces départs ne semblent pas affecter outre mesure celle que nous avons interrogée avant qu'elle ne soit sacrée présidente : « Je suis contente de voir des gens qui en réalité traînaient la patte, étaient des boulets et ne cessaient de critiquer en permanence tout ce qui était fait au sein du Front national. C'est sûr, je n'ai pas pleuré quand ils sont partis. » Adolescente, elle demandait souvent à ses aînés : « Je n'arrive pas à comprendre pourquoi papa ne prend que des nuls autour de lui ». On lui répondait : « Il ne les prend pas parce qu'ils sont nuls mais parce qu'ils sont là[1]. » Aujourd'hui, comme un rêve d'enfant réalisé, ils n'y sont plus... Avec qui reconstruire ? « Tout le reste, tous les électeurs. J'ai toujours pensé qu'il y avait un décalage entre les électeurs du Front national et l'encadrement du Front national. »

Les gars de la Marine

Le slogan est bien trouvé. Il s'affiche sur les t-shirts bleu marine des supporters de la présidente. Un petit groupe d'aficionados, assez jeunes, et souvent garçons. Au Congrès de Tours, ils tiennent à l'aise autour d'une petite table à la cafétéria. Alors que les Jeunes pour Gollnisch (JAG) envahissent les escaliers, les couloirs, et font beaucoup de bruit. En attendant de puiser des cadres dans les nouveaux arrivages, l'entourage restreint de la nouvelle présidente vient souvent de Générations Le Pen, ou d'un cercle plus amical et familial[2].

Il y a d'abord les lieutenants, que l'on connaît déjà. Louis Aliot, l'homme du sud, avec qui Marine Le Pen ferraille contre l'islamisation. Et bien sûr Steeve Briois, l'homme du nord, avec qui elle peaufine son discours social à Hénin-

1. *Le Point*, 22 novembre 2002.

2. Marie-Christine Arnautu (vice-présidente chargée des affaires sociales), Dominique Martin (délégué général adjoint), Sandrine Leroy (adhésions) ou Guillaume Vouzellaud (développement numérique). Plus des « experts » comme Laurent Ozon (formation), un sociologue-chef d'entreprise passé par le mouvement écolo et le Bloc Identitaire, et l'universitaire David Mascré (argumentaires et études).

Beaumont. Souvent accompagné d'un autre homme du nord, Bruno Bilde, trente-cinq ans, juriste, lui aussi domicilié à Hénin-Beaumont. Elu conseiller régional du Pas-de-Calais, il est responsable de la formation des élus. Il fait partie de ceux qui chercheront à tout prix les 500 signatures. C'est à lui qu'on a dérobé l'organigramme de travail paru dans *Minute*.

Le noyau dur des « gens du nord » est complété par les conseillers dont nous avons parlé : comme Laurent Ozon l'écolo ou David Mascré l'intello. Il y a aussi deux femmes qu'on pourrait appeler les « nounous ». Huguette Fatna, l'amie martiniquaise, membre du bureau politique, conseillère régionale d'Ile-de-France de 2004 à 2010, puis conseillère régionale du Bas-Rhin, mais surtout l'amie, celle qui gardait les enfants de Marine Le Pen quand la vraie nounou ne pouvait pas. Marie-Christine Arnautu, vice-présidente du FN chargée des affaires sociales, serait plutôt chargée de baby-sitter les jeunes du FN, qu'elle appelle souvent ses « bébés ». Elle n'a jamais caché ses origines italo-roumaines, mais son look bon chic bon genre de cadre commerciale chez Air France/KLM peut induire en erreur. Lors d'un débat sur La Chaîne parlementaire, où le FN est décrit comme hostile aux étrangers, elle explose : « Ça suffit ! Je suis d'origine étrangère et je n'ai pas une seule goutte de sang français alors ça va vos conneries, bon c'est bon, mais faut arrêter de mentir tout le temps[1]. » Marie-Christine Arnautu n'est pas non plus algérienne… Son père est réfugié politique roumain. Et sa mère d'origine napolitaine. L'amitié entre Arnautu et le FN remonte à 1973. Alors qu'elle interrompt ses études de droit et cherche un travail, un ami de l'université d'Assas lui conseille d'aller voir Jean-Marie Le Pen. Elle est embauchée en tant que secrétaire à la SERP. Depuis, elle voue une fidélité sans pareille au chef, « le seul à l'époque qui dénonçait ce qu'il se passait de l'autre côté du Rideau de

1. LCP, 27 mars 2011.

fer ». Elle se dit contre l'avortement mais pas contre le PaCS[1]. Sans doute par amitié pour quelques jeunes homos du FN qu'elle a pris sous son aile.

Un assouplissement qui devra gagner Nicolas Bay, à la fois membre du bureau politique, délégué national à la communication électorale et secrétaire départemental de Seine-Maritime. Non sans difficulté. A son arrivée dans la fédération, il a été accueilli avec des seaux de fumier par certains militants. Il faut dire qu'avant de rallier Marine Le Pen, Nicolas Bay a été directeur national adjoint du Mouvement national de la jeunesse chez Mégret. Plus embêtant, au regard de la nouvelle ligne « laïque », il a surtout co-animé un mouvement de jeunes intégristes chrétiens avec Guillaume Peltier, l'ancien numéro deux de Philippe de Villiers. Une association baptisée Jeunesse Action Chrétienté, très active dans les manifestations et les actions les plus virulentes contre le PaCS, mais aussi contre l'avortement, l'euthanasie et la distribution de contraceptifs dans les écoles. Preuve que les ralliements ou les expulsions ne sont pas vraiment guidés par les idées, il fait partie de ceux que Marine Le Pen a cooptés au titre de la réconciliation, dite « union des patriotes ».

Après les avoir purgés, Marine Le Pen n'a aucun scrupule à réintégrer des mégrétistes, du moment qu'ils font allégeance à sa ligne : « Si ceux qui sont partis avec Mégret veulent participer aujourd'hui à ce combat, qu'ils viennent. Ceux qui ne veulent pas, ils ne viennent pas. Je suis dans une dynamique, j'avance. Je pense que c'est en avançant qu'on crée une dynamique, pas en essayant des espèces de synthèse à la socialiste qui consisteraient à trouver le point d'équilibre entre les exigences de certains, les exigences contradictoires des autres. » Ce qui, pour le coup, ressemble tout à fait à son père. Dans la famille Le Pen, on n'a jamais été doué pour les synthèses élaborées de façon collégiale…

1. Gaypodcast.fr, 2007.

Parmi la jeune garde chargée de la « dynamique », le fidèle David Rachline a réussi à faire apparaître le FNJ comme un mouvement de jeunesse « soft ». Bien qu'il soit passé par Egalité et Réconciliation et les nationaux-révolutionnaires. A partir de 2009, il joue le rôle qu'avait joué Samuel Maréchal en son temps : former les militants et surtout exclure les éléments qui pourraient nuire au clan Le Pen. Au point de devenir la tête de turc des pro-Gollnisch, qui lui reprochent des « purges rachlino-staliniennes ». En fait, il s'agit plutôt d'un lifting. Le FNJ est loin de s'être assagi. Il n'y a plus de bavures mais il y a toujours des provocations. C'est Rachline, on s'en souvient, qui a promu l'affiche « non à l'islamisation » imitant celle de l'UDC suisse. Après le Congrès de Tours, où il a été très fortement hué par les jeunes de Gollnisch, il change de fonction. Il s'occupe désormais du numérique et a laissé sa place à Nathalie Pigeot, trente-huit ans, conseillère régionale de Lorraine. Encore un signe du changement. Car cette mère de famille, chef des ventes en marketing opérationnel, n'a ni l'âge ni le profil habituels pour présider la structure jeunesse du parti, dont la limite d'âge est fixée en principe à trente ans. « Ça ne pose aucun problème, estime Nathalie Pigeot. J'ai été au FNJ de 1992 à 1999 donc je connais parfaitement le fonctionnement du parti et j'ai un bon contact avec les jeunes. Puis mes deux filles sont au FNJ. » Une troisième « nounou » donc. Idéal pour faire rentrer les jeunes dans le rang : « C'est vrai que Marine a un discours plus républicain, à Tours ça n'a pas soulevé les cœurs… Il va falloir du temps, moi je veux rassembler tout le monde autour de notre candidate à la présidentielle. (…) Pour moi, il n'y a plus de gollnischiens et plus de marinistes, il n'y a que des frontistes. Charge à moi de les rassembler. »

Vénussia Myrtil fait partie des « chouchous », de ces militants du FNJ marinistes qui n'ont pas besoin d'être convaincus. Une vraie mascotte, presque le portrait craché de la « métisse » imaginaire mise en affiche en 2007. De quoi rendre fous de nombreux frontistes et bien au-delà. Jérôme Bourbon de *Rivarol* fait une fixation : « Vénussia Myrtil (qui figure en toutes lettres sur le comité de soutien de Marine Le Pen !), militante issue du NPA de Besancenot et notoirement favorable à la légalisation des drogues, à l'avortement, au mariage gay et au droit d'adoption pour les invertis, comme le montrent assez les groupes qu'elle a rejoints sur Facebook[1]. » Depuis, elle a « nettoyé » son profil Facebook. « J'ai un profil perso et un profil pour le FN », nous explique-t-elle, un peu embarrassée. Il est vrai que l'ancien profil faisait désordre pour se présenter aux cantonales dans les Yvelines sous les couleurs du FN. En octobre 2010, le site catholique intégriste E-deo a relevé qu'« au total, 14 groupes – principalement homosexualistes – ont disparu du profil de Vénussia Myrtil ». Parmi les groupes Facebook auxquels la jeune militante avait adhéré : *Gazon maudit* ou *The L World* (célèbre série lesbienne). Adieu aussi l'adhésion aux groupes, « Quand "relation libre" signifie "plan cul" » ou « Je recherche 1 000 000 de personnes qui ne sont pas homophobes ! » Des groupes qu'E-deo n'arrive pas à considérer comme « persos » : « Il n'est bien sûr pas question de la vie privée d'une personne publique mais de ses prises de position publiques. Comme celles-ci sont radicalement contraires au programme du Front national, nous considérons que Vénussia Myrtil ne doit pas rester secrétaire départementale adjointe du FNJ des Yvelines. »

Cette très jeune recrue, âgée d'à peine vingt et un ans est un peu dépassée par la rage qu'elle peut susciter à l'extrême droite. Elle assume être favorable au Pacs mais en fait « une affaire privée ». Ce qui est un peu compliqué à comprendre pour une candidate politique. La présidente du FNJ, Nathalie Pigeot, se charge de l'explication de texte : « Elle a le droit d'être pour le mariage homosexuel et favorable à l'adoption par des couples homos, c'est son affaire, mais

1. Entretien publié sur E-deo, 16 octobre 2010.

cela n'en fait pas la position du FN. Nous ne sommes pas dans une utilisation marketing de son image. » La jeune militante tient à préciser qu'elle n'est pas « pour l'avortement » : « Personne ne peut l'être. Je ne suis pas contre le droit à l'avortement, c'est tout. » Elle ne comprend pas qu'on ait du mal à suivre... Née en 1989, elle n'a visiblement aucune idée de ce qu'a pu être le FN dans les années 1980-1990. Elle voit le parti à travers les yeux de Marine Le Pen. Mais aussi ceux de sa mère, ariégoise et « patriote » comme elle dit. Elle est moins proche de son père, venu des Antilles, où elle n'a aucune envie de mettre les pieds. Son plus grand voyage reste d'être passée de l'extrême gauche à l'extrême droite de l'échiquier politique. Elle a milité un an aux Jeunesses communistes révolutionnaires (JCR) et au NPA, mais « leur côté internationaliste m'a gonflée. J'ai pas aimé non plus les prières en arabe dans la rue pendant les manifestations pro-palestiniennes, ça a été la goutte d'eau... Je me suis tirée ». Direction le FN, plus proche des idées de sa famille. Non sans redouter l'accueil qu'on lui fera. « Je croyais que des fachos allaient me casser la gueule, j'ai été bien accueillie. » Sauf un soir où des skins ont effectivement voulu lui casser la gueule. « Mais un gars du FN m'a protégée. » Ce qui ne veut pas dire que son « intégration » est facile. Non contente de défriser les catholiques traditionalistes par ses valeurs, Vénussia est aussi détestée par les nationaux-révolutionnaires, qui moquent sa tentative de se fondre dans son nouveau rôle sur Altermedia : « Finie la Vénussia Myrtil mal coiffée, la figure ravagée par des lunettes affreuses et à la page Facebook promouvant la drogue, le lesbianisme et les valeurs de l'anti-France : l'équipe de communication branchée du "new" Front national a décidé d'en faire son emblème du ralliement au système[1]. »

1. Sophie de Ravinel, « Vénussia Myrtil, transfuge du NPA et candidate FN dans les Yvelines », *Le Figaro*, 26 février 2011 ; Altermedia infos, 1er mars 2011.

Une affiche devrait les rassurer. Elle a été postée par Vénussia Myrtil le 18 avril 2011 sur sa page Facebook officielle. On y voit Marine Le Pen comparée à Dominique Strauss-Kahn avec comme légende : « Question niveau CP. Laquelle de ces deux définitions correspond le mieux à celle de Président de la République ? » La première est présentée comme un « être humain qui se lève le matin en pensant à ce qu'il va pouvoir faire pour : la France ». Et le second… « pour Israël ». Conclusion : « En 2012, au second tour, soyons logiques. » Pas de doute, finalement, sa place est bien au FN.

Un autre ancien du NPA, également passé par Lutte ouvrière, s'y sent mieux désormais : Fabien Engelmann. Sa candidature à Algrange (Moselle), sous les couleurs du FN, lui vaudra d'être suspendu de la CGT le 6 avril 2011. Au départ il n'évoque pas son adhésion au FN, mais quand il est investi pour les cantonales, la CGT demande un vote. Il est réinvesti par 20 voix contre 3. Au grand dam de la CGT qui décide de l'exclure depuis Paris. C'est Maître Collard qui va le défendre et tenter de faire condamner le syndicat pour « discrimination », en raison de ses opinions politiques. Fabien Engelmann, lui, aimerait montrer que si la CGT accepte des franc-maçons, il n'y a pas de raison de ne pas l'accepter. Ses grands-parents sont pieds-noirs. Ils ont travaillé dans la vallée de la Fensch, dans la sidérurgie, depuis les années 1960. La rupture avec le NPA intervient quand ce dernier présente une candidate voilée à Avignon : « Voir cette fille prétendument républicaine arborer un symbole de l'oppression féminine m'a semblé complètement fou. Les amis que j'avais recrutés sur ma liste m'ont dit : "Fabien, on s'en va". On a eu un débat interne, on est restés pour ne pas abandonner les militants en rase campagne mais on s'est abstenus de distribuer le moindre tract. On a fait 2 % et c'était bien fait. Après, on a tous déchiré nos cartes[1]. » La lecture

1. *Le Monde,* 25 février 2011.

du site de Riposte laïque, notamment, l'a convaincu de radicaliser son engagement.

Marine Le Pen est évidemment très fière de revendiquer le ralliement de ces militants venus de la gauche. Le NPA a perdu 4 000 membres (sur 9 100) depuis sa création, notamment à cause de sa complaisance envers l'intégrisme musulman. Certains militants fuient vers le Parti de Gauche. D'autres vers le FN, qui a bien besoin de cette perfusion pour regonfler ses équipes. Le 1er mai 2011, pour son premier discours prononcé en tant que présidente du FN face à Jeanne d'Arc, Marine Le Pen a décidé de cibler les syndicats, en exigeant que leur « financement fasse l'objet d'un contrôle ». Tout en souhaitant qu'émergent des « syndicats véritablement libres, qu'alors rejoindront les salariés, les fonctionnaires, les employés, les ouvriers, les agriculteurs qui par millions viennent à nous ». Dans la rue, pourtant, l'hémorragie est loin de lui permettre de rivaliser avec les cortèges de gauche. Lors de ce défilé, il n'y avait guère que deux personnes pour tenir à bout de bras la banderole du syndicat FN « pour un syndicalisme national[1] ».

Elections, combien de divisions ?

Les élections cantonales de 2011 sont le premier test pour la présidente du Front fraîchement élue. Toutes les faiblesses et tous les points positifs de sa candidature vont ressortir à cette occasion. La présence médiatique de Marine Le Pen, couplée à une forte abstention, lui a permis d'obtenir un score étonnamment élevé pour une élection locale d'ordinaire peu favorable au FN. Au premier tour des cantonales 2011, le parti récolte 15,2 % des voix. Les candidats frontistes arrivent en deuxième position chez les ouvriers :

1. Blog d'Alexis Corbière, « D'un 1er mai à l'autre, Front contre Front… le bide du défilé des "syndicalistes" du FN », http://www.alexis-corbiere.com

24 % (contre 32 % pour le PS et DVG). Puis 18 % chez les employés ; 11 % chez les professions intermédiaires ; 11 % chez les professions libérales ou cadres supérieurs ; 9 % chez les artisans, commerçants, chefs d'entreprise, agriculteurs. Malgré un discours plus favorable à la fonction publique, les salariés du privé votent toujours plus facilement FN (18 %) que les salariés du public (14 %). En revanche, c'est le première fois que le parti séduit presque autant de femmes que d'hommes : 16 % des hommes et 15 % des femmes. Sous Jean-Marie Le Pen, le vote FN était clairement plus masculin[1].

A un an de la présidentielle, son score résonne comme un avertissement. Comme aux plus belles heures, le parti se retrouve au second tour dans 403 cantons. Entre les deux tours, ses candidats enregistrent une poussée de 300 000 voix. A l'arrivée, pourtant, la récolte est décevante[2]. A peine deux élus : Jean-Paul Dispard, candidat FN dans le canton de Brignoles (Var) et Patrick Bassot, candidat FN

1. Mariette Sineau, *La force du nombre, femmes et démocratie présidentielle*, 2008, Editions de l'Aube. Janine Mossuz-Lavau, « Les Françaises et le Front national » *in* : Claudie Lesselier et Fiammetta Venner, *op. cit.* Nonna Mayer le confirme dans son livre *Ces Français qui votent le Pen* : le FN est plutôt un « monde d'hommes ». Lors de l'élection présidentielle de 2002, si seules les femmes avaient voté, le résultat aurait été totalement changé. Ainsi, Chirac serait arrivé en tête des suffrages avec 22 % des voix, Jospin 16 % et Le Pen 14 %. Les hommes ont voté, au contraire, à 20 % pour le Pen, Chirac 17 % et Jospin 16 %. Il y aurait donc eu un second tour classique droite-gauche.

2. Marine Le Pen a beaucoup dit pendant la campagne des cantonales qu'il n'y avait pas d'élus départementaux FN et qu'un serait une très bonne nouvelle. C'est vrai qu'aux dernières élections il n'y avait pas d'élus. Mais il y en a eu précédemment. Jean Roussel, à Marseille-II, en 1985. Fernand Le Rachinel, à Canisy (Manche), en 1988, après deux mandats sous l'étiquette UDF. Philippe Adam, à Salon-de-Provence (Bouches-du-Rhône), en 1989. Jacques Peyrat, à Nice-14 (Alpes-Maritimes), en 1992. Marie-France Stirbois, à Dreux-ouest (Eure-et-Loir), en 1994. Eliane Guillet de la Brosse, à Toulon-6 (Var), en 1994. Gérard Freulet, à Mulhouse-nord (Haut-Rhin), en 1997. Guy Desessart, à Ressons-sur-Matz (Oise). Elu sous l'étiquette CNI puis RPR, il a rejoint le FN en 1997. Pierre Descaves, à Noyon (Oise), en 1998. Daniel Simonpieri, à Marignane (Bouches-du-Rhône), en 1998. Dominique Michel, Toulon-5 (Var), en 1998. Jacques Bompard, Orange-ouest (Vaucluse), en 2002. Marie-Claude Bompard, Orange-est (Vaucluse), en 2004.

dans le canton de Carpentras-nord (Vaucluse). Ce dernier a une « valeur symbolique » aux yeux de Marine Le Pen, sachant qu'elle a souffert de l'image collée au FN au moment de la profanation du cimetière de Carpentras. Elle en profite pour marteler, au 20 heures, qu'il s'agissait d'une « manipulation ». Reste une déception : l'échec de Steeve Briois, et celui de Louis Aliot. Malgré la dédiabiolisation et le « ni-ni » du président de l'UMP (Jean-François Copé) – ni vote FN ni Front républicain –, une forme de barrage a tenu. La vague bleu marine a porté les candidats du Front le plus haut possible, sans passer le cap des 50 %. Un obstacle attribué par le FN au mode de scrutin, fixant à 12,5 % le seuil pour se maintenir au second tour. Sauf que cet argument n'est plus valable, dans la mesure où le FN réalise des scores largement au-dessus et se retrouve, à égalité des chances, au second tour. Cela n'empêche pas Louis Aliot de s'emporter le soir des élections : « L'alliance PS-UMP est antirépublicaine. C'est une escroquerie politique. Nous sommes dans une République bananière. Le PS et l'UMP peuvent faire des promesses avec l'argent du contribuable[1]. » Il promet que le barrage va céder : « Le mur de Berlin a bien fini par tomber. » Il se compare volontiers à David contre Goliath et rappelle que « David finit par gagner[2] ». Encore une référence qui risque d'agacer *Rivarol*...

Marine Le Pen sera encore plus vindicative face à Jean-François Copé. Alors qu'elle vient de franchir un palier et que tous les regards sont braqués sur elle, elle ne supporte pas d'entendre le président de l'UMP lui reprocher d'avoir envoyé des candidats « fantômes » à cette élection. Il faut dire que sur 1 440 candidats présentés, plus de 540 n'avaient pas d'affiches « personnalisées » montrant leur visage. Beaucoup se sont contentés de mettre leur nom, en petit, au

1. *Charente Libre*, 28 mars 2011.
2. *L'Indépendant*, 28 mars 2011.

bas d'affiches montrant Marine Le Pen… qui n'était pourtant pas candidate aux cantonales. La méthode est limite mais légale. D'autant que beaucoup de candidats n'ont pas fait campagne, ne connaissent pas le fonctionnement des conseils généraux pour lesquels ils postulent et l'ont fait savoir aux journalistes. Quand ceux-ci ont réussi à les trouver et à les interviewer. Jean-François Copé profite d'un duplex sur LCI, où Marine Le Pen est également invitée, pour l'interpeller : « J'entendais Madame Le Pen, toujours agressive et prompte à nous donner des leçons de morale. J'appelle tout de même son attention sur le fait qu'elle a présenté dans tous les cantons de France des candidats qui ne sont pas à l'image d'un suffrage universel moderne. Tous plus anonymes les uns que les autres, qui ne voulaient pas se montrer, qui ne donnaient pas leur vrai nom, qui ne mettaient pas leur visage sur les affiches, qui parfois résidaient dans des maisons de retraite et avaient un âge très avancé, découvrant même parfois qu'ils étaient candidats[1]. » En entendant cette phrase, Marine Le Pen va sortir de ses gonds, avec un sourire de plus en plus crispé et une gestuelle de plus en plus agressive : « Mais quel mépris ! Quelle arrogance. Cette arrogance Monsieur Copé fera que demain vous serez jeté de la vie politique. Que les Français vous tourneront le dos. Les candidats du FN étaient des étudiants, des chômeurs. Ils étaient des mères de famille, des travailleurs. Tous ceux à qui vous avez tourné le dos. Bien sûr, ce ne sont pas des énarques. Ah, on préfère être entre énarques et entre hauts fonctionnaires, entre apparatchiks à l'UMP ! Eh bien, tout ça c'est fini… Ce soir vous en sentez le goût, eh bien aux législatives vous en sentirez l'odeur ! »

La dernière phrase a été dite avec une rage mal contenue. Gardant son calme, Jean-François Copé dit y voir le « vrai visage du Front national » :« Je crois que ce que vient de dire Marine Le Pen doit être montré partout. Dès qu'elle se

1. LCI, 28 mars 2011.

libère, elle dit les choses telles qu'elle les pense. » Dans cette séquence, Marine Le Pen se montre glaçante, de rage accumulée et de violence sourde. Mais la charge fait sans doute mouche auprès de certains électeurs chauffés à blanc contre le « système », les énarques et les élites... Sans voir qu'ils sont de moins en moins nombreux au sein des gouvernements. Ce qui n'est d'ailleurs pas forcément une bonne nouvelle pour la gestion de la France. L'abaissement du niveau de représentation politique et administrative nourrit un cercle infernal : d'un côté il contribue au discrédit des élites, de moins en moins sensibles à l'intérêt général. De l'autre ce discrédit permet d'aller toujours plus loin dans la démagogie et dans le choix de candidats incompétents, du moment qu'ils incarnent la revanche.

Pour ces cantonales, le FN a recruté plus de 22 % de ses candidats parmi les employés. Mais 33 % de ses candidats sont des retraités, 5 % seulement des ouvriers (contre 1 % pour le PS, 5 % pour le PC). Sur 1 441 candidats, seuls 372 étaient des femmes. Soit 25,8 %.

Des candidats dans le placard

Le score réalisé aux cantonales est d'autant plus impressionnant que le FN n'a présenté que 1 440 candidats sur 2 026 cantons. Autant dire que tous les fonds de tiroirs ont été faits. Le FN a même envoyé un courriel à ses sympathisants pour susciter des vocations de dernière minute. La récolte est à cette image, improvisée, et permet de comprendre pourquoi certains candidats n'apparaissent sur aucune affiche ou n'ont pas fait campagne.

A La Ferté-sous-Jouarre, en Seine-et-Marne, la candidate frontiste Véronique Bayle est arrivée au premier tour avec un peu plus de 27 % des voix. Cette jeune femme de trente-sept ans a fait chuter le candidat de l'UMP. Ce devrait être son jour de gloire, celui où la candidate s'affiche dans tous les médias pour défendre ses idées et partager sa victoire avec ses électeurs. Mais bizarrement, cette jeune femme n'est connue de personne dans son canton, où elle n'a pas fait campagne et n'habite pas. Elle refuse tout contact avec la presse, évite d'être prise en photo et veut rester anonyme. D'ailleurs, elle s'est présentée sous son nom de jeune fille. Tout comme Evelyne Petit, qui a gardé son nom de jeune fille pour rendre plus discret le fait que son mari, Patrick, se présente dans un autre canton, sous leur nom cette fois : Meunier. Ils sont respectivement candidats à Muzillac et à Sarzeau. Jeannine Viaud, elle, n'a pas de problème à faire campagne sous son nom. Puisqu'elle est déjà élue ailleurs, au conseil municipal, sous celui de Jeannine Le Neonard… Toute personne osant soulever le problème reçoit une volée de bois vert sur Twitter de la part des sympathisants FN, qui reprochent à Copé de ne pas respecter « les candidats FN qui protègent leur vie privée ». Une vie privée élargie au fait de ne pas montrer son visage quand on se présente à une élection !

De tous les candidats les plus réticents à faire campagne, la palme revient sans doute à Monsieur Roger Marin, un retraité de quatre-vingt-treize ans, qui vit en résidence pour personnes âgées, n'habite pas le canton où il se présente, et ne peut de toute façon pas se déplacer. Dans une vidéo diffusée par le site Place Publique, il explique comment il a été recruté :

« M. Marin : Ils sont venus me voir et puis ils m'ont demandé si je voulais compléter la liste. Ils m'ont dit qu'il fallait un supplément, y en a pas assez. Ils m'y ont mis. Puis j'ai dit, je veux pas faire autrement de politique, j'en veux pas. Vous allez pas m'embêter avec ça.

Le journaliste : Mais vous êtes candidat ?

M. Marin : Oui mais j'en veux pas. Mon programme c'est qu'elle passe, c'est tout.

Le journaliste : Qui ?

M. Marin : Ben Marine.

Le journaliste : C'est qui votre suppléante ?

M. Marin : Je sais même pas.

Une chance pour ce vieux monsieur, il ne sera pas élu. Mais il obtiendra tout de même 15,52 % des suffrages, suffisamment pour se maintenir au second tour. A l'autre bout de la pyramide des âges, sans doute pour équilibrer, le FN a aussi présenté des candidats à peine majeurs. Comme Pierre Planquette, étudiant en musique, qui a tout juste dix-huit ans. Il est candidat à Massy-ouest, un canton de l'Essonne. Même âge pour Julia Abraham, étudiante en hypokhâgne à Strasbourg. A peine sortie du lycée, elle est qualifiée pour le second tour des élections de Guebwiller, dans le Haut-Rhin, et se félicite de rafraîchir l'image du parti : « Avant, nous avions l'image d'un parti raciste, fermé, macho. Elle [Marine] a cassé ces clichés. Désormais, nous ne passons plus notre temps à nous justifier ; nous pouvons présenter notre programme économique et social[1]. » Le moins qu'on puisse dire, c'est que la bande des « gamins » si décriés par certains anciens du Front ne cesse de faire des petits… Souvent sur un mode familial ou conjugal. Car le fiancé de Julia Abraham, Benjamin Ratichaux, se présente aussi, à Saint-Philbert-de-Grand-Lieu. Il est beaucoup plus expérimenté puisqu'il a… dix-neuf ans. Lui aussi étudie, en histoire. Son principal programme est de développer le réseau de bus et des routes pour relier ce canton à la métropole nantaise… où il a ses cours. Sur leurs sites de campagne respectifs, les deux candidats s'envoient volontiers des « je t'aime », mais souhaitent protéger leur vie privée.

Parfois, ce sont carrément les parents qui ont inscrit leurs enfants à l'élection pour aider le parti. Comme Jacques Gaillard, en Seine-Maritime. Il a présenté son fils Clovis,

1. Elise Guilloteau, « Ça me plaît quand on me compare à Marine Le Pen », *L'Alsace*, 22 mars 2011.

attaché commercial de vingt ans : « Je lui ai proposé de se présenter et il a dit oui tout de suite. Mon fils a été influencé par les conversations qu'il a entendues toute son enfance. Je ne l'ai pas forcé. J'ai pensé que ça pouvait lui mettre le pied à l'étrier[1]. » Décidément, le népotisme inspire.

L'inexpérience ne serait pas si problématique si les candidats faisaient l'effort de travailler leurs dossiers. C'est loin d'être le cas. Dans le Nord, dans le canton d'Arleux, le FN présentait Eric Laisne, qui semble méconnaître le fonctionnement du conseil général. A un journaliste de *La Voix du Nord* qui lui demande quelles sont ses compétences, il fait cette réponse : « Je m'informe[2]. » De toute façon, l'homme est convaincu qu'il n'a aucune chance à cause de l'influence du PC qui, de fait, connaît les missions du conseil général et va gagner au premier tour. Sans que ce concurrent ait même essayé de lui barrer la route.

Mais le premier prix d'incompétence revendiquée revient à Mireille Barde, candidate du FN à Marseille, une région où le parti réalise de beaux scores. La rédaction de Mars actu, un site marseillais, a décidé de soumettre tous les candidats du canton Notre-Dame-du-Mont à un quizz électoral. Pour tester leurs connaissances du terrain. La candidate du FN sera de loin la plus déconnectée.

Aperçu de l'entretien (qu'il faut s'imaginer avec un bel accent du sud) :

« Combien y a-t-il de cantons à Marseille, et combien sont renouvelables ?

— J'en sais rien.

— Quel est le budget du conseil général en 2010 ?

— Je ne sais pas.

— Citez trois compétences du conseil général ? »

1. Nolwenn Le Blevennec, « Cantonales : gamins ou papys, le FN pas chiant sur ses candidats », Rue89, 22 mars 2011.

2. Bertrand Bussière, *La Voix du Nord*, 8 mars 2011.

A ce stade, Mireille Barde hésite à répondre, soulève les sourcils, fait la moue, puis se lance : « Compétence, compétence ? Ch'sais pas. »

— Quel est le montant du RSA pour une personne célibataire sans enfant ?

— Je sais pas à combien il est… Il doit être à 1 150 ! [Il est alors à 460,09 euros, NDA.]

— Combien y a-t-il de collèges dans le canton de Notre-Dame-du-Mont ?

— Je sais pas.

— Combien d'habitants dans ce canton ?

— Ch'sais pas.

— Quels sont les quartiers ? »

Après plusieurs soupirs, la candidate sort une carte que lui a envoyée la préfecture, la lit et finit par une complainte : « Voyez ce que j'ai à tracter !

— Donnez les principaux axes de votre programme ? »

La candidate s'éveille enfin, et bouge les bras dans tous les sens : « Alors mon programme. Priorité déjà aux Français. Euh qu'on respecte la chrétienté et la laïcité. Que ceux qui viennent chez nous s'adaptent à nos lois et à nos coutumes. Je crois que c'est déjà un grand axe. Et… Arrêtons les prières dans les rues. Déjà. Parce qu'ils ont des lieux de culte. Nous, les croyants on prie chez nous ou dans les églises. Mais comme il y a de moins en moins de croyants. Ça c'est ce que je comprends pas non plus. Les laisser prier dans les rues. Vous savez qu'à Paris, ils bloquent des rues avec leurs prières. Les voitures sont obligées de s'arrêter. Est-ce que vous trouvez ça normal dans un pays de chrétienté et de laïcité ? Alors qu'ils ont de lieux de culte. Alors je trouve ça un peu déplacé quand même[1]. »

Bien entendu, les prières de rue à Paris ne font absolument pas partie des compétences du canton de Marseille

1. http://www.dailymotion.com/video/xhltyy_quiz-elections-cantonales-mireille-barde-fn_news

dans lequel Mireille Barde se présente. Son programme est hors sujet. Ce qui ne l'empêche pas d'arriver en deuxième position, avec 22 % (1 280 voix). Elle fera même 35,16 % des voix (1 812) au second tour. La vidéo de son quizz, quant à elle, fera bien rire sur le Net.

Candidate ou escort girl ?

Mais qui est donc Sandra Kaz ? Une candidate qui a réalisé un beau score dans le canton de Coudekerque-Branche (Nord) : 24,4 % au premier tour (3 348 voix) et 35,85 % au second (5 166 voix). Sur sa photo officielle (car ici il y en a une), on voit une jeune femme souriante, un peu BCBG. A peine remarque-t-on un piercing au coin des lèvres… Sur les photos de son profil Facebook, par contre, la jeune fille pose en tenue très sexy, avec un serpent autour du corps. On la voit parfois en compagnie de femmes en tenue similaire, plutôt dénudées. Mais aussi sur une photo au côté de Marine Le Pen. Un cliché qui n'a pas manqué de surprendre certains « amis » : « Mais qu'est-ce que c'est que cette photo ? » Elle répond, laconique, « Je me présente aux cantonales. »

Pour sa campagne, elle affiche un profil épuré : « étudiante en littérature, écrivain, chanteuse à ses heures ». Sur deux sites d'escort, en revanche, elle est décrite comme une « jeune femme cultivée, ayant beaucoup voyagé et parlant six langues couramment ». Ce qui est censé être idéal pour vous accompagner dans diverses soirées… Des sites où elle officie sous deux pseudonymes : Anguun et Gotikha. Fan de Marilyn Manson, elle y affiche un look très gothique. Ce qui achève de faire hurler l'aile catholique traditionnelle du FN[1]. Car le problème n'est pas qu'une escort-girl se présente

1. *Le Phare dunkerquois*, 30 mars 2011.

aux élections, mais qu'elle concoure sous les couleurs du parti le plus moraliste de France. Ce sont d'ailleurs des militants d'extrême droite qui vont le signaler. Contacté par *Le Phare dunkerquois*, un journal local, Louis Aliot commence par expliquer qu'il n'est pas au courant, puis qu'« une escort-girl, ça n'est pas une prostituée (...) c'est du passé, on a le droit de changer, de revenir dans le droit chemin ». Sauf que sur son profil Facebook, la candidate affiche toujours son book d'escort, et qu'elle est toujours « proposée » sur les sites de rencontres tarifées. Sur escort-rendez-vous.com, elle apparaît comme angunn66679, le même nom que son propre site web proposant des rencontres[1]. Ce qui n'empêche pas la candidate de bâtir un argumentaire à servir aux médias, qui s'empressent de le relayer. Aux caméras de M6, elle raconte qu'un ancien petit ami lui aurait joué un sale tour en envoyant ses photos à un site. Difficile à croire puisque le profil des sites en question est mis à jour régulièrement, depuis des années. La défense de Sandra Kaz tient d'autant moins que sa propre page Facebook renvoie à un Skyblog, sur lequel elle se présente comme « jeune femme, mince aux yeux verts, gothique, sensuelle et qui adore voyager. Un jeune femme de 29 ans, sortant son premier single au début de l'année prochaine, sensuelle et gothique... à vous de me découvrir ». Elle dit y chercher « un mec ou une nana ». C'est dire si la version du « mauvais tour » paraît fragile. Marine Le Pen, d'ailleurs, semble perdue par cette volte-face.

Elle peut demander la démission de Frédéric Mitterrand à Nicolas Sarkozy, « par respect de la morale et des principes républicains », mais relativise quand un auditeur d'Europe 1 lui fait remarquer que l'une de ses candidates figure sur des sites d'escorts : « Il paraît que ce n'est pas vrai. Et pourtant, je trouvais ça plutôt sympa. Une escort-girl, c'est quelqu'un qui accompagne des gens seuls, qui n'ont personne pour aller

1. http://angunn66679.skyrock.com/

dîner, c'est ça ? Oh, allez... Vous savez au Front national, nous avons eu des candidats qui étaient transsexuels. Ça pourrait étonner aussi. Et pourtant, c'est la réalité. Nous sommes représentatifs de ce qu'est la France. Et nous avons de tout dans nos candidats. Je m'en félicite[1]. » Ce qui n'empêche pas le Front national de préciser, par ailleurs, qu'il portera plainte contre les personnes qui relaieront cette « rumeur ».

S'il fallait exclure tout le monde

La candidature qui va le plus défrayer la chronique, c'est celle d'Alexandre Gabriac, candidat dans le sixième canton de Grenoble. Entre les deux tours, le site nouvelobs.com publie une photo le montrant bras dessus bras dessous avec un homme au crâne rasé, faisant un salut nazi devant un drapeau frappé d'une croix gammée[2]. Les deux visages ont les yeux barrés d'un bandeau noir. De quand date cette photo ? Est-elle authentique ? Difficile de le savoir. Mais le site dispose d'un autre cliché, plus identifié. Le magazine antifasciste *Reflexes* l'a trouvé sur un site espagnol d'extrême droite profranquiste, Infonacional.com, en train de faire le salut franquiste – imitant le salut fasciste – en costume bleu ciel de l'Œuvre française. Ce qui ne serait pas étonnant venant d'un militant passé par cette organisation. En pleine opération « dédiabolisation », l'image fait tache et contraste avec l'affiche du candidat, posant en costume cravate. La polémique enflant, Marine Le Pen cherche à prendre ses distances. Surtout lorsqu'on lui pose la question au micro d'une radio israélienne. Elle y voit une en tentative d'« entrisme venant de groupuscules, notamment l'Œuvre

1. Europe 1 Soir, 30 mars 2011.
2. Céline Lussato, « Un candidat FN aux cantonales photographié faisant le salut nazi », nouvelobs.com du 29 mars 2011.

française, qui avaient indiqué qu'ils avaient adhéré au Front national uniquement pour pouvoir peser sur l'issue du vote. Inutile de vous dire que je n'étais pas dans leurs petits papiers et qu'ils n'étaient pas dans les miens[1] ». Bien joué. Mais gonflé.

Alexandre Gabriac n'a rien d'un militant recruté récemment ou à la va-vite. Il s'agit d'un membre actif du bureau politique, proche de Bruno Gollnisch, et même du plus jeune élu régional du FN de Rhône-Alpes, où il est le benjamin de l'assemblée depuis 2010. Implanté depuis des années et connu, il a participé à plusieurs actions coup de poing sur Lyon, notamment en mai 2010. Avec d'autres jeunes intégristes, il a tenu tête – et poings – à un groupe gay manifestant contre l'homophobie devant la cathédrale. Aux cris de « Cathophobie ça suffit ! ». Il est vrai que ce n'est pas incompatible avec la nouvelle ligne de la présidente, contrairement au salut fasciste… Interrogé, il dit ne pas « être au courant » de ces photos et penche pour un complot : « Cela ne me dit rien du tout. De toute façon, j'avais reçu il y a quelque temps une lettre anonyme m'avertissant que des montages effectués par des anarchistes circuleraient. » Marine Le Pen, elle, promet de l'exclure si ces photos s'avèrent exactes. Son sort doit être examinée par la commission discipline du parti. Problème, Bruno Gollnisch y siège et il n'est pas décidé à laisser sacrifier l'un de ses meilleurs poulains. Fait rare, voire très nouveau, le rapport rendu par la commission s'oppose à la volonté de la toute nouvelle présidente. Va-t-elle se laisser faire ? En partance pour des vacances en Thaïlande, elle donne pour consigne de passer outre et de l'exclure quand même.

C'est sans compter sur la réaction de son père. Le président d'honneur est resté à Paris et siège à la commission où Gabriac est venu plaider sa cause. A croire que le « vieux

1. 90 FM, 30 mars 2011.

Lion » a décidé de veiller à l'unité du parti, il profite d'une invitation sur le blog politique de LCI pour désavouer sa fille : « Je pense que c'est une réaction rapide et qu'elle ne possédait peut-être pas tous les éléments d'information. » En un mot, il l'invite à faire « appel de sa propre décision ». En coulisse, Bruno Gollnisch pousse dans ce sens et en profite pour faire enfin quelques télés. Visiblement ravi d'être interrogé sur BFM TV, il lâche une petite phrase : « Moi je peux vous dire une chose, je n'ai jamais levé le bras de quelque façon que ce soit. Ça ne m'a jamais excité, contrairement à certains membres de l'actuelle majorité ou de l'actuel gouvernement (...) Quand je suis excité, ce n'est pas le bras qui se lève[1]. » Pas très catholique, mais sans doute destinée à faire du buzz. Pour le reste, il accrédite lui aussi la thèse du complot et du montage. Encore une fois, il est possible que la première photo, sur fond de drapeau nazi, soit un montage. C'est moins probable pour celle de l'Œuvre française. D'ailleurs Gabriac ne conteste clairement que la première. En commission, son cas a fait monter les décibels entre Steeve Briois et Bruno Gollnisch. Jean-Marie Le Pen se voit relégué au rang du père de famille, qui doit calmer les disputes des enfants. Lui-même ne s'est jamais embarrassé des statuts ni des instances du parti pour exclure. Des générations de militants peuvent en attester : toute critique du « président » pouvait coûter l'« exclusion ». Sans préavis. Celle de Carl Lang s'est passée dans son bureau, sans même solliciter l'avis de la commission des conflits. « Il était juge, procureur et bourreau », se souvient l'intéressé[2].

1. BFM TV, 20 avril 2011
2. Entretien avec Carl Lang, 27 avril 2011.

Ces skins qui cachent la forêt

Le même Carl Lang sourit en voyant Steeve Briois monter au front pour exclure Gabriac au nom de l'image du parti : « Le 1er mai 2007, j'ai sorti une bande de skins du cortège "Nord-Pas-de-Calais"... Ils étaient venus avec le bus du FN et Briois depuis Hénin-Beaumont ! » Quatre ans plus tard, changement de style. A l'approche de la présidentielle de 2012, le même Briois prévient que les skinheads ne seront pas les bienvenus au défilé du 1er mai, la vitrine annuelle du parti : « Tout ce qui ressemble de près ou de loin à un skinhead sera exclu manu militari (...) Si nous voulons devenir majoritaires sur la scène politique, il faut que nous ressemblions au peuple français. Les nostalgiques du IIIe Reich n'ont aucune place chez nous. » Mais comme il est probable qu'ils viennent quand même, comme chaque année, il anticipe en dénonçant préventivement un risque de manipulation : « Si des skinheads viennent perturber le défilé, ce sera sur ordre commandé. On connaît les méthodes de barbouzes de la droite classique[1]. » Décidément, la thèse de la manipulation a bon dos. En réalité, tous les ans des skins viennent au 1er mai, et tous les ans le service d'ordre du FN tente de les pousser hors de vue des caméras. Bruno Courcelle et Roger Holeindre peuvent en témoigner. Les journalistes aussi.

Aux BBR, depuis longtemps, les accoutrements type bombers sont déposés à l'entrée, puis récupérés à la sortie, pour ne pas faire « mauvais genre ». Marine Le Pen n'invente rien. Mais elle le fait en fanfare. Le 1er mai 2011, le DPS rivalise d'imagination pour préserver l'opération « dédiabolisation ». Alors qu'une équipe de *Complément d'enquête* pose une question à un jeune manifestant sur l'exclusion de

1. Ségolène Gros de Larquier, « Le FN veut un 1er mai avec du muguet mais sans skinheads », *Le Point*, 26 avril 2011.

Gabriac, un membre du DPS les interrompt, emmène le jeune à l'écart et lui donne pour consigne de ne pas répondre aux journalistes[1]... Le SO guette aussi les tenues vestimentaires. Des drapeaux bleu-blanc-rouge sont distribués à ceux qui viennent avec des polos Lonsdale (marque de ralliement des néo-nazis) pour qu'ils puissent s'enrouler dedans et les dissimuler. D'autres ont accepté de ne pas mettre leurs bombers (surtout qu'il fait beau), mais sont quand même venus avec leurs ceintures frappées du sigle 88. Autre détail amusant, l'un des membres du SO revêtu du brassard « organisateur » et donc chargé de faire la chasse aux skins n'est autre que Frédéric Chatillon, dont la présence pose autant question qu'une poignée de skinheads... L'essentiel est donc de sauver les apparences, pas de nettoyer en profondeur.

D'ailleurs si Marine Le Pen voulait vraiment faire le ménage, il ne resterait plus beaucoup de militants, encore moins de candidats, à présenter. Pas même la présidente. Une photo circule où l'on voit Marine Le Pen souriant fièrement entre deux fans portant un t-shirt néo-nazi. Un moment d'inattention sans doute. Plus sérieux, un autre candidat, Jean-Baptiste Cordier, a été photographié en train de tendre le bras en compagnie de crânes rasés. Ses nombreux amis posant volontiers devant des drapeaux nazis. Ce qui ne l'a pas empêché de faire 22 % au deuxième tour des élections dans le canton de Soulaines... Toujours dans la fournée des cantonales 2011, il faudrait s'intéresser au cas d'Eric Lebègue, candidat à Roissy-en-Brie. Sur sa page Facebook, il a rempli la case « opinion religieuse » en indiquant « Pur blanc ». Une autre page Facebook vaut le détour. Celle de Daniel Dos Santos, candidat dans le canton de Choisy-le-Roi. On y découvre un molosse tatoué avec une longue barbe grise, qui se fait appeler « le Gaulois ». Il

1. « La tentation de l'extrême droite », *Complément d'enquête*, France 2, 9 mai 2011.

n'hésite pas à diffuser le signalement d'un Maghrébin accusé du meurtre d'un douanier, avec ce commentaire : « si vous croyez le reconnaître ATTENTION !!! tiré d'abord ». L'orthographe a été conservée. Un peu direct pour un membre du service d'ordre du FN… On croise les doigts pour que ce soit de l'humour, mais on en doute en découvrant certaines photos du candidat frontiste, où il pose en bombers avec une arme automatique. Voici la petite description qu'il fait lui-même de son profil (en majuscules) : « UN HOMME NE SE COUCHE QUE POUR MOURIR !!!!! MON SANG MA FAMILLE MA RACE HONNEUR FIDÉLITÉ !!!!! » C'est signé : « LE GAULOIS ».

Un autre candidat adoubé par le FN, Thierry Maillard, a fait ses classes à l'Œuvre française. Particulièrement excentrique, il aime signer ses billets par un « Joyeux solstice » et tend volontiers la main, voire le début du bras, pour saluer. Y compris lorsqu'il met un bulletin dans l'urne. Le 1er mai, il a l'habitude de défiler avec un béret rouge de parachutiste et des gants plombés. Ce qui ne fait pas encore partie du « dress code » interdit. Il a d'ailleurs été mandaté par le FN pour se présenter aux cantonales à Reims (dans le neuvième canton), où il est arrivé en tête avec 30,32 % des voix. Nations Presse infos, l'organe du parti, le félicite tout particulièrement d'avoir devancé la candidate PS, Virginie Coez, chargée de la lutte centre les « discriminations » à la mairie de Reims[1]. Auréolé d'un tel succès, il semble pouvoir tout se permettre. Comme prendre bruyamment à partie sa concurrente le soir du second tour dans les couloirs de la mairie. Ou même conserver une double appartenance politique (ce qui est en principe interdit au FN). Il est pourtant également porte-parole de Réseau France nationaliste, un groupe qui n'hésite pas à recycler une image des jeunesses hitlériennes.

1. NPI, 22 mars 2011.

Comme cette affiche montrant un blondinet en chemise brune, qu'il a remise au goût du jour sous ce slogan : « Demain nous appartient ». Son blog diffuse aussi la propagande nationale-révolutionnaire, comme celle de Christian Bouchet, toujours militant du FN et proche de Marine Le Pen. Et pas vraiment repenti. Lors des révoltes démocratiques en Syrie de 2011, Christian Bouchet prend fait et cause pour ses amis nationalistes syriens du PSNS, aussi appelé Parti de la Grande Syrie[1]. Un mouvement nostalgique du Troisième Reich. La première femme kamikaze, en 1985, en est issue. On y pratique à la fois l'attentat suicide et le salut hitlérien... Non seulement Christian Bouchet n'est pas exclu pour autant, mais sa femme, Oriane Borja, est membre du comité central du « nouveau Front national ».

C'est dire si la ligne dure n'est pas absente. Marine Le Pen fera peut-être le ménage un jour. En attendant, elle ne peut pas se passer de toutes les troupes. Même en haut lieu, elle compose avec des anciens de l'Œuvre française, comme Laurent Latruwe. C'est même l'un des principaux animateurs du site « mariniste » Nations presse infos (NPI), sous le pseudonyme de Roland Machefer. Ce qui relativise la thèse de l'« entrisme ». En réalité, tant qu'ils ne sont pas trop exigeants, les plus radicaux sont toujours dans les parages. Même s'ils se sentent sur la sellette. A l'image d'Yvan Benedetti, le bras droit de Gollnisch, conseiller municipal FN à Vénissieux (Rhône) et secrétaire départemental adjoint du FN dans le Rhône. Lui aussi vient de l'Œuvre française. En 2007, il a décidé de baptiser son local de campagne « Alexis Carrel », d'après le nom du théoricien de l'euthanasie, considérée par lui comme un moyen d'assurer la pureté des races civilisées. Ce qui ne l'a pas

1. Le groupe pense que le Liban et Chypre ne sont que des parties de la Syrie ! Christian Bouchet : « En Syrie, il n'y a pas qu'Assad et le Baas, mais aussi les socialistes nationaux », *Flash*, 21 avril 2011.

empêché d'être élu membre du comité central du Front national en 2010. C'est lui qui a lancé *Droite Ligne* pour soutenir le candidat Gollnisch. Dans un de ses éditoriaux, il explique que *Les Protocoles des Sages de Sion* sont un « livre prémonitoire » : « Tout comme la suppression des frontières et des monnaies nationales, l'immigration massive et le métissage ont été annoncés dans un livre prémonitoire publié en 1905, les *Protocoles des sages de Sion*[1] » Il est passé en commission de discipline en 2010, mais n'a finalement pas été exclu. Peut-être parce qu'il a réalisé 17,88 % au premier tour aux élections cantonales de 2011, dans le canton de Thizy (Rhône). Parmi les « vieilles dentelles », il y a aussi Christophe Georgy, responsable du Département protection sécurité (DPS) de l'est de la France et principal animateur du Cercle des amis de Léon Degrelle. Un ancien de la division SS Wallonie, négationniste qui mourut dans l'Espagne franquiste…

Démagos « à mort »

L'une des révélations les plus choquantes, survenue au cours des élections de 2011, concerne un personnage de tout premier plan : Dominique Martin, le directeur de la campagne. Le site Médiapart dévoile une bande-son pour le moins compromettante. Un étudiant en journalisme, Benjamin König, l'a enregistré lors d'un atelier de formation tenu au Congrès de Bordeaux de 2007[2]. On peut y entendre Dominique Martin donner des consignes particulièrement démagogiques, et même d'un mépris inouï pour les électeurs du FN, qualifiés de « clients électeurs », qu'il faut

1. AFP, 30 juin 2010.
2. « Au Front national, la méthode "bien bien démago" pour les "clients-électeurs" », Libération.fr, 30 mars 2011.

appâter coûte que coûte. Si possible par une attitude « bien bien démago », « à mort », ajoute-t-il[1].

Rien ne manque à la caricature. Dominique Martin commence par présenter la maquette d'un tract qu'ils vont distribuer : « C'est la maquette parce qu'on va tirer à 10 000 exemplaires qu'on va mettre dans les boîtes aux lettres. Y aura un cœur, et y aura une petite fille qui va chanter… Pour faire bien démago. » Il poursuit en invitant à provoquer des « incidents » pour se mettre en scène dans la position du martyr et apitoyer les médias : « Alors conseil municipal, j'en ai parlé, les établissements publics, surtout si vous n'êtes pas invités, vous y allez. Si possible, pourvu qu'il y a ait un incident, que le maire dise : "Mais tu as rien à foutre là." "Si je suis là." Et le ton monte et la presse arrive, donc c'est un débat entre le maire et vous. Pourvu qu'il vous bouscule, alors là vous tombez, pompiers, tout le tralala. » Soudainement, l'esclandre provoqué à la mairie de Reims par Thierry Maillard prend tout son sens…

Dominique Martin conseille également de tracter en famille : « Y a un mois, moi, j'ai fait le repas des anciens, c'est 600 personnes à Cluses. Un par un. Deux heures de temps. "Et comment ça va René ? Et comment ça va Marcel ?" Et bien bien démago, puisque j'y suis allé avec trois de mes quatre enfants. Ça, ça le fait, c'est zen. » La suite est encore plus tragique : « La semaine d'après, je suis allé à la paëlla des Portugais. Ça vote aussi. Mais je ne suis pas passé par l'entrée là, j'ai été encore plus démago. Parce que les Portugais ils font tout eux, à la main, roulé sous les aisselles. » Les Portugais, « ça vote », mais pas question de s'attarder pour fraterniser : « Attention, à la porte maximum une minute trente, parce que

1. Quand le directeur de campagne de Marine Le Pen moque le « client-électeur », http://www.mediapart.fr/journal/france/290311/quand-le-directeur-de-campagne-de-marine-le-pen-moque-le-client-electeur

sinon vous n'avez pas le temps. Et pareil, démago à mort. Comme elle est jolie cette petite fille, et ce petit chat, comment il s'appelle ? » La fin de l'enregistrement est sans appel : « Bon, je reviens à mon "client-électeur". L'électeur, le client ne croit que ce qu'il voit. Plus votre nom est dans le journal, plus on entend votre nom à la radio, plus on vous voit, plus vous êtes crédibles. » Crédible, en effet.

Depuis cette brillante prestation de 2007, Dominique Martin a pris du galon. Marine Le Pen l'a débauché du camp Gollnisch pour en faire son directeur de campagne et même l'un des membres importants du bureau politique, en charge des cadres et des élus du FN. Il était également candidat aux cantonales, où il a récolté 37 % des voix au second tour. Joint par Médiapart, Dominique Martin tente d'expliquer qu'il s'agit de copier les méthodes de l'adversaire voire de les caricaturer : « On dénonce les méthodes des autres, et on le fait parce que le combat est injuste. Ils ont une armada, on a des lance-pierres. » Sauf qu'il s'agit bien d'inviter les militants à l'imiter. Il finit d'ailleurs par l'admettre : « Oui, ça s'apparente à des méthodes commerciales. Les électeurs sont des chiffres, des nombres, il faut faire du chiffre, c'est la méthode de l'adversaire. » Décidément, tout est toujours la faute de l'adversaire… Bien qu'aucun adversaire du FN n'aille si loin dans les consignes démagogiques. Ce qui n'empêche pas le FN de prétendre incarner une alternative « crédible » aux méthodes de l'« UMPS ».

Une alliance à droite est-elle possible ?

C'est la question qu'on lui pose sans cesse. Que vise la « dédiabolisation », si ce n'est à conquérir plus de suffrages et donc à intégrer le jeu classique de la politique ? Ce qui passe logiquement par un jeu d'alliances. Marine Le Pen ne cesse de balayer l'argument : « L'UMP, c'est le parti des corrompus, des barbouzards qui profitent en permanence du système et qui appauvrissent le pays depuis plus de quarante ans. Jamais je n'associerai mon parti avec ces gens-là[1] ! »

Le FN n'a pas toujours dit ça. Il a toujours adapté ses consignes, selon les époques, les contextes locaux et les élections. Prônant le refus absolu des alliances quand il sent la droite unie, et celui des combinaisons possibles quand il sent qu'il peut arracher quelques soutiens en ballottage. C'était notamment la stratégie voulue par Bruno Mégret, qui a cherché la « normalisation » de l'image du FN bien avant Marine Le Pen. Aujourd'hui, plusieurs des partisans de cette ligne ont réintégré le FN et sont au côté de la nouvelle présidente. Ils peuvent donc l'insuffler à l'occasion d'élections qui s'y prêtent. Certainement pas une présidentielle. Peut-être aux législatives ou aux régionales.

Jean-Marie Le Pen, lui-même, s'est rangé à cette stratégie à plusieurs reprises. Il lui est arrivé de négocier, officiellement ou officieusement, son maintien ou son désistement. Avec la droite ou la gauche. Bien que Bernard Tapie se défende du moindre accord, le maintien du candidat frontiste a permis de le faire gagner aux législatives de 1993 à Gardanne. Aux élections régionales de 1998, les choses sont claires. Le Pen propose un pacte contre des « indulgences ». Il ne demande pas aux candidats de droite d'appliquer entièrement le programme du FN, mais de remplir six conditions pour bénéficier de son report de voix, en tout cas de consignes dans ce sens[2]. Une proposi-

1. Nathalie Segaunes avec Olivier Beaumont, « Ces UMP qui font les yeux doux à l'électorat frontiste », *Le Parisien*, 29 mars 2011.

2. Refus des hausses d'impôts, priorité à la sécurité, défense de l'identité culturelle française et refus de la dictature du conformisme de gauche sur la culture, développement de l'apprentissage et de la formation professionnelle, représentation proportionnelle à l'assemblée régionale, transparence des commissions de marché.

tion alléchante à laquelle n'ont pas su résister Jacques Blanc, Charles Millon, Jean-Pierre Soisson et d'autres qui avaient besoin des voix du FN pour se faire réélire. Quitte à briser le « front républicain » prôné par Jacques Chirac, l'ennemi juré du clan Le Pen. L'UMP de Jean-François Copé n'est plus si catégorique. Son président n'a pas appelé à voter systématiquement contre le candidat FN aux second tour des cantonales. Bien qu'il soit allergique au Front national et peu soupçonnable de penser un jour à la moindre alliance. Ce n'est pas de là que vient le danger. Plutôt de la surenchère gouvernementale, pensée pour siphonner le Front national, avec pour résultat de le faire grimper.

Depuis Nicolas Sarkozy, tous les verrous sémantiques ou idéologiques qui tenaient la droite classique à distance du FN ont sauté. Tous les tabous sont tombés. Marine Le Pen, elle-même, y voit la main du journaliste Patrick Buisson : « En 2007, Buisson lui donne les clefs du coffre, c'est-à-dire qu'il lui donne des mots, des formulations, qui sonnent aux oreilles de nos électeurs. Les gens de chez nous se disent : même s'il n'applique que 30 % du programme du Front, c'est mieux que rien. On a pris un sacré coup de boomerang[1]. » Formé par le groupe Occident, ancien journaliste de *Minute* (1981-1987) puis directeur du journal, et auteur d'un album à la gloire de Le Pen, Buisson a quitté LCI pour rejoindre l'équipe présidentielle. Il a, en effet, donné ce que Marine Le Pen appelle « les clefs du coffre ». Du moins si l'on considère ses électeurs comme un trésor. « Travailler plus pour gagner plus », « identité nationale », discours de Grenoble, tribune dans *Le Monde* approuvant la votation suisse contre les minarets, propos de Claude Guéant sur le fait que les « les Français à force d'immigration incontrôlée ont parfois le sentiment de ne plus être chez eux[2] »... Rien

1. Entretien avec Marine Le Pen, 20 septembre 2010.
2. Europe 1, 17 mars 2011.

n'arrête la tactique présidentielle, qui souhaite visiblement « cliver » les Français sur les questions culturelles pour leur faire oublier l'impuissance à résoudre les questions économiques. Quitte à flatter des peurs irrationnelles. Le problème, c'est qu'à force d'avoir peur les gens recommencent à préférer « l'original à la copie ». Autant, le discours sécuritaire et décomplexé de Nicolas Sarkozy fonctionnait tant qu'il était ministre de l'Intérieur, autant il agace quand il est Président et ne donne aucun résultat depuis cinq ans. Marine Le Pen poursuit son analyse : « Aujourd'hui, il réessaye la même technique qu'en 2007, en pensant que ça va fonctionner aussi facilement. La seule différence, c'est qu'entre-temps, il y a trois ans et demi, c'est-à-dire trois ans et demi où les Français ont vu fleurir soi-disant de grands débats, de grandes déclarations politiques, mais suivies d'aucun effet. » Ce qui ouvre un boulevard pour un discours sécuritaire décomplexé porté depuis un parti qui n'a jamais gouverné. Mais pas au point d'y arriver seul.

Marine Le Pen envisage-t-elle de porter son point de vue au sein d'un gouvernement de droite. Elle en sourit : « Etre la (Christine) Boutin du gouvernement Sarkozy, non merci ! » Une pique que n'a pas vraiment apprécié la présidente du Parti chrétien-démocrate : « Mieux vaut un cheval qui laboure qu'une vache qui meugle[1] ! » Mieux vaut surtout garder la main sur un parti à vie que perdre tout crédit pour un ministère de quelques mois… Si Marine Le Pen rêve de quelque chose, c'est assurément de siphonner les voix de l'UMP, au point de devenir la nouvelle force autour de laquelle la droite classique en miettes devra se recomposer. Peut-elle y arriver ? Il faudra bien plus qu'une simple « opération de "dédiabolisation" ».

Jusqu'où pousser la mue ? Souhaite-t-elle rester sur les rails du FN ou envisage-t-elle une évolution « à l'italienne » ? Là-bas, l'extrême droite de Gianfranco Fini a

1. AFP, 12 mai 2010.

opéré un virage qui est allé jusqu'à la rupture avec tous les fondamentaux de son parti d'origine : le MSI. Un parti fasciste. Après sa défaite à la mairie de Rome, en 1993, Fini décide de se revendiquer comme « postfasciste ». Il transforme le MSI en Alliance nationale et rentre au gouvernement de Berlusconi, au côté d'Humberto Bossi de la Ligue du Nord. Dix ans plus tard, l'opération « défascisation » a fait fuir les plus emblématiques ; comme Alessandra Mussolini (la petite-fille du Duce) qui quitte le parti dans un déluge d'injures. Il faut dire que l'Alliance nationale est si différente du parti fondé par son grand-père qu'il ira jusqu'à demander le droit de vote pour les immigrés aux élections locales en 2006.

Fin connaisseur de l'extrême droite, Jean-Yves Camus ne voit pas le Front national de Marine Le Pen suivre la voie de l'Alliance nationale italienne : « si elle change le style, elle ne change pas le logiciel du FN », ni « les fondamentaux du parti[1] ». De fait, la comparaison avec le virage de Fini est assez impropre. La France n'est pas l'Italie. Son système de démocratie représentative au suffrage universel n'encourage pas les coalitions et les combinaisons multipartites. Le FN n'est pas non plus le MSI. Bien qu'il s'inspire de son logo et de sa flamme fasciste, bien qu'il compte de nombreux collaborateurs, nostalgiques du fascisme ou du nazisme, dans ses fondateurs, il a toujours refusé d'être assimilé à une idéologie fasciste. Marine Le Pen part donc de moins loin que Fini. Elle ira aussi moins loin que lui dans la « normalisation ». Car contrairement à lui, elle porte le nom du fondateur du parti, qui est aussi son modèle. Perdre cette marque familiale la couperait d'une légitimité historique.

Marine Le Pen ne peut se permettre d'abandonner totalement l'étiquette « Front national ». En revanche, elle travaille à un « pôle de rassemblement » qui pourrait dépasser

1. AFP, 6 juillet 2009.

cette étiquette et ratisser plus large à l'occasion de grands rendez-vous. Notamment à partir du think-tank « Idée Nation ». Et d'intellectuels souverainistes comme Paul-Marie Couteaux, qui préside le Rassemblement pour l'indépendance de la France (RIF). Il souhaite ouvertement « une alliance électorale réunissant tous les mouvements patriotiques », depuis le Front national jusqu'à la gauche… Elle attirera au mieux des orphelins du chevènementisme et du villierisme, ainsi que quelques provocateurs se tenant déjà à la lisière de la tentation frontiste. En revanche, si la gauche emportait la présidentielle, il est possible que le téléphone du FN sonne en perspective des législatives. Entre les deux tours des cantonales, Marine Le Pen dit avoir été appelée par des élus UMP souhaitant des désistements ou des consignes à son profit. Interrogée sur Europe 1 par Jean-Pierre Elkabbach, elle n'a pas voulu donner de noms. Ce qui prouve soit qu'elle bluffe, soit qu'elle veut ménager ces partenaires potentiels : « C'est-à-dire que si je vous balance des noms, à mon avis, ils ne vont pas rester longtemps à l'UMP[1]. » Cela ne devrait pourtant pas trop l'ennuyer si Marine Le Pen était vraiment dans une guerre frontale avec l'UMP et non dans l'idée de pouvoir passer un jour des alliances au cas par cas.

Une vague bleu Marine ?

Quant on lui demande si elle a « envie » d'être élue présidente de la République, Marine Le Pen répond, comme toute bonne candidate, ne pas le souhaiter par désir mais par devoir[2].

1. Extrait diffusé sur Europe 1, 24 mars 2011.
2. Entretien avec Marine Le Pen, 20 septembre 2010.

« Est-ce que vous en avez envie ?

— Envie, c'est un truc qui…

— Est-ce que c'est là que vous avez envie d'aller ?

— Si vous voulez, moi j'ai un problème, alors évidemment quand je dis ça, les journalistes disent : elle joue la fibre sacrificielle, etc. Parce qu'aujourd'hui, on parle de politique systématiquement en termes d'envie, de carrière, de désir. Ce n'est pas ma motivation essentielle… L'envie. Est-ce que vous avez envie d'abandonner toute vie privée, de sacrifier en partie vos enfants, pour être Président de la République ? Envie, non.

— Prendre encore plus de coups que vous n'en prenez déjà ?

— Envie, non. Mais je ne vois pas aujourd'hui, si vous voulez, qui est en position de pouvoir appliquer le programme qui m'apparaît essentiel, je ne vois pas qui est en position de le faire aujourd'hui en France. Par conséquent, si ce n'est personne d'autre, il va bien falloir que ce soit moi (…) Je pense, si vous voulez, que le choix n'est même plus un choix politique. Compte tenu du fait qu'on est au confluent de ce que je considère comme étant deux nouveaux totalitarismes du XXIe siècle, c'est-à-dire le mondialisme et l'islamisme. La France est au confluent de ces deux totalitarismes. Je ne vois pas qui peut empêcher notre civilisation de changer, à part nous. Je vous dis, ce n'est même plus un vote politique, ce n'est même plus de savoir si on est à 60 ans ou à 62 ans à la retraite, à 15 % ou à 17 % pour les impôts. La vraie question c'est : veut-on changer la société ? Parce qu'on a le choix entre faire d'un côté le mondialisme, le "tout-commerce", et de l'autre côté, l'islamisme, le "tout-religieux"… Moi, je crois que la voie de la France, c'est autre chose que ça (…) Partant de là, la vraie question c'est : est-ce que je vais me dérober à ça ? Non. Est-ce que je vais me dérober à cette responsabilité que je trouve évidemment très importante devant l'histoire ? Après, si on n'y arrive pas, on n'y arrivera pas. Qu'est-ce que vous voulez ? On ne va pas faire le bonheur des peuples contre leur gré. Si le peuple français a envie de disparaître, a envie de devenir ceci ou envie de devenir cela, il le fera. On ne le fera pas par les armes[1]. »

Personne n'imagine Marine Le Pen prendre les armes. Mais jusqu'où peut-elle supporter de prendre des coups ? Veut-elle vraiment le pouvoir d'agir ? Ou prendra-t-elle plaisir à jouer le trublion du système ? Quitte à gâcher ses chances au dernier moment ? Même si aucun Le Pen ne se l'avouera jamais, il est plus confortable de donner des leçons depuis le parc de Montretout que depuis le parc de l'Elysée.

Le dernier mot au « président d'honneur »

En terminant cette enquête, nous avons demandé à interroger Jean-Marie Le Pen. Nous l'avons rencontré au « Carré », le siège du Front national, trois mois et demi après sa passation de pouvoir. Alors que Ben Laden venait d'être tué par les Américains et qu'une polémique enflait pour savoir si le sélectionneur de l'équipe de France avait, ou non, imaginé des quotas pour recruter moins de joueurs binationaux.

Alain Vizier, le fidèle attaché de presse de Marine Le Pen, doit nous conduire dans ses quartiers. L'aile droite du « Carré ». Tandis que l'aile gauche est occupée par sa fille. En tout cas si l'on tourne le dos à Jeanne d'Arc. Tout est une question de perspective… Dans le couloir d'attente, la vue donne sur un maigre jardinet en train de pousser, sous les ailes d'un immense coq un peu kitch. Alain Vizier vient nous chercher et nous montons donc dans l'aile droite.

A l'étage, assis dans le siège de son bureau, que des stores rendent assez sombre, Jean-Marie Le Pen attend avec

1. Entretien avec Marine Le Pen, 20 septembre 2010.

un visage de cire. Il se demande si nous nous sommes perdues en route (nous avons cinq minutes de retard). Devant lui, le bureau est impeccablement rangé, presque vide. Nous demandons si nous pouvons enregistrer. Alain Vizier n'y voit aucun inconvénient puisqu'il pose lui-même un enregistreur sur la table pour bénéficier d'une version de sécurité. Au cas où nous déformerions ses propos ou pour permettre à la nouvelle présidente de contrer en cas de petite phrase maudite ?

Jean-Marie Le Pen nous interroge sur l'objet de cet entretien. Nous lui expliquons que nous terminons un livre sur Marine Le Pen. A partir de cet instant, nous retranscrivons tel quel (sauf pour améliorer le style écrit) le début immédiat de notre conversation. Pour laisser le lecteur juge :

Jean-Marie Le Pen : De quoi s'agit-il ?

Caroline Fourest : On fait un livre sur Marine Le Pen pour les éditions Grasset.

JMLP : J'imagine que ça ne sera pas une hagiographie...

CF : On ne fait pas d'hagiographies en général. Ce sera, de notre point de vue, le plus honnête et rigoureux possible. C'est aussi pour ça qu'on vient vous voir.

JMLP : On peut tout à fait honnêtement véhiculer des choses fausses.

CF : On peut être honnêtement critique.

JMLP : Je vais vous raconter une histoire. Un jour, je suis invité à déjeuner par Louis Malle, que je ne connaissais pas. Nous avons été au Balzar. Il me dit : « Vous savez, mon invitation n'est pas tout à fait innocente parce que je fais un film sur la Résistance et, comme je sais que vous êtes un ancien officier des Waffen-SS... Je lui ai dit : « Pardon ? » Il me dit : « Tout le monde sait, à Paris, que vous êtes un ancien officier des Waffen-SS... » J'avais douze ans en 1940 et le peu que j'ai fait était fait de l'autre côté. Je m'explique maintenant pourquoi certaines attitudes de gens du show-bizz... C'est surtout dans le show-bizz que ce bruit circule.

CF : Ça n'a jamais été écrit.

JMLP : J'étais jeune, blond aux yeux bleus, grand, évidemment j'étais donc un Waffen-SS. On me faisait quand même la grâce de penser que j'étais officier !

CF : Mais ça n'a jamais été écrit...

JMLP : Non, mais c'est pas ce qui est écrit qui est le plus grave, car ce qui est écrit peut être réfuté, parfois. Pas toujours. Les bruits qui courent sont bien plus difficiles à détruire que les affirmations. Ceci pour vous dire que le Front national et moi-même avons été pendant des années mythifiés, pas toujours de façon innocente, parce que des gens ont besoin d'adversaires pour exister. Je prends par exemple l'antisémitisme. Quand il n'y a pas d'antisémitisme, les organisations juives sont sans objet, alors quand il n'y en a pas, on l'invente. C'est un peu comme Ben Laden, ça fait marcher le régime.

CF : Parce que vous pensez qu'on a inventé Ben Laden ?

JMLP : Je trouve que tout ça est très suspect, pour ne rien vous cacher. Je sais que les Américains ont l'habitude systématique de créer eux-mêmes les événements dont ils ont besoin pour déclencher leurs opérations. Ce n'est pas la première fois. Beaucoup de choses me paraissent suspectes. Par exemple, les gens qui sont adversaires de la peine de mort, ils sont pour la mort de Ben Laden ? Moi, je suis pour la peine de mort. Sur ce plan-là, ça ne me gêne pas, mais ceux qui en sont les adversaires...

CF : C'est un vrai problème éthique.

JMLP : Un vrai problème, oui. C'est vrai que Krivine avait écrit une colonne dans son journal : « A bas la peine de mort, sauf pour Le Pen ! » Il n'y a pas quelque chose qui vous a choquée dans ce spectacle, ce voyeurisme ignoble de l'état-major de monsieur Obama et Obama lui-même regardant l'opération où des commandos, ce qu'il y a de mieux au monde, ont réussi à buter un mec désarmé. C'est excitant, ça. Madame Hillary Clinton devait se sentir dans tous ses états !

CF : Il y a un débat là-dessus.

JMLP : Non mais les gens qui suivent une opération militaire meurtrière comme ça, comme un spectacle en direct...

CF : Vous pensez que ça a eu lieu ou que c'est mis en scène ?

JMLP : Dans ce domaine, je crois les Américains capables de tout. Par conséquent je ne sais même pas si Ben Laden était vivant ou mort. Beaucoup de gens affirment qu'il était mort depuis longtemps. En l'occurrence, Ben Laden n'avait plus d'importance puisqu'il n'était plus relié à aucune des formations de la marque al-Qaida. Ce que je trouve étonnant, c'est que les super commandos, qui doivent être ceinture noire de karaté n'ont pas réussi... Il paraît qu'il se débattait. Alors que des policiers français auraient fait ça, ils seraient au trou ! Parce qu'on n'admettrait pas que quinze types, je ne sais pas combien ils étaient dans la maison, soixante-dix, n'aient pas réussi à maintenir un monsieur de soixante ans parce qu'il se débattait ? C'est vrai qu'au début, on a annoncé qu'il se cachait derrière une femme, mais non il se cachait derrière une petite fille, handicapée ! Un salaud ! Un vrai salaud ! Ça me fait rire, enfin, ça me fait sourire tout ça...

CF : Il y a une théorie, qui vient de quelqu'un qui n'a pas été très tendre avec vous pendant des années, mais qui a changé de bord depuis : le Réseau Voltaire. Il explique qu'on s'est débarrassé du symbole Ben Laden parce que, maintenant, les Américains auraient besoin des islamistes sunnites contre l'Iran et contre la Syrie.

JMLP : Ah ben, c'est tout à fait typique en Libye, en Libye où les rebelles de Benghazi sont des islamistes.

CF : Tous ?

JMLP : Ah oui, dans tous les cas, j'ai rencontré avant-hier des gens qui rentraient de Libye et qui vous disent que les femmes sont toutes voilées, et même en burqa. Ils ne cachent pas du tout qu'ils sont islamistes, et d'ailleurs, on savait que Benghazi était l'endroit où se réfugiaient beaucoup des gens vaincus de différents théâtres d'opérations islamistes. C'est tout à fait étonnant. On tue le fils, la femme, l'enfant de Khadafi... On aurait tué le fils de Sarkozy, sa femme et ses enfants, une bombe, des « salauds de terroristes » auraient fait ça ! C'est monstrueux. Ou le fils d'Obama, alors là, on mobiliserait des avions de chasse !

CF : Vous-même, vous aviez déjà rencontré Khadafi ?

JMLP : Non, jamais. Avant d'obtenir de lui les 65 otages, je n'avais jamais non plus rencontré ni Saddam Hussein ni même aucun Irakien.

CF : Mais après, vous y êtes allé, vous vous êtes rendu sur place avec SOS Enfants irakiens ?

JMLP : J'y suis allé oui, puisque j'ai écrit dans *Le Figaro* un article : « Qu'allons nous faire dans cette felouque ? » et que cet article, tranchant sur l'attitude générale de la presse française... J'avais eu une démarche de l'ambassade qui m'avait demandé si éventuellement je viendrais en Irak. J'avais répondu : je ne vais pas en Irak pour rien. Je vais en Irak pour récupérer les otages français. C'était presque acquis, mais le gouvernement français a fait tout ce qu'il a pu pour empêcher que ce soit moi. C'est vous dire, je suis un euro-sceptique, mais je suis aussi un sceptique en général quant à la politique. J'ai beaucoup vu depuis soixante ans que je suis dans la politique.

CF : Ça, je vous crois. Vous êtes une mémoire passionnante, on n'en doute pas une seconde. Mais quand vous dites : « Je pense que les Américains sont capables de tout », vous allez jusqu'à émettre des doutes sur le 11 septembre, ou pas ?

JMLP : Ecoutez, quand un troisième immeuble qui n'est pas touché par un avion s'effondre tout seul, je me dis qu'on a dû l'aider. Quand je vois des avions qui touchent un étage et que ça provoque l'effondrement de l'immeuble, ça me paraît bizarre aussi. Et y a d'autres choses qui me paraissent bizarres...

CF : Vous avez vu le film *Loose Change*, qui circule notamment sur Internet et qui justement parle de cela ?

JMLP : Oui, j'ai lu les différentes thèses sur le sujet, mais de moi-même, si vous voulez. C'est des choses qui paraissent assez claires. Tout ça me paraît bizarre. Bizarre, j'ai dit bizarre.

CF : Vous restez un sceptique devant l'éternel !

JMLP : Oui, je suis sceptique, je pense qu'il faut des preuves. Quand on tue quelqu'un, et qu'on vous dit, vous savez, on l'a tué, mais on ne peut pas vous le montrer tellement il est défiguré, c'est abominable, ah bon ? Comment ça se fait ? Une balle dans la tête, ça vous défigure pas quelqu'un. Ensuite on le jette à l'eau, qu'est-ce que c'est que cette histoire ? Moi, je tiens Hiroshima pour un coup monté par les Américains. Pas Hiroshima, je dis des bêtises... Le déclenchement de la guerre à Hawaii...

Fiammetta Venner : Pearl Harbor.

JMLP : Je tiens que Pearl Harbor est un coup monté.

CF : Sur quelles bases ?

JMLP : Tout le monde le sait. Tous les Américains savaient qu'ils allaient être attaqués, ils avaient déclenché l'embargo pétrolier contre le Japon qui n'a pas de pétrole. C'était la déclaration de guerre, donc ils s'y attendaient. Et que leur base avancée la plus proche du Japon soit en perm le dimanche, comme ça, juste à ce moment-là... Il faut dire que les porte-avions avaient dégagé dans la nuit et qu'il ne restait plus que les vieux cuirassés de la guerre de 14. De plus, je rappelle que le code naval japonais était cassé par les Américains depuis deux ans. Autrement dit, tout ce que faisaient les Japonais, les Américains le savaient. Et le fils de Roosevelt dans les *Mémoires* raconte que le soir papa rentre en disant : « Ça y est, ils ont la tête dans le sac, ils ont attaqué Pearl Harbor, buvons le champagne ! »

CF : Mais votre scepticisme…

JMLP : Je passe aussi sur le *Lusitania* en 14-18 et l'explosion du cuirassé dans la rade de La Havane. Les Etats-Unis, c'est un pays démocratique, donc il a besoin de l'appui de l'opinion, et l'appui de l'opinion ne peut venir que de l'agression de salauds qui vous poignardent dans le dos. Alors quand y a pas de salauds qui vous poignardent dans le dos, on s'en invente, c'est de la communication. Je crois que l'opération Ben Laden, c'est une opération de communication.

CF : Est-ce que c'est ainsi que vous voyez votre rôle, y compris maintenant que vous êtes dégagé du fonctionnement interne ?

LP : Moi, je ne fais pas d'opérations de communication.

CF : Je veux dire, votre scepticisme, là où d'autres n'oseraient pas parler. Au fond, ça fait partie du rôle que vous avez rempli historiquement dans votre vie. Est-ce que maintenant vous vous sentez dégagé de vos contraintes ? C'est pour comprendre comment vous voyez votre rôle de président d'honneur…

JMLP : J'ai été persécuté pendant trente ans. J'ai dû faire trois mots qui ont servi de base à ma diabolisation : le « détail », « Durafour-crématoire ». Je sais pas pourquoi on a pu rattacher ça…

CF : On ne pensait pas que vous parliez des micro-ondes quand même !

JMLP : Il y a 1 500 crématoires en France, il y en a dans tous les hôpitaux, c'est banal ! D'ailleurs on n'a pas regardé ma phrase. J'avais dit : « ce ministre de l'ouverture qui est immédiatement tombé dedans, ce Durafour et du moulin ». Au four et au moulin. Voilà. Dans sa jeunesse il avait fait une pièce antisémite, c'est rigolo, sur l'inégalité des races. On est en plein dans le débat.

CF : Sur le football, on est en plein dans le débat.

JMLP : Il faudrait que Laurent accepte de faire un changement de nom, de s'appeler Noir au lieu de Blanc. Il a un handicap formidable, on sait que le blanc, c'est mal vu actuellement !

CF : Je disais, comment vous voyez votre rôle ?

JMLP : J'ai aussi le sens de l'humour, c'est pour ça que j'arrive à m'en sortir sans problèmes.

CF : Mais justement, vous êtes à un moment de votre vie…

JMLP : Sur la fin… Comme je dis quelquefois à des journalistes, le camion qui va vous tuer est en train de descendre la pente, là. Personne ne connaît ni le jour ni l'heure.

CF : On ne pensait pas que c'était vous qui alliez nous tuer… Par rapport à votre conception du président d'honneur, on vous appellera toujours Monsieur le Président…

JMLP : C'est qu'on a estimé que, comme fondateur d'un mouvement que j'avais dirigé et que j'avais perpétué – car c'est ça quand même le tour de force, si j'ose dire – perpétué pendant près de quarante ans, je méritais ce titre de président d'honneur. Comme je ne suis pas rangé, je suis député européen, conseiller régional, là en plus on m'a affecté ce titre d'une présence aux différents niveaux du mouvement. C'est un rôle de conseiller.

CF : Conseiller, quand même…

LP : Non, conseiller. Je n'interfère pas, je donne mon avis, il n'est pas toujours conforme à celui de la présidence, mais je le donne, fort de mon expérience, et peut-être avec une plus grande souplesse due à l'âge. L'âge durcit les artères mais assouplit les opinions.

Ce n'est pas l'impression que nous a laissée notre première rencontre avec Jean-Marie Le Pen, impressionnant dans sa capacité à s'entraîner tout seul dans une fable conspirationiste. Non sans faire porter aux journalistes la responsabilité de tels propos, alors qu'ils ont à peine le temps de prendre des notes. Pendant une large part de notre rendez-vous, Alain Vizier est resté assis derrière nous. Tapotant quand Jean-Marie Le Pen lui semblait partir dans des envolées embarrassantes. On imagine qu'il a dû rendre compte à la nouvelle présidente des dernières déclarations de son père, décidément toujours en forme. La suite de notre entretien concernait des « points de détail » (de vrais) que nous avons souhaité vérifier auprès de lui. Comme la période Poujade, sur laquelle Jean-Marie Le Pen est intarissable. En revanche, au moment de partir, Alain Vizier l'a prévenu qu'une équipe de Français venait le filmer pour le « 10 mai » 1981. Ce qui ne semblait rien lui dire. Il a cherché longtemps dans sa mémoire ce qu'il avait bien pu se passer à cette date, avant que nous lui rappelions qu'il s'agissait de l'élection de François Mitterrand. L'âge venant, Jean-Marie Le Pen se souvient toujours des « complots », mais moins des victoires de la gauche.

La mémoire lui joue des tours mais il n'a pas décidé de renoncer à parler pour autant. Il continue à dire très régulièrement ce qu'il pense dans son journal de bord sur la Télé web du FN, notamment au micro de Marie d'Herbais et Julien Sanchez, deux proches de la présidente. En pleine cantonales 2011, alors qu'on lui demande d'analyser les propos de certains responsables de l'UMP prônant un barrage républicain aux prochaines cantonales, il y voit la marque de ses ennemis de toujours : « Je crois que c'est le mot d'ordre du Grand Orient de France ça. Puisque je vois que ce sont les franc-maçons les plus notoires qui s'annoncent en première ligne. Par conséquent, je pense que la consigne est diffusée. Le Crif et le Grand Orient de France du même côté, ça ne m'étonne pas, je dirais même que ça me rassure[1]. » Le jeune journaliste frontiste, Julien Sanchez, est ravi. Marie d'Herbais enchaîne. Quant à Marine Le Pen, même présidente, elle n'a pas fini d'être l'« avocate de son père ».

1. Jean Marie Le Pen, Journal de bord 220, 11 mars 2011.

Conclusion

En commençant ce livre, nous nous sommes demandé si Marine Le Pen voulait rompre avec son père ou le réhabiliter, changer le Front national en profondeur ou simplement sauver les apparences, pour le faire gagner. Au moment de l'achever, nous avons quelques convictions. Il ne sera jamais question pour elle de prendre ses distances au point de trahir le « contrat moral » qui la lie, depuis l'enfance, à son père. Celui dont elle tire sa légitimité d'héritière et qui lui sert de modèle. Au contraire, l'un de ses moteurs intimes consiste à réhabiliter le nom du père, pour qu'il soit plus facile à porter. Cela suppose de réécrire l'histoire du Front national. De façon à faire croire que l'opprobre n'était due qu'à un malentendu voire à des machinations, ourdies par une élite menteuse et obsessionnellement antiFN.

L'époque et le besoin de conquérir un nouvel électorat guident cette volonté de muer. Quitte à faire fuir tous ceux qui ne sont pas fidèles à la nouvelle présidente. Mais pas au point de s'éloigner des fondamentaux xénophobes du parti. Marine Le Pen n'a pas la même opinion que Jean-Marie Le Pen sur les chambres à gaz. Elle est d'une autre époque, son époque. Cela suffit-il à sortir le Front national de l'extrême droite ? Ce terme que Marine Le Pen voudrait réserver aux skinheads ou à quelques militants particulièrement caricaturaux est en réalité plus large. Il englobe toute la droite nationale radicale : depuis les skinheads jusqu'au Front national en passant par les nationaux-révolutionnaires et les partisans de la Troisième voie, si présents dans son entourage. Comment désigner autrement un parti chez lequel la Nation sert à maquiller le retour au droit du sang, la République à habiller la préférence nationale voire la préférence culturelle, la laïcité à réhabiliter l'identité chrétienne traditionnelle ?

Le FN de Marine Le Pen tient, comme celui de son père, un discours opportuniste, à double sonorité : laïque et républicain côté face, mais nationaliste et xénophobe côté pile. Il ne dénonce pas la mondialisation mais le « mondialisme » (entendez cosmopolitisme), le libre-échange mais le libre-échangisme (entendez le mélange débraillé et immoral), l'intégrisme mais l'« islamisation » (entendez l'immigration musulmane). Sa présidente a beau lisser son discours, utiliser les codes de la République et de la laïcité, mettre en avant ses stigmates d'enfant discriminée pour attendrir, organiser voire provoquer l'indignation pour apparaître en martyre… Au bout du compte, la France dont elle rêve est à l'inverse de ce qu'elle promet. Non pas belle, forte et sûre. Mais craintive, divisée, isolée et en danger.

En chemin vers ce naufrage, que l'on nous vend comme une renaissance, l'héritière veut bien sourire aux médias et même donner des gages concernant la Seconde Guerre mondiale pour s'éviter d'être dépeinte en diable. Mais gare à celui qui contrariera son opération de « dédiabolisation ». Celui-là ou celle-là doit se préparer à l'intimidation, au procès, à l'insulte personnelle, et bien sûr au flot d'injures de la part des sympathisants du FN, qui n'ont pas changé d'un iota… Marine Le Pen, quelle que soit son envie de rafraîchir son image, reste prisonnière de ce public pour faire vivre son entreprise familiale. Dans un premier temps, il s'agit de dédiaboliser. Puis, lorsque l'image sera suffisamment lissée, de passer à l'attaque. Contre l'UMPS, les élites, le système, l'immigration et l'islamisation. Dans une époque où tous les tabous sémantiques sont déverrouillés, la violence de la charge promet d'être sans précédent. Le climat des campagnes électorales à venir empoisonné.

Jusqu'où peut-elle aller ? Les sondages la donnent sur une courbe ascendante. Ce qui n'a rien de surprenant dans un pays qui vieillit, se sent submergé par la mondialisation et si impuissant face à la crise financière. Mais rien n'est écrit d'avance. Seuls le contexte, l'attitude de la candidate et bien sûr les Français décideront du résultat. En revanche, c'est certain, Marine Le Pen est dans nos vies pour quelques décennies. Au nom du père. Quant à son Front national, il n'a pas fini de poser ses pièges dans le débat public. Au nom du pire.

Comment résister au « nouveau » FN ?

Comment riposter pour éviter que la vague bleu marine ne se transforme en raz de marée ? Tout dépend de la digue. Qu'il faut reconstruire. Car on ne pourra pas résister au Front national de Marine Le Pen comme on l'a fait face à celui de Jean-Marie Le Pen.

Ni diaboliser ni banaliser

Ceux qui ont grandi, comme nous, dans le militantisme antifasciste des années 90 doivent comprendre que bien des jeunes d'aujourd'hui sont nés après 1989. Ils ignorent tout de la tension démocratique qu'a fait régner le Front national pendant toutes ces années. Ils le découvrent à travers les yeux de sa nouvelle présidente, autant dire sous l'angle du martyr et de la persécution. Ceux qui ont lu l'autobiographie *A contre flots*, très bien faite, peuvent croire que porter le nom de Le Pen valait presque l'étoile jaune. Sans savoir ni connaître l'autre version de cette adversité : la rage déversée par Jean-Marie Le Pen et son parti. Les médias traitent très correctement Marine Le Pen lorsqu'elle-même évite un discours incitant directement à la haine. Ce qui est bien la preuve qu'il n'existe aucun préjugé ni complot, ni « racisme » contre le nom de Le Pen *a priori*.

Sous Jean-Marie Le Pen, la diabolisation relevait parfois simplement de l'effroi spontané suscité par ce personnage, qui disait tout haut des horreurs. Bien des Français se sont retenus de voter Front national uniquement à cause du scandale provoqué par ces petites phrases. Pour ne pas avoir honte. Marine Le Pen s'emploie à lever cette pudeur. Ses électeurs n'ont plus de complexes à dire qu'ils vont voter pour elle. Ce n'est même plus une provocation. Elle fera bien quelques saillies remarquées qui la trahiront et repousseront certains électeurs, mais la stratégie ne peut être d'attendre ces faux pas. Car quelles que soient ses idées, Marine Le Pen prend formidablement mieux la lumière. Son personnage d'enfant persécutée colle parfaitement à l'époque, et même renverse des années d'antiracisme à son profit. La comparer à une maladie incurable ou l'attaquer de façon sexiste est non seulement indigne, mais idéal pour renforcer sa martyrologie et lui permettre de récolter des alliés. D'autant qu'elle est entraînée, depuis l'enfance, à gagner la sympathie de ceux qui la diabolisent. La question n'est pas de savoir si Marine Le Pen est antipathique ou non, mais de savoir si ses idées le sont.

Le Front national fait partie du jeu politique et médiatique. Il faut l'accepter, au nom de la démocratie. Mais ce n'est pas un parti banal pour autant. S'il venait à être au pouvoir un jour, la France serait défigurée. C'est ce programme – nationaliste et xénophobe, isolationniste et délirant – qui justifie de ne pas le considérer comme un parti anodin. Il ne s'agit pas de le caricaturer ni de le « fasciser », mais d'exercer son droit à l'esprit critique et à la vigilance démocratique. Au nom de la liberté d'expression.

Non pas SS mais FF comme Front familial

Bien que légal et démocrate (surtout s'il s'agit de réclamer la démocratie à son profit), le FN n'est pas un parti républicain comme les autres. Il fonctionne comme une petite royauté, où le vote sert surtout à transmettre une couronne héréditaire. Un « Front familial », comme diraient tous ceux qui en sont partis écœurés par son fonctionnement monégasque. Au profit d'un châtelain de Montretout, devenue châtelaine, dont la famille vit de ses mandats publics et de son rôle de trublion dans la vie politique.

L'entreprise familiale est prête à revoir sa marchandise pour que son fonds de commerce reste prospère. A défendre un programme ultra-libéral, prônant la dérégulation pendant trente ans, puis à revoir sa copie après la crise financière. Sans jamais reconnaître s'être trompée sur toute la ligne. Et sans pour autant s'acquitter de la totalité des impôts ni remplir les fiches qu'exige le Parlement européen des élus pour prévenir les conflits d'intérêts. Non sans donner des leçons de probité et de « morale publique » au reste de la classe politique.

De même, l'entreprise FN n'a aucun problème à mener une OPA soudaine sur la laïcité. Une fois l'essentiel de la bataille gagnée. Sans avouer qu'elle l'avait jusqu'ici toujours combattue et non sans tenter de faire croire qu'elle est la seule à porter ces couleurs. Un peu comme un résistant de la vingt-cinquième heure qui viendrait donner des leçons de résistance après avoir beaucoup collaboré.

Le clan Le Pen n'est jamais à une contradiction près. Tels les rois en leur époque, il peut mener une vie de bohème, comme à la Cour de Versailles, tout en exigeant la vertu pour le peuple et se faire le plus moraliste des curés. Le décalage entre sa vie et ses promesses est si grand qu'on peine à comprendre comment des Français peuvent croire à sa sincérité. A côté l'UMP et le PS apparaissent comme des associations de quartier dédiées à l'intérêt général, tant il s'agit du plus opportuniste et du plus démagogique des partis politiques. Son directeur de campagne, lui-même, prône d'être « démago à mort » pour vendre ses produits. A croire que ce ne sont pas les observateurs, mais bien le FN, qui méprise ses électeurs.

Responsabiliser les électeurs FN

S'il ne sert à rien de diaboliser les électeurs du Front national, il n'y a aucune raison de les déculpabiliser. Ce n'est pas parce que la diabolisation est devenue contre-performante qu'il faut basculer dans l'excès inverse. Bien des Français souffrent, de chômage ou même de pauvreté. Ils ne deviennent pas délinquants pour autant. Bien des Français souffrent et ne votent pas FN pour autant.

Ceux qui souhaitent se défouler peuvent faire du sport. Ceux qui veulent envoyer un « message » n'ont qu'à militer dans des associations. Voter Front national relève de la facilité. Ce geste aggrave la situation au lieu de résoudre les problèmes. Ceux qui choisissent quand même de voter FN ont une pointe d'infantilisme dans le cœur. Il faut être un grand enfant pour croire que l'on peut tout avoir : la sécurité d'un Etat fort et payer moins d'impôt, l'immigration zéro et la retraite à 60 ans. En bon parti démagogique, le FN leur promet. Il faut avoir le courage de dire qu'il leur ment. Et qu'ils doivent choisir : vouloir la retraite à 70 ans (sans immigration) ou la retraite plus tôt mais accepter l'immigration. Si nous avons besoin de l'immigration, il faut bien l'intégrer. Mais comment convaincre les nouveaux Français de se sentir pleinement citoyens si le FN monte ? La xénophobie défait l'intégration, donc la cohésion.

On peut se bercer d'illusions sur le retour à des frontières, mais il faut assumer que l'on prend le risque de voir la France ruinée pour le plaisir de ce symbole. Ne pas entrer dans l'euro (comme la Grande-Bretagne) n'est pas du tout la même chose que d'en sortir. Notre dette est contractée en euros. Devoir soudainement la rembourser avec un franc dévalué fera exploser le coût de la vie et ruinera les petits épargnants. La France deviendra certainement plus compétitive. Puisque nous serons transformés en atelier de travail bon marché, avec des acquis sociaux dignes de la Roumanie. Est-ce vraiment ce que veulent les ouvriers français et les précaires qui votent FN ?

Si non, qu'ils protestent autrement. Voter FN n'est pas un acte anodin. Chaque voix donnée, surtout aux législatives, constitue un chèque en blanc (environ 2 euros par voix). Cumulés, ces chèques renflouent ses caisses et lui permettent de constituer un trésor de guerre. La France n'est pas du tout la même quand le Front national reçoit une subvention publique de 1 million d'euros par an et quand il dispose de 6 millions par an pour salarier et diffuser sa propagande. C'est aussi à cela que doivent réfléchir les Français avant de devenir ses mécènes.

Le vote FN pourrait se justifier s'il n'existait aucune offre alternative. Or c'est un grossier mensonge que de répéter, jusqu'à satiété, que tous les choix se valent. Nous avons la chance de bénéficier d'un système politique d'une diversité inouïe, où concourent plus de six partis et où toutes les nuances sont représentées. Ce qui explique d'ailleurs pourquoi nous vivons sous un régime représentatif, moins proportionnel qu'ailleurs. Faut-il évoluer vers un système où le parti majoritaire sera contraint de gouverner en faisant des alliances ou mêmes des coalitions avec les extrêmes ? Ou s'inspirer carrément de la démocratie directe suisse, totalement inadaptée à un pays comme la France, mais parfaite pour permettre à la moindre proposition populiste d'aboutir ?

Reconstruire une forme de barrage républicain

Le danger du FN vient moins de ses excès que de l'effet abrutissant qu'il peut avoir sur le reste de la classe politique. Bien des digues ont cédé depuis l'époque de Jean-Marie Le Pen. D'abord, on l'a dit, le vocabulaire. Toute la sémantique du Front national est désormais portée au plus haut sommet de l'Etat. Ce qui banalise son discours tout en lui permettant de jouer de l'original contre la copie. Après avoir été provisoirement siphonné par l'UMP, il récoltera les voix de tous ceux qui ont cru à la fable qu'on leur a racontée. Si tous leurs problèmes viennent du fait qu'il y a trop d'immigrés et qu'ils ne se sentent pas chez eux, si aucun gouvernement en place ne les jettera jamais à la mer, c'est donc qu'il faut voter pour un parti qui n'a jamais gouverné… Voilà pourquoi la droite majoritaire doit impérativement défaire ce qu'elle a fait. Accepter de ne plus se servir des questions culturelles pour esquiver le débat économique et social de l'après-crise financière. Et reconstruire, sans attendre, le barrage républicain qu'un « ni-ni » (ni FN ni PS) peut fragiliser. Y a-t-elle intérêt ?

Certains stratèges se demandent s'il ne faudrait pas plutôt encourager des partis à droite du FN pour diviser ses voix. Ce calcul oublie qu'il permettra à Marine Le Pen d'apparaître comme un juste milieu entre une autre extrême droite et la droite qui a failli. Donc de faciliter sa dédiabolisation.

Et la gauche ? La gauche doit refuser de céder la facilité. Celle qui consiste à miser sur la diabolisation du Front national, voire sur celle de l'UMP, tout en refusant le moindre courage sur les questions de société. Au contraire, elle doit se montrer intraitable sur les questions de citoyenneté et de laïcité. Pour que ces questions ne soient plus sources de clivage et qu'elle puisse engager – sans handicap – le débat sur le projet économique, social et fiscal.

C'est à cette condition, une droite sans complaisance avec les mots du Front national et une gauche intransigeante avec les valeurs républicaines, qu'un affrontement droite-gauche peut élever le débat. A une hauteur où le FN n'aura plus prise.

Ne pas abandonner le terrain du courage et des valeurs

Rien ne serait pire qu'une gauche qui abandonne certaines valeurs de la République ou la laïcité parce que le Front national cherche à s'en emparer. Ce qui était possible lorsque son père fantasmait « 3 millions de chômeurs = 3 millions d'immigrés » ne l'est plus lorsque Marine Le Pen dénonce des faits précis et concrets. Comme les prières de rue, qui sont effectivement illégales et contraires au principe non seulement de laïcité mais surtout d'égalité entre les citoyens devant la loi. Certains pouvant annexer l'espace public au nom de la « liberté religieuse », et d'autres non. Ces sujets sont sérieux et méritent qu'on y apporte des réponses. Non pas de les nier ou de s'en régaler. Tout comme le voile ou la burqa, qui n'ont jamais été des accoutrements de gauche mais des signes profondément réactionnaires, hostiles au féminisme et à la libération sexuelle. Va-t-on laisser les ennemis du MLF et de Mai 68 incarner la seule alternative ? Ce serait leur ouvrir un boulevard pour s'y engouffrer. Tout l'enjeu des mouvements populistes européens est de faire oublier leur caractère profondément antiféministe et traditionaliste grâce à l'opposition à l'islam radical.

Loin de déserter ce terrain, la gauche doit dénoncer cette imposture et mettre des mots précis sur ces enjeux, qui ne relèvent pas du choc des civilisations, ou de la Nation face à l'islam, mais de la laïcité face à tous les intégrismes. Le FN veut bien hurler au loup mais que propose-t-il ? Rien qui permettra d'améliorer la situation. La solution ne vient pas de la xénophobie mais tout au contraire de la fraternité. Or cette fraternité passe par l'apprentissage de la citoyenneté. Et l'apprentissage de la citoyenneté par une école républicaine laïque, forte et émancipatrice. Ce n'est pas ce que veut le Front national.

Ne pas tout mélanger, ni flatter le « tous pourris »

Etre lucide face au Front national suppose de ne pas tout mélanger. Les nationalistes xénophobes et les souverainistes. Les populistes de droite et de gauche. A moins de vouloir les coaliser malgré eux. Il ne sert à rien de confondre un éditorialiste maurrassien comme Eric Zemmour avec un intellectuel incarnant la droite républicaine comme Luc Ferry. Ni même d'oublier les nuances qui peuvent exister entre une Marine Le Pen et une journaliste d'opinion tranchée comme Elisabeth Lévy. De même, on ne gagnera rien à mettre sur le même plan le populisme du Parti de Gauche et celui du Front national. Tous deux se disputent incontestablement la colère contre l'élite, mais l'un vise en prime les immigrés. Ce qui en fait un parti non seulement populiste mais xénophobe.

Il existe toutefois un moyen de se tenir à l'écart de cette comparaison : cesser de flatter la grille de lecture « du tous pourris » – dont le FN sera le premier à récolter les fruits. Abandonner cette grille de lecture poujadiste pour lui préférer une critique ciblée du journalisme, de la politique et du monde des affaires. Sans cet effort de précision, la dénonciation profitera au plus violent et au plus revanchard des partis…

Reconstruire un espace médiatique au service de l'esprit critique

Une parole populiste et démagogique ne peut jamais se traiter médiatiquement comme si elle était de bonne foi, à moins de désinformer. Elle demande plus de réflexion journalistique pour imaginer des dispositifs où ceux qui l'entendront pourront la décrypter. Au-delà de quelques réflexions sur le moyen d'être entendu face au FN, c'est toute une exigence culturelle et intellectuelle qu'il faut avoir pour ce pays.

Pour éviter le piège de la personnalisation voire de la « pipolisation politique », favorisé par la Ve République, il faudra montrer aux Français l'ensemble des cadres d'un parti et non seulement la tête qui dépasse. Voter pour Marine Le Pen peut être séduisant, mais à quoi ressemblera son gouvernement ? Les Français rêvent-ils d'un Louis Aliot comme ministre de l'Intérieur, d'un Wallerand de Saint-Just comme ministre de la Justice, d'un Bruno Gollnish comme ministre de la Famille ?

Il faut surtout s'interroger sur cette « pipolisation » de la vie politique, qui a permis à Marine Le Pen ou à Nicolas Sarkozy de devenir des vedettes de télé-réalité. Les journalistes comme les politiques souffrent de la compression du temps médiatique, où nous devons expliquer toujours plus en moins de temps. C'est une réalité qui ne changera pas et qui va de pair avec un temps de concentration moyen plus réduit. Il faut donc être inventif pour imaginer des synthèses plus efficaces. Sous peine de voir triompher les paroles démagogiques, nécessairement plus courtes et plus frappantes, qu'une longue pédagogie. Cela demande de réfléchir à un journalisme politique qui accorde malgré tout un peu plus de temps à l'analyse des discours et un peu moins à celle des personnes. D'encourager les chaînes à organiser des débats sereins, où le citoyen peut vraiment comparer les idées, et non des matchs de boxe entre « grandes gueules ». Y compris sur TF1, la chaîne la plus regardée par les Français, où il existe si peu de débats d'idées et d'émissions d'analyse. Un pays dont la première chaîne est pensée pour vendre des publicités à « des cerveaux disponibles » est un pays préparé à voter FN. Celui qui revalorise la culture générale et le goût du discernement, tout au contraire, sera mieux immunisé.

Autant dire qu'il n'existe aucune recette magique face au Front national. Mais une immense exigence et un défi de longue haleine. Pour résister à la démagogie par la démocratie critique.

Table

Impression réalisée par
CPI BRODARD ET TAUPIN
72200 La Flèche
en mai 2011

Composé par Nord Compo Multimédia
7, rue de Fives, 59650 Villeneuve-d'Ascq

Dépôt légal : mai 2011
N° d'édition : 16762 – N° d'impression : 64632
Imprimé en France